문예신서
163

朝鮮神事誌

李能和

李在崑 譯

東文選

朝鮮神事誌

역자 서문

 본서는 이능화(李能和)(1869(고종 6)~1943) 선생이 1929년 학술지 《조선(朝鮮)》 1월호부터 12월호까지 1년에 걸쳐 기고, 연재하였던 논저(論著)이다.
 선생의 자(字)는 자현(子賢)이며, 호는 간정(侃亭)·상현(尙賢)·무능거사(無能居士) 또는 무무(無無)라 하였고, 본관은 전주로 충청도 괴산(槐山) 출신이며, 법부협판(法部協辦) 원긍(源兢)의 아들이다. 어려서 한문을 수학하고 1889년(고종 26) 정동영어학당(貞洞英語學堂)을 졸업하였으며, 1894년에는 한어학교(漢語學校)를 마쳤고, 이듬해에는 관립 법어학교(法語學校)에 입학, 이해 11월에는 농상공부(農商工部) 주사(主事)로 있다가 이듬해 사직하고 1897년(광무 1) 관립 한성외국어학교 교관이 되었으며, 한때 칭경례식사무소(稱慶禮式事務所)위원으로 있다가 1904년(광무 8) 다시 교관으로 복직하였다. 1906년에는 사립 일어야학사(日語夜學舍)에 입학하여 이듬해 졸업하고, 10월에는 관립 한성법어학교 교장이 되었다가 의정부(議政府)의 특명으로 도일(渡日)하여 각 관청을 시찰하고 돌아와 국문연구소 위원이 되었으며, 1908년(융희 2)에는 관립 한성외국어학교 학감이 되었다. 그러나 1910년 한일합방으로 학교가 폐쇄되자 사료 수집과 종교·민속 등 연구에 전념하였다. 1912년에는 사립 능인보통학교(能仁普通學校) 교장이 되었으며, 1914년에는 불교진흥회(佛敎振興會) 간사에 피선되고, 이듬해 4월에는 교장직을 사임한 후 불교진흥회 월보를 편집했으며, 1917년에는 동진흥회의 이사가 되었다. 1921년에는 조선사편수위원회 편수관·편수위원이 되었으며, 많은 저서와 논문을 남겼으나 한국 전쟁 때 거의 분실되고 일부가 남아 국학 연구에 도움을 주고 있으며, 영국·프랑스·중국·일본 등 4개 국어에 능통하였다.

본서는 총 21장으로 구성되었는데, 제1장에서 제20장까지는 우리 나라 역대 신사(神事)에 대해 시대별로 기술하였으며, 제21장은 만주·몽고 등 주위 여러 나라의 국속(國俗)을 참고로 붙였다.

제1장에서 제6장까지는 《삼국유사(三國遺事)》 등 각종 문헌에 기술된 단군 기사에 대해서 집중적으로 분석하였다. 즉 왕검신인(王儉神人)은 단수(壇樹) 아래에서 태어났기 때문에 '단군(壇君)'이라 이름하였다는 《삼국유사》 및 《위서(魏書)》 등을 인용하면서 '단군'을 우리 나라 시조로 인정하면서도, 신인(神人)이 단목(檀木) 아래 내렸다고 하여 '壇君'을 '檀君'으로 고쳐 부르는 것은 마치 노담(老聃)이 이수(李樹) 아래에서 났기 때문에 성을 이(李)로 하는 것과 같은 예라 하고, '壇君'으로 표기해야 마땅하다 지적하며 국내외의 각종 문헌을 근거하여 고증하였다.

제7장에서는 환국(桓國)은 천국(天國)이며 환인(桓因)은 천주(天主)로서 천신(天神) 계통임을 《고금석림(古今釋林)》 등 문헌을 통해 어학적(語學的)으로 고증하였으며, 제8장에서는 《조선(朝鮮)》이란 아침 해가 선명(鮮明)하다는 뜻으로 환국(桓國)의 역의(譯義)라고 하면서 《동사강목(東史綱目)》 등 국내외의 문헌을 인용하여 고증하였다.

제9장은 부여(夫餘)라는 국호와 신화(神話)에 대해 논하였는데, 부여에서 천신(天神)을 제사하는 것은 단군이며, 해〔日〕 신화 계통으로 전래 지명을 통해 고증하려고 노력하였다.

제10장과 제11장은 예(濊)와 예맥(濊貊)으로, 예는 신속(神俗)을 통해 천신 신화 계통임을 밝히고, 예맥은 국호를 풀이하면서 태양 신화 계통임을 밝히며, '예(濊)'자와 '왜(倭)'자를 어학적으로 분석·연구

하였다.

제12장은 삼한(三韓)을 논하였는데, '한(韓)'자의 뜻은 크다는 것이며, '환인(桓因)' '환웅(桓雄)' '환검(桓儉)'의 '환(桓)'은 음이 서로 비슷하기 때문에 '한(韓)'은 신(神)의 옛말이며, 소도(蘇塗)는 신단(神壇)이고, 진한(辰韓)은 태일(太一), 마한(馬韓)은 천일(天一), 변한(弁韓)은 지일(地一)이라는, 곧 삼일신(三一神)에 비유하여 그 나라 관직명의 어원을 통해 고증하였으며, 또 삼한을 마진(摩震) 등 국호와, 내을(奈乙)·영일(迎日) 등 지명을 예로 들면서 태양 신화 계통임을 역설하였다.

제13장과 제14장은 고구려(高句麗)로서, 동명제(東明帝)의 탄생 신화에 대해 국내외 문헌을 인용·검토·분석하여 천(天) 신화 계통임을 밝히고, 주몽(朱蒙)을 태양의 아들이라고 역설하였다.

제15장은 백제(百濟)로서 부여 계통이며, 해부루(解夫婁)의 '해(解)' '온조(溫祚)' 등이 모두 태양 신화 계통이라 하고, 부여의 반월성(半月城) 귀참(龜讖)에 대해서도 언급하였다.

제16장은 가락(駕洛)으로 수로왕(首露王)의 구지(龜旨) 탄생 신화를 분석하여 황천(皇天)이 명한 천(天) 신화 계통으로서 태양 신화임을 밝혔으며, 구간(九干)의 '간(干)'자의 의미에 대하여 종교를 주제하는 사람이라 하고, 또 '가락(駕洛)'의 어원을 영무새신(迎巫賽神)의 풍속인 가락(歌樂)에서 나온, 곧 무속(巫俗)에서 발생된 것인지도 모른다는 조심스런 견해를 보이고 있다.

제17장과 제18장은 신라(新羅)로서, 혁거세(赫居世)와 알지(閼智)의 탄생 신화를 예로 들면서 천자(天子)의 강생(降生)도 하나의 단군이라 하고, 천신(天神)·성신신(星辰神)·산천신(山川神)에 대해 언급하였으며, 용신(龍神)에 대해서 만어사(萬魚寺), 알영정(閼英井)의 계룡(鷄龍), 선도성모(仙桃聖母), 석탈해(昔脫解) 신화, 문무왕릉(文武王陵) 등에 대해 각종 문헌의 기사를 인용·고증한 다음 고려 왕씨(王氏)를 용

족(龍族)이라 하고, 조선 왕가의 용에 대한 이야기는 모두 신라의 옛것을 계승한 것으로 보고 있다. 또 신라 초기의 국호인 서벌(徐伐)·서나벌(徐那伐)·서야벌(徐耶伐) 등은 서성(曙星)으로서 새별의 역음(譯音), 곧 새벽에 해가 솟는다는 뜻이며, 계림(鷄林)은 월성(月城) 서쪽 숲속에서 큰 광명이 나타났다는 김알지의 신화를 예로 들면서 닭[鷄]의 훈(訓)은 달[月]의 훈과 같다고 하고, 사라(斯羅)·신라(新羅)의 어원을 어학적(語學的)으로 설명한 다음, 신라는 천(天) 신화 계통의 일월(日月) 신화라고 역설하였다. 특히 박혁거세는 광명이세(光明理世)의 뜻이며, 석탈해는 일월(日月)의 의미가 있고, 김알지는 달 신화[月神話] 계통이라는 것을 어원으로 풀이하였으며, 남해차차웅(南解次次雄)은 무당의 뜻이고 존장(尊長)으로서 태양신을 숭배하는 의미가 있으며, 천일창(天日槍)은 《삼국사기》 등 우리측 사서(史書)에는 기록이 없으나 《일본서기(日本書紀)》에 신라 왕자가 내귀하였다고 했는데 태양신화 계통이며, 연오랑(延烏郎)·세오녀(細烏女)의 설화도 해와 달의 의미가 있다는 것을 영일(迎日) 등 지명으로 고증하고 있다.

제19장은 고려(高麗) 신사(神事)로서, 무축(巫祝)·산천신(山川神)·산천신사(山川神祠)·신묘(神廟)·성황신사(城隍神祠)·도우신사(禱雨神祠) 및 도교적(道敎的) 초제(醮祭)와 유교적(儒敎的) 제사 제도와 선불(仙佛)이 습합된 것으로 서경(西京) 팔성당(八聖堂)과 팔관회(八關會) 등에 대해 각종 문헌을 참고하여 신사(神祠)의 종류와 의식 등을 기술하였다. 특히 〈팔성당〉조에서는 단재(檀(丹?)齋) 신채호(申采浩)의 학설을 인용하여, 묘청(妙淸)의 서경천도(西京遷都) 운동의 패배로 우리 나라 사상계는 오래도록 중화(中華)의 노예가 되었다 하고, 《삼국사기》를 지은 김부식(金富軾)을 사대주의적(事大主義的) 사관(史觀)이라고 비난하였다.

제20장은 조선(朝鮮)의 신사(神事)로서, 먼저 제천의식(祭天儀式)을

단군 고사(故事)로 인하여 행하였음을 밝히고, 단군봉사(壇君奉祀)를 국가적인 제사로 시행하였다는 것과, 구월산(九月山) 삼성당(三聖堂) 내력 조사, 단군사(壇君祠) 및 태백산신사(太白山神祠)·단군천왕당(壇君天王堂)·삼성묘(三聖廟)·삼성사(三聖祠)의 의식 절차, 참성단(塹城壇) 등에 대해 각종 문헌의 기사를 자료 형식으로 소개하고, 조선은 일월(日月) 신화 계통의 마지막이라 하였다. 또 악(岳)·진(鎭)·해(海)·독(瀆) 및 명산(名山)·대천(大川)의 제사와, 산천단묘(山川壇廟)·신패(神牌) 제도에 대해 언급하고, 전국 각도의 국행(國行)에 대해서 비교적 자세하게 기술하였으며, 산신제(山神祭) 등 민속(民俗)의 제산(祭山)에 대한 산신제 축문(祝文) 등도 소개하였다. 그밖에 사직(社稷)·제신실(祭神室), 또 정충보국(精忠報國)으로 순국한 분들을 위한 장충단(獎忠壇)·표충사(表忠祠) 등과 역대 제왕(帝王)을 향사(享祀)하는 숭령전(崇靈殿)·숭인전(崇仁殿) 등 여러 단·묘를 기술하고, 공자묘(孔子廟)·만동묘(萬東廟) 등 역대 중국의 선현 및 제왕과 장군을 제향(祭享)하는 사당의 소재지 등을 서술하고, 특히 관우묘(關羽廟)에서는 각종 문헌을 인용하여 구체적으로 기술하였으며, 은(殷)·한(漢)에서 청(淸)에 이르기까지 중국 역대 제국에 대해서도 언급하였다.

마지막으로 제21장은 만주·몽고 지역의 역대 제국의 국호의 명칭, 변천 과정과 풍속 등을 국내외의 문헌을 통해 고증하고, 우리 나라 풍속과 비교 고찰하였다.

특히 저자는 신화·종교·어원을 중심으로 우리 역사의 신사를 통해 고찰하면서 우리 민족은 천天 신화 계통이며, 일월(日月) 신화 계통의 천신족설(天神族說)이라는 것을 신화를 통해 입증하고 세계 어느 민족보다 우수한 민족이라는, 즉 선민사상(選民思想)이 전편에 걸쳐 엿보이고 있다. 따라서 저자는 조선사편수회에 있으면서 많은 전적(典籍)을 섭렵하고, 당시 일제(日帝)의 식민주의 사관에 대항한 민족주의 학자임이 본서에서 입증되고 있다.

　역자는 선생의 저서인 《조선무속고(朝鮮巫俗考)》와 《조선해어화사(朝鮮解語花史)》에 이어 또 변변치 못한 실력으로 본서 번역에 감히 손을 대어 선생의 심오한 학문에 누를 끼칠까 두렵기만 하다.

　어려운 시기임에도 출판을 맡아 준 동문선(東文選)에 감사드린다.

2007년 6월

始興 西海邊 一隅 麗江書室에서

李在崑 識

차 례

역자 서문 ——————————————————————— 5

제1장 고조선 단군 ——————————————————— 21
제1절 《고기(古記)》의 최초 단군 기사 ————————————— 21
제2절 환인(桓因)이 변하여 제석(帝釋)이 된 곡절 ——————— 23
  1. 승가(僧家)에서 제석신을 받드는 의식은 아래와 같다 ————— 26
  2. 속가(俗家)에서 제석신을 받드는 의식은 아래와 같다 ————— 27

제2장 단군 칭호의 증정(證正) ——————————————— 29
제1절 신단수(神壇樹) 밑에서 났기 때문에 壇君으로 일컬어진다는 것이 옳고, 단목(檀木) 아래 내렸기 때문에 檀君으로 이름하였다는 것은 잘못이다 ———————————————————— 29

제3장 단군(壇君)은 곧 신군(禮君)이다 ——————————— 35
제1절 신(禮)은 옛날의 신(神)자이다. 단군(壇君)은 곧 옛날의 신권군주(神權君主)로서 신군(禮君)이라고도 하였으며, 신(禮)자의 형태 또한 단(壇)·단(檀) 등과 비슷하다 ———————————— 35

제4장 고대의 단유(壇壝)에서 신을 제사하는 제도 및 신이 나무 밑으로 내려온 설 ————————————————— 39

제5장 신단수(神壇樹) ——————————————————— 43

차 례 11

【附】 삼신(三神) 및 소도(蘇塗) 고증학설 ———————————— 44
제1절 중국 사직(社稷)에 나무가 있는 제도 ———————————— 45
제2절 일본 히모로기〔神籬〕 사카키〔坂樹〕의 제도 ———————— 47
  1. 일본의 신리(神籬)를 히모로기(ヒモロギ, Himorogi)라고 하는데 이것은 조선의 옛말인 것 같다 ———————————————————— 49
  2. 웅신리(熊神籬)의 어원은 조선(朝鮮) 단군(壇君)의 고사(故事)에서 나온 것 같다 ———————————————————————— 50
제3절 우리말의 '곰〔儉, Kam〕' '곰'〔熊, Kom〕과 일본어의 '카무(カム, 神, Kam)' '쿠마(クマ, 熊, Kuma)'는 동일 어원인 것 같다 ———— 51
제4절 조선의 금줄(俺炸)과 일본의 주련(注連)은 신사(神事)에 사용되어서 그 근원이 같은 것 같다 ————————————————— 53
제5절 조선어의 신단수(神壇樹) 곧 '감나무〔神樹〕'와 일본어의 진판수(眞坂樹) 및 신나비(神奈備)는 같은 어원인 것 같다 ———— 55

제6장 부소량(扶蘇樑)·부소산(扶蘇山)의 신비(神秘) — 57
제1절 《신지비사(神誌秘詞)》와 《도선비기(道詵秘記)》 —————— 57
제2절 삼소(三蘇)의 근원이 단군(壇君)의 삼경(三京)에서 나왔다 — 66
제3절 조선왕조(朝鮮王朝)에서 《고조선비기(古朝鮮秘記)》를 불태워 버렸다 ——————————————————————— 70
제4절 신지선인(神誌仙人) 및 우리나라 역대 선인(仙人)의 명칭고(名稱考) ——————————————————————————— 73
제5절 부소(扶蘇)는 송악(松嶽), 신지(神誌)는 신지(臣智), 진단(震壇)은 조선(朝鮮)이다 ——————————————————— 76
제6절 《신지비사(神誌秘詞)》 아류(亞流)의 방증(旁證): 노생(盧生)의 《녹도서(錄圖書)》, 고구려(高句麗)의 비기(秘記) —————— 77

國號의 硏究

제7장 환국(桓國)은 천국(天國)이고 환인(桓因)은 천주(天主)이다(天神話) —————— 83

제8장 환국(桓國)은 해솟는 나라이다: 조선(朝鮮)이란 환국(桓國)의 역의(譯義)이다(日月神話) —————— 89

제9장 부여(夫餘)(天神話의 계통) —————— 101
    제1절 동부여(東夫餘) —————— 101
    제2절 북부여(北夫餘) —————— 102
    제3절 부여(夫餘)의 신속(神俗)(천신(天神)을 제사하는 것은 또한 단군(壇君)이다) —————— 103
    제4절 부여(夫餘)(태양신화(太陽神話)의 계통) —————— 104

제10장 예(濊)(天神話의 계통) —————— 107
    제1절 예(濊)의 신속(神俗)(천신(天神)을 제사하는 것은 역시 단군(壇君)이다) —————— 107

제11장 예맥(濊貊)(太陽神話의 계통의 國號) —————— 111
    제1절 조선 땅에 나라를 세우고 조선의 여속(餘俗)을 익히고, 희화(羲和)의 이름으로 부르고 희화(羲和)가 남긴 기예(技藝)가 있다 —————— 111
    제2절 〈의안(疑案)〉 예(濊)자와 왜(倭)자의 연구 —————— 113
    제3절 야마도(ヤマト) 명칭의 연구 —————— 115
    제4절 '히(ヒ, 日)'와 '해(日)' —————— 120

제5절 예(濊)・왜(倭)・예(曳) 등 글자가 같은 음으로 혼용된다 ── 120

제6절 예맥(濊貊)의 이동, 강릉(江陵)(옛날의 명주(溟州))은 예(濊)가 되고 춘천(春川)(옛날의 우수주(牛首州))은 맥(貊)이 된다 ── 122

제12장 삼한(三韓)(天神話의 계통) ── 127

제1절 천신(天神)을 제사 지내는 것 또한 단군(壇君)이다 ── 127

제2절 삼한(三韓)의 신속(神俗) ── 128

제3절 한국(韓國)은 곧 신국(神國)의 뜻이다 ── 129

제4절 삼한(三韓)의 소도(蘇塗)(神壇)는 단군조선(壇君朝鮮)의 학설에 바탕을 두었다 ── 131

  1. 삼일신(三一神)은 천일(天一), 지일(地一), 태일(太一)이다 ── 132

  2. 태일(太一)은 신한[辰韓], 천일(天一)은 말한[馬韓], 지일(地一)은 불한[弁韓]이다 ── 133

  3. 전삼한(前三韓) 창립자는 단군(壇君)이다 ── 134

  4. 수두[蘇塗]라는 고어(古語)는 신단(神壇)을 말하는 것이다 ── 134

  5. 흉노(匈奴)는 제단(祭壇)이 있는 곳을 칭하여 휴도국(休屠國)이라 하는데, 휴도는 수두[蘇塗]의 뜻이다 ── 135

  6. 《신지비사(神誌秘詞)》의 진단(震壇)(三朝鮮 全土의 명칭), 즉 신수두[臣蘇塗]의 뜻이다 ── 136

  7. 왕검(王儉)은 '님금(Nimkum)'이다 ── 136

  8. '님금[王儉]'은 신단(神壇) 주제자(主祭者)의 일컬음이다 ── 137

제5절 삼한(三韓)(해[日] 신화(神話)의 계통) ── 139

제13장 고구려(高句麗)(天神話의 계통) ── 141

제1절 동명제(東明帝)의 탄생 및 건국 ── 141

제2절 고구려의 천신(天神)에 대한 제사(祭祀) 및 기타 신사(神事) ── 144

【附】환도(桓都)・신주(神州)・신화(神化)・신록(神鹿) 등 이름 및 단군평양(壇君平壤)이 패수(浿水) 북쪽에 있다는 설 ── 148

제14장 고구려(高句麗)(해 神話의 계통) ——— 153
제1절 시조(始祖) 주몽(朱蒙)은 해의 아들이다 ——— 153
제2절 유리명왕(瑠璃明王)이 햇빛을 타고 신이(神異)한 것을 보이다 ——— 155
제3절 고구려 무덤 속의 일월성신(日月星辰) 벽화 ——— 156
제4절 고구려 평양의 신월성(新月城)과 만월성(滿月城) ——— 157

제15장 백제(百濟)(天神話의 계통) ——— 159
제1절 천신(天神)에게 제사 지내는 것도 또한 하나의 단군(壇君)이다 159
제2절 백제(百濟)(일신화(日神話)의 계통) ——— 162
제3절 백제 도읍 위례성(慰禮城)은 곧 월지성(月支城)이다 ——— 163
제4절 부여(扶餘) 반월성(半月城) ——— 163
제5절 거북 비결〔龜讖〕· 보름달〔月輪〕· 초생달〔月新〕의 말 ——— 164

제16장 가락(駕洛)(天神話의 계통) ——— 165
제1절 황천(皇天)이 명한 것, 이것도 하나의 단군(壇君)이다 ——— 165
제2절 가락 및 여러 나라의 유사한 신화대조표 ——— 172
제3절 가락(해〔日〕 신화의 계통) ——— 173

제17장 신라(新羅)(天神話의 계통) ——— 177
제1절 천자(天子) 강생(降生), 이것도 또한 하나의 단군(壇君)이다 — 177
제2절 천신(天神) ——— 178
제3절 일월신(日月神) ——— 179
제4절 성신신(星辰神) ——— 179
제5절 산천신(山川神) ——— 181

1. 산신(山神)의 이름자가 있으니 불교화된 것 같기도 하다 ——— 184
   제6절 용신(龍神) ——————————————————————— 186

제18장 신라(新羅)(日月神話의 계통) ————————— 197
   제1절 (국호(國號)) 서벌(徐伐)·서나벌(徐那伐)·서야벌(徐耶伐)
   (계명성(啓明星)의 뜻) ————————————————— 197
   제2절 (국호) 계림(鷄林)(월주(月主)의 뜻) ————————— 198
   제3절 (국호) 사라(斯羅)·신라(新羅) 등(일월(日月)의 뜻) ——— 199
   제4절 (일본어) 신라귀(新羅貴)(シラキ) —————————— 201
   【附】제5절 국호(國號) 시라(尸羅) 부회(附會) 불서(佛書) —— 202
   제6절 (씨명(氏名)) 박혁거세(朴赫居世)(해가 상서로운 광명이세
   (光明理世)의 뜻) ——————————————————— 203
   제7절 (씨명(氏名)) 석탈해(昔脫解)(일월(日月)의 의미가 있다) — 204
   제8절 (씨명(氏名)) 김알지(金閼智)(달 신화) ———————— 205
   제9절 (씨명(氏名)) 남해차차웅(南解次次雄)(일신(日神)을 숭배한
   의미가 있다) ————————————————————— 206
   제10절 (씨명(氏名)) 천일창(天日槍)(일신화(日神話)의 뜻이 있다) — 207
   제11절 (씨명(氏名)) 연오랑(延烏郞)·세오녀(細烏女)(일월(日月)의
   의미가 있다) ————————————————————— 208
   제12절 (종교) 일월신(日月神) 숭배 ————————————— 209
   제13절 반월성(半月城)·만월성(滿月城) —————————— 215
   제14절 반월형(半月形) 휘장(徽章) —————————————— 216

제19장 고려신사(高麗神事) ——————————————— 217
   제1절 단군기사(壇君記事)는 고려대(高麗代)에 처음 보인다 —— 217
   제2절 무축(巫祝) ———————————————————— 224

16 朝鮮神事誌

제3절 산천신(山川神) ———————————————————— 225
  1. 산천(山川) 신기(神祇) 훈호(勳號) ———————————————— 227
  2. 산천신(山川神)에게 제사하다 ———————————————— 228
  3. 산천신사(山川神祠) 및 여러 신묘(神廟) ——————————— 229
  4. 고려(高麗) 성황신사(城隍神祠) ——————————————— 238
  5. 도우신사(禱雨神祠) ————————————————————— 239
  6. 도교적(道敎的) 초제(醮祭) ————————————————— 241
제4절 유교적(儒敎的) 제사제도(祭祀制度) ——————————————— 245
제5절 선(仙)・불(佛)이 잡(雜)되게 섞인 신사(神事) —————————— 251
  1. 서경(西京) 팔성당(八聖堂) ————————————————— 251
  2. 양경(兩京) 팔관회(八關會) ————————————————— 257

제20장 조선신사(朝鮮神事)(檀君 天神話의 계통) ———— 269
제1절 제천(祭天)을 모두 단군(檀君)의 고사(故事)로 인하여 행하
였다 ————————————————————————————————— 270
제2절 단군봉사(檀君奉祀): 국가적인 제사 —————————————— 272
  1. 평양성(平壤府)에서 정시(定時)로 치제(致祭) ——————— 272
  2. 단군(檀君)의 축판(祝版)에서 조선국왕(朝鮮國王)으로 칭하다(왕이
    단군께 제사할 때의 자칭(自稱)) ———————————————— 272
  3. 단군(檀君)의 묘제(廟制)를 고쳐 정하다 —————————— 273
  4. 평양부(平壤府) 숭령전(崇靈殿)에서 단군을 향사(享祀) —— 274
  5. 구월산(九月山)에 단군묘(檀君廟)를 세우자는 건의 ———— 274
  6. 구월산 삼성당(三聖堂)의 내력 조사 ———————————— 275
  7. 구월산 단군사(檀君祠) 및 태백산신사(太白山神祠) ———— 281
  8. 단군(檀君)의 신주칭호(神主稱號)(조선시조(朝鮮始祖) 단군지위
    (檀君之位)) ——————————————————————————— 282
  9. 구월산 단군천왕당(檀君天王堂) —————————————— 282
  10. 다시 구월산 삼성묘(三聖廟)를 세우다 —————————— 283
  11. 해서(海西) 구월산의 삼성묘(三聖廟)를 개수(改修)하고 치제(致祭) — 286
  12. 단군사(檀君祠)에 치제(致祭) ——————————————— 286
  13. 숭령전(崇靈殿)으로 새로이 편액(扁額)을 달다 —————— 287

14. 삼성묘(三聖廟)에 독(櫝)을 설치 ——————————— 288
15. 삼성사(三聖祠)의 제사(祭祀) 의절(儀節)을 정하다 ——————— 288
16. 숭령전(崇靈殿) 치제(致祭) ——————————————— 291

제3절 참성단(塹城壇)의 제천(祭天)은 곧 단군을 제사하는 것이니
도초(道醮)의 의식도 섞여 있다 ———————————————— 292

제4절 우리나라 사람의 종교적 신앙 ——————————————— 294

제5절 조선(일월신화(日月神話) 계통의 최종(最終)) ——————————— 295

제6절 조선 시대에 악(岳)·진(鎭)·해(海)·독(瀆) 및 명산(名山)·
대천(大川)에 제사를 행하다 ——————————————— 297
  1. 상정국행산천단묘(詳定國行山川壇廟) 및 신패(神牌)제도 ————— 302

제7절 백두산(白頭山)을 북악(北嶽)으로 정했다 ——————————— 316

제8절 민속(民俗)의 제산(祭山) ————————————————— 319

제9절 사직(社稷) ———————————————————————— 322
  1. 국사(國社)·국직(國稷), 태사(太社)·태직(太稷) ————————— 326
  2. 주현(州縣) 사직(社稷) ——————————————————— 327
  3. 이사(里社) ——————————————————————— 327

제10절 제신실(祭神室) ————————————————————— 330

제11절 전사(戰士)를 제사하다 ————————————————— 332
  1. 전대(前代)의 장상(將相)을 제사하다 ————————————— 334
  2. 전대(前代)의 제왕(帝王)을 제사하다 ————————————— 335
  3. 숭의전(崇義殿)에 고려조(高麗朝)의 여러 신하를 배향(配享)하다:
     문종(文宗)이 배향을 명하다 ————————————————— 337

제12절 은(殷)·한(漢)·당(唐)·송(宋)·명(明)·청인(淸人)을 제사
하다 ——————————————————————————— 337
  1. 배향(配享)하는 여러 신하 ————————————————— 339

제13절 공자묘(孔子廟) ————————————————————— 341

제14절 관우묘(關羽廟) ————————————————————— 342

제21장 참고(參考): 만(滿)·몽(蒙) 여러 옛 나라의 풍속 ········ 351

제1절 숙신(肅愼) ········ 351

제2절 오환(烏丸) ········ 353

세3절 선비(鮮卑) ········ 355

제4절 거란(契丹)(遼) ········ 356

제5절 흉노(匈奴) ········ 359

제6절 여진(女眞)(金) ········ 361

제7절 몽고(蒙古)(元·韃靼) ········ 369

제8절 여진(女眞)(滿淸) ········ 375

  1. 만주(滿洲) 제천(祭天) ········ 379

  2. 만주사신(滿洲祀神) ········ 380

차 례 19

제1장
고조선 단군

제1절 《고기(古記)》의 최초 단군 기사

《삼국유사(三國遺事)》〈고조선〉〈왕검조선(王儉朝鮮)〉조

《위서(魏書)》에 의하면, 지금부터 2천 년 전에 단군왕검(壇君王儉)이 있어 아사달(阿斯達)[1](경(經)에 무업산(無業山) 또는 백악산(白岳山)이라고 하니, 백주(白州)의 땅에 있다 했으며 혹은 궐성(闕城) 동쪽에 있으니 지금의 백악궁(白岳宮)이 이것이다 하였다)에 도읍하고 나라를 열어서 이름하여 조선(朝鮮)이라 했으니 고(高: 唐堯)와 같은 때이다. 《고기(古記)》에 의하면, 옛날에 환국(桓國)제석((帝釋)을 말한다)이 있었는데 서자(庶子) 환웅(桓雄)[2]이 여러 번 천하를 생각하여 인간 세상에 내려오기를 원했다. 아버지가 아들의 뜻을 알고 삼위태백(三危太白)[3]을 내려

---

1) 阿斯達: 단군왕검이 평양성에서 다시 서울을 옮겼다는 전설의 지명. 평양 부근의 白岳山 또는 황해도 九月山이라고 한다. 成宗 3년(1472)에 구월산에 三聖祠를 세우고 桓因·桓雄·檀君의 세 분을 모셨는데, 日帝 시대에 폐쇄해 버렸다.
2) 桓雄: 환인의 庶子로 熊女와 결혼, 단군을 낳았다고 한다. 天帝子·天王 또는 天王郎이라고도 한다.
3) 三危太白: 三危山과 太白山. 삼위산은 중국 甘肅省 敦煌縣 남쪽에 있으며, 태백산은 백두산 또는 묘향산이라는 설이 있다. 또한 삼위는 세 개의 높은 산이며, 태백은 三危 중의 한 산이라고도 한다.

다보면서 널리 인간을 이익되게[弘益人間] 하라 하고, 천부인(天符印)⁴⁾ 3개를 주어 보내서 다스리게 했다. 웅(雄)이 무리 3천을 거느리고 태백산(太白山, 지금의 묘향산(妙香山)) 꼭대기 신단수(神壇樹) 아래 내려서 신시(神市)⁵⁾를 베풀었으니, 이를 환웅천왕(桓雄天王)이라고 한다. 풍백(風伯)·운사(雲師)·우사(雨師)를 거느리고, 곡식(穀食)·생명(生命)·병(病)·형벌(刑罰)·선악(善惡) 등 인간의 3백60여 가지 일을 맡아서 세상을 다스리고 교화하였다[在世理化].

이때에 한 곰과 한 호랑이가 같은 굴에 살아서 늘 신웅(神雄)에게 빌어 사람으로 화하기를 원하니, 신웅이 영애(靈艾)⁶⁾ 한 묶음과 마늘 20개를 주면서 말하기를 "너희들이 이것을 먹고 1백 일 동안 햇빛을 보지 않으면 사람의 몸을 얻을 수 있을 것이다" 하였다.

웅녀(熊女)가 함께 혼인할 자가 없어 매양 신단수(神壇樹) 아래에서 잉태하기를 원하였다. 웅(雄)이 잠깐 사람으로 화해서 혼인하여 아들을 낳았는데 부르기를 단군왕검(壇君王儉)이라 하였다. 당고(唐高) 즉위 50년 경인(庚寅)(당요(唐堯) 즉위 원년이 무진년(戊辰年), B.C. 2333)이니 50년이면 정사년(丁巳年)이고 경인년이 아니다. 의심스럽다)에 평양성에 도읍하고 비로소 조선(朝鮮)이라 칭하였으며, 다시 백악산(白岳山)으로 도읍을 옮겼다. 아사달(阿斯達)은 또 궁홀산(弓(方)忽山)이라고도 이름하니, 지금의 예달(禰達)이다. 나라를 누린 지 1천5백 년, 주(周) 무왕(武王) 즉위 기묘년(己卯年)에 기자(箕子)를 조선에 봉(封)하

---

4) 天符印: 桓雄이 天帝로부터 받아 가지고 내려왔다는 세 개의 寶印. 곧 帝位의 標識. 그 이름은 알 수 없으나 風伯·雨師·雲師(바람·비·구름)에 관한 印綬로 보기도 하고, 칼·거울·종자로 해석하는 이도 있다.

5) 神市: 上古 시대 神政 사회에서 이루어졌다는 최초의 도시. 諸神의 집회지이며, 민족의 靈場으로서, 《三國遺事》에 의하면 환웅천왕이 太白山 神壇樹 밑에 3천여 명을 거느리고 내려와서 神市를 열었다 한다.

6) 靈艾: 쑥을 가리킨다.

니 단군은 장당경(藏唐京)⁷⁾으로 옮겼다. 뒤에 아사달로 돌아와 숨어서 산신(山神)이 되었으니 수(壽)가 1천9백8세이다.

제2절 환인(桓因)이 변하여 제석(帝釋)이 된 곡절

고대에는 우주의 모든 현상을 가지고 그 공적을 신(神)의 행위로 돌려서 여러 가지 전설(傳說)을 낳았으니, 이것을 신화(神話)라 한다. 중국 반고(盤古)의 개천(開天),⁸⁾ 여와(女媧)의 연석(煉石)⁹⁾ 이야기 같은 것이니, 세계 각국이 모두 이와 같은 이야기가 없지 않다. 인도의 범천총신설(梵天總神說),¹⁰⁾ 유대[猶太]의 《구약(舊約)》〈창세기(創世記)〉, 일본 신화 시대[神代]의 《고지키[古事記]》등의 설화가 어느 하나도 신화(神話)의 유전(流傳)이 아닌 것이 없다. 단군 또한 이와 같을 뿐이다. 무릇 인류가 처음 났을 때에는 들에서 번식하여서 마을을 이루었으니, 그 아득한 옛날의 일은 구전(口傳)을 힘입을 뿐이고 그뒤로는 그림으로 그렸으니 복희씨(伏羲氏)의 팔괘(八卦), 바빌로니아[巴比倫]의 전문

---

7) 藏唐京: 箕子가 朝鮮에 封하게 된 뒤에 일시 옮겨 있었다는 地名. 唐藏京이라 기록한 옛 책도 있다.
8) 盤古의 開天: 天地開闢 초에 나타난 중국 전설상의 인물. 즉 천지가 어두워 있을 때 반고가 나와 천지를 淸陽과 濁陰으로 나누고, 中和로 인간을 잉태케 했다 한다. 반고는 1만 8천 세를 살았으며, 死後에 그의 기운은 바람과 비로, 소리는 우레로, 왼쪽 눈은 해[太陽]로, 오른쪽 눈은 달로 변했으며, 四肢五體는 四極五嶽으로, 혈액은 강물로, 筋脈은 地理로, 肌肉은 田土로, 髮髭은 별[星]로, 皮毛는 草木으로, 齒骨은 金石으로, 땀[汗]은 雨澤으로 화했다 한다. 일설에 머리는 四岳, 눈은 日月, 脂膏는 江海, 毛髮은 草木이 되었다는 등 많은 神話를 낳고 있다. 일명 渾敦氏라고도 한다.
9) 女媧의 煉石: 女媧는 蛇身人首이고 伏羲氏의 妹로 風姓이며, 五色의 돌을 반죽해서 하늘을 깁고 큰 자라의 발을 잘라서 四極에 세웠다고 하는 중국 神話上의 여인.
10) 梵天: 梵天王의 약칭. 바라문교의 敎祖인 우주만물의 創造神. 創造主 또는 부처가 사는 세계를 가리키기도 한다.

(博文), 이집트(埃及)의 상형문자(象形文字) 등이 이것이다. 그뒤에는 그림이 변하여 글자를 이루었으니 글자는 그림의 정교한 것이다. 그러므로 상고의 한 사회에서 문자가 있으면 맨 처음에 반드시 그 겨레의 옛일을 기록하여 천지가 어떻게 열리고 그 첫 조상이 어떻게 창조하였음을 말하니 이것이 신화의 원인이며, 《고기(古記)》는 신화를 기록한 서적인 것이다. 그러므로 어떤 겨레를 막론하고 그 겨레의 고대 일을 상고하려 한다면 옛 기록을 버리고 어디에서 구하겠는가.

우리 겨레는 몽고족(蒙古族)에 속하며, 북이(北夷)의 분파로서 동구이(東九夷)[11]가 되었다. 그 고대에는 치우(蚩尤)의 무축(巫祝),[12] 황제(黃帝)의 선도(仙道), 흉노(匈奴)의 제천배일(祭天拜日)에 접근하여서 백성을 교화하여 풍속을 이루었다. 단군의 사적(事蹟)은 곧 제천배일(祭天拜日)로서 무축(巫祝)에 가깝고, 또 선도(仙道)와도 맞으니 문화의 유래한 바를 미루어 생각하여 알 수 있다.

우리나라는 고대에 독립된 문자가 없어서 일을 기록하기에 족하지 못했으니 전설이 구전되어 내려왔다. 후세에 이르러 한문을 빌려 쓰게 되어 비로소 일을 기록했으니, 이것이 이른바 《삼한고기(三韓古記)》이다. 사군(四郡) 시대에 한토(漢土) 문화가 우리나라에 침투하여 왕검(王儉)의 이름을 사마천(司馬遷)의 《사기(史記)》에서 볼 수 있으니, 이것만으로도 입증될 수 있다. 그렇지만 단군이 천신(天神)을 신앙의 대상으로 삼아서 단유(壇壝)[13]를 만들어 제사를 행하였으니, 그 문화 정도

---

11) 東九夷: 고대 중국인들이 부르던 동쪽의 아홉 오랑캐 씨족. 곧 畎夷·于夷·方夷·黃夷·白夷·赤夷·玄夷·風夷·陽夷의 九族.
12) 蚩尤의 巫祝: 치우는 중국 신화상의 인물로서, 神農氏 때 黃帝와 중국 河北省 涿鹿의 들에서 싸울 때 巫祝으로 짙은 안개를 일으켜 괴롭혔는데, 황제는 指南車를 만들어 方位를 안 뒤 치우를 잡아 죽였다 한다. 뒷날 齊나라에서 兵主의 神으로 숭배되었다.
13) 壇壝: 높직하게 만들어 놓은 흙무더기의 터.

가 이미 고도의 영역에 이르러서 요(堯)·순(舜)이 교사(郊祀) 시(柴)·망(望)을 행한 것과 서로 비슷하다. 그리고 환인(桓因)·환웅(桓雄)·왕검(王儉) 3대의 설이 불교의 삼신(三身),[14] 도교의 삼청(三淸),[15] 예수(耶蘇)의 삼위(三位)[16]의 설과 함께 우연의 일치를 보았으니, 이 신성(神聖)의 역사는 실로 우리 민족의 빛이 된다. 미수(眉叟) 허목(許穆)의 《단군세가(壇君世家)》와 성호(星湖) 이익(李瀷)의 《단군강역(壇君疆域)》은 사가(史家)의 밝은 식견이라고 할 수 있으며, 또한 학자의 연구 대상이 된다. 그런데도 몇몇 고루한 유자(儒者)들은 중화(中華)를 숭배하고, 본국을 이적(夷狄)[17]으로 보고 있다. 간적(簡狄)이 현조(玄鳥)의 알을 삼키고서 상(商, 상의 시조 설(契)을 말한다)을 낳았음을 믿고, 강원(姜嫄)이 거인(巨人)의 발자국을 밟고 주(周, 주의 시조 기(棄)를 말한다)를 낳았음을 믿어서, 공자(孔子)가 이를 시〔詩經〕·서〔書經〕에 실어서 산개(刪改)[18]하지 않았다고 말하면서, 단군의 사적(事蹟)에 이르러서는 어리석은 자의 위찬(僞撰)으로 돌리니 이것이 무슨 심사인가.

고려 충렬왕(忠烈王) 때 이름을 견명(見明), 호를 일연(一然)이라고 하는 고승(高僧)이 있어 김부식(金富軾)의 《삼국사기(三國史記)》가 궐루(闕漏)가 많음을 보고서 《고기(古記)》의 기록에 근거하여 《삼국유사(三國遺事)》를 편찬하였으니, 내용이 비록 황당무계한 것이 많다지만 이것은 옛날로부터 전해 내려오는 신화이고 당시에 유행했던 옛 기록일 뿐 일연 선사가 제 마음대로 만든 것은 아니다. 《삼국유사》는 역사상 큰 가치가 있는 것이다. 지금의 사가(史家)가 옛일을 상고하려면 《삼

---

14) 三身: 佛家에서 나온 말로, 부처가 變身하여 法身·應身·報身佛의 세 부처로 되었다 한다.
15) 三淸: 道家에서 神仙이 산다는 三府를 이름. 곧 玉淸·上淸·太淸을 가리킨다.
16) 三位: 天主敎 또는 기독교에서 聖父·聖子·聖神을 말한다.
17) 夷狄: 오랑캐.
18) 刪改: 쓸데없는 글자나 글귀를 지우고 고치어 바로잡는 것.

국유사》가 아니고는 근거할 만한 것이 없다. 단군기사(檀君記事)의 대강이 《고려사(高麗史)》〈지리지(地理志)〉에 실려 있지만 그 세목(細目)은 얻을 수 없고, 홀로 《삼국유사》만이 《고기(古記)》 및 《위서(魏書)》를 인용하여 그 자세한 것을 술(述)하였으니, 신경준(申景濬)의 《강계지(疆界誌)》에서 《삼국유사》를 높이 평가하여 "우리나라에서 처음 나온 역사이다" 했음이 확실한 평이라 하겠다. 그렇지만 일연 선사가 환국(桓國) 아래에 망령되게 "제석(帝釋)을 말한다"로 주석(註釋)을 붙여서 신사(神事)의 천주(天主)가 드디어 불교의 제석(帝釋)으로 변하였으니, 예를 들어서 이종휘(李種徽)의 《수산집(修山集)》에서 구월산(九月山) 삼성사(三聖祠)를 일러 말하기를 "우리나라 사람이 오늘날 제석신(帝釋神)을 받드는 곳이다" 했음이 이것이다.

1. 승가(僧家)에서 제석신을 받드는 의식은 아래와 같다

우리나라 각 사찰에서 제석일(除夕日)이 되면 절 안에 중들이 각기 자기의 재미(齋米, 일상의 밥짓기를 위한 쌀)를 가지고 미고(米庫, 속어(俗語)로는 두도(斗度)라고 부른다)가 있는 곳으로 모여서 신위(神位)를 설치하고 제석신(帝釋神)을 봉안한다.

백지(白紙)에 옆의 양식대로 써서 미고(米庫) 벽에 붙이고 모두 3배(三拜)의 예를 행하고서 쌀을 광 안에 넣는다. 해마다 제석일이면 반드시 신위(神位)를 다시 만든다. 정월 초하루에 시작하여, 절 안의 별좌(別座, 쌀을 맡은 자. 미두(米頭)라고도 한다)가 매일 조석(朝夕) 재시(齋時)에 먼저 석제환인위(釋提桓因位)에 3배를 행한 뒤 쌀을 꺼내서 밥을 짓는다. 《삼국유사》에서 "단군이 곡식을 맡았다" 하였기 때문에 석제환인으로 미고(米庫)의 주신(主神)을 삼았으니, 이는 일연(一然) 선사의 환국(桓國)의 주석(註釋)이 잘못된 소치이다. 변명하지 않을 수 없다.

또 사찰의 신을 그린 벽화 속에 제석환인이 있음을 본다. 이는 불서(佛書)에 도리천주(忉利天主) 석제환인(釋提桓因)이 모든 천자(天子)를 거느리고 부처 있는 곳으로 와서, 공경하는 마음으로 불법(佛法)을 듣고 크게 기뻐하여 부처의 발에 입을 맞추고 계명(戒名)을 받아 봉행하였다고 했기 때문에, 석제환인이 모든 신의 첫머리에 열(列)하여 있어서 부처의 위덕(威德)이 능히 천주(天主)로 하여금 시봉하는 반열에 있게 함을 보여 주는 것이다. 예를 들어 《능엄경(楞嚴經)》 주석(상하이〔上海〕 마노경방(瑪瑙經房)의 간행본에 의거)에 의하면, 삼십삼천(三十三天), 즉 도리천(忉利天)이 수미산(須彌山) 꼭대기에 있으니 천주의 이름은 석제환인이고 호는 옥황상제(玉皇上帝)이다. 영산(靈山)에서 부처가 기(記)를 주면서 말하기를 "너는 내세에서 부처가 됨을 얻을 것이니 무착세존(無着世尊)이라 이름하라. 보경(寶鏡)이 있어 사천하(四天下)의 사람을 비쳐서 삼보(三寶〔佛·法·僧〕)에 귀의하는 자는 모두 그 하늘에 나게 하리라" 하였다.

지도론(智度論)의 제파나인석가주(提婆那因釋迦註)에 진(秦)은 능(能), 제파(提婆)는 천(天), 인(因)은 주(主)를 말하는 것으로 능천주(能天主)가 된다고 한 것 등이 이것이다. 석제환인이 또 호를 옥황상제라고 한 것은 도가(道家)의 색채를 띠고 있는데 이것은 뒷사람의 위주(僞註)임이 틀림없다. 도교와 불교의 혼동이 이같은 데서 빚어지고 있으니 변명하지 않을 수 없다.

2. 속가(俗家)에서 제석신을 받드는 의식은 아래와 같다

여항(閭巷)의 민가에서 흰 항아리에 쌀을 담아 다락방〔樓房〕에 안치하고 이를 '뎨셕 단디(Tsesoktanchi)' 또는 '뎨셕 항아리'라고 하니 '뎨셕'을 한자로 옮기면 제석(帝釋)이 되고, '항아리' 및 '단디'는 항(缸)이 된다. 해마다 가을 곡식이 익으면 햅쌀로 바꾸고, 이제까지 담아두었던 쌀로 흰떡을 빚고 소찬(素饌)·현주(玄酒, 맑은 물)를 마련하여 신(神)에게 바친다. 그리고는 가족에게만 그 떡을 먹게 하고 다른 사람에게는 주지 않는 것이 제석에게 복을 받는 것이기 때문에 그와 같이 하는 것이다. 10월에 농사가 끝나면 떡과 술을 마련하고 무녀(巫女)를 불러 제석굿을 하였으며, 신을 공경하여 모시는 가사가 있다. 이같은 풍속은 단군신시(壇君神市) 유전(遺傳)의 정신이다. 그러나 제석이라고 하는 것은 일연(一然)의 환국(桓國)에 대한 주석(註釋)의 오류인 것이다.

제2장
단군 칭호의 증정(證正)

제1절 신단수(神壇樹) 밑에서 났기 때문에 壇君으로 일컬어진다는 것이 옳고, 단목(檀木) 아래 내렸기 때문에 檀君으로 이름하였다는 것은 잘못이다

단군(壇君)의 이름(왕험(王險), 곧 왕검(王儉))은 《사기(史記)》에 보이고, 단군(壇君)의 호칭은 《위서(魏書)》 및 《고기(古記)》에 보인다. 그러나 고려 중엽에 김부식(金富軾)이 《사기(史記)》를 편수할 때에 밝혀서 언급하지 않았으며, 충렬왕(忠烈王) 시대에 이르러 일연(一然) 선사(禪師, 법명은 견명(見明)으로, 곧 보각국존(普覺國尊))가 널리 고대의 신비스런 기록을 모으고 항간(巷間)에 전래되는 풍요(風謠)를 수집하여 《삼국유사(三國遺事)》를 편술하여서, 《삼국사기(三國史記)》의 궐루(闕漏)를 보충하여 우리들 뒷사람으로 하여 단유(壇壝)에서 하늘에 제사한 시조(始祖)가 있었음을 알게 하였으니 우리나라 민족사 위에 남긴 공적은 실로 큰 것이다.

그러나 일연 선사에게도 한 가지 실수가 있었으니, 즉 《고기(古記)》에 "옛날에 환국(제석(帝釋)을 말한다)이 있었으니" 한 부분의 "제석(帝釋)을 말한다"라는 각주(脚註)가 그것이다. 《고기(古記)》에서는 분명히 환국(桓國, 환국은 곧 천국(天國)이라는 뜻이다. 육당(六堂) 최남선(崔南善)의 《계고차존(稽古箚存)》에서도 이와 같은 말을 하였다)이라고 하였는데, 일연 선사가 자기 생각으로 이처럼 주(註)를 달았다. 아마도 불서(佛書)에 "제석환인(帝釋桓因)이 도리천주(忉利天主), 혹은 삼십삼천주(三十三天主)가 되었다"라는 말이 있고, 또 환국(桓國)의 '국(國)' 자가 환인(桓因)의 '인(因)' 자와 모양이 서로 비슷하기 때문에 함부로 각주를 더한 것일 터이다. 뱀을 그리면서 발을 붙이고 살을 깎아서 부스럼을 만들었다고 하겠다.

　내 일찍이 《조선불교통사(朝鮮佛教通史)》를 저술하였는데, 단군의 일을 논한 부분에서 현행본 《삼국유사》에 의하여 환국(桓國)을 또한 제석환인(帝釋桓因)으로 단정하였으니 사실을 밝히지 못한 잘못은 후회하여도 미칠 수 없다. 그렇지만 이는 실로 과거의 기록이 정확하지 못한 데서 이같은 실수를 저지르게 된 것이다. 이제 다행히도 잘못을 바로잡을 수 있는 길을 얻었으니, 얼마 전에 교토〔京都〕제국대학 문학부에서 기증받은 것이 정덕(正德) 임신(壬申, 1512) 경주(慶州) 간행본 《삼국유사》 1부였다. 이것을 빌려서 이 책의 본래의 면목을 볼 수 있게 되었다. 그리고 또 자세히 점검하여서 비로소 이 책이 원래 순암(順菴) 안정복(安鼎福)(《동사강목(東史綱目)》의 저자)의 장본(藏本)에 속하며, 이리저리 굴러서 일본인 문학박사 이마니시 류〔今西龍〕의 손으로 흘러들어가서 교토 제국대학에서 인간(印刊)한 것임을 알았다. 안정복의 《동사강목(東史綱目)》〈고이(考異)〉의 〈부루는 마땅히 두 사람이 있어야 한다〔夫婁當有二人〕〉조에 〈단군기(壇君記)〉를 인용하였는데(즉 고구려의 주몽(朱蒙)과 북부여(北夫餘) 해부루(解夫婁)와의 관계이다), "단군기(壇君記)'에 '단군이 서하백(西河伯)의 딸을 아내로 맞이하여 아들을 낳았으니 이름을 부루(夫婁)라고 하였다' 했는데, 이제 이 기록(〈고구려기(高句麗記)〉를 말한다)에 의하면 '해모수(解慕漱)가 하백(河

伯)의 딸과 사통(私通)하여서 뒤에 주몽(朱蒙)을 낳았다'했으며, 〈단군기〉에는 '아들을 낳았으니 이름을 부루(夫婁)라고 하였다'했으니 부루와 주몽은 어머니를 달리하는 형제이다"하였다.

이 일단은 다른 책에는 빠져 있는데, 홀로 안정복이 이 기록을 인용하여 부루가 마땅히 두 사람이 있음을 증명했으니, 이 한 가지 일로 보아서 이 책이 안정복 가장(家藏)의 진본임을 알겠다. 그러나 안정복에게도 한 가지 잘못이 있으니, 즉 《고기(古記)》의 기록을 지워서 고친 것이다. 그 증거는 아래와 같다.

《고기(古記)》에 이르기를 "옛날에 환국(桓國), 제석(帝釋을 말한다)이 있었다"했는데(일연(一然)은 각주만 달았을 뿐 '국(國)' 자는 고치지 아니하여 아직도 《고기(古記)》에 진면목을 남기고 있다) 안정복(安鼎福)에 이르러서 붓으로 '환국(桓國)'의 '국(國)' 자를 지우고 환인(桓因)의 '인(因)' 자로 고쳐 만들었으니 흔적이 완연하다. 내 생각으로는 안정복이 환국(桓國) 밑에 각주(제석(帝釋)을 말한다)가 있는 것으로 보아서 환국의 '국(國)' 자는 필시 환인의 '인(因)'의 착오인 것으로 여겨 마침내 함부로 고쳤던 것이다. 거듭 잘못되고 천번만번 전하여서, 마침내 신화 시대 본연의 진상을 잃고 불가(佛家)의 한낱 가면을 낳은 것이다. 대체로 환국은 우리말로 천국(天國)의 뜻이니, 결코 제석천왕(帝釋天王)인 환인으로 고쳐서는 안 된다.

壇君을 檀君으로 고쳐 부르는 것을 옳지 않게 여기는 자에 약천(藥泉) 남구만(南九萬), 순암(順菴) 안정복(安鼎福), 여암(旅庵) 신경준(申景濬) 등이 있으니, 모두 《삼국유사》에 의거하여 단군(壇君)으로 일컫는 것이 당연하다고 생각하는 것이다. 이제 그들의 저술을 열거하여 참고하기로 한다.

남구만(南九萬), 《약천집(藥泉集)》〈단군(檀君)〉

구사(舊史) 〈단군기(檀君紀)〉에 이르기를 "신인(神人)이 태백산(太白山) 단목(檀木) 밑에 내려와 나라 사람들이 세워서 군주로 삼았으니, 때는 당요(唐堯) 무진년(戊辰年)이다······. 이 설(說)이 《삼한고기(三韓古記)》에 나온다" 하였다.

이제 《삼국유사》에서 《고기(古記)》의 설을 기재한 것을 보면, "옛날에 환인제석(桓因帝釋)의 서자 환웅(桓雄)이······ 태백산 정상 신단수(神壇樹) 아래 내려서 신시(神市)를 베풀었으니, 이를 환웅천왕(桓雄天王)이라 한다······. 이때에 한 곰이 있어······ 여자의 몸이 되어 매일 단수(壇樹) 아래에 와서 잉태하기를 원하니, 환웅이 잠시 사람으로 화해 혼인하여 아들을 낳으매 단군(壇君)이라 이름하였다" 했다. 이를 다시 말한다면 태백산 단수(壇樹) 아래 내린 것은 단군의 아버지이지 단군(壇君)이 아니며, 단수(壇樹) 아래에서 태어났으므로 단군(壇君)이라 일컫는 것이다.

안정복(安鼎福), 《동사강목(東史綱目)》〈단군이칭(檀君異稱)〉

《삼국유사》에서는 "신단수(神壇樹) 아래 내렸다고 해서 단군(壇君)이라 일컫는다" 하였고, 《통감(通鑑)》 및 《여지(麗志)》에서는 "단수(檀樹) 아래로 내려왔다 해서 단군(檀君)이라 일컫는다" 하였는데, 오늘날에는 《통감》 및 《여지》의 설을 따르고 있다.

신경준(申景濬), 《강계지(疆界誌)》〈전조선(前朝鮮)〉

단군왕검(壇君王儉)(《사기(史記)》에는 검(險)이 처음에 태백산(太白山) 정상 신단수(神壇樹) 아래 내리니, 나라 사람이 세워서 군주로 삼고 그 나라 이름을 조선(朝鮮)이라 하였다. (반계(磻溪) 유형원(柳馨遠)과 《여지지(輿地志)》에 이르기를, 태백산은 지금 평안도 영변부(寧邊府) 동쪽 1백20여 리 남짓 되는 곳에 있으니 지금은 묘향산(妙香山)이라 이름한다.)

내 생각건대 《삼국유사》에서 神檀을 神壇으로 만들고 檀君을 壇君으로 만들었는데, 《삼국유사》는 우리나라에서 처음 나온 사기(史記)일 뿐 아니라 신(神)자를 볼 때 단유(壇壝)의 단(壇)이 옳다고 본다. 신단(神壇)의 壇을 檀으로 만든 것은, 단목(檀木)이 두 종류가 있는데, 하나는 자단(紫檀)으로 향기가 있고 하나는 박달(朴達)로서 질(質)이 견고하여 재목으로 쓰인다. 태백산은 자단이 많기 때문에 묘향산으로 이름지어졌으니, 태백산 아래 사는 사람들이 자단을 가지고 단군(檀君)의 단(檀)으로 만들었다. 강동현(江東縣)의 진산(鎭山)을 대박산(大朴山)이라 하며, 아래 큰 무덤이 하나 있어서 단군묘(檀君墓)로 전해 내려온다. 대박(大朴)은 곧 박달(朴達)이고, 또 단군묘가 있기 때문에 이처럼 이름 붙인 것이다.

환웅천왕(桓雄天王)은 신단수 아래로 내려오고, 왕검신인(王儉神人)은 단수(壇樹) 아래에서 태어났기 때문에 단군(壇君)으로 이름하였다. 《위서(魏書)》 및 《고기(古記)》에서 이처럼 분명하게 밝혔으니, 이것은 실로 우리나라 신성(神聖)의 자취인 것이다. 국사(國史)를 편수하는 자가 특필하여 밝혀야 마땅한데도 불행히도 부유(腐儒)[1]의 손에 떨어져서 황탄(荒誕)[2]으로 돌리고 파묻어 두고 쓰지 아니하여서, 마침내 뒷사람으로 하여금 오리무중에서 배회하고 구의산(九疑山) 아래에서 방황케 하였으니 김부식(金富軾)이 우리 민족에게 득죄(得罪)함이 실로 크다.

조선 시대 이래로 국사를 편수하는 자가 비록 단군(壇君)을 조선의 시조로 인정하면서도 문득 "신인(神人)이 단목(檀木) 아래 내렸다" 하여 壇君을 檀君으로 고쳐 부르고 있으니, 대개 단수(壇樹)의 '壇' 자가

---

1) 腐儒: 현대에서 뒤떨어진, 곧 前時代의 생각을 고집하거나 완고하게 주장하는 선비를 가리킨다.
2) 荒誕: 言語·行動 등이 근거 없이 虛荒한 것을 말한다.

'檀' 자와 함께 형상과 음이 거의 같고, 또 단목(檀木)도 나무이기 때문에 壇樹를 단수(檀樹)로 고쳐서 단군(檀君)으로 일컬은 것이다. 마치 노담(老聃)이 이수(李樹) 아래에서 났기 때문에 성(姓)을 이(李)로 하는 것과 같은 예가 아니겠는가.

제3장
단군(檀君)은 곧 신군(禋君)이다

제1절 禋은 옛날의 神자이다. 단군(壇君)은 곧 옛날의 신권군주(神權君主)로서 신군(禋君)이라고도 하였으며, 禋자의 형태 또한 壇·檀 등과 비슷하다

 우리나라 《고기(古記)》에, 환국(桓國, 어떤 이는 환국(桓國)을 환인(桓因)으로 쓰고 있으나 이는 잘못이다. 환국은 고어에서 천국(天國)의 뜻이다)의 서자(庶子) 환웅(桓雄, 환웅은 고어에서 신무(神巫)의 뜻이 있다)이 무리 3천을 거느리고 태백산(太白山) 정상 신단수(神壇樹) 아래로 내려와서 세상을 다스렸는데, 풍백(風伯)·우사(雨師) 등을 통솔하여 곡식과 생명·병·형벌·선악 등 무릇 인간의 3백60여 가지 일을 주관하였으니, 이것을 신시(神市, 신시는 인민의 집회로서 무축(巫祝)·가무(歌舞)의 일을 표현한 것이다)라 이른다 하였다.
 이때에 신단수 아래 한 신웅(神熊)이 있어 환웅천왕(桓雄天王)에게 선약(仙藥)을 얻어 복용하고, 굴 속에 거처하며 햇빛을 피해서 여인으로 화하였다. 환웅천왕이 잠시 인간으로 화하여 혼인해서 아들을 낳았다. 신격(神格)의 인간이라 하여 왕검(王儉)이라 이름하였는데, 이가 단

군(壇君)이다. 신단수 밑에서 태어나고, 또 천신(天神) · 지기(地祇)를 제사하는 일을 맡았기 때문에 단군(壇君)이라 일컫는 것이다. (노담(老聃)은 나무 밑에서 나서 도교(道敎)의 원조가 되고, 석가(釋迦)는 나무 밑에서 태어나서 불교(佛敎)의 원조가 되었으니 교조(敎祖)의 탄생은 그 궤를 같이한다.)

우리나라 고대에 산 위 나무에 의지하여 단(壇)을 모으고 하늘에 제사함은 단군에서 비롯되었으며, 그 풍속이 지금까지 전하여 각 군과 읍 그리고 촌락이 진산(鎭山)에서 해마다 10월 또는 정월에 천제(天祭, 산제(山祭)라고도 한다)를 행하였는데, 그 제도는 나무가 있는 깨끗한 곳을 가려 흙을 쌓아 단을 모으고 왼새끼[左繩]를 두르고 흰 종이끈을 드리웠는데 이름하여 검줄[儉䋲, 곰줄, Kamchul](金 · 儉은 동음이며, 광부의 용어에 금토(金土)를 '곰흙'이라고 하니, 이것으로 '검(儉)'자를 옛사람이 '곰'으로 읽었음을 알겠다) 혹은 인줄[因䋲, Inchul]이라고도 한다. (지금 사람들이 신(神) · 불(佛) 앞에서 복(福)을 빌 때 등불을 밝히고 밤을 새우는데 또한 이름하여 인등(因燈)이라고 한다.) 이것으로 고대어에서 '인(因)'과 '검(儉)'이 모두 신의 뜻이 됨을 알 수 있다. 환검(桓儉)이라고 하는 것은 곧 천신(天神)의 뜻이고, 왕검(王儉)은 곧 대신(大神)의 뜻이다. 무엇으로 왕(王)을 대(大)로 하느냐 하면 우리말에 왕부(王父)를 한아비[大父], 대죽(大竹)을 왕죽(王竹)이라고 하는 것으로 인증할 수 있다.

그렇다면 검줄[儉䋲]은 신승(神繩)을 말한다. 일본의 신사(神事)에서 칠오삼(七五三)의 왼새끼를 쓰고 있으니, 우리 풍속의 검줄과 동원(同源)일 것만 같다. (아래에 그 설명이 있다.) 또 우리 풍속에 고개 위, 산의 구석진 길, 또는 길가 나무가 있는 곳에 돌을 쌓아서 단을 모으고 검줄을 치고 종이끈을 드리우고서 여무(女巫)가 도사(禱祀)하며 나그네가 복(또는 돈)을 빌어서 선왕당(仙王堂, 성황당(城隍堂)의 와전)이라고 하니, 이것이 모두 단군신단(檀君神壇)의 유의(遺意)인 것이다.

또 우리 풍속에 집에서 아이를 낳으면 삼신(三神)이 있음을 말하며(우리말에 태(胎)를 일러 삼(三)이라고 하니, 그렇다면 삼신(三神)은 곧 태신(胎神)을 말한다. 오늘의 풍속이 세 신[三神]으로 오인하는데, 말과 글의 혼동에서 오는 오류이다), 검줄을 문에 걸어서 불결한 사람이 문 안으로 들어오는 것을 기피한다. (혹 사흘에 한하고, 혹 이레에 한하며, 혹 삼칠일에 한한다.) 반드시 왼새끼를 쓰는데, 솔가지를 꽂고 또 숯덩어리(여아의 경우)를 쓰거나, 붉은 고추(남아의 경우)를 쓴다. 단군 신대(神代)의 유속인가 의심스럽다. 산가(産家)에서 줄 치는 것을 권초(捲草)라고 하는데, 성현(成俔, 조선 성종(成宗) 때 사람)의《용재총화(慵齋叢話)》〈소격서(昭格署)〉(노자(老子)를 제사하는 관서(官署))조에 다음과 같이 전한다.

궁중에서 아기가 탄생하면 권초(捲草)의 예(禮)가 있다. 탄생한 날에 새끼줄을 꼬아 방문 위에 걸고, 대신(大臣)으로서 아들 많고 재난이 없는 자에게 명하여 사흘 동안 소격전(昭格殿)에서 재계하고 초제(醮祭)를 거행토록 한다. 헌관(獻官)이 새끼줄을 말아 자루에 넣어서 옻칠한 함에 담고, 홍복(紅袱)으로 싼 뒤 근봉(謹封)하여 내자시(內資寺) 사고(司庫) 안에 보관한다. 갑인년(甲寅年) 봄 원자가 탄생했을 때, 내가 헌관이 되어 이 일을 행하였다.

그러면 또 이것이 도교(道敎)에서 나온 풍속인가 의심스럽다. 고대에는 신(神)과 선(仙)의 분별이 없었다. 단군의 행적은 신(神)이기도 하고 선(仙)이기도 하니, 어떤 사람은 왕검신인(王儉神人)으로 일컫고 어떤 사람은 왕검선인(王儉仙人)으로 일컫는다. 또 단군(檀君)이라는 이름은 태상노군(太上老君, 노자(老子))·도군황제(道君皇帝)·진군(眞君)·

동군(東君)·신군(神君) 등의 이름과 서로 비슷하다. 그리고 또 단군의 수(壽)가 1천9백8세이니 선인(仙人)이라고 말할 수 있다. 단군 시대에 신지선인(神誌仙人)의 이름이《용비어천가(龍飛御天歌)》에 보이고, 또 권람(權擥, 조선 세조 때 사람)의《응제시주(應製詩註)》에서《고기(古記)》를 인용하고 있으니 또한 단군이 신(神)으로 일컬어지고 선(仙)으로 일컬어지는 까닭을 방증할 수 있다.

《고기(古記)》에서 "환웅천왕이 신단(神壇)으로 내려와서 세상을 다스렸다〔在世理化〕"하나, 이것은 바로 천신(天神)의 화현인 것이다. 일본의 아마테라스 오미카미〔天照大神〕, 중국의 천황씨(天皇氏), 인도의 바라문(婆羅門, 대범천(大梵天)에서 났다), 유대〔猶太〕의 예수 그리스도〔耶蘇基督〕, 메카〔麥加〕의 마호메트〔摩訶麥〕와 서로 비슷하다.《고기》에서 또 이르기를 "풍백(風伯)·우사(雨師) 등을 거느리고 곡식과 생명·병·형벌·선악 등 무릇 인간의 3백60여 가지 일을 맡아 보았다" 했으니 이는 곧 인주(人主)의 행정인 것이다. 순(舜)이 상제(上帝)께 유제(類祭)하고, 6종(六宗)[1]에 인사(禋祀)하고, 산천에 망제(望祭)하고, 총신(叢神)을 두루 제사하며, 후직(后稷)으로 하여 백곡(百穀)을 경작하는 일을 맡게 하고, 설(契)로 하여 5교(五敎)[2]를 펴는 일을 맡게 하고, 고요(皐陶)로 하여 형벌을 맡게 한 일과 서로 비슷한 것이다.

---

1) 六宗: 여섯 가지를 높이어 제사 지내는 대상으로 여러 說이 있다. 孔子는《論語》에서 埋少牢於太昭(祭時), 祖迎於坎壇(祭寒暑), 主於郊宮(祭日), 夜明(祭月), 幽禜(祭星), 雩禜(祭水旱)이라 하였고, 劉歆은 乾坤의 六子로서 水·火·雷·風·山·澤이라 하였으며, 鄭玄은 星·辰·司中·司命·風師·雨師라 하였다.

2) 여기서 五敎는《孟子》滕文公篇의 使契爲司徒 敎以人倫, 곧 父子有親, 君臣有義, 夫婦有別, 長幼有序, 朋友有信의 五倫을 말한다.

제4장

고대의 단유(檀壝)에서 신을 제사하는 제도 및 신이 나무 밑으로 내려온 설

　고대 사람들은 신도(神道)로 가르침을 베풀어서 세상을 다스리고 백성을 교화하였으니, 여러 나라의 국속(國俗)을 상고한다면 모두 궤를 같이하고 있다. 그 천신(天神)을 제사 지내는 형식은 반드시 단유(壇壝)에서 우리 단군(壇君)이 한 일과 같다. 이제 아래에 그 예를 든다.

　[조선(朝鮮)]
　신단(神壇): 신시씨(神市氏), 신단수(神壇樹) 아래에서 풍백(風伯)·우사(雨師) 등을 거느리고, 곡식과 생명·병·형벌·선악 등 3백60여 가지 일을 맡아 보았다.

　[일본(日本)]
　히모로기(神籬): 진무 천황(神武天皇), 천향산(天香山)에 올라 단을 설치하고, 사카키(榊, 비쭈기나무)를 세워 조상신(祖上神)을 제사 지냈으니 이름하여 히모로기(神籬)라 하였다.

　[동북이(東北夷)]

기산(祈山): 숙신(肅愼),¹⁾ 돌을 쪼개서 산에 빌었다. 금(金)나라는 장백산(長白山) 신을 제사 지냈으며, 만청당자(滿淸堂子)는 간(杆)을 세워서 신(神)을 제사 지냈다.

대림(蹛林): 흉노(匈奴)는 천지 귀신을 제사 지냈다. 선비(鮮卑)는 버들가지를 세웠다. 요(遼)는 목엽산(木葉山)에서 나무를 세우고 하늘에 절[拜]하였다.

단(壇): 제사 지내는 장소인데, 평탄한 곳을 가려서(흔히 산 위) 흙으로 쌓는다. 《예기(禮記)》에 의하면, 태단(泰壇)에서 나무를 태워 하늘에 제사 지냈다.

[중국(中國)]

유(壝): 단(壇) 가장자리에 낮은 담을 두른 것이 유(壝)가 된다. 《주례(周禮)》에 의하면, 왕의 사(社)를 설치하는 일을 맡아 본다.

교(郊): 천지(天地)를 제사 지내는 제사 이름이다. 동지(冬至)에는 남교(南郊)에서 하늘을 제사하고, 하지(夏至)에는 북교(北郊)에서 땅을 제사한다.

교사(郊社): 《예기(禮記)》에 의하면, 교사의 예(禮)는 상제(上帝)를 제사하는 것이다.

환구(圜丘): 천단(天壇)이니, 동지(冬至)에 하늘에 제사하는 곳이다. 《주례(周禮)》〈소(疏)〉에 의하면, 흙의 높은 곳을 구(丘)라 하고 환(圜)은 하늘의 둥근 모양을 본뜬 것이다. 높은 곳인 까닭에 하늘을 섬긴다.

---

1) 肅愼: 滿州 동쪽에 거주하던 部族으로 古朝鮮 시대에 만주 동북 방면에서 수렵 생활을 하였다. 중국 史書에서는 息愼·稷愼으로 표기하고 있다. 고구려 西川王 때에(270~292) 일부가 복속되었으며, 廣開土王 때(391~413) 병합되었다. 뒤에 挹婁·靺鞨 종족이 肅愼의 후예로 추측된다.

방택(方澤): 지단(地壇)으로 그 제도가 네모나기 때문에 이름한 것이다.《주례(周禮)》에 의하면, 하지(夏至)에 진흙(澤) 안의 방구(方丘)에서 땅을 제사한다.

치(畤): 천신(天神)·지기(地祇)를 제사하는 곳이다. 치(畤)는 머무는 곳으로, 신령(神靈)이 위치하여 머무는 곳이다. 곧 영치(靈畤)와 같다.《사기(史記)》〈진기(秦紀)〉에 의하면, 서치(西畤)에서 상제(上帝)를 제사 지냈다. 대개 한(漢)나라 때 옹주(雍州)에 신명(神明)을 위해 깊은 곳을 높이 쌓고 치(畤)를 세워 상제(上帝) 및 일월제신(日月諸神)에게 제사하였다.

사직(社稷): 사(社)는 토지신이며, 직(稷)은 곡식신이다. 건국하면 단유(壇壝)를 세우고 제사한다.《예기(禮記)》에 의하면, 제의(祭義)는 건국의 신위(神位)로 오른쪽에 사직(社稷), 왼쪽에는 종묘(宗廟)를 세운다.

봉선(封禪): 태산(泰山) 위에 흙으로 단을 쌓고 하늘에 제사 지낸다. 하늘에 보답하는 공(功)을 봉(封)이라 하고, 태산 아래 소산(小山)에는 정결한 제단(祭壇)을 만들며 땅에 보답하기 위한 공이 선(禪)이다.

제준(帝俊): 얼요군저(孼搖頵羝, 산 이름) 위에 부목(扶木)[扶桑]이 있다. 골짜기가 있는데 이름이 온원(溫源)이며, 골짜기에 신이 있는데 이름이 사비시(奢比尸)로서 제준의 하계(下界) 벗이다. 천제(天帝)의 하계의 두 제단이 있다.(《산해경(山海經)》)

노자(老子): 오얏나무 아래에서 태어났기 때문에 성을 이(李)라 한다.(《도가서(道家書)》)

[인도(印度)]

석가여래(釋迦如來): 룸비니 동산[藍毗尼園] 나무 아래에서 탄생하였으며, 나무 아래에서 성도(成道)했고, 또 쌍림(雙林)에서 열반(涅

槃)에 들어갔다. (환웅천왕(桓雄天王)이 나무 아래에 하강하여 왕검(王儉)을 나무 아래에서 낳은 것과 같다.)

[유대〔猶太〕]
모세〔摩西〕: 시나이 산〔蘇來山〕 위에서 하나님〔上帝〕에게 묵시(默示)를 받다. (환웅천왕(桓雄天王)이 천부인(天符印)을 받고 태백산(太白山) 신단(神壇)에 내려온 일과 서로 비슷하다.)

[아라비아〔亞剌非亞〕]
마호메트〔摩訶麥〕: 메카 산〔麥加山〕에서 알라〔上帝〕에게 묵시(默示)를 받다. (환웅천왕(桓雄天王)이 천부인(天符印)을 받고 태백산(太白山) 신단(神壇)에 내려온 일과 서로 비슷하다.)

우리나라 단군의 아버지는 천제(天帝)의 아들이라 이르고, 단군의 할아버지는 천제라고 《고기(古記)》에 실려 있다. 신단(神壇)에서 제사하는 것은 자라난 근본을 잊지 않고 은혜에 보답하는 것이다. 우리나라(동이(東夷))와 옛날 여러 나라 시조는 천강(天降) 신화로서, 신을 섬기면서 하늘에 제사하는 것은 모두 단군신교(壇君神敎)의 계통이다. 그러므로 제사를 주관하는 사람은 단군 한 분이니, 단군(壇君)의 뜻이 이와 같다. 단목(檀木)의 군(君)은 나는 알지 못한다.

제5장

신단수(神壇樹)

단(壇)에 나무가 있음은 그 역사가 오래이다. 지금 사람이 고대의 신화적 종교를 연구하면서, 만약 나무를 잊고서 단(壇)을 말한다면 함께 옛 제도를 논하기가 부족하다. 왜냐하면 옛날의 교조(敎祖)는 나고 죽음에 있어 모두 나무와 관계가 있다. 노자(老子)는 나무 아래에서 나고, 석가(釋迦)는 출생·성도(成道)·입멸(入滅)이 모두 나무 아래에서 이루어졌으니 이것이 그 좋은 본보기이다. 우리나라를 말한다면, 환웅(桓雄)이 태백산 신단수 아래 내려와 신시(神市)를 베풀었고, 왕검(王儉)은 신단수 아래에서 태어나 단군(壇君)으로 일컬었다. 대체로 단(壇)과 나무를 가지고 신을 섬기는 것은, 동북이(東北夷) 여러 종족이 예로부터 전해 내려오는 고사이다. 이제 그 예를 든다.

숙신(肅愼) 기산(祈山): 《진서(晋書)》에, 숙신은 그 나라 동북쪽에 산이 있어 돌을 생산하여 그 이익이 철(鐵)에 가까웠으니, 이것을 캐낼 때에는 반드시 먼저 신에게 빌었다 하였다.

흉노(匈奴) 대림(蹛林): 《사기(史記)》〈흉노전(匈奴傳)〉정의(正義)에서, 안사고(顔師古)의 설을 인용하여 대(蹛)는 숲을 돌아서 제사 지내는 것이다 하였다.

선비(鮮卑) 수류지(竪柳枝):《사기(史記)》에, 선비의 풍속이 예로부터 전해 내려오기를 "가을 제사에 수풀이 없으면 버들가지를 세우고서 여러 사람들이 말을 달려 주위를 세 번 돌고 그만둔다" 하였으니, 이것이 그 유법(遺法)이다 하였다.

요(遼) 입수배천(立樹拜天):《요사(遼史)》〈사지(祀志)〉가한제산의(可汗祭山儀)에, 천신(天神)·지기(地祇)의 신위를 목엽산(木葉山)에 설치하고, 동쪽으로 가운데 서 있는 군수(君樹)[王樹]를 향하여 그 앞쪽으로 나무들을 심어서 제사한다 하였다.

여진(女眞) 당자입간목사천(堂子立杆木祀天):《만주원류고(滿洲源流考)》에 상세히 기록되어 있다.

조선의 단군은 바로 동이(東夷)의 군장(君長)이고, 또 그 단수(壇樹)의 제도가 가장 오래이니, 숙신(肅愼)·흉노(匈奴)·선비(鮮卑)·거란[遼]·여진(女眞) 등 몽고종(蒙古種) 나라들의 신교(神敎)의 시조가 된다. 단수(壇樹)의 제도는 진실로 동북이(東北夷)의 옛 풍속이지만, 중국·일본에 이르기까지도 그 아득한 옛날로 거슬러 올라가면 또한 그렇지 않음이 없다.

【附】 삼신(三神) 및 소도(蘇塗) 고증학설

신단재(申檀齋, 채호(采浩))[1]가 발표한 전후《삼한고(三韓考)》에 태일신(太一神, 단군(壇君))·소도(蘇塗, 신단(神壇))의 고증학설(考證學說)

---

1) 申檀齋: 申采浩(1880~1936)의 雅號로 본서에서는 '丹'이 아닌 '檀'으로 表記한 것으로 보아 '檀'은 '丹'의 誤記는 아닌 것 같으며, 日帝 때 '檀齋'로 쓴 것 같은 느낌이 든다.

이 있으니, 이제 그 학설에 의하여 계통도(系統圖)를 만들면 아래와 같다. (전후《삼한고(三韓考)》에 자세히 나타나 있다.)

태일신(太一神, 단군(壇君), 곧 삼조선(三朝鮮) 창립자)은 진조선(眞朝鮮)—진한(辰韓), 천일신(天一神)은 막조선(莫朝鮮)—마한(馬韓), 지일신(地一神)은 번조선(番朝鮮)—변한(弁韓)이다.

단군삼경(壇君三京, 삼신(三神)에 응하는 대상)·오가(五加, 오제(五帝)에 응하는 대상)·부여(夫餘)·고구려(高句麗)·백제(百濟)·신라(新羅)·발해(渤海)가 모두 그 계통이다.

마한(馬韓) 각 읍은 천군소도(天君蘇塗, 열국신단(列國神壇))·신소도(臣蘇塗, 대신단(大神壇)의 나라로 열국신단(列國神壇)의 나라를 총관)·진단(震壇, 신소도(臣蘇塗)로서 삼조선(三朝鮮) 전토(全土)의 명칭).

흉노(匈奴) 휴도국(休屠國, 제단(祭壇)이 있는 나라를 이름하여 휴도(休屠)라고 하였다)은 곧 소도(蘇塗)이다. 흉노는 본디 조선과 같은 종족에서 나온 것인가 의심스럽다. 그렇지 않으면 혹 고대에 두 나라가 같은 통치하에 있었을는지도 모른다.

제1절 중국 사직(社稷)에 나무가 있는 제도

《백호통(白虎通)》: 〈교특생(郊特牲)〉에 "사직에 나무가 있는 것은 어찌 된 것인가?" 높여서 표지(標識)로 삼아 백성들로 하여금 바라보고 공경하는 마음을 일으키게 하는 것이니, 그 공적을 표상(表象)하는 것이다 하였다. 그러므로《주관(周官)》에 "사(社)에 나무를 심으니 각각 그 토지에 나는 것을 가지고 한다" 하였고, 《상서(尙書)》에 "대사(大社)에는 소나무, 동사(東社)에는 잣나무, 남사(南社)에는 가래나무, 서사(西社)에는 밤나무, 북사(北社)에는 홰나무를 심었으며, 왕이 가서 친히 제사한다" 하였다.

《주관(周官)》: 〈사도직(司徒職)〉에 이르기를 "사직(社稷)의 담[壇]을 만들고서 나무를 심는데 전주(田主)가 각기 그 사(社)에 맞는 나무를 심는다" 하였고, 〈소사도(小司徒) 봉인직(封人職)〉에 이르기를 "왕의 사유(社壇)를 시설하는 일을 맡아서 기봉(畿封)[境界]을 위하여 나무를 심는다" 하였다.

《논어(論語)》: 애공(哀公)이 재아(宰我)에게 사(社)를 물으니, 재아가 대답하기를 "하후씨(夏后氏)는 소나무를 심었고, 은(殷)나라 사람은 잣나무를 심었으며, 주(周)나라 사람은 밤나무를 심었으니, 이는 토지의 마땅한 것입니다" 하였다.

상고하면 사(社)는 토신(土神)이고, 직(稷)은 곡신(穀神)이다. 그 제사하는 제도가 단(壇)과 나무로써 하고, 사직은 또 건국(建國)의 신위(神位)(《예기(禮記)》〈제의(祭義)〉에 "건국의 신위는 오른쪽은 사직(社稷)이고, 왼쪽은 종묘(宗廟)이다" 하였다)가 되니 단군의 일과 서로 부합된다. 조선의 단군이 신도(神道)로 가르침을 베풀어서, 태백산 신단수 아래에서 나라를 세우고 교화를 행하였으므로 단군을 일컫는다. 태백산(또는 묘향산이라고도 한다)에 단목(檀木, 단목은 두 종류가 있는데, 하나는 재목(材木)으로 쓰이는 단목이고 하나는 향목(香木)으로 쓰이는 단목으로, 자단(紫檀)·백단(白檀)과 같은 것이다. 세상에서 단군(檀君)을 일컬음은 향단(香檀)을 가지고 말하는 것이니, 태백산을 묘향산이라고 해서 단군(檀君)이 강탄(降誕)한 곳으로 만든 까닭을 추찰할 수 있다)이 많으니, 그렇다면 단군(壇君) 시대의 신단수(神壇樹)도 그 토지에 마땅한 단목(檀木)으로 한 것이 아니겠는가. (후세에 壇君을 고쳐 檀君으로 한 것도 여기에 말미암은 것인지도 모른다.)

　단군(壇君)이 신단(神壇)에 나무를 세워서 제사를 행하였으며, 또 곡식을 맡아 보았다고 하였는데, 중국 고대의 사직에 단과 나무를 가지고 하였음이 조선 단군신교(壇君神敎)의 계통이 아닌가 싶다. 중국에서 가장 오래된 사(社)의 제도는 하후씨(夏后氏)[2]에서 비롯되어 소나무를 가지고 했고, 은(殷)나라가 잣나무, 주(周)나라가 밤나무를 가지고 그뒤를 이었으니, 이것은 모두 조선 단군보다도 뒤늦은 것이다. 《고기(古記)》 및 《동사(東史)》에서, 단군이 아들 해부루(解夫婁)를 보내 옥백(玉帛)을 가지고 하후(夏后)의 도산(塗山) 모임에 참석했다 하였으니, 당시에 문물(文物)이 서로 통한 일을 또한 알 수 있다.

제2절 일본 히모로기〔神籬〕사카키〔坂樹〕의 제도

　일본 신대사(神代史)의 여러 기록을 상고하건대, 상고 시대의 신을 제사 지내는 데는 흔히 히모로기〔神籬〕를 만들어서 조상신을 제사 지냈다. 예를 들어서 진무 천황〔神武天皇〕이 천향산(天香山)에 단(壇)을 만들고 4지(四至, 동·서·남·북)에 비쭈기나무(사카키〔榊〕)를 세워 신을 강림케 하였는데, 이것을 히모로기〔神籬〕라 이름한다. 대개 일본의 신사(神事)에는 반드시 비쭈기나무를 썼는데, 그 유래를 고찰하면 아마테라스 오미카미〔天照大神〕의 고사(故事)에서 비롯되었다. 《니혼쇼키〔日本書紀〕》에 의하면, 아마테라스 오미카미가 소전명존〔素戔嗚尊〕의 무상

---

　[2] 고대 중국의 禹가 舜의 禪을 받아 임금이 되어 국호를 夏 또는 夏后氏라 하였다. 禹는 黃帝의 증손으로, 성은 姒氏, 이름은 文命, 號를 禹라 하였다.

제5장 신단수(神檀樹) 47

(無狀)함을 노여워해서 천석굴(天石窟)로 들어가 돌문을 닫고서 숨어 버렸다. 그 때문에 상하 사방이 어두워서 밤낮이 바뀌는 것을 알지 못했다. 이때에 80만 신(神)이 천안하(天安河) 주변에 모여서 그 비는 방법을 의논했다……. 천향산(天香山)의 5백 그루 진판수(眞坂樹)를 캐가지고…… 함께 기도하게 되었으니 원녀군(猿女君)의 원조(遠祖) 천전여명(天鈿女命)이 띠풀로 감은 창(槍)을 손에 쥐고 천석굴(天石窟) 문 앞에 서서 교묘하게 광대놀음을 하고, 또 천향산의 진판수를 가지고 넝쿨을 만들었다고 운운하였다.

이같은 기록에 의거한다면 후세에서 진무 천황〔神武天皇〕이 아마테라스 오미카미〔天照大神〕를 제사함에 있어 히모로기〔神籬〕를 만들고 판수(坂樹, 사카키〔榊, 비쭈기나무〕)를 세운 것도 앞 기록의 고사(故事)에 따른 것이다. 조선의 신시씨(神市氏, 환웅천왕(桓雄天王))가 태백산(혹 묘향산으로 일컫기도 하고, 세상에서 단군의 무덤이 있다고 일컬어진다)의 신단수(神壇樹) 아래 내려와 웅녀(熊女)가 기도하여 햇빛을 금기(禁忌)한 일이 있고, 일본은 아마테라스 오미카미가 석굴(石窟) 안으로 들어가서 사방이 어두워지고 또 원녀(猿女)가 있어 기도하여 향산(香山)의 판수(坂樹) 아래로 내려온 일이 서로 유사하다. 이런 것이 한두 가지가 아니기 때문에 연구할 문제가 된다. (또 상고하면 아오야나기 미나미메이〔青柳南冥〕가 저술한 《조선문화사론(朝鮮文化史論)》〈일선신대사(日鮮神代事)〉에 의하면, 소전명존(素戔嗚尊)이 그 아들 오십맹명(五十猛命)을 데리고 근(根)의 나라로 건너가서 증시무리(曾尸茂梨)의 땅에 살았다. 근(根)의 나라란 모국(母國)의 뜻이며, 증시무리(曾尸茂梨)는 지금의 강원도 춘천(春川)이라 하였다. 그렇지만 옛날의 사기(史記)에서 오십맹명(五十猛命)의 어머니가 웅인종(熊人種)임을 말하는 등 일본 민족과 한민족(韓民族) 사이의 고대사(古代史)는 더욱 명확치 않은 바가 있다 하였다.)

1. 일본의 神籬를 히모로기(ヒモロギ, Himorogi)라고 하는데 이것은 조선의 옛말인 것 같다

일본의 옛말을 상고하면 신리를 히모로기(ヒモロギ)라고 하는데 오늘의 일본 사람들이 모두 어떻게 해서 그렇게 되는 것인지 이해하지 못하고 있다. 나는 그 어원(語源)이 우리말에서 나왔다고 생각한다. 무엇을 가지고 증명하는가.

《니혼쇼키〔日本書紀〕》: 수인천황(垂仁天皇) 3년〔신라 박혁거세 31년경, 곧 B.C. 27년에 해당한다〕 봄 3월에 신라 왕자(王子) 천일창(天日槍)이 와서 귀순(歸順)했다. 우대옥(羽大玉) 1개, 족고옥(足高玉) 1개, 제록록적석옥(鵜鹿鹿赤石玉) 1개, 출석소도(出石小刀) 1개, 출석모(出石桙) 1개, 일경(日鏡) 1개, 웅신리(熊神籬) 1구(具) 등 일곱 가지 물건을 가지고 왔으니 단마국(但馬國)에 간직해서 언제나 신물(神物)로 삼았다. (이것이 후세에 출석신사(出石神社)의 보장(寶藏)이 되었다. 《파마국풍토기(播磨國風土記)》에는 대기귀신(大己貴神)이 국토를 경영할 때 건너온 것으로 기록되어 있다.)

이 기록에 근거해서 히모로기〔神籬〕가 본디 조선 물건임을 알겠다. 그러나 히모로기는 신단(神壇)이기 때문에 가지고 다닐 수 있는 물건이 아니다. 그리고 《서기(書紀)》에서 가리키는 것은 바로 웅신리(熊神籬)이다. 그렇다면 웅신리 세 자(字)는 크게 연구할 가치가 있는 것이다. 이제 연구안(研究案)을 아래와 같이 고안한다.

2. 웅신리(熊神籬)의 어원은 조선(朝鮮) 단군(壇君)의 고사에서 나온 것 같다

《삼국유사(三國遺事)》《고기(古記)》에, 한 곰이 있어 사람의 몸을 얻기를 원하여 신단수 아래 와서 기도하니 환웅천왕이 파와 마늘[葱蒜]을 주어 먹이고 1백일 동안 햇빛을 보지 말기를 명하여 삼칠일[21일]에 이르러서 사람의 몸을 얻었다고 하였다. 그렇다면 이른바 웅신리(熊神籬)는 이 고사(故事)가 신라에 전하고 다시 일본으로 흘러 들어가서 이른바 '히모로기(ヒモロギ)'로 불려지는 것이 아니겠는가.

우리말에 태양을 '해(Hai)'라고 하는 것은 일본말의 '히(ヒ, Hi)'와 매우 비슷하다. 이것이 '해(ハイ)'가 변하여 '히(ヒ)' '히모로기(ヒモロギ)'로 된 이유이다. 우리말로 '부지(不知)' '불견(不見)' '기피(忌避)'의 뜻이 되니, 다시 말해서 웅신리(熊神籬)의 '히모로기'는 우리말의 '해모로기(Haimorogi)'가 된다. 웅녀(熊女)가 신단굴(神壇窟) 속에 있어서 햇빛을 기피했던 고사의 유전(遺傳)인 것 같다. 또 '모로기(モロギ)'는 우리말로 방우(方隅)의 뜻이니, 산의 모퉁이를 '산모로기'라고 하는 것과 같은 것이다. 방우(方隅)와 단유(壇壝)는 모양이 심히 비슷한데 웅녀(熊女)가 신단에서 햇빛을 기피하던 일을 형용해서 웅신리 '곰해모로기'라고 해도 말이 될 수 있다.

일본사(日本史)에서 천일창(天日槍)을 신라(新羅)의 왕자라고 했는데 우리 역사에는 전연 근거가 없다. 천일창이 일본에 건너간 것이 수인천황(垂仁天皇 3년, B.C. 27) 때에 있었고, 그 해가 박혁거세(朴赫居世) 32년에 해당한다지만[박혁거세 31년에 해당한다] 박혁거세에게 처음부터 그와 같은 아들이 없었던 것을 어찌하랴. 만약《파마국풍토기(播磨國風土記)》의 대기귀신(大己貴神)이 국토를 경영할 때에 건너갔다는 설에 의거한다면 조선고기(朝鮮古記)의 단군(壇君)과 웅신설(熊神說) 등 혹 상당(相當)할 수도 있다.

조선과 일본 고대의 민족문화의 교류는 고고학(考古學) 및 언어학(言語學) 위에서 고증하는 것만 같음이 없다. 근일 일본 고고학자 토리이타 츠조〔鳥居龍藏〕 및 우메하라 마시지〔梅原末治〕 등이 모두 고고학(석기(石器)·도기(陶器)·동기(銅器) 등 유물)을 가지고 민족 문화가 우리나라에서 일본으로 들어간 형적(形跡)을 증명했고, 어학자 미야자키 미치사부로〔宮崎道三郎〕 및 가나자와 쵸조로〔金澤庄三郎〕 등은 모두 언어학상의 소견을 가지고 우리나라와 일본 사이의 언어의 상통을 증명하였다.

제3절 우리말의 '곰〔儉, Kam〕' '곰〔熊, Kom〕'과 일본어의 '카무(カム, 神, Kam)' '쿠마(クマ, 熊, Kuma)'는 동일 어원인 것 같다

인(因)(환인(桓因)의 인(因))·웅(雄)(환웅(桓雄)의 웅(雄))·검(儉)(왕검(王儉) 혹 환검(桓儉)의 검(儉))·웅(熊)(신웅(神熊)의 웅(熊))은 우리나라 고어(古語)로서 모두 신(神)의 뜻이 들어 있다. '신(神)'자는 본디 한자이며 우리말이 아니다. 그렇다면 우리나라 고어에도 반드시 신이라는 고유명사가 있을 터인데, 나는 이것을 '검(儉)' 자로 충당하려 한다. 무엇을 가지고 그렇다고 하는가. 우리의 신사(神事)에는 반드시 왼새끼를 쓰며, 이것을 이름하여 '곰줄〔儉虄, Kamchul〕'이라고 한다. 우리말에 신에 접한 것 같은 일을 형용하여서 말하기를 '곰싹갓다' 하는데, '곰'은 곧 신이고, '싹'은 곧 접반(接伴)의 뜻이다. 또 신실(神室)을

'곰실'이라고 한다. 어떤 이는 말하기를 "곰은 감(龕)이라 하니 이것이 아니다. 《자서(字書)》에, 합룡(合龍)은 탑(塔) 밑의 방이라 하였다. 신주(神主)를 두는 곳이 아님이 분명하다" 하였다.

이능화는 말하기를 감악산(紺岳山)·금성산(錦城山)·검단산(黔丹山)은 모두 옛날의 신산(神山)이고, 흑수(黑水)·웅진(熊津)은 신수(神水)의 뜻이 된다고 한다. 또 '곰[熊]'과 '곰[儉]'은 음이 서로 비슷하며 모두 신의 뜻이 있다고 한다. 곰줄[儉㪻]을 또 인줄[因㪻, Inchul]이라고도 하는데 또한 신의 뜻이 된다. 또 고어에서 무당을 차차웅(次次雄, 빨리 부르면 자충(慈充)이 된다)이라고 하는데, 무당은 신을 제사 지내는 사람이니 그 신사(神事)로 인하여 이름을 얻었음을 알 수 있다. 일본말에서 신을 '카무(カム)'라 하고, 일본의 고서인 《출운풍토기(出雲風土記)》주(註)에 신호리(神戶里)·신호향(神戶鄉)·신문군(神門郡)·신원향(神原鄉)·신원사(神原社) 등의 증명이 있다. 혹 '카미(が)'라고 하여 우리말의 '곰[儉]'과 서로 같고, 일본말에서 곰을 '쿠마(クマ)'라고 하여 우리말의 '곰[熊]'과 비슷하니 이는 그 어원이 서로 같은 것이다.

어떤 사람이 내게 묻기를 "'검(儉)'의 본음 '금'을 왜 '곰'으로 풀이하여 억지로 일본말의 '카미(が, 神)'에다 끌어대서 맞추는가" 하였다. 내가 대답하기를 "《훈민정음(訓民正音)》(언문(諺文))의 'ㆍ'를 'ㅡ' 'ㅏ' 'ㅜ'의 음에 통용하는 것이 빈번히 많으니, 마치 '천(天)' 자의 훈(訓)이 본디 '하눌'인 것을 혹 '하늘'이라고 하고, 혹 '하날' '하눌'이라고 하는 것이 이것이다. 이를 가지고 유추(類推)한다면 검(儉)의 본음 '감'이 '금'이 될 수도 있는 것이다. 우리말에 검(儉)과 금(金)이 모두 음이 '금'인데, '금'이 '곰'으로 되었다. 이제 그 증거가 있으니, 우리 풍속에 광부가 흙을 파헤쳐 금(金)을 찾아서 금(金)이 들어 있는 토질을 발견하면 '곰흙(Kamhurk)'이라고 하고, 돌을 캐서 금을 찾아서 금이 들어 있는 석질(石質)을 발견하면 '곰돌(Kamtol)'이라고 한다" 하였다.

제4절 조선의 금줄〔儉茟〕과 일본의 주련(注連)은 신사(神事)에 사용되어서 그 근원이 같은 것 같다

우리나라에서 금줄을 신사(神事)에 사용하는 것은 앞에서 설명한 바 있어 여기에서 거듭 말하지 않겠다. 일본 풍속에 신(神)을 제사 지낼 때 역시 왼새끼를 쓰는데, 기록을 상고한다면 아마테라스 오미카미〔天照大神〕시대에서 비롯되었다고 한다.

《니혼쇼키〔日本書紀〕》: 아마테라스 오미카미가 천석굴(天石窟)로 들어가 돌문을 닫고 숨어 살았다. 이때에 80만 신이 모여서 함께 기도하니 아마테라스 오미카미가 문을 열고 광경을 엿보았다. 수력웅(手力雄)이 손으로 아마테라스 오미카미를 끌어당겨서 밖으로 끌어내고 중신기부신(中臣忌部神)이 단출(端出)의 새끼줄을 둘렀다. (새끼줄은 왼새끼로 단출한다. 이것을 사리구미나파(斯梨俱米奈波)라고 한다.)

《화한삼재도회(和漢三才圖會)》〈주련(注連)〉(단출(端出)의 새끼줄이니 일본 이름으로 이구배나파(利久倍奈波)라고 한다. 칠오삼승(七五三繩)을 속명(俗名)으로 미나파(米奈波)라고 한다): 주련승(注連繩)을 상고하건대 신전(神前) 및 문에 쳐서 불결을 피한다. 새끼는 볏짚을 쓰며 8치 남짓하다. 본단(本端)이 나오고 칠오삼(七五三) 줄기〔莖〕를 세서 왼새끼를 꼰다. 그 때문에 단출(端出)의 새끼라고 이름한다. 무릇 미곡(米穀)은 사람의 생명이 매여 있는 지보(至寶)로서 풀도 여기에 더할 것이 없으니 신명(神明)이 이를 칭송하고 아름답게 여긴다. 세미(洗米)·산미(散米)·

신천(新薦)에 주련승(注連繩)이 가장 중히 여기는 것이다.

《성설유고(醒雪遺稿)》: 문에 주련(注連)을 두르는 것은 상고(上古)의 습관인데, 이것은 신대(神代)에 아마테라스 오미카미가 천석굴의 암호(岩戶)를 나왔을 때 고구미승(尻久米繩)을 둘렀다는 고사(故事)에서 유래한다고 한다.

조선 시대 성종(成宗) 때 성현(成俔, 호는 용재(慵齋))이 벼슬살이를 하였는데 새로 난 원자(元子)를 위하여 헌관(獻官)의 임무를 받아 소격서(昭格署, 노자(老子)를 제사하는 곳)에 제사하고 권초례(捲草禮)[3]를 행하였다. 궁중에서 아이가 나면 볏짚으로 꼰 새끼줄(왼새끼)을 방문 문짝 위에 달았다고 한다. 오늘날 여항(閭巷)에 아직도 이같은 풍속이 남아 있다. 그렇다면 금줄이 단군에서 나오고, 단군은 신(神)도 되고 선(仙)도 되기 때문에 금줄을 도가(道家)에서 취하여 썼던 것일까? 일본 고대에서 신성(神聖)의 명호(名號)를 존(尊), 도가(道家)에서 천존(天尊)의 명호(名號)) 또는 명(命, 예를 들어서 소전명존(素戔嗚尊)·천전여명(天鈿女命) 등 명호)이라고 하는 것은 본디 도가(道家)의 색채를 띤 것이다. (이 말이 문학박사 구로한 쇼비〔黑板勝美〕의 《일본도교설(日本道敎說)》에 나온다.) 그렇다면 일본 신사(神事)에서 주련승(注連繩)을 쓰는 것이 우리 풍속에서 금줄을 쓰는 것과 함께 모두 도가(道家)의 유풍이 있는 것이다. 우리나라 사람들이 아들을 건명(乾命)이라 하고 딸을 곤명(坤命)

---

3) 捲草禮: 妃嬪에게 産候가 보이면 內醫院 提調가 모든 執事官을 거느리고 産殿房에 들어가 吉한 방향에 産座를 만들고, 방의 사방에 安産을 축원하는 符籍을 붙이고 醫官을 언제든지 부를 수 있도록 방울을 軒廳에 매달았다. 이렇게 산실을 안배한 다음 길한 방향을 살펴서 顯草할 문을 정하고, 門楣에 못을 박고 紅纓을 늘어두었다가 몸을 풀면 홍영을 매달고 7일이 지난 뒤 捲草官이 命銀·命米·命紬·命絲 등을 진열하여 焚香祭告하고, 그 藥席을 漆櫃에 넣고 紅褓로 싸서 남으면 內資寺, 여아면 內侍府의 창고에 넣어두었다는 조선조 궁중에서 베풀던 의식이다.

이라 하여 신(神) 앞에서 발원할 때 축사(祝詞)에 쓰고 있으니 일본어의 '명(命)'과 서로 비슷한 것이다.

제5절 조선어의 신단수(神壇樹) 곧 '감나무〔神樹〕' 와 일본어의 진판수(眞坂樹) 및 신나비(神奈備) 는 같은 어원인 것 같다

우리말에서 이미 곰〔儉〕을 고유 방언(方言)의 '신(神)'자로 가정하고 또 수(樹)를 '나무(Namu)'라 하니, 그러면 신수(神樹)를 '곰나무'라 해야 마땅하며 군말을 필요로 하지 않는다. 일본어에서 신(榊)을 '사카키(サカキ)'라 하는 것은 본디 판수(坂樹)를 풀이하여 일컫는 것(판(坂)은 사카(サカ), 수(樹)는 키(キ))이니, 판(坂)은 비스듬하면서 약간 높은 것으로서, 단(壇)을 만들어서 신에게 제사 지내는 곳이다. 그렇다면 판수(坂樹)는 단수(壇樹)를 일컫는다. 그러나 어떤 이는 말하기를 "사카키〔榊, 비쭈기나무〕는 뒤늦게 시드는 나무이기 때문에 '사카헤(サカヘ, 榮)'의 뜻을 취하여 '사카키(サカキ)'라 한다"하니 이는 실로 견강부회(牽强 附會)하는 말이다.

신나비(神奈備, カンナミ)는 우리나라 말의 '곰나무(신수(神樹))'와 그음이 서로 비슷해서 그 말이 본디 근원을 같이함을 알 수 있다. 일본 사람 문학박사 미야자키 미치사부로(宮崎道三郎)의 고어고증(古語考 證)에서 "'카무나무(カムナム, 榊木)'――카무(カム, 감)와 나무(ナム, 나무)는 모두 조선말이다"하였다.

문학박사 가나자와 쇼조로〔金澤庄三郎〕는 1편의 고증을 발표해서 교육잡지에 실었는데, 다음과 같다.

어학 연구의 취미, 일본말의 신나비(神奈備)는 조선말이다

나는 일본 교토(京都)의 우에카모〔上加茂〕에서 병을 정양(靜養)하고 있는데 우에카모 신사(神社)가 바로 부근에 있어서 매일 산책(散策)을 하고 있다. 우에카모 신사는 역사가 가장 오래된 곳으로서 경내는 울창한 수목으로 겹겹이 둘러싸여서 그 신성하고 엄숙함이 사람으로 하여금 저도 모르게 옷깃을 바로잡게 한다. 수목(樹木)은 몇천 년을 경과했을 것만 같다. 나는 이것을 보고서 이것이야말로 틀림없는 신나비(神奈備)라고 생각했다. 신나비가 신과 관계 있음은 비록 틀림없는 사실이라고 하지만 일본어에서는 그것이 무슨 뜻인지 분명치 않다. 그런데 조선어를 연구하는 데 있어 그 의미를 알게 되었다. 조선어에서 수목을 '나무(ナム)'라고 한다. 때문에 신나비(カンナミ)는 '칸나무(カンナム, 곰나무)'의 와음(訛音)으로서 비쭈기나무의 뜻임이 판명되었다. 일본에서는 옛날에 신사(神社)의 사전(社殿)이 없었고 수풀 속에 신(神)이 있다는 관념에서 큰 나무를 제사 지냈다. 이것을 히모로기〔神籬〕라고도 한다. 일본의 옛 기록에 "조선에서 히모로기를 가져왔다"라는 말이 있는 것으로 보아서 조선에 히모로기〔神籬〕와 비슷한 말이 있을 것으로 생각하여 연구해 보았으나 발견하지 못하였다.

그렇다면 일본어에서는 도저히 해득(解得)하기 어려운 신나비(神奈備)라는 말을 조선어로서는 용이하게 알 수 있을 것이다. 이처럼 일본의 옛 기록은 일본어만으로는 아무리 연구하여도 그 의미가 분명치 않은 것이 많고 조선어의 연구에 의해서 밝혀지는 것이 적지 않다. 이와 마찬가지로 조선어에서 해득하기 어려운 것이 일본어로서 이해되는 것도 있다. 어학의 연구는 일면 심히 어렵기도 하지만 인내를 가지고 그 연구에 노력한다면 어학 그 자체에 숙달될 뿐만 아니라 나아가서 민족 상호의 관계를 알고 또 말할 수 없는 흥미를 느끼기에 이른다. 어학 연구의 취미는 지대(至大)하다고 하겠다.

제6장

부소량(扶蘇樑)·부소산(扶蘇山)의 신비(神秘)

제1절 《신지비사(神誌秘詞)》와 《도선비기(道詵秘記)》

단군(壇君) 시대에 신지선인(神誌仙人)이 비사(秘詞)를 저술한 것이 있으니 모두 도참설(圖讖說)이다. 도선(道詵)의 비기(秘記)와 더불어 서로 표리(表裏)가 되며, 그 글이 왕조변혁(王朝變革)의 형국(形局, 진단구변(震壇九變)의 형국) 및 경읍(京邑), 연조(延祚)[1]의 지세(地勢, 칭추삼유(秤錘三諭)의 지세)를 예언하고 있다. 신지(神誌)의 비사(秘詞)와 도선(道詵)의 비기(秘記)는 고려(高麗) 일대(一代)의 숭상하는 바 되어 금과옥조(金科玉條)로 신봉하였으며, 나라의 흥하고 쇠함이 오로지 여기에 있다고 하여 조정(朝廷)에서 무슨 일만 있어도 이것을 인용하여 대사를 결정지었다. 하나는 《신지비사(神誌秘詞)》라 하고 하나는 《도선비기(道詵秘記)》라 했는데, 이것은 《고려사(高麗史)》를 가지고 증거로 삼는다.

---

1) 京邑延祚: 國祚를 연장시키는 것.

태조(太祖) 26년(943) 여름 4월 내전(內殿)에 임어(臨御)하여 대광(大匡) 박술희(朴述熙)를 불러 친히 훈요(訓要)를 내렸으니, 그 둘째에 이르기를 "모든 사원(寺院)은 모두 도선의 산수(山水)의 순역(順逆)을 살펴 가려서 개창(開創)한 것이다. 도선이 이르기를, 내가 가려서 정한 것 외에 망령되이 창조(創造)를 더 한다면 지덕(地德)을 덜어〔損〕박(薄)하게 만들어서 나라의 수명이 길지 못할 것이다" 하였다. 그 다섯째에 이르기를 "짐(朕)이 삼한(三韓) 산천의 음우(陰祐)를 힘입어서 대업(大業)을 이룩하였다. 서경(西京)은 수덕(水德)이 순조로워서 우리나라 지맥(地脈)의 근본이며 대업만대(大業萬代)의 땅이니 마땅히 사계절의 중월(仲月)[2]에 순주(巡駐)하여 1백 일이 넘도록 머물러서 (나라의) 안녕을 이루도록 하라" 하였다. 그 여덟째에, "차현(車峴)〔車嶺山脈〕이남과 공주강(公州江) 밖은 산형과 지세가 모두 배역(背逆)했으니 인심도 또한 그러하다. 그 아래의 주(州)·군(郡) 사람은 비록 착한 백성이라 하더라도 벼슬자리에 있어서 맡아 보게 해서는 안 되느니라" 하였다.

인종(仁宗) 6년(1128) 서경(西京)의 중 묘청(妙淸) 등이 상언(上言)하기를 "서경 임원역(林原驛)의 땅을 보건대 이는 음양가가 이르는 바 대화세(大花勢)이니 만약 여기에 궁궐을 세운다면 천하를 아우를 수 있고 금(金)나라가 폐백(幣帛)을 가지고 와서 스스로 항복하고 36국이 신첩(臣妾)이 될 것입니다" 하였다.

9년(1131)에 내시(內侍) 이중부(李仲孚)를 보내서 서경의 임원궁성(林原宮城)을 쌓고 팔성당(八聖堂)을 궁중에 두었으니, 첫째는 호국백두악태백선인(護國白頭岳太白仙人)이며, 넷째는 구려평양선인(駒麗平壤仙人)이다.

---

2) 仲月: 春夏秋冬에서 가운데 달을 가리키는 말로, 예를 들면 봄이면 음력 2월, 여름이면 5월, 가을이면 8월, 겨울이면 11월로, 仲朔이라고도 한다.

10년(1132) 봄 정월에 비로소 궁궐을 세웠는데 묘청이 태일옥장보법(太一玉帳步法)을 행하고서 스스로 말하기를 "선사(禪師) 도선이 이 법을 강정화(康靖和)에게 전하고 정화는 나에게 전했다" 하였다.

　숙종(肅宗) 원년(1095)에 위위승동정(衛尉丞同正) 김위제(金謂磾)가 글을 올려서 남경(南京)으로 도읍을 옮기기를 청하였으니 말하기를 "《도선기(道詵記)》에 이르기를 고려 땅에 세 곳의 서울이 있는데 송악(松嶽)이 중경(中京)이 되고 목멱양(木覓壤)이 남경(南京)이 되고 평양이 서경(西京)이 된다. 11,12,1,2월은 중경에 머물고 3,4,5,6월은 남경에 머물며 7,8,9,10월은 서경에 머물게 되면 36국이 와서 조회(朝會)한다" 하였으며, 또 《신지비사(神誌秘詞)》를 인용해서 말하기를 "칭(秤)·추(錘)·극기(極器)와 같으니 칭간(秤幹)은 부소량(扶疎樑), 추(錘)는 오덕지(五德地), 극기(極器)는 백아강(百牙岡)으로서, 70국을 항복시켜 조회(朝會)하여서 호신정(護神精)의 덕(德)을 힘입고 수미(首尾)가 균평(均平)한 위치에 있어서 나라를 흥왕하게 하고 태평을 누릴 것이지만 만약 삼유(三諭)의 땅을 버리면 왕업(王業)이 쇠하여 기울어질 것이다" 하였으니, 이것은 저울을 가지고 삼경(三京)에 비유한 것이다. 극기(極器)는 머리[首, 저울대], 추(錘)는 꼬리[尾, 저울대 끝], 칭간(秤幹)은 저울대 끈을 잡는 곳이다. 송악(松嶽)은 부소(扶疎)가 되는데 저울대 줄기[秤幹]에 비유하고 서경은 백아강(百牙岡)이 되는데 저울대 머리[秤首]에 비유하고 삼각산의 남쪽은 오덕구(五德丘)가 되는데 저울대 꼬리[秤錘]에 비유한 것이다.

　이렇게 본다면 태조의 훈요(訓要)에서 서경(西京)이 국내 지맥의 근본이 되는 것임을 강조한 것이 비록 《도선비기(道詵秘記)》의 말에 속한다고 하지만 실제는 《신지비사(神誌秘詞)》 가운데 서경을 칭수(秤首)에 비유한 설에서 나왔음을 확실히 알 수 있다. 또 송악이 부소(扶蘇)가 되는 것도 또한 "《신지비사(神誌秘詞)》의 칭간(秤幹)은 부소량(扶疎樑)이다" 하는 구절에서 나왔으니 부소(扶蘇), 부소(扶疎)가 글자는 비록 다르지만 음이 서로 같은 까닭에 혼용하는 것이다. 부소(扶蘇)에 왕기(王氣)가 있다고 한 것은 도선이 왕륭(王隆)을 위하여 지적한 것이다. (《동국통감(東國通鑑)》에, 왕륭(王隆)이 송악 남쪽에 집을 세우려 하니 도선이 지시하기를 삼한을 통합하는 자가 이곳에서 나올 것이다 하였다.) 그러나 이보다 앞서 신라 풍수(風水)의 법술(法術)을 아는 자가 설파(說破)한 바 있는데 《신지비사(神誌秘詞)》의 부소설(扶疎說)의 여파인 것 같다.

《고려사(高麗史)》〈고려세계(高麗世系)〉: 김관의(金寬毅)의 《편년통록(編年通錄)》에 이르기를 "성골(聖骨) 장군 호경(虎景)의 아들 강충(康忠)이 오관산(五冠山) 마가갑(摩訶岬)에 살았는데 이때에 신라(新羅)의 감간(監干) 팔원(八元)이 풍수에 밝았다. 부소군(扶蘇郡)에 이르러 부소산(扶蘇山) 북쪽에서 산의 지형이 뛰어나면서도 벌거벗었음을 보고 강충(康忠)에게 고하기를, "만약 고을을 산 남쪽으로 옮기고 소나무를 심어서 바위를 노출시키지 않는다면 삼한(三韓)을 통합할 자가 나올 것입니다" 하였다. 이에 강충이 고을 사람을 데리고 산 남쪽에 옮겨 살면서 뫼〔嶽〕 위에 소나무를 두루 심었으니 이로 인해서 송악군(松嶽郡)으로 이름을 고치게 되었다" 하였다.

이로 미루어 보아 《신지비사(神誌秘詞)》에서 부소(扶蘇)가 고려 시대 중경(中京)이 되리라는 말을 예언했으니 이것은 당시에 유행하던 참기(讖記)로서 풍수(風水)라고 말하는 자의 이용하는 바 되어 마치 오늘날 《정감록(鄭鑑錄)》에서 소위 계룡산(鷄龍山) 정씨설(鄭氏說)과도 같은 것이다. 그 까닭에 신라 감간(監干) 팔원(八元)이 강충(康忠)을 위하여 말하고, 동이조사(桐裏祖師) 도선(道詵)이 왕륭(王隆)을 위하여 말해서 모두 삼한(三韓)을 통합할 자가 나온다는 것을 예언하였다. 이것이 이른바 구변진단(九變震壇)의 도국(圖局)이라는 것일까. 부소(扶蘇)의 유래가 이와 같은데 또 삼소(三蘇; 좌소(左蘇)·우소(右蘇)·북소(北蘇))의 설(삼소(三蘇)는 삼경(三京)의 뜻이다)이 있어서 고려 말엽에 이르러 고종(高宗) 및 신우(辛禑)[禑王]가 도읍을 옮겨 지덕(地德)에 응하여 국조(國祚)를 연장시키려 한 일이 여러 번 기록에 보이는데 다음과 같다.

《고려사(高麗史)》: 고종(高宗) 21년(1234) 가을 7월 갑자일에 내시(內侍) 이백전(李百全)을 보내서 어의(御衣)를 남경(南京)의 가궐(假闕)에 봉안(奉安)하였다. 중(僧)이 있어 도참(圖讖)에 의거하여 이르기를 "부소(扶蘇)에서 나누어져 좌소(左蘇)가 되었으니 아사달(阿斯達)이라고 하는데(단군(壇君) 시대의 일과 관련이 있는 듯하다), 여기가 양주(楊州) 땅이니 만약 이 땅에 궁궐을 세우고 임어(臨御)하시면 8백 년 더 연장시킬 수 있다" 하였기 때문에 이같은 명(命)이 있었다.

《고려사》: 신우(辛禑) 4년(1378)에 좌소(左蘇) 조성도감(造成都監)을 두었다. 이때의 의논이 도읍을 옮기려 했는데 국사(國史)에 좌소(左蘇) 백악산(白岳山), 이것도 단군 시대의 일과 관련이 있는 듯하다), 우소(右蘇) 백마산(白馬山), 북소(北蘇) 기달산(箕達山) 등 세 곳에 궁궐을 창건한다는 글이 있는 까닭에 이같은 역사(役事)가 있게 된 것이다. (《동국여지승람(東國輿地勝覽)》〈황해도 신계현(新溪縣) 고적(古跡)〉조에 "북소궁(北蘇宮)〉의 북소는 현(縣)의 기달산이다. 신우(辛禑) 때 《도선비기(道詵秘記)》에 의거하여 권중화(權仲和)를 보내 이를 찾아내고 좌소(左蘇) 백악산(白岳山), 우소(右蘇) 백마산(白馬山)과 함께 삼소(三蘇)를 만들고 궁궐을 세워서 그 터가 아직도 남아 있다" 하였다. 또 〈장단부(長湍府)〉와 〈풍덕군(豊德郡)〉 조에도 보인다.) 우왕(禑王) 5년(1379)에 삼사좌사(三司左使) 권중화(權仲和), 문하평리(門下評理) 조민수(曹敏修)를 보내서 회암(檜巖, 양주목(楊州牧)에 있다)에서 대궐터를 보았다. 서운관(書雲觀)에서 "도선(道詵)이 이른바 좌소가 여기입니다 했기 때문입니다" 하였다. (이에 의거한다면 삼소(三蘇)의 설(說)이 도선(道詵)의 비기(秘記)에서 나왔다. 그러나 도선의 비기는 또 《신지비사(神誌秘詞)》의 칭간(秤幹) 부소량(扶疎樑)의 구절에 바탕을 두었다.)

백제(百濟) 옛 도읍인 지금의 부여군의 산 이름은 부소(扶蘇,《동국여지승람(東國輿地勝覽)》〈부여현(扶餘縣) 산천(山川)〉조에 "부소산(扶蘇山)은 현(縣) 북쪽 3리에 있는 진산(鎭山)이다. 동령(東岺)에 언덕진 곳이 있으니 이름하여 영월대(迎月臺)라 하고, 서령(西岺)은 송월대(送月臺)라 한다" 하였다)라 하고, 강은 백마(白馬,《증보동국여지승람(增補東國輿地勝覽)》에 "백마강(白馬江)은 현(縣) 서쪽 5리에 있으니 양단포리(良丹浦里) 및 금강천(金剛川)이 공주(公州) 금강(錦江)과 합류되어 이 강이 되었다. 임천군(林川郡) 경계(境界)로 들어가서 고다진(古多津)이 된다. 어떤 이는 말하기를 '당(唐)나라 장수 소정방(蘇定方)이 백마(白馬)로 용(龍)을 낚았기 때문에 백마강(白馬江)으로 이름하였다' 하였는데 이는 믿을 만한 것이 못 된다. 백마(白馬)라는 이름은 부소(扶蘇)와 함께 관련이 있는 것 같다" 하였다)라고 한다. 이같은 명사는 모두 연구의 가치가 있다. 고려 때 부소(扶蘇) 및 좌소(左蘇) 백악(白岳), 우소(右蘇) 백마(白馬, 이 백마(白馬)는 개마(蓋馬)에 바탕을 두어서 백두(白頭)의 뜻이 되지 않는가 의심스럽다) 등 말과 관련이 있는 것 같다. 《삼국유사(三國遺事)》를 상고하건대, 〈신라 시조 혁거세왕(赫居世王)〉조에 "진한(辰韓) 6부(部)의 사람이 높은 데 올라서 남쪽을 바라보니 양산(楊山) 밑 나정(蘿井) 곁에 이상한 기운이 있어 번개빛처럼 땅에 드리워지고 백마(白馬) 한 필이 꿇어 엎드려 있는 광경이 보였다. 그곳으로 가서 살펴보니 큰 알 하나가 있고 말은 사람을 보자 길게 울면서 하늘로 올라갔다. 그 알을 쪼개서 사내아이를 얻었으니 이가 박혁거세(朴赫居世)이다" 하였다. 또 같은 책

〈선도성모(仙桃聖母)〉 조에 "신모(神母)는 본디 중국 제실(帝室)의 따님인데 이름을 파소(婆蘇)라고 하였다. 일찍이 신선의 술(術)을 얻어서 해동(海東)으로 돌아와 머물러서 성자(聖子)를 낳아서 동국(東國)의 첫 임금이 되었으니 혁거(赫居)·알영(閼英) 두 성인(聖人)의 나온 바이다. 그런 까닭에 계룡(鷄龍)·계림(鷄林)·백마(白馬) 등을 일컬으니 계(鷄)는 서쪽에 속하기 때문이다" 하였다. 대체로 백마 및 계룡은 신라·백제에서 고려(명종(明宗) 14년 태자(太子)가 후사(後嗣)가 없으므로 사신(使臣)을 보내서 백마산(白馬山)에서 기원하는 제사를 지냈다고 하였다), 조선에 이르기까지 신비한 지명(地名)으로 정한 것은 전해 오는 바가 고상한 때문이다.

백제는 씨(氏)를 부여(扶餘)로 하고 그 남쪽 사비성(泗沘城)으로 도읍을 옮겨서는 국호를 남부여(南扶餘)로 하였다. 백제의 계통이 부여에서 나왔기 때문에 그런 것이다. 《사기(史記)》에 명문(明文)이 있고, 또 부여의 계통이 단군에서 나왔음을 《고기(古記)》에서도 이와 같이 말하고 있는 것은 모두 역사적인 증명이다. 홀로 부소(扶蘇)의 명칭에 이르러서도 또한 그 출처가 있다. 《삼국사기(三國史記)》를 상고하면 〈백제본기(百濟本紀)〉에 "시조 온조(溫祚)가 고구려(졸본부여(卒本扶餘))에서부터 남쪽으로 행하여 한산(漢山)에 이르러(한산(漢山)은 당시 속어로는 큰 산의 뜻이다) 부아악(負兒嶽)에 올라서 살 만한 곳을 바라보았다" 하였다. (《여지승람(輿地勝覽)》〈한성부(漢城府) 산천(山川)〉조에 "삼각산은 양주(楊州) 경계에 있으니 신라에서는 부아악이라 했다. 온조(溫祚)가 남쪽으로 와서 한산(漢山)에 이르러 부아악에 올라서 살 만한 곳을 바라보고 곧 이 산이다" 하였다. 이능화(李能和)는 말하기를 "〈백제본기(百濟本紀)〉에 의거해서 본다면 부아악(負兒嶽)이 백제의 명칭이고 신라의 명칭이 아님이 틀림없다" 하였다.) 이 부아악(負兒嶽)을 우리 한글〔訓民正音〕로 쓴다면 곧 '부ᅀᆞ악'이 된다. 'ᅀ'는 'ᄉᄋ'의 간음(間音)이 되며 '부ᄉ

(Pusa)'로 읽을 수 있어서 부소(扶蘇, Puso)와 더불어 그 음이 서로 비슷하다. (이것은 문학박사 고니소 신헤이〔小倉進平〕의 설에 근거했다.) 그리고 《고려사》에 좌소(左蘇, 혹 아사달(阿斯達)이라고 하고 또 백악산(白岳山)이라고 하여 앞에 나와 있다)가 양주(楊州)에 있는데 고종(高宗)이 사람을 보내 어의(御衣)를 남경(南京) 가궐(假闕)에 봉안했다 하고, 또 신우(辛禑)가 사람을 보내 회암(檜巖, 양주목(楊州牧)에 있다)에서 대궐터를 보았다고 하였다. 그런데 백제의 부아악(負兒嶽)도 양주에 있고 한도(漢都)의 북산(北山)도 백악(白岳)으로 칭하니(《여지승람(輿地勝覽)》〈한성부(漢城府) 산천(山川)〉조에 "백악(白岳)은 도성(都城) 안 궁성(宮城) 북쪽에 있다" 하였다), 부아악은 백제의 부소악(扶蘇岳)이 되고(고려 송악(松嶽)을 부소악(扶蘇岳)이라고 하는 것과 같다), 백악(白岳)은 좌소(左蘇)가 됨이 틀림없다. 그리고 남부여(南扶餘, 백제가 남쪽으로 옮긴 후의 국호) 사비도성(泗沘都城)의 부소산(扶蘇山) 및 백마강(白馬江)의 칭호도 역시 이같은 계통의 신비적 명사(名詞)에 속한다.

상고하건대 부여(扶餘) 및 부소(扶蘇)는 모두 단군(壇君) 아들의 이름을 딴 것 같다. 이제 몇 가지 설에 의거하여 다음과 같이 열거하여 참고에 이바지하려 한다.

단군의 아들 부루(夫婁)가 있다는 기사는 다음과 같다

《삼국유사(三國遺事)》〈북부여편(北夫餘篇)〉: 〈단군기(壇君記)〉에 이르기를 "단군이 서하(西河) 하백(河伯)의 딸을 아내로 맞이하여 부루를 낳았다" 하였다.

《동사강목(東史綱目)》(안정복(安鼎福) 지음) 〈괴설변증(怪說辨證)〉조: 《고기(古記)》에 이르기를 "단군이 비서갑(非西岬) 하백(河伯)의 딸을 아내로 맞이하여 아들을 낳으니 부루(夫婁)이다. 우(禹) 임금이 도산(塗山)에서 조회(朝會)할 때 부루를 조회에 보냈으며, 뒤에 북부여(北夫餘) 왕이 되었다. 늙어서 아들이 없어 곤연(鯤淵)에서 후사(後嗣)를 기원해서 어린아이를 얻어 양육하니 이가 금와(金蛙)이다" 하였다.

《삼국사기》: "부여(夫餘) 왕 해부루(解夫婁)가 늙었어도 아들이 없어 산천(이가 곧 단군이다)에 제사하여 후사(後嗣)를 구하려 하는데 그가 탄 말이 곤연(鯤淵)에 이르러서 큰 돌을 보고 눈물을 흘렸다. 왕이 괴이하게 여겨서 사람을 시켜 그 돌을 옮기게 하니 금빛 개구리 모양의 어린아이가 있었다. 왕이 기뻐하여 말하기를 "이것은 하늘이 내게 후사(後嗣)를 준 것이다" 하고 거두어 길렀으며 이름을 금와(金蛙)라 하고 태자(太子)로 삼았다. (김부식(金富軾)이 《고기(古記)》를 인용했으나 출처는 말하지 않았으니 이것이 소략(疎略)한 점이다.)

단군의 세 아들이 있다는 기사는 다음과 같다

《고려사》〈지리지(地理志) 강화현(江華縣)〉조: 신우(辛禑) 3년(1377)에 현을 승격시켜 부(府)로 삼았다. 부에는 마리산(摩利山, 부(府)의 남쪽에 있으며, 산 정상에 참성단(塹星壇)이 있다. 단군의 제천단(祭天壇)으로 전해진다)· 전등산(傳燈山, 일명 삼랑성(三郞城)이라고 하며, 단군이 세 아들을 시켜 쌓았다고 전한다)이 있다.

단군이 네 아들이 있으니 이름을 부루(夫婁)·부소(夫蘇)·부오(夫吳)·부여(夫餘)로 하였다는 기사는 다음과 같다

위한조(魏漢祖, 조선 명종(明宗)·선조(宣祖) 시대의 도가(道家))가 《운학집(雲鶴集)》을 저술했는데, 그 글에 "단군이 네 아들이 있으니 이름을 부루(夫婁)·부소(夫蘇)·부오(夫吳)·부여(夫餘)라고 하였다"라는 설이 있다. (단군 기사는 선가(仙家)의 글에 가깝다. 위한조는 진실로 선가에 속하기 때문에 그 옛 기록을 보고서 이처럼 말한 것이 아닐까 한다.)

이규경(李圭景, 호(號)는 소운(嘯雲), 조선 철종(哲宗) 때 사람. 이덕무(李

德懋)의 손자)의 《오주연문장전산고(五洲衍文長箋散稿)》: 위한조(魏漢祖)가 《운학집(雲鶴集)》을 지었는데 비기(秘記)의 종류이다.

제2절 삼소(三蘇)의 근원이 단군(壇君)의 삼경(三京)에서 나왔다

 부소(扶蘇)의 명칭은 단군 시대에 선인(仙人) 신지(神誌)가 지은 비사(秘詞)에 처음으로 보이고, 그 뒤 백제 수도 한산주(漢山州)의 진산(鎭山)을 부아악(負兒岳, '부ᄉ악'은 곧 부소악(扶蘇岳)이다)이라고 이름했으며, 남쪽으로 옮긴 국도(國都) 사비성(泗沘城)의 진산(鎭山)을 또한 부소(扶蘇)라고 이름지어 《신지비사(神誌秘詞)》의 부소(扶疎)의 설과 더불어 상응한다. 고려 수도 개성의 진산을 이름하여 부소(扶蘇)라 하고 별도(別都)의 진산(鎭山)에 좌소(左蘇) 백악산 또는 아사달(阿斯達, 이것은 모두 단군 시대 산 이름이다), 우소(右蘇) 백마산(백마산(白馬山)·백두산(白頭山)·개마대산(蓋馬大山)은 글자는 다르지만 뜻은 같으니 역시 단군 시대 산 이름이다), 북소(北蘇) 기달산(箕達山) 등의 명칭이 있어서 《신지비사(神誌秘詞)》의 부소(扶疎)의 설에 합치되기를 힘쓰고 있다. 이런 점들을 보아서 국도(國都)의 진산(鎭山)을 부소(扶蘇)로 하는 것이 참기(讖記)와 극히 밀접한 관계가 있다. 그 때문에 그 뒤의 술가(術家)로서 신라의 감간(監干) 팔원(八元), 옥룡선사(玉龍禪師) 도선(道詵), 고려의 방기(方伎) 김위제(金謂磾) 등이 모두 비사(秘詞)를 조술(祖述)했으며, 고려는 개국 이후로 이 비사를 왕부(王府, 서운관(書雲觀))에 보관하고 국가의 중요한 문서로 삼았으니 그것을 존중해서 숭상했음을 짐작할 수 있다.

다만 알 수 없는 것은 부소(扶蘇)라는 이름의 내력이다. 이제 《운학집(雲鶴集)》에 의거하여 비로소 단군의 네 아들이 있음을 알았으며, 모두 부(夫)자를 이름으로 한 데 근거하는 바가 있는 것 같다. 또 부소(扶蘇)의 설이 단군 시대의 고기(古記, 단군 시대의 전설을 뒷사람이 기록했기 때문에 고기라고 한다)에서 나왔으니 더욱 근사하다. 그 안에 반드시 관련이 있는 것만 같다. 전혀 막연해서 믿기 어려운 것으로 볼 수는 없다. 이능화는 말하기를, 부소(扶疎)는 곧 부소(扶蘇)이고, 부소(扶蘇)는 비서(匪西)이며, 비서는 곧 아사달(阿斯達)로서 삼소(三蘇)의 근원이 단군의 삼경(三京)에서 나왔다고 한다. (신채호(申采浩)가 지은 《이두문명사해석(吏讀文名詞解釋)》에 "북부여의 옛 이름은 조리비서(助利非西)이고 합이빈(哈爾濱)[하얼빈]의 옛 이름은 비서갑(非西岬)이다. 우리 풍속에 중추(中秋)를 가우절이라고 하는데, 비(非)·배(俳) 등 글자의 고음(古音)이 우(Wo)가 됨이 틀림없다. 비서(非西)가 아사(阿斯)와 음이 비슷할 뿐만 아니라 단군의 후예 해부루(解夫婁)가 합이빈(哈爾濱)에서 가슬라(加瑟羅)(가섭원(迦葉原))로 옮겨와서 동부여(東夫餘)가 되고 해모수(解慕漱)가 뒤를 이어 합이빈(哈爾濱)에서 일어나 북부여(北夫餘)가 되었다. 그러면 아사달(阿斯達)은 곧 비서갑(非西岬), 지금의 합이빈(哈爾濱)의 완달산(完達山)이 그 유지(遺址)이다" 했으니 이 말을 믿을 수 있다.) 《신지비사(神誌秘

震壇		
三諭地 九變局		
秤首 秤器百牙岡 西京卽平壤	秤幹 秤幹扶蘇樑 中京卽開城	秤錘 錘者五德地 南京卽漢陽
(一) 壇君朝鮮 (二) 樂浪國(箕衛皆外來而亦非今平壤故 此不取地) (三) 高句麗 (四) 高麗(西京)	(五) 高麗	(七) 百濟(慰禮城) (八) 高句麗(南平壤) (九) 李朝(京城)

詞)》에 이른바 구변진단(九變震壇)의 도국(圖局)이 있다고 했는데, 이 것은 우리나라 아홉 왕조의 변천 및 혁명을 이름이다. 그러나 알 수 없 는 것은 어느 왕조에서 어느 왕조에 이르기까지가 구변(九變)의 도국(圖 局)이 되느냐 하는 것이다. 이제 삼유지(三諭地)로써 시언(試言)하겠다.
《신지비사(神誌秘詞)》 관계의 여러 기사 및 조선(朝鮮) 분서(焚書)의 일은 다음과 같다.

《용비어천가(龍飛御天歌)》(조선(朝鮮) 국초(國初)에 명찬(命撰)): 공주강 (公州江) 남쪽을 두려운 곳으로, 후사(後嗣)에게 경계했네. (이것은 고려 태조 훈요(訓要) 그 여덟번째이다.) 구변(九變)의 도국(圖局)이 어찌 사람 의 뜻이랴.

〔주(注)〕 국(局)은 도국(圖局)이다. 구변도국이란 신지(神誌)가 찬한 도 참(圖讖)의 이름으로서 우리나라 역대(歷代)를 말하였으니 무릇 구변(九 變)의 도국(圖局)이며 아울러 본조(本朝)가 천명(天命)을 받아 도읍한 것 을 말하였다.

《용비어천가》: 고려 숙종(肅宗) 때 위위승동정(衛尉丞同正) 김위제(金 謂磾)가 글을 올려 도읍을 한양으로 옮기기를 청하였는데 신지(神誌)·도선(道詵)의 도참을 인용한 것이다.

〔주(注)〕 신지는 단군 시대 사람으로 세상에서 신지선인(神誌仙人)으 로 부른다.

《조선왕조실록(朝鮮王朝實錄)》: 태종(太宗) 9년 기축(己丑, 1409) 여 름 4월에 건원릉(健元陵, 태조(太祖)의 능(陵)) 비(碑)를 세웠는데, 글에 "하늘이 덕(德) 있는 이를 도우시어 치운(治運)을 열으셨으니 반드시 먼 저 이조(異兆)를 보여서 그 부명(符命)을 빛내셨다……서운관(書雲觀)의 구장비기(舊藏秘記)에 구변진단(九變震壇)의 도국(圖局)이 있어서 건목 득자(建木得子)라고 했으니, 조선 곧 진단(震壇)의 설이 이미 수천 년 전에 나와서 오늘에 이르러 하늘이 덕 있는 이를 도운 일에 징험(徵驗)했으니 진실로 믿겠도다" 하였다.

이익(李瀷, 조선 영조(英祖) 때 사람)의 《성호사설(星湖僿說)》: 예부터 동방에 비기(秘記)가 많았다……고려 숙종(肅宗) 때 김위제(金謂磾)가 글을 올려 《신지비사(神誌秘詞)》를 인용했는데, 이른바 《신지비사》는 누가 지은 것인지 모르겠다.

〔주(注)〕 정복(鼎福)이 권람(權擥)의 《응제시주(應製詩註)》를 상고해서 말하기를 "신지(神誌)는 단군 시대 사람이며 세상에서 신지선인(神誌仙人)으로 불렀다" 하였다. (정복(鼎福)의 성은 안(安), 호는 순암(順菴)으로 성호(星湖)의 문하생이다. 성호가 《사설(僿說)》 30여 권을 지었는데 순암이 찬차(纂次)하여 12권으로 만들었다. 그 때문에 안설(按說)이 있다. 권람(權擥)은 조선 세조(世祖) 때 사람이다. 상세(上世)에 살았고 또 세조가 책을 불사르기 전이기 때문에 고기(古記) 및 비사(秘詞)를 얻어볼 수 있었다.)

이중환(李重煥, 호는 청화(靑華), 조선 정조(正祖) 때 사람)의 《팔역지(八域志)》(일명 《택리지(擇里志)》): 태조(太祖)가 왕이 되기 전〔潛龍〕에 구장서운관비기(舊藏書雲觀秘記)(곧 《신지비사(神誌秘詞)》)에 구변진단(九變震壇)의 도국(圖局)과 건목득자(建木得子)의 설이 있었는데 조선은 곧 진단(震壇)이다.

이규경(李圭景)의 《오주연문장전산고(五洲衍文長箋散稿)》: 우리나라의 도참은 단군 시대 신지선인(神誌仙人)을 비조(鼻祖)로 한다.

〔주(注)〕 고려 때 김위제(金謂磾)가 비사(秘詞)를 인용하였다. 순암(順菴) 안정복(安鼎福)이 말하기를, 비사에 관한 권람의 《응제시주(應製詩註)》에 인용된 신지(神誌)는 단군 시대 사람이다 하였다.

신채호(申采浩)의 《삼한고(三韓考)》: 지난날에 어떤 이는 신소도(臣蘇塗)로서 우리나라 전토(全土)의 명칭을 하고 있는데 이는 《신지비사》에 진단구변도국(震壇九變圖局)이 있는 때문이다. 진단(震壇)의 진(震)은 신

(臣)이고 단(壇)은 소도(蘇塗)이다.

제3절 조선왕조(朝鮮王朝)에서 《고조선비기(古朝鮮秘記)》를 불태워 버렸다

《조선왕조실록(朝鮮王朝實錄)》: 태종 17년 정유(1417) 11월에 하교(下敎)하여 참서(讖書)를 금하였다. 예조(禮曹)에 유지(諭旨)를 내리기를, "참위술수(讖緯術數)[3]의 말은 세상을 현혹시키고 백성을 속이는 것이 심하다. 나라를 다스리는 자는 반드시 이것을 먼저 없애 버려야 한다. 그 때문에 이미 서운관(書雲觀)에 명하여서 그 요사스럽고 허탄(虛誕)하여 정도(正道)가 아닌 글을 가려서 불태우게 하였다. 이제부터 서울과 지방에 요사스럽고 허탄한 글을 사사로이 간직한 자는 무술년(1418) 정월을 기한으로 하고 자수(自首)하여 이를 바쳐서 또한 불태워 없애게 하라. 혹시 정해진 기한에도 바치지 않는 자는 다른 사람의 고발을 허용해서 요서(妖書)를 만든 율(律)에 비추어서 법을 시행하고 범인의 가산(家産)을 몰수하여 고발한 자의 상전(賞典)에 충당하라" 하였다.

세조(世祖) 3년(1457)에 팔도관찰사(八道觀察使)에게 유시(諭示)하기를 "《고조선비기(古朝鮮秘記)》《삼국유사(三國遺事)》에서는 왕검조선(王儉朝鮮)을 고조선(古朝鮮)이라고 하였다. 그러면 이《고조선비기(古朝鮮秘記)》란 단군조선 시대 사람 신지(神誌)가 지은 바 비사(秘詞)임이 틀림없다)·《대변설(大辯說)》·《조대기(朝代記)》·《주남일사기(周南逸士記)》·《지

---

3) 讖緯術數: 圖讖과 緯書를 바탕으로 하여 吉凶을 점치는 術法.

공기(誌公記)》·《표훈천사(表訓天詞)》·《삼성밀기(三聖密記)》와, 안함로(安含老)·원동중(元董仲)의 《삼성기(三聖記)》, 그리고 《도증기(道證記)》·《지리성모하사량훈(智異聖母河沙良訓)》 및 문태산(文泰山)·왕거인(王居仁)·설업(薛業) 등 세 사람의 기록인 수찬(修撰)을 합쳐서 1백여 권, 《동천록(動天錄)》·《마슬록(磨蝨錄)》·《통천록(通天錄)》·《호중록(壺中錄)》·《지화록(地華錄)》·《도선한도참기(道詵漢都讖記)》 등 문서(文書)는 개인 집에서 간직해서는 안 된다. 간직하고 있는 자가 있으면 진상(進上)케 하고 자원(自願)하는 서책(書冊)을 회사(回賜)하도록 하라. 그리고 이 취지를 널리 공(公)·사(私) 및 사(寺)·사(社)에 알리라" 하였다.

예종(睿宗) 1년 기축(1469) 9월, 예조(禮曹)에 전지(傳旨)하기를 "《지공기(誌公記)》·《표훈천사(表訓天詞)》·《삼성밀기(三聖密記)》·《도증기(道證記)》·《지화록(地華錄)》 등 서적을 집에 간직하고 있는 자는 서울 안은 10월 그믐날을 기한으로 하여 승정원(承政院)에 바치고 외방(外方)으로서 도(道)에 가까운 곳은 11월 그믐, 도에서 먼 곳은 12월 그믐을 기한으로 하여 살고 있는 그 고을에 바치게 했으며, 바치는 자는 두 계급을 올려 주고, 바치지 않는 자는 다른 사람의 고발을 허락하여 상항(上項)에 의거 논상(論賞)하고, 숨긴 자는 논죄(論罪)하고 속히 중외(中外)에 알리라" 하였다.

성종(成宗)이 즉위한 기축(곧 예종 1년(1469)) 12월에 글을 내려 각 도 관찰사(觀察使)에게 유시(諭示)하였는데 "전자에 《지공기(誌公記)》·《표훈천사(表訓天詞)》·《삼성밀기(三聖密記)》·《도증기(道證記)》·《지화록(地華錄)》 등 여러 서적을 남김없이 찾아내서 올려 보내도록 유지(諭旨)를 내렸다. 이미 거둔 책은 앞의 유지대로 올려 보내고 나머지 서책은 다시 거두지 마라" 하였다.

조선의 네 임금(태종(太宗)·세조(世祖)·예종(睿宗)·성종(成宗))이 조서(詔書)로 참서(讖書)를 금하고, 법령이 준엄해서 예부터 전해 오던 비기(秘記)가 하나도 후세에 전하는 것이 없다. 국민을 위하여 미신(迷信)을 일소(一掃)하는 견지에서는 득책(得策)이라 아니할 수 없다. 그러나 《신지비사(神誌秘詞)》는 단군 시대 사람이 지은 것이라고 하니 그 연대가 멀다는 것만으로도 보존할 만한 가치가 있는 것이다. 또 《조대기(朝代記)》는 지은이가 누구이고 내용이 어떤 것인지 알지 못하지만 책 이름을 《조대기》라고 했으니 혹 역사를 연구하는 데 참고될 만한 것이 있을지도 모른다. 이것이 아깝다.

예부터 우리나라 사람이 미신을 많이 숭상하는 것이 이같은 참기(讖記)에 비롯되지 않음이 아니나 조선 초기에 홀연히 진(秦)나라 정치가 행하여지는 세상을 만나서 이른바 도참(圖讖)은 거의 뿌리 뽑히게 되었다. 그러나 뜻하지 않게도 이른바 《정감록(鄭鑑(堪)錄)》이라는 것이 민간에 성행하여 한 세상을 휩쓸어서 전보다도 심한 바가 있었으니, 최제우(崔濟愚)가 동학(東學)을 일으키고 강일순(姜一淳)이 흠치〔吽哆〕(지금은 태을교(太乙敎) 또는 보천교(普天敎)라고 한다)를 창설한 것이 모두 《정감록(鄭鑑錄)》을 기초로 하고 있다. 나는 말하기를 《정감록》은 조선 선조조(宣祖朝) 이후로 당쟁이 극렬하여 세력을 잃고 불평을 품은 자가 고의(故意)로 날조하여 민간에 전파하여 민심을 동요시켜서 저주의 뜻을 붙인 것이라고 생각한다. 곧 옛사람이 이른바 "이 해[4]가 언제 없어지나 時日害(曷)喪"한 것이다. 내가 따로 〈정감록위조변(鄭鑑錄僞造辨)〉을 지어서 《조선기독교사(朝鮮基督敎史)》안에 싣고 있다.

---

4) 해: 君主를 말한다.

제4절 신지선인(神誌仙人) 및 우리나라 역대 선인(仙人)의 명칭고(名稱考)

1. 평양은 본디 선인(仙人) 왕검(王儉)의 땅이다(《삼국사기(三國史記)》).

2. 고구려 벼슬 이름에 조의선인(皂衣仙人)의 호칭이 있다(《삼국사기(三國史記)》).

3. 비류국(沸流國) 왕 송양(松讓)이 고주몽(高朱蒙)에게 이르기를 "나는 선인(仙人)의 후예로서 여러 대에 걸쳐 왕이 되었다" 하였다(《고기(古記)》).

4. 신라에서는 풍류(風流, 풍류는 곧 산수(山水) 사이를 소요하면서 춤과 노래로 즐거움을 삼는 따위의 일이다)를 주관하는 사람을 일컬어서 국선(國仙)이라고 이른다(《동국통감(東國通鑑)》 및 《삼국유사(三國遺事)》).

5. 고려 중경(中京) 송악(松嶽)은 팔선(八仙)이 사는 곳이다. (《고려사》 첫장 〈고려세계(高麗世系)〉에서 김관의(金寬毅)의 《편년통록(編年通錄)》을 인용한 것을 보면, 당(唐)나라의 고귀한 사람이 송악군(松嶽郡)에 이르러 남쪽을 바라보면서 말하기를 "이곳은 반드시 도읍을 이룰 것이다" 하니, 종자(從者)가 말하기를 "여기는 참으로 팔선(八仙)이 사는 곳입니다" 하였다.) 송악산 정상에 팔선궁(八仙宮)이 있다. (《동국여지승람(東國輿地勝覽)》〈개성부(開城府)〉조에 보인다.) 서경(西京) 팔성당(八聖堂)의 그 첫째 신상(神像)은 호국백두악(護國白頭嶽) 태백선인(太白仙人)이고, 그 넷째 신상은 구려(駒麗) 평양선인(平壤仙人)이다(《고려사》 인종(仁宗) 9년조). 양경(兩京)[5]에서 팔관회(八關會) 제사를 맡아보는 사람을 일컬어서 선가(仙家)라고 한다(《고려사(高麗史)》 의종(毅宗) 22년조).

6. 조선(朝鮮) 신지(神誌)는 단군 시대 사람인데 세상에서 신지선인(神

---

5) 兩京: 中京과 西京.

誌仙人)이라고 일컫는다(조선 《용비어천가(龍飛御天歌)》 및 권람(權擥)의 《응제시주(應製詩註)》).

옛말에는 신(神)과 선(仙)이 큰 분별이 없어서 매양 합쳐서 칭하기를 신선(神仙)이라고 하였다. 선인(仙人)이 살고 있는 산을 삼신산(三神山)이라고 하는 것이 그 예이다. 이익(李瀷)의 《성호사설(星湖僿說)》에 "신선이라는 것은 신을 잘 섬기는 사람이다" 하였다. 조선 단군은 천신(天神)·지기(地祇)를 제사 지내는 일을 맡아서 혹 신인(神人)이라 일컫고 혹 선인(仙人)이라고 칭하는 것이 이것이다. 이와 같은 예로 미루어 본다면 〈신지(神誌)〉는 사람 이름이 아닌 것 같고 단군 시대 신사(神事)의 기록인 것 같다. 사지(祀志)·예지(禮志)·악지(樂誌) 등 명칭에서 예를 들 수 있다. 그리고 이른바 선인(仙人)이라는 것은 단군 시대 신사(神事)의 기록을 관장했던 벼슬 이름인 것 같다. 예를 들어 《주례(周禮)》의 춘관(春官)·태종백(太宗伯)의 직장(職掌)[6] 같은 것이다.

비류(沸流) 왕 송양(松讓)이 선인(仙人)의 후예로서 여러 대에 걸쳐 왕이 되었음을 자칭했으니 모두 왕검선인(王儉仙人)의 유예(遺裔)인 것 같다. 고구려의 조의선인(皁衣仙人)은 주로 신기(神祇)를 제사 지내는 일을 맡아보는 벼슬아치 이름인 것 같다. 조의(皁衣)라는 것은 그 제복(祭服)이 검은 빛깔임을 일컫는 이름인지도 모른다. 신라의 국선(國仙)이라는 것은 화랑(花郎)의 별칭으로서 무리 수백 또는 수천을 거느리고 산수(山水) 사이를 거닐면서 노래와 춤으로 오락(娛樂)을 삼아(이것은 마한(馬韓)의 천군(天君), 예(濊)의 무천(舞天), 부여(夫餘)의 영고(迎鼓) 등 풍속의 유풍이다) 풍류와 세도(世道) 인심을 주도(主導)하였으니, 이는 신시씨(神市氏)가 무리 3천을 거느리고 태백산(太白山) 신단(神壇)에 있

---

6) 職掌: 맡은 직책. 직무.

으면서 인간의 3백60여 가지 일을 주관한 것과 함께 그 정신과 형식이 매우 유사하다. 그렇다면 국선(國仙)이라는 명칭도 왕검선인(王儉仙人)을 따라 전래한 것이 아닌가 싶다.

고려 시대 팔선(八仙)의 이름은 그 전래된 것이 아득히 오래된 것 같다. 송악산 정상의 팔선궁(八仙宮)은 나라 무당을 시켜서 제사 지냈으니 신시(神市)의 옛뜻이 들어 있는 것 같다. 서경(西京)의 팔성(八聖)도 팔선(八仙)을 일컫고 《동국통감(東國通鑑)》에, "고려 인종(仁宗) 9년, 서경에 팔성당(八聖堂)을 두었다. 정지상(鄭知常)이 제문을 지었으니, 평양 안에서 이 대화(大花)의 지세를 가려 궁궐을 창건하여 음양에 순응하고 팔선(八仙)을 그 속에 봉안했으니 백두(白頭)에서 비롯된다" 하였다), 또 백두악(白頭嶽) 태백선인(太白仙人) 및 구려(駒麗) 평양선인(平壤仙人) 등 명칭이 있으니 송악의 팔선(八仙)은 곧 서경(西京)의 팔성(八聖)인 것이다. 그 신사(神事)의 계통을 고구(考究)해 본다면 단군에서 전래된 것 같다. 무엇을 가지고 그렇다는 것을 아는가 하면, 송악은 곧 부소(扶蘇)이고 부소갑(扶蘇岬)의 명칭이 단군 시대의 비서갑(匪西岬)과 음이 서로 비슷하고 또 관련이 있기 때문이다. 양경(兩京)의 팔관회(八關會)는 천령(天靈)·산천(山川)·악독신(岳瀆神) 및 용신(龍神)을 제사 지내는 것으로서 그 주제자(主祭者)를 칭하여 선가(仙家)라고 한다. 《고려사》의종(毅宗) 22년조에 의하면, 서경에 행차하여 관풍전(觀風殿)에 임어(臨御)하여 하교(下敎)하기를 "한결같이 선풍(仙風)을 숭상하라. 옛날에 신라에서는 선풍이 크게 유행되었다. 이것으로 말미암아 하늘이 기뻐하여 백성과 만물이 편안하였다. 그 때문에 조종(祖宗)이 그 풍속을 숭상함이 이미 오래 되었다. 근래 양경의 팔관회에서 옛날의 격식이 날로 줄어들고 유풍(遺風)이 점점 쇠미하고 있다. 지금부터 팔관회를 양반으로서 가산이 풍족한 자를 가려 선가(仙家)로 정해서 옛 풍습에 의하여 거행하게 해서 인간과 하늘이 함께 기뻐하게 하라" 하였다.) 팔관(八關)의 명칭이 비록 불계

(佛戒)라고 하지만 그 근본을 고찰해 본다면 실로 단군의 신교(神敎)에서 나온 것이다.

제5절 부소(扶蘇)는 송악(松嶽), 신지(神誌)는 신지(臣智), 진단(震壇)은 조선(朝鮮)이다

신채호(申采浩)가 근래에 저술한 《조선사연구초(朝鮮史硏究草)》와 전후(前後) 《삼한고(三韓考)》 및 《이두문명사해석(吏讀文名詞解釋)》(고대사의 나라 이름·벼슬 이름·땅 이름 등)에서 그 고증이 확실히 근거가 있으니 전인(前人)이 발명하지 못한 것을 발명했다고 하겠다. 그 말에 "송산(松山)의 옛 이름은 부사달(夫斯達)이며 송현(松峴)의 옛 이름은 부사파의(夫斯波衣)이고 송악의 옛 이름은 부사갑(夫斯岬)이다. 그렇다면 송(松)과 부사(夫斯)는 서로 따로 떨어지지 않고 있다. 이것으로 송(松)의 옛말이 바로 부사(夫斯)임을 미루어 알 수 있다" 하였다.

대체로 부사(夫斯)·부소(扶蘇)·부소(扶疎) 등은 이두문(吏讀文)의 같은 이름으로서 글자를 달리하는 것이다. 신채호는 또 "신지(神誌)를 혹 사람 이름이라고도 하고 혹 책 이름이라고도 하는데 나는 고대의 벼슬 이름 신지(臣智)로 본다" 하였다. 신지(神誌)와 신지(臣智)는 글자는 비록 다르지만 음은 같다. 신채호는 또 "《삼국지(三國志)》 〈삼한전(三韓傳)〉에 실려 있는 54국 안에 신소도(臣蘇塗)라는 나라가 있는데 소도(蘇塗)는 옛말에서 신단(神壇)을 지칭하는 것이다. 어떤 시대에서는 신소도(臣蘇塗)로 삼조선(三朝鮮, 진번(眞番), 막삼조선(莫三朝鮮)) 전토(全土)의 명칭으로 하고 있다. 《신지비사(神誌秘詞)》에 진단구변도국(震壇九變圖局)이라는 것이 있는데, 진단(震壇)의 〈진(震)〉은 곧 신소도의 〈신(臣)〉의 음이고 〈단(壇)〉은 곧 신소도의 〈소도(蘇塗)〉라는 뜻이다" 하였다.

이상 세 가지는 모두 근거가 있어서 이에 따라야 할 것이다.

제6절 《신지비사(神誌秘詞)》 아류(亞流)의 방증(旁證): 노생(盧生)의 《녹도서(籙圖書)》, 고구려(高句麗)의 비기(秘記)

우리나라 참기(讖記)는 단군 시대 선인(仙人)의 《신지비사(神誌秘詞)》를 가장 오래된 것으로 하였는데, 이것이 《고려사》 숙종(肅宗) 원년에 보인다. 우리 해동(海東)은 신선이 사는 곳이 될 뿐 아니라 도참설(圖讖說)·점성학(占星學) 등에도 그 발달이 극히 일렀다. 《후한서(後漢書)》에 "예(濊)에서는 별을 점치는 일에 밝아서 그 해의 풍흉(豊凶)을 미리 알았다" 하였으니 이것으로 확증된다고 하겠다. 도참(圖讖)·점성(占星)은 또한 선가(仙家)에 부대(附帶)[7]된 학문이다. 진(秦) 시황(始皇) 때 방사(方士) 노생(盧生)이 바다에 들어갔다가 돌아와 《녹도서(籙圖書)》를 올리며 아뢰기를 "진(秦)나라를 망하게 할 자는 호(胡)입니다" 하였다. 이에 시황(始皇)이 북쪽에 만리장성을 쌓아서 오랑캐[胡]를 방비하고 맏아들 부소(扶蘇, 부소를 이름으로 한 것은 《신지비사(神誌秘詞)》 안의 부소(扶疎)와 무슨 관련이 있는지도 모른다)를 시켜 북쪽 몽염(蒙恬)의 군대를 상군(上郡)에서 감시케 하였는데 부소가 스스로 목숨을 끊었다. 이에 호해(胡亥)를 세워 태자(太子)로 삼으니, 호해가 곧 2세

---

7) 附帶: 주요한 것에 곁들여 덧붙이는 것.

황제이다. 진나라를 망하게 하는 자는 호(胡)라 한 말이 호해(胡亥)에서 징험(徵驗)되었다.

노생(盧生)은 서시(徐市) 및 한종(韓終) 등과 함께 시황(始皇)의 명을 받고 삼신산(三神山)의 불사약(不死藥)을 구한 자이다. (삼신산(三神山)은 단군 3대〔三神〕의 태백산(太白山)이며, 불사약은 영애(靈艾) 및 마늘 등을 말하는 것이 아닌가 의심스럽다.) 바다로 들어갔다 함은 곧 우리나라로 왔음을 말하고,《녹도서(錄圖書)》는 참기(讖記)를 말하는 것인데《신지비사》와 같은 것이다. 노생이 우리나라에 들어와 이 술법을 배워서 깨우치고 진나라 운(運)이 장차 호(胡)에게 망하리라는 것을 예지(豫知)했으면서도 그 징험이 과연 호해(胡亥)에 있음을 알지 못했으니, 이것이야말로 화(禍)가 담장 안에서 일어날 것을 알지 못하고 헛되게 오랑캐를 막으려고 만리장성을 쌓은 것이다. 한(韓)나라 사람 장량(張良)도 스스로 역시 방사(方士)라 하고 우리나라에 왔다. 양(良)은 노생(盧生)·한종(韓終)·서시(徐市) 등과 함께 취향을 같이하는 자로 여겨진다. 그 일한 자취로 보아서 그렇다는 것을 알 수 있다. 양(良)이 한(韓)나라를 위해 원수를 갚기 위해 동쪽에서 창해력사(滄海力士)와 만나 박랑사(博浪沙)에서 쇠몽둥이〔鐵椎〕로 진 시황을 쳐서 천하 사람을 깜짝 놀라게 했으니, 이것은 양(良)이 평일에 습관처럼 해동(海東)에 놀아 마침내 창해력사와 더불어 사생(死生)을 같이하는 벗을 맺었기 때문에 능히 이와 같이 할 수 있었던 것이다. 만약 그 나라에 익히 놀지 않았다면 어찌하여 창해(滄海)에 역사(力士) 있음을 알아서 교분을 맺었겠는가.

성호(星湖) 이익(李瀷)은 이것을 주장했으니(《사설(僿說)》에 보인다) 그 말이 옳은 것 같다. 장량(張良)이 한(漢) 고조(高祖)가 6국의 후사(後嗣)를 세우려는 것을 보자, 그 앞에 있는 젓가락〔箸〕을 청하여 성패(成敗)의 운수를 결단해서 그 일을 간(諫)하여 막았으니 또한 방사(方士)가 점쳐서 예지(豫知)하는 술법인 것이다. 대체로 장량은 처음에 황석공

(黃石公)에게서 가르침을 받았고 말년에는 적송자(赤松子)를 좇아 놀기를 원했으니, 신선 방술(方術)의 인사가 하는 자취가 아닌 것이 없다. 그 학문의 연원은 응당 우리 해동에서 얻은 것일 터이다. (《진관회해집(秦觀淮海集)》에 "대저 정기(精氣)를 가지고 몸을 다스리고 그 나머지를 가지고 천하를 다스려서 공이 이루어지고 일이 완수되면 몸을 완전히 하여 물러가는 것은 도가(道家)의 유(流)이다. 자방(子房)은 처음에는 하비(下邳)에 놀아 이상(圯上)의 노인에게서 책을 받았으며 끝에 가서 말하기를 '인간의 일을 버리고 적송자(赤松子)를 좇아 놀기를 원한다' 했으니 아마도 도가(道家)에서 나온 것일 터이다" 하였다.)

國號의 研究

제7장

환국(桓國)은 천국(天國)이고, 환인(桓因)은 천주(天主)이다
(天神話)

《삼국유사》 고간본(古刊本, 정덕(正德) 임신(壬申, 1512) 경주간본(慶州刊本)) '고조선 단군(壇君)' 조에 '환국(桓國)'을 '환인(桓因)'으로 만들었으니, 이는 불서(佛書)의 천제환인(天帝桓因)에 의하여 뒷사람이 함부로 지우고 고쳐서[抹改] 환국을 환인으로 고쳐놓은 것이다. 변증(辨證)이 앞의 글에 나와 있으니 여기서는 중복을 피하기로 한다. 환국(桓國)과 환인(桓因)이 모두 설(說)을 이루어, 환국은 해솟는 나라 천국(天國)이고 환인은 천주(天主)이다. 환인은 우리말의 '하느님(Hanim, 천주(天主))'이니 환(桓)은 '한(Han)'과 비슷하고 인(因)은 '님(Nim)'과 비슷하기 때문에 이같은 말을 이루는 것이다. 안자산(安自山) 곽(廓)이 내게 말하기를 "《지도론(智度論)》에 천제석(天帝釋)은 범음(梵音)에 의하여 마땅히 제파나인석가자(提婆那因釋迦者)라고 해야 한다 하였다. (석가자는 능(能)을 말한다.) 제파(提婆, 천(天)을 말한다)·인(因, 주(主)를 말한다)을 합쳐서 말하면 바로 능천주(能天主)이다" 하였다. 불서(佛書)의 제파나인(提婆那因)은 환인과 더불어 통용하는 예가 많다. 제파는 곧 환(桓)이고, 또 우리말에 주(主)를 '님(Nim)'이라고 하여 인(因)과 서로 비슷하니 환인(桓因)이 천주(天主)가 됨은 자연적으로 그럴 수 있는 것이다.

우리말에 환(桓)은 한(干, 간(干)의 원말)·한(汗)·한(漢)·한(韓) 등 글자 및 '대(大)'의 훈(訓)인 '한(Han),' '일(一)'의 훈(訓)인 '한(곧 일(一)과 대(大)가 모두 천(天)이 되는 것과 같다)'과 그 음이 서로 비슷하여 통한다. 환국(桓國)을 우리말로 풀이한다면 '한ᄂ라(Hannara)'가 되는데 곧 천국(天國)인 것이다.

환(桓)과 환(圜)·환(丸)은 음과 뜻이 서로 비슷한데 하늘이 둥근 것을 상징한다. 고구려 국내성(國內城)을 환도(桓都), 또는 환도(丸都)로 칭하는 것이 그 예이다. 우리말에 한(干)·한(汗)·한(漢)·한(韓) 등 글자는 모두 '대(大)'자의 훈(訓)인 '한'으로 읽으니 이는 '천(天)' '왕(王)'자와 뜻이 같다. 예를 들어서 왕부(王父)를 '한아배(Hanapai, 大父)' 또 대강(大江)을 '한강(Hankang)' 대산(大山)을 '한산(Hansan)'이라고 하는 것과 같은 것이다. (《삼국사기(三國史記)》에 "백제(百濟)의 시조 온조(溫祚)가 한산(漢山)에 이르렀다……북쪽은 한수(漢水)가 두르고 있다" 했으니 모두 큰 산, 큰 강을 말한다.)

이의봉(李義鳳)의 《고금석림(古今釋林)》: 우리나라 풍속에 큰 것을 한(漢)·한(汗)·간(干)·한(翰)·찬(餐)·건(建)이라고 하여 혹 초성(初聲)이 같은 것을 가지고 하고(초성(初聲)은 자음(子音)을 말한다), 혹 중성(中聲)이 같은 것을 가지고 하며(중성(中聲)은 모음(母音)을 말한다), 혹 종성(終聲)이 같은 것을 가지고 하니(종성(終聲)은 미음(尾音)을 말한다) 글자는 비록 변하지만 뜻이 통하는 것이다. 이것은 몽고(蒙古) 글에 극히 가까우니 조부(祖父)를 '한아비' 라고 하는 것은 대부(大父)가 되는 것이고 조모(祖母)를 '한마' (본디 '한어미' 인데 소리가 급하고 짧다)라고 하는 것은 대모(大母)가 되는 것이다.

이수광(李睟光)의 《지봉유설(芝峰類說)》: 우리나라 말에 간(干)의 음이

한(汗)이 되는데, 소채(蔬菜)를 심는 자를 원두간(園頭干), 고기 잡는 자를 어부간(漁父干)이라고 하는 것과 같은 따위이다. 방언(方言)에 큰 것을 한(汗)으로 하는 까닭에 하늘을 한(汗)이라고 한다.

《후한서(後漢書)》: 삼한(三韓) 여러 나라가 각각 한 사람으로 천신(天神)을 제사 지내는 일을 맡게 하고 이름하여 천군(天君)이라고 한다.

《신당서(新唐書)》: 고려(高麗, 여기서는 고구려를 말한다)에서 가한신(可汗神)을 제사 지낸다.

위의 여러 기록에 의거한다면 천군(天君)·가한(可汗)은 모두 천신의 뜻이다. 이같은 예를 가지고 미루어 생각한다면 간이(干夷)의 간(干), 삼한(三韓)의 한(韓, 간(干)은 한(韓)의 약자(略字))이 모두 환국(桓國) 계통의 방언(方言) 명사(名詞)인 것 같다. 진한(辰韓)의 거서간(居西干), 가락(駕洛)의 구간(九干)이 그 예이다.

《삼국사기(三國史記)》: 신라 시조 박혁거세(朴赫居世)가 즉위하여 거서간(居西干)이라고 불렀다 하였으니, 거서간이란 진한(辰韓)에서 왕을 일컫는 말이다. 어떤 이는 귀인을 부르는 명칭이라고 하기도 하였다. 또 눌지마립간(訥祗麻立干)이라 하는 것은 김대문(金大問)이 말하기를, 마립(麻立)은 방언으로 말뚝이고 말뚝은 표준위치를 정하여 세우는 것이다 하였으니, 왕은 말뚝의 주(主)가 되고 신하는 말뚝 밑에 벌려 있기 때문에 이로 인하여 이름한 것이다.

이덕무(李德懋, 조선 정조(正祖) 때 사람)의 《청장관전서(靑莊館全書)》: 신라 시대에 임금을 마립간(麻立干)이라 일컫고 신하를 아간(阿干)·대아간(大阿干)으로 칭하였다. 시골 백성에 이르기까지 그 이름 밑에 간(干)을 붙여서 부르는 것이 예로 되었으니 서로 높이는 말이다. 아간을 아찬(阿餐) 또는 알찬(閼粲)이라고도 했는데 간(干)·찬(餐)·찬(粲) 세 글자는 그 소리가 서로 비슷함을 가지고 하는 말이다.

《동국통감(東國通鑑)》: 가락국(駕洛國)에 구간(九干)이 있었으니, 아도(我刀)·여도(汝刀)·피도(彼刀)·오도(五刀)·유수(留水)·유천(留天)·신천(神天)·신귀(神鬼)·오천(五天)인데 각각 그 무리를 거느려서 추장(酋長)이 되었다.

《순자(荀子)》: 간월(干越)은 이맥(夷貊)의 아들이다.

공안국(孔安國)의 《상서전(尙書傳)》: 부여(夫餘)·한(馯)·맥(貊)을 동이(東夷)라 했는데, 한(馯)은 한(韓)이다.

청(淸)나라 건륭황제(乾隆皇帝)가 흠정(欽定)한 《만주원류고(滿洲源流考)》에 "무릇 삼한(三韓)으로 명명(命名)한 것은 《사기(史記)》에 마한(馬韓)·진한(辰韓)·변한(弁韓)의 이름을 나열했을 뿐 한(韓)으로 칭하는 뜻은 상세히 설명하지 않았다. 국어(만주어) 및 몽고어에서 군장(君長)을 칸[汗]으로 하고 있는데 한(韓)과 칸의 음이 서로 혼동되고 있다. 한(韓)과 칸[汗]의 음이 비슷하면서도 뜻이 달라서 서로 어긋난다" 하였다. 그리고 《어제삼한정류(御製三韓訂謬)》에서 만주어 및 몽고어로 '한(韓)'이 '칸[汗]'으로 되어야 당연함을 증명하였다.

위에서 말한 대로 만주어·몽고어는 우리말과 더불어 같은 계통이 된다. 그 말을 빌려서 상고사(上古史)를 고증한다면 가장 마땅함을 얻겠다. 이제 한(漢)·한(汗)이 하늘[天]의 뜻이 됨을 알았으니 그 근본이 환국(桓國)에서 나왔음을 또한 알기 어렵지 않다.

이의봉(李義鳳)의 《고금석림(古今釋林)》: 북로(北虜)[1]는 하늘을 기련(祈連)이라고 하고 달단(韃靼)[2]은 통격락(統格落, 통격락을 상고하면 《만

---

1) 北虜: 북쪽 오랑캐.

주원류고(滿洲源流考)》에 "몽고인이 하늘을 등격리(騰格里)라고 한다" 한 것이 이것이다)이라고 하니, 통격락(統格落)은 우리나라에서 원(圓)을 일컫는 말이다. 우리나라에서 원을 일컬어 '두응근래(斗應斤來)'라 하니 이것이 달단어(韃靼語)와 서로 비슷하다. 이른바 격락(格落)은 곧 기련(祈連)의 전음(轉音)이며 하물며 하늘 모양이 둥근 것이랴. (지금의 지린(吉林)은 곧 흉노어(匈奴語) 기련(祈連)의 전음(轉音)이니 곧 천국(天國)임을 말한다.) 몽고는 달단 곧 옛 흉노의 부족(部族)이다. 그 때문에 그 언어가 우리나라에 전해져 관계가 밀접하기가 이와 같다. 또 《한서(漢書)》를 상고하면 "흉노는 하늘을 탱려(撐黎)라 하고(탱려(撐黎)는 통격락(統格落) 또는 등격리(騰格里)에 근거를 두고 있다) 아들을 고도(孤塗)라 한다" 하였는데 이것은 선우(單于, 선우는 하늘의 아들임을 말한다)의 존칭이 된다. 그리고 하늘의 부름〔呼〕은 기련(祈連)에 가깝고 아들을 부름은 또 우리말과 가까운데 '고(孤)'의 옛 발음은 '아(a)' 또는 '오(o)'가 된다. (영남 사람들이 아들 부르기를 '아으'라고 한다.)

여기에 의거한다면 몽고어에서 하늘을 부르는 말인 등격리(騰格里)가 우리의 원을 일컫는 말인 '둥군(Tungkun, 斗應斤)'과 서로 비슷하다. 이로써 동북이(東北夷)의 고대어에 있어 하늘을 신앙의 대상으로 하는 뜻이 같은 근원에서 나왔음을 증명할 수 있다.

---

2) 韃靼: Tatar의 음역(音譯). 몽고족의 한 갈래로 元이 망한 뒤 몽고족의 일부가 북으로 옮겨가 興安嶺의 서남 지방에 北元國을 세워 칭하던 이름인데, 명나라 이후에 몽고 전체의 이름으로 쓰였으며, 현재는 남부 러시아에서 시베리아 중부에 걸쳐 분포해 있는 북방 터키 계통의 주민을 이른다.

제8장

환국(桓國)은 해솟는 나라이다: 조선(朝鮮)이란 환국(桓國)의 역의(譯義)이다
(日月神話)

《고기(古記)》: 옛날 환국의 서자(庶子) 환웅(桓雄)이 자주 세상에 내려가기를 원했다. 마침내 천부인(天符印) 3개를 주어 무리 3천을 거느리고 태백산(太白山) 신단수(神壇樹) 아래 내려와 세상을 다스렸는데 이를 일러 신시(神市)라 한다.

우리말에서 해솟는 서광(曙光)을 '환(桓)'이라 하니 환국(桓國)이라는 것은 곧 해솟는 나라를 이름이다. 또 우리말에 하늘을 한(漢)이라 하고 해를 날(捺)이라 하며 또 '한(漢)'과 '날(捺)'을 합쳐서 '하늘'의 뜻이 되니 《계림유사(鷄林類事)》에 "고려의 방언에서 천(天)을 '한날(Hannal, 漢捺)'이라고 한다" 한 것이 이것이다. 내 생각에 고대 사람이 하늘과 해가 모두 지극히 큰 현상이 됨을 보았기 때문에 혹시 붙여 읽어서 마침내 명사를 이룬 것이 아닐까. 환국(桓國)의 서자가 내려온 산을 '태백(太白)'이라 하였다. 태백의 뜻은 산이 가장 높아 해가 먼저 비치는 형상을 취하여 이름 붙인 것인가.

제1절 朝鮮(동쪽의 해솟는 곳)의 의의: 아침해가 선명하기 때문에 이름한 것으로, 조선은 환국(桓國)의 역의(譯義)이다

《삼국유사》'고조선(古朝鮮)'〈왕검조선(王儉朝鮮)〉조: 《위서(魏書)》에 이르기를 "지나간 2천 년 전에 단군왕검이 있어 아사달(阿斯達)에 도읍하여 나라를 열고 조선이라고 이름했다" 하였다.

《고기(古記)》: 옛날에 환국의 서자 환웅(桓雄)이 태백산 신단수(神壇樹) 아래 내리니, 신웅(神熊)이 있었는데 여인으로 변하여 아들 낳기를 원했다. 웅(雄)이 가화(假化)하여 결혼해서 아들을 낳았으니 단군(壇君)이다. 이름을 왕검(王儉)이라 하며 평양에 도읍하고 비로소 조선이라 일컬었다.

《동사강목(東史綱目)》〈조선명호(朝鮮名號)〉조: 《관자(管子)》에 "조선의 문피(文皮)를 징발(徵發)하였다" 하였고, 《전국책(戰國策)》에 "소진(蘇秦)이 연(燕)나라 문후(文侯)에게 말하기를, 연나라 동쪽에 조선요동(朝鮮遼東)이 있다 하였다" 했는데 이 때에는 기자(箕子)의 시대에 해당하며, 기자가 조선을 일컬었음이 틀림없다. 그리고 《사기(史記)》에 '조선열전(朝鮮列傳)'이 있어서 위만(衛滿)의 일을 말하고 있으니 위씨(衛氏)가 조선을 일컫는 것 또한 분명하다. 조선으로 명명(命名)한 뜻은 여러 설이 서로 같지 않다. 《색은(索隱)》에 "'조(朝)'의 음은 조(潮), '선(鮮)'의 음은 산(汕)이니 산수(汕水)가 있음을 가지고 이름한 것이다" 했는데 이 말은 옛스럽지만 타당함을 얻지 못하였다. 《여지승람(輿地勝覽)》에 "동쪽 해솟는 곳에 있기 때문에 조선이라고 이름하였다" 하였고, 학봉(鶴峰) 김성일(金誠一)의 《조선고이(朝鮮考異)》에 "선(鮮)은 밝은〔明〕 것이다. 땅이 동쪽에 있어 해가 선명(鮮明)하기 때문에 조선(朝鮮)이라고 하였다" 해서 두 설이 그 뜻이 매우 그럴 듯하지만 후세로 내려와 문(文)이 질(質)을 앞선 데서 추연(推演)한 말인 듯하다. 고려의 여(麗) 같은 것은 본디 평성(平聲)인 것을 뒷사람들이 거성(去聲)으로 읽어서 산고수려(山高水麗)를 일컫는 말이라고 했으며, 어떤 이는 말하기를 "동방은 곧 백두산 기슭이니 백두산은 선비산(鮮卑山)으로 좇아왔으며 그 근본은 곤륜산(崑崙山)의 한 갈래이다. 후한(後漢) 때 동호(東胡)의 마을로서 그 아래에서 일어난 자가 산 이름을 국호로 하였으니 선비국(鮮卑國)이 이것이다. 기자(箕子) 시대에 요지(遼地)의 태반(太半)이 그 봉역(封域)에 들어 있어서 선비산(鮮卑山) 동쪽에 있었기 때문에 조선(朝鮮)이라 하였다. 조(朝)는 동(東)이다" 하였다. 《주례(周禮)》 경조(景朝) 다음(多陰)은 조(朝), 주석(注釋)에서 "동쪽을 뜻한다" 하였으니 그 뜻이 비교적 이치에 가깝다. 단군 시대에 조선이라 칭했다든가 칭하지 않았다는 것은 알 수 없으나 《고려사(高麗史)》 '지리지(地理志)'에서 단군을 전조선(前朝鮮), 기자(箕子)를 후조선(後朝鮮)으로 하여 우리나라 사람에게 전해 내려온 지 이미 오래이다. 여기서는 옛 기록에 의거하여 쓴다. 어떤 이는 단(檀)이 국호(國號)라고 한다. (《후한서(後漢書)》 '예전(濊傳)'을 상고하면 "낙랑(樂浪)·단궁(檀弓)이 그 땅에서 나왔다" 하였으며, 《삼국유사(三國遺事)》는 《위서(魏書)》를 인용해서 "지나간 2천 년 전에 단군왕검(壇君王儉)이 아사달(阿斯達)에 도읍하여 나라를 세우고 조선(朝鮮)이라 이름했으니 요(堯)와 같은 때이다" 하였다. 중국의 역사를 상고하면 단군(壇君)의 말이 그 책[《魏書》]에 처음 보이고 있으니 여기에 의거하여 조선이라는 국호가 단군(檀君)부터 있었던 것으로 본다.)

《연려실기술(燃藜室記述)》(이긍익(李肯翊) 지음): 우리 조선이라는 명칭은 옛사람이 땅이 양곡(暘谷)에 가깝다고 하여 '조(朝),' 해가 돋으면 먼저 밝다고 하여 '선(鮮)'이라 하였다.

《화한삼재도회(和漢三才圖會)》: 조선의 옛 이름은 선비(鮮卑)이며 주(周)나라 이름은 조선이다. 뒤에 신라·백제·고구려가 삼한(三韓)이 되고, 지금은 통일이 되어 조선이라 칭하니, 동방 해뜨는 곳이기 때문에 이처럼 이름한 것이다. (이능화(李能和)가 말하기를 "옛날의 선비(鮮卑)는 지금의 서백리(西伯里)이다. 우리말로 풀이하면 '샛별'이 된다. 이는 동방의 명성(明星)을 말하는 것으로서 곧 일출(日出)의 상징이다" 하였다.)

환국(桓國, 천국(天國)) '한나라' 혹은 해돋는 나라〔日出國〕 '환나라'는 순수한 고유의 방언(方言)이다. 조선이라고 하는 것은 한자로 환국(桓國)의 역의(譯義)이다. 내 생각으로는 환국의 서자(庶子) 환웅(桓雄)이 하늘에서 단(壇)으로 내려와 세상을 이(理)로써 다스려서〔在世治理〕 신시(神市)를 이룩했으니 이것이 신권교화(神權敎化)의 처음이다. 그 때문에 하늘과 해를 신앙의 대상으로 삼았다. 단군에 이르러 뜻을 계승하고 정사(政事)를 펴서 국체(國體)를 형성하고 요(堯) 임금과 더불어 함께 서서 중국과 점차로 교류가 있게 되었다. 그래서 중국 사람이 한자로 환국(桓國), 즉 '환나라'를 조선으로 풀이한 것이 아닌가 한다.

동북이(東北夷)는 본디 같은 종족(種族, 몽고족(蒙古族))이 되기 때문에 고대의 종교는 모두 해와 달을 신앙의 대상으로 삼고 있다. 《사기(史記)》 '흉노전(匈奴傳)'에 보면 "선우(單于)가 아침이면 영(營)을 나가서 처음 솟아오르는 해를 향해 절하고 저녁이면 달을 향해 절했다" 하였으며, 《삼국지(三國志)》에는 "동호(東胡) 오환(烏丸)은 활 모양으로 집을 지었는데 모두 동쪽으로 해를 향했다" 하였다. 《오대사(五代史)》에는 "거란(契丹)은 귀신을 좋아하고 해를 높여서 매달 초하룻날 아침이면 동쪽을 향해 해에게 절하고 그 벼슬아치들이 모여서 나라 일을 의논할 때는 모두 동향(東向)을 높은 자리로 했다" 하였다. 이런 것들이 모두 그 명확한 증거이다. 조선은 땅이 동쪽에 있는 까닭에 해와 달의 신화(神話)를 소유하고 있으니 많은 역사상의 증거를 가지고 있다. 단군 이래로 역대 여러 나라(예(濊)·맥(貊)·부여(夫餘)·고구려(高句麗)·신라(新羅))에서 모두 해를 숭배하는 행사가 있었다. 또 중국의 옛글인 《산해경(山海經)》

에서 이른바 제준(帝俊)의 행적(行蹟), 희화(羲和)의 일들이 우리나라의 해와 달의 신화와 관련이 없는 것이 없다. 이를 다음과 같이 열거한다.

《대황동경(大荒東經)》: 대황(大荒) 안에 산이 있어 합허(合虛)라 했는데 해와 달이 솟는 곳이다. 중용(中容)의 나라가 있으니 제준(帝俊)이 중용을 낳았다. 또 사유(司幽)의 나라가 있었는데 제준(帝俊)이 안룡(晏龍)을 낳고 안룡이 사유(司幽)를 낳았다. 또 백민(白民)의 나라가 있었는데 제준(帝俊)이 제홍(帝鴻)을 낳고 제홍이 백민(白民)을 낳았다. 또 청구(靑丘)의 나라가 있고 흑치(黑齒)의 나라가 있으니 제준(帝俊)이 흑치(黑齒)를 낳았다. 또 대황(大荒) 안에 산이 있으니 이름하여 국릉어(鞠陵於)·천동극(天東極)·이무(離瞀)라고 해서 해와 달이 솟는 곳이니, 이름하여 절단(折丹, 신인(神人)이라 하며, 동방을 절(折)이라 하고 내풍(來風)을 준(俊)이라 하니 동극(東極)에 처하여서 바람이 들어가고 나가는[出入風] 것이다. 또 대황(大荒) 안에 산이 있어서 이름하여 얼요군저(孼搖頵羝)라 하니 위에 부목(扶木)이 있고 계곡이 있는데 온원(溫源)이라 하고 계곡에 신인(神人)이 있어 이름하여 사비시(奢比尸)이니 제준(帝俊)의 벗이다. 제준이 양단(兩壇)에 내리면 채조(彩鳥)가 시종(侍從)한다. 또 여화월모(女和月母)의 나라가 있다. 사람이 있어 이름을 원(鶢)이라 했는데 동극(東極) 구석에 있으며 해와 달을 멈추게 하는, 그 장단(長短)을 맡아본다.

《대황남경(大荒南經)》: 대황 가운데에 부정산(不庭山)이 있는데 영수(榮水)가 여기에서 끝난다. 몸뚱이가 셋인 사람이 있다. 제준(帝俊)의 아내인 아황(娥皇)이 삼신국(三身國)을 낳았으니(《학의행(郝懿行)》에 이르기를 "순(舜)의 아내는 후육(后育)으로 곧 아황(娥皇)이다" 하였다. 《해외서경(海外西經)》에는 삼신국(三身國)이 있으나 낳았다는 말은 없으며, 이 경전 및 《해내경(海內經)》에는 "제준(帝俊)이 삼신(三身)을 낳았으며 삼신국(三身國)은 성이 요(姚)씨이다. 그러므로 제준임을 알 수 있으며, 이가 순(舜)이다" 하였다),

제8장 환국(桓國)은 해솟는 나라이다······ 93

성이 요(姚)씨인데 기장〔黍〕을 먹고 네 마리 새〔鳥〕를 부린다. 사각형의 연못이 있는데 네 모서리가 모두 통하여 북쪽은 흑수(黑水)와 연결되고, 남쪽은 대황(大荒)과 연결된다. 북쪽 언저리의 이름은 소화연(少和淵)이며 남쪽 언저리의 이름은 종연(從淵)인데 순(舜)이 목욕하던 곳이다. 또 중음산(重陰山)이 있다. 사람이 짐승을 잡아먹고 있는데 계리(季釐)라 한다. 제준(帝俊)이 계리를 낳았으므로 계리국(季釐國)이라 한다. 민연(緡淵)이 있고 소호(少昊)가 배벌(倍伐)을 낳았는데 배벌이 민연에 내려와 살았다. 네 모꼴의 물이 있어 이름을 준단(俊壇)이라 하였다. 동해(東海)의 밖(본문에는 동남해(東南海) 밖이라 했는데 《의행주(懿行注)》에서 《북당서초(北堂書鈔)》149권을 인용해서 이 경(經)에는 남(南)자가 없다고 하였다), 감수(甘水) 사이에 희화국(羲和國)이 있는데, 여자가 있어 이름을 희화(羲和)라 하였는데(《의행(懿行)》에서 《사기정의(史記正義)》를 상고하고 《제왕세기(帝王世紀)》를 인용해서 이르기를, 제곡(帝嚳)의 둘째 비(妃) 추자(諏訾)의 딸을 상의(常儀)라 하였으며, 《대황서경(大荒西經)》에는 제준(帝俊)의 아내로 상희(常羲)가 있다 했는데, 상의(常儀)와 이 경(經)의 희화(羲和)는 같은 사람이 아닌가 의심한다) 지금 감연(甘淵)에서 해를 목욕시키고 있다. (희화는 하늘과 땅을 시생(始生)하고 해와 달을 주재(主宰)하였다. 그러므로 계서(啓筮)가 말하기를, 공상(空桑)[1]이 창창(蒼蒼)하고 팔방(八方)〔極〕을 베풀었다 하였다. 희화는 해와 달의 솟고 짐에 따라 밝고 어두운 직분을 주관하였으며, 또 하늘〔上天〕을 보고 한 번은 밝고 한 번은 어둡게 하였다. 희화의 아들이 있는데 양곡(暘谷)에서 출생하였다. 그러므로 요(堯)가 희화에게 벼슬을 주고 사시(四時)를 주관케 하였다. 그 뒤 드디어 나라가 되어 해와 달의 법칙을 만들어 관장하고 감수(甘水)에서 목욕하면서 운행변전(運行變轉)함으로써, 그곳이 솟고

---

1) 空桑: 伊尹 또는 孔子의 출생지를 가리킨다. 伊尹의 출생지는 지금 河南省 陳留縣의 南部이며, 孔子의 출생지는 山東省 曲阜縣의 남부이다.

지는 양곡 우연(虞淵)이다. 이른바 세상에서 직분을 잃은 것이 아니다.) 희화는 제준(帝俊)의 아내로서 10개의 해를 낳았다. (말하기를 열 아들을 낳음으로써 각각 해 이름으로 이름하였다. 그러므로 10개, 수십 개의 해를 낳았다고 말한다.《의행(懿行)》곽박(郭璞)의 주(注)를 상고하면, 10개의 해를 낳았는데 일(日)자가 탈락되어 희화의 열 아들이 되었는지 의심되나 다른 책에서는 보이지 않는다.《예문유취(藝文類聚)》5권〈시자(尸子)〉를 인용해서 말하기를, 달력[曆數]을 만든 자가 희화의 아들이라고 하나 그 이름을 상고할 수 없다.)

《대황서경(大荒西經)》: 대황 가운데 산이 있는데 이름을 일월(日月)이라 하며 하늘의 지도리이다. 오희천문(吳姬天門)은 해와 달이 지는 곳이며 신인(神人)이 있어 얼굴에 팔은 없고 두 발이 머리 위에 붙어 있는데 산 이름을 허(噓)라 한다. 전욱(顓頊)이 노동(老童)을 낳고 노동이 중(重)과 여(黎)를 낳았으며 하지(下地)가 열(噎)을 낳았는데, 열은 서쪽 끝에 살면서 해·달·별의 가고 머묾을 주관한다. 해·달·별의 도수(度數) 차례를 주관한다.《의행(懿行)》의 '초어(楚語)'를 고안하면 하(夏)와 상(商)나라에 이르러 중려(重黎, 후대로 오면서 한 사람으로 표기)가 하늘과 땅을 분별하여 차례로 나누어 주관하였다. 곧 이 경(經)은 열(噎)이 서쪽 끝에 살면서 해·달·별의 운행을 주관하였다. 또 팔이 거꾸로 달린 사람이 있어 이름은 천우(天虞)이며, 여자가 있어 달을 씻기고 있다. 제준(帝俊)의 아내인 상희(常羲)가 달을 12개 낳아 여기에서 씻겼으며 현단산(玄丹山)이 있고 오색(五色) 무늬의 새가 있다.

《대황북경(大荒北經)》: 동북해(東北海) 밖, 대황 가운데 하수(河水) 사이에 부우산(附禺山)이 있는데 언덕 둘레가 3백 리이며 언덕 남쪽에는 제준(帝俊)의 대숲[竹林]이 있어 큰 배를 만들 수 있다.

《해내경(海內經)》: 제준(帝俊)이 우호(禺號)를 낳고 우호가 음량(淫梁)을 낳고 음량이 번우(番禺)를 낳았는데 그가 처음으로 배를 만들었으며, 번우가 해중(奚仲)을 낳고 해중이 길광(吉光)을 낳았는데 이가 비로소 나무로 수레를 만들었다. 제준이 여(羿)에게 붉은 활과 흰 주살〔彤弓素矰〕을 하사하여 비로소 온갖 어려움을 없애고 구제해 주었다. (주(注)에, 궁후(窮后)·여모(羿慕)·여사(羿射)가 있으므로 이 이름을 부른 것이다 하였다.) 제준이 안룡(晏龍)을 낳았는데 안룡이 거문고와 비파를 만들었으며, 제준에게 8명의 아들이 있었는데 이들이 처음으로 가무(歌舞)를 하였다. 제준이 삼신(三身)을 낳고 삼신이 의균(義均)을 낳았는데 그가 처음으로 교수(巧倕)가 되어 하계의 백성들에게 온갖 기물을 만들어 주었다. (백운산인(白雲山人)이 말하기를, 수(倕)는 요(堯) 임금 때 장인(匠人)이니 제준(帝俊) 당년(當年)이 오랜 당요(唐堯)이다 하였다.)

지금 백운산인(白雲山人) 이자명(李子明)이 역사담(歷史談)을 지었는데 '제준고(帝俊考)'에서 말하기를, 제준의 자취를 살펴보면 대황(大荒)의 동·서·남·북의 경전 및 《해내경(海內經)》에 펴져 있는데 상고하면 청구(靑丘)와 흑치(黑齒) 지역이며, 희화(羲和)의 해와 달의 증명은 상고(上古)의 동방성제(東方聖帝)가 됨을 알 수 있으며, 내외(內外) 해산사경(海山四經)에서 우리나라가 여기저기서 보이는 것을 빗대어 설명하였다.

대개 당우(唐虞) 이전에 동방의 풍기(風氣)가 열려서 중국과 유통(流通)했으며, 서남(西南) 여러 곳은 비교하면 조금 손색이 있었다. 제준(帝俊)이 동방신인(東方神人)이라 하는 것은 다시 논하지 않는다. 다만 곽박(郭璞)의 주경(注經)에 준(俊)과 순(舜)은 음이 서로 가깝기 때문에 준은 순의 가차음(假借音)이라 하고, 준의 아내 아황(娥皇) 및 요씨 성〔姚姓〕의 말을 보면 순(舜)을 증거로 하였다. 그러나 본경(本經)을 세밀히 관찰하면 우순(虞舜)의 기사가 실린 것은 한두 번에 그치지 않았으나 바로 말해서 순(舜)뿐이다. 그 1편 안에 한 임금의 일을 논하는데 혹은 준(俊), 혹은 순(舜)이라 한 것은 조리가 없다. 그것은 제준의 아내

아황이 삼신국(三身國)을 낳았고, 성은 요(姚)이며 기장을 먹었다는 것은 결코 요(堯)의 딸이 아니며 다만 순으로 하여 제준의 처족(妻族)일 뿐이다. 또 희화국 여자 희화(羲和)가 제준의 아내가 되어서 10개의 해〔日〕를 낳고 상희(常羲)가 달을 12개 낳으니 만약 순으로 하여금 요(堯)의 딸이 있어 시집가기 전〔釐降之前〕에는 홀로였을 것이며, 30에 등용(登庸)한 뒤에는 재처(再妻)로 희화의 나라에 가는 것을 응하지 않았을 것이다. 또 동방의 배와 수레, 거문고와 비파는 제준의 자손으로부터 만들어졌으며, 그 태어남이 멀리 도당(陶唐) 위에 있으므로 준(俊)·순(舜) 두 임금은 많은 변명도 부족하다. 다만 순(舜이 훈화(薰華), 순화(舜華)는 근(槿, 무궁화)이라고도 한다) 나라 사람(순(舜)은 동이(東夷) 사람) 임금임을 동방의 고기(古記)를 상고하여 밝힌다.

중국 당우(唐虞) 이전에 신인(神人)이 태백산 신단수(神壇樹) 아래 내려와서 단군이라 하였는데 그 세계(世系)를 고증하면 제준이 동극(東極)에 내려온 때와 같다. 해와 달이 나오는 곳에 희화(羲和)가 인도한 것은 아침해가 선명한 것을 뜻한다. 배벌(倍伐)이 민연(緡淵)에 살았는데 네모〔四方〕의 물이 있는 것은 백산(白山) 대택(大澤) 속에서 네 곳으로 나오는데 절단(折丹)의 단(丹)은 도류(道流)를 이루었으며, 준단(俊壇)의 단(壇)은 신단(神壇)의 단(壇)을 조응(照應)한 것이며, 천제(天帝)의 하계(下界)의 두 제단의 뜻과 나라에 삼신(三身)의 이름이 있는 것은 실제로 단과 함께 신(神)자가 정비례한다 하였다.

백운산인(白雲山人)이 배벌(倍伐)의 민연(緡淵)과 네모꼴의 물이 있는 것은 백산(白山) 대택(大澤) 속이라 하나 나는 부정산(不庭山)을 이르며, 삼신(三身)의 나라는 불함산(不咸山) 속이다. 불함은 태백(太白)으로 위에는 큰 못〔大澤〕이 있고 사방이 40리이며 사면이 물로서, 여기에서 발원하여 북으로 흐르는 것은 송화강(松花江), 혹은 소하강(蘇下江)이 되어 강 북쪽 흑룡강(黑龍江)으로 들어가니, 이것이 곧《대황남경(大

荒南經)》의 "부정산(不庭山)으로, 사각형의 연못이 있는데 네 모서리가 모두 통하여 북쪽은 흑수(黑水)와 연결되고, 남쪽은 대황(大荒)과 연결된다. 북쪽 언저리의 이름은 소화연(少和淵)이다"에서 대개 소화(少和)는 소하(蘇下)와 더불어 송화(松花)와 음이 서로 같다. 또 순(舜)은 동이(東夷) 사람이라 하는데 종연(從淵)에서 목욕한 것은 가능한 일이며, 삼신국(三身國)은 삼신국(三神國)인 것 같으나 대개 단군 3세가 태백에서 발상(發祥)해서 삼신(三神)이라 이른다. 준(俊)의 아내 아황(娥皇)이 네 마리의 새〔鳥〕를 부린 것은 청 태조 애신각라〔愛新覺羅, 누르하치〕의 발상설(發祥說)의 근본이다. 세 선녀가 백산천지에서 목욕을 하다가 붉은 봉황〔朱鳥〕의 가과(街果)를 삼키고 임신하였다. 《해내경(海內經)》에 또 "제준이 삼신(三身)을 낳았다"라는 말이 있는데, 제준은 동방의 신인(神人)이다. 그 처자(妻子)가 4황(四荒, 동・서・남・북)에 분포하니 그 아들이 희화로 동이(東夷) 사람이며, 중숙(仲叔) 네 사람이 사극(四極)에 나누어 살아서 일관(日官)이 되니 이로부터 가정(家庭)이 시작되었다.

《산해경(山海經)》의 제준(帝俊) 기사는 해・달과 관련이 있는 것으로, 두 곳이다.

《대황동경(大荒東經)》: 대황 안에 산이 있어 합허(合虛)라 했는데 해와 달이 솟는 곳이다. 중용(中容)의 나라가 있으니 제준이 중용을 낳았다.

《대황남경(大荒南經)》: 동해(東海)의 밖, 감수(甘水) 사이에 희화국(羲和國)이 있는데, 여자가 있어 이름을 희화라 하였는데 지금 감연(甘淵)에서 해를 목욕시키고 있다. 희화는 제준의 아내로서 10개의 해를 낳았다. (곽박의 주(注)에는 열 아들을 낳았다고 했는데, 각각 해 이름을 붙였으므로 10개의 해를 낳았다고 하였다.)

대개 희화를 동방 사람이라 하는 것은 지금 어학상(語學上) 가정해서 증명하는 것이며, 동국(東國)을 해라고 부르는 말은 희화에서 근원이 되었는지 모른다. 일본도 또한 동이(東夷)에 속하였다(《후한서(後漢書)》〈동이전(東夷傳)〉). 일본에서는 해를 '히(ヒ, Hi)'라 하는데 이것은 곧 희(羲)이다. 우리나라가 동이국의 본 계통으로 '일(日)'을 '해(解, Hai)'라 하니 이것도 또한 '희화(羲和)'를 따라서 명사(名詞)를 이룬 것이다.

단군 시대에는 요(堯) 시대와 함께 하며 그 땅에 동표(東表)가 있으므로, 해가 솟는다는 뜻으로 나라 이름을 환국(桓國), 조선이라 하였다. 또 지리상의 관계로 측후(測候)·관상(觀象)의 술수(術數)가 중국보다 일찍 발달했으므로, 그 나라 사람이 희화·중숙(仲叔)을 채용해서 사방 나누어 살게 하여 역서(曆書)를 만든 것이 아닌가. 《우서(虞書)》·《요전(堯典)》을 살펴보면 희화(羲和)에게 명하여 넓은 하늘을 삼가 따르게 하고, 해와 달과 별들의 운행을 관찰하여 사람들에게 때를 알리도록 하였다.

희중(羲仲)에게 따로 명하여 우이(嵎夷)에 살게 하니 양곡(暘谷)이라는 곳이며, 해가 솟는 곳을 공손히 인도하여 봄농사를 고르게 다스리도록 하였다. 낮과 밤의 길이가 같은 것과 조성(鳥星)으로 봄철을 바로잡으면 백성들은 들로 나가고 새와 짐승들은 교미를 하여 새끼를 친다.

다시 희숙(羲叔)에게 명하여 남쪽 교산(交山)에 살게 하니(명도(明都)로서, 남방 교지(交趾)의 땅), 여름의 농사일을 고르게 다스리도록 하고 공경히 해를 제사 지내도록 했으며, 해가 긴 것과 대화성(大火星)으로 여름철을 바르게 하면 백성들은 옷 벗고 일하며 조수(鳥獸)는 털과 깃을 간다.

화중(和仲)에게 따로 명하여 서쪽 땅에 살게 하니 매곡(昧谷)이다(서극(西極)의 땅). 해가 지는 것을 공손히 전송하여 추수(秋收)〔西成〕를 고르게 다스리도록 하였다. 밤과 낮의 길이가 같은 것과 허성(虛星)으로 가을철을 바로잡으면 백성들은 기뻐하고 새와 짐승들은 털과 깃을 간다.

다시 화숙(和叔)에게 명하여 북쪽 땅에 살게 하니 유도(幽都)이다(북황

(北荒)의 땅). 겨울 밭일을 고르게 살피도록 했으며, 해가 짧은 것과 묘성(昴星)으로 겨울철을 바로 하면 백성들은 방 안으로 들어가고 새와 짐승들은 솜털이 많이 난다.

희중이 우이(嵎夷)에 산다 하니 우이는 곧 동이(東夷)이다(혹은 우이는 중국의 청주(靑州), 혹은 조선 땅). 양곡(暘谷)은 해돋는 곳으로 바로 양이(暘夷)이다. 조선(朝鮮)의 이름(아침해가 선명하다 朝日鮮明)은 친절하며, 또 조선《고기(古記)》에 단군 주곡(主穀)의 말이 있는데 이것은 백성들에게 농사일을 가르친다는 뜻이다. 희화의 직분은 넓은 하늘을 삼가 바르게 하고 일월성신(日月星辰)의 운행을 관찰하여 사람들에게 때를 알리는 것이다. 이것은 단군이 세상을 다스리기 위한 고사(故事)임이 분명하다. 지금 제준(帝俊) 및 희화(羲和)가 함께 동방 사람이라 가정하고 그 자손이 사방에 분포했다는 것은 또 하나의 연구 문제이다. 이에 어학상(語學上)으로 가정해서 증명하니, 희중(羲仲)이 우이에 사는 것은 본 땅에 속한다는 것을 가려 말할 것도 없지만, 다만 희숙(羲叔)이 남쪽 교산(交山)에 산다 하니, 교는 지금 중국 남부 안남(安南)〔越南〕 및 광동(廣東) 방면이다. 내가 일찍이 들었는데 안남(安南) 사람들이 한자를 읽는데 그 음이 우리나라 사람과 흡사하고, 또 내가 광동(廣東) 사람을 보았는데 입성(入聲)의 'ㄱ' 'ㅂ' 발음이 북쪽 중국 사람과 크게는 서로 같지 않다. 예를 들면 육(六)은 '뮥(Lock),' 십(十)은 '쌉(Ssap),' 국(局)은 '꾹(Kuck)' 등 음은 대체로 우리나라 말과 서로 비슷하며, 또 화중(和仲)·화숙(和叔)이 살았다는 서극(西極) 및 삭방(朔方) 등 두 방면은 아서이(亞西爾, 아시리아) 태어족(泰語族, 태국)에 속하여 몽고어(蒙古語)와 같다. 당(唐) 고특어(古特語)·회골어(回鶻語, 위구르) 등이 우리와 같은 것이 많은데, 이것은 반드시 고대 민족의 조선(祖先)이 같았기 때문이며, 오늘날 그 흐름의 근원을 찾아볼 수 있다.

제9장

부여(夫餘)

(天神話의 계통)

제1절 동부여(東夫餘)

《삼국유사》〈단군기(壇君記)〉: 단군이 서하백(西河伯)의 딸과 결혼하여 아들을 낳았는데 이름이 부루夫婁이다.

《삼국사기》〈부여(夫餘) 왕 해부루(解夫婁)〉: 재상(宰相) 아란불(阿蘭弗)이 말하기를 "얼마 전에 천제(天帝)께서 내려오시어 나에게 이르기를(《삼국유사(三國遺事)》〈동부여(東夫餘)〉조에 의하면, 북부여(北夫餘) 왕 해부루(解夫婁)의 재상(宰相) 아란불(阿蘭弗)이 천제(天帝)를 꿈꾸었는데 내려와서 말하기를……) "장차 내 자손으로 하여 이곳에 나라를 세우게 하려 하니 너는 피하라(《삼국유사》에 "동명(東明)이 장차 일어나리라" 하였다). 동해 바닷가에 땅이 있어 가섭원(迦葉原)이라고 하니 토양(土壤)이 기름져서 오곡(五穀)을 심기에 알맞아서 도읍할 만하다" 하였다" 하였다. 아란불이 드디어 왕을 권하여 도읍을 그곳으로 옮기고 국호(國號)를 동부여(東夫餘)라 하였다(이상은 《유사(遺事)》와 같다). 그 옛 도읍에는 사람이 있어 어디로 좇아왔음을 알지 못하는데, 자칭 천제(天帝)의 아들 해모수(解慕漱)가 와서 도읍했다 하였다.

제2절 북부여(北夫餘)

《동국이상국집(東國李相國集)》(고려 고종(高宗) 때 사람 이규보(李奎報) 지음):《삼국사기》에 이르기를 "한(漢)나라 신작(神雀) 3년 임술년(B.C. 59)에 부여(夫餘) 왕의 옛 도읍으로 내려와서 해모수(解慕漱)라 이름하였다. 하늘을 따라 내려올 때에 오룡거(五龍車)에 탔으며 종자(從者)가 1백여 명이었다. 백곡(白鵠)〔고니, 白鳥〕의 등에 올라서 오색 구름 위에 떴는데 음악 소리가 구름 속에 진동하였다. 웅심산(熊心山)에 멈추었다가 열흘을 지내고서야 비로소 내려왔다. 조우(鳥羽)의 관(冠)을 쓰고 용광(龍光)의 칼을 찼으며, 아침이면 정사(政事)를 살피고 저물면 하늘로 올라갔으니 세상에서 천왕랑(天王郞)이라 하였다" 하였다.

부여의 건국사(建國史)는 순수한 천신화(天神話)의 계통이다. 그러므로 첫째, "사람이 있어 천제(天帝)의 아들 해모수(解慕漱)임을 자칭하고 부여로 와서 도읍하였다" 하고, 둘째, "천제가 흘승골성(訖升骨城)에 내려왔다" 하고, 셋째, "천제가 나에게 내려왔다" 혹은 "천제를 꿈꾸었는데 내려와서 나에게 이르기를"이라 하고, 넷째, "왕 해부루(解夫婁)가 상제(上帝)의 명으로 인하여 동부여로 도읍을 옮겼다" 하고, 다섯째, "천제가 태자(太子) 해모수를 보내서 부여의 옛 도읍으로 내려왔다" 하고, 여섯째, "세상에서 천왕랑(天王郞)이라 하였다" 한 것 등의 말이 이것이다. 부여라는 국호는 그 임금 부루(夫婁)의 이름에서 나온 것이고, 부여(夫餘)는 또 '불여(不與)' '부유(鳧臾)' 등이 있었는데 글자는 비록 다르지만 그 실지는 같다. 신채호(申采浩)가 이두문(吏讀文)을 가지고 지명(地名)을 해석해서 말하기를 "부여(夫餘)·부리(夫里)·비리(卑離) 등은 모두 같은 이름으로서 다르게 쓰는 것이다" 하였으니 '불여(不輿)' '부유(鳧臾)'는 역시 이두문의 음을 딴 것이다. 그 때문에 글자는 비록 다르지만 음은 같은 것이다.

제3절 부여(夫餘)의 신속(神俗)(천신(天神)을 제사하는 것은 또한 단군(壇君)이다)

《삼국지(三國志)》: 부여에서는 은정월(殷正月,《후한서(後漢書)》에서는 납월(臘月)이라 하였다)에 하늘에 제사하여 나라 사람이 많이 모여서 연일(連日) 먹고 마시며 가무(歌舞)하는데 이름하여 영고(迎鼓)라 하였다. 이 때에 형옥(刑獄)을 결단(決斷)하고 죄수들을 풀어 주었다……군사를 출동시킬 일이 있으면 또한 하늘에 제사하고 소를 잡아 발굽을 보아서 길흉(吉凶)을 점쳤는데, 발굽이 서로 떨어져 있으면 흉하고 붙어 있으면 길하다.

"하늘에 제사하여 나라 사람이 많이 모여서 연일 먹고 마시며 가무(歌舞)하는데 이름하여 영고(迎鼓)라 하였다"했음은 곧 무축(巫祝)의 신사(神事)이다. 그 무당은 천신을 제사하는 일을 맡아보는 사람인데 이것을 일러 단군, 혹은 천군(天君, 〈마한(馬韓)〉조에 보인다)이라 하였다. 대체로 무당이란 춤으로써 신(神)을 내리게 하여 재앙을 떨어 버리고 복을 비는 자이다. 《주자어류(朱子語類)》에 "무당은 춤으로써 신을 섬기는 자이다. '무(巫)'라는 글자가 '공(工)' 자의 양쪽에 '인(人)' 자가 있는데 이것은 춤에서 그 형상을 취한 것이다. 무당이 신에게 비는 것은 무우(舞雩)1)의 유(類)와 같은 것이므로 대개 춤을 요한다. 대체로 그 화기(和氣)를 통창(通暢)함으로써 신명(神明)에게 통하려는 것이다" 하였으니, 오늘의 풍속에 신을 맞이하여 굿하는데 '굳(Kud, 跳神)'이라고 하는 것이 이것이다. 만주(滿洲) 살만(薩滿)의 도신(跳神)은 곧 부여의 유속(遺俗)이다. 또 우리나라 북도(北道) 사람들이 산천(山川)·조선(祖先)·가택(家宅)의 신을 제사하고 연음(宴飮)을 베풀어서 손님을 모으는 일에 이르기까지 그 풍속이 발굽을 중히 여겨서 소·돼지·닭을 잡으면 반드시 발굽을 쓴다(닭은 두 날갯죽지의 고기를 쓴다). 그리고 발굽은 반드시 어른에게 드리니, 그렇지 않으면 책망이 따른다. (발굽을 '듸딀각'이라 하니 한역(漢譯)하여 답각(踏脚)이 되며 곧 제(蹄)의 뜻이다.) 발굽[蹄]을 중히 여기는 풍속은 부여의 유전(遺傳)인 것 같다. 군사(軍事)가 있을 때에 하늘에 제사하는 것은 이른바 "상제(上帝)께 유(類)하는 것으로서 또 유제(類祭)[2]하고 마제(禡祭)[3]한다"는 것이다.

제4절 부여(夫餘)(태양신화(太陽神話)의 계통)

부여(夫餘, Puyo)는 우리나라 방언(方言)에서 흰빛을 뜻하는 것으로, 해가 처음 나와서 동방이 환해지는 것은 곧 여명(黎明)의 상징인 것이다. 옛 사기(史記)에 "부여 사람은 흰 옷[白衣]을 좋아한다" 하였는데 이것으로 말미암아 흰빛이 부여의 국색(國色)임을 알 수 있다. 또 부여의 왕은 그 성이 '해(解, Hɑi; 동부여의 해부루(解夫婁), 북부여 왕의 해모수(解慕漱)'이다. 우리 방언에 해[日]를 '해(解)'라 한다. 대개 부여는

---

1) 舞雩: 기우제, 그 제단.
2) 類祭: 군사가 주둔한 곳에서 행하는 제사.
3) 禡祭: 군대를 진주시킨 곳에서 軍神에게 지내는 제사. 일설에는 馬祖에게 지내는 제사라 한다.

예맥(濊貊)을 이어 건국하였다. (《삼국지(三國志)》에서 나라 늙은이들을 옛날 유민(遺民)들이라고 말하고, 나라에 옛성이 있는데 이름을 예성(濊城)이라 하니, 본 예(濊)의 땅 가운데 부여 왕이다.) 그 국호와 왕성(王姓)이 모두 해〔日〕의 뜻을 취해서 만든 것으로서 단군의 해돋는 나라의 계통임을 알 수 있다.

우리나라 말에 5색(五色)의 명사가 모두 물건의 바탕에서 나왔으니 백(白)을 '희(Hi)'로 하는 것은 햇빛〔日色〕을 형용한 것이며, 녹(綠)을 '푸루(Pur)'로 하는 것은 풀빛〔草色〕을 형용하는 것이고, 홍(紅)을 '불(Boor)'로 하는 것은 불빛〔火色〕을 형용하는 것이며, 황(黃)을 '누루(Noor)'로 하는 것은 금빛〔金色〕을 형용하는 것이다. 《계림유사(鷄林類事)》에서 금(金)을 나론의(那論議)라 하고 황(黃)을 나론자(那論者)라고 한 것이 이것이다. 흑(黑)을 '곰(Kam)'이라고 한 것은 현현묘묘(玄玄妙妙)의 뜻을 형용한 것이니 나는 그 때문에 신(神)의 고어(古語)를 '곰'이라고 추정한다. 곧 신접(神接)한 것을 '곰쪽,' 신실(神室)을 '곰실'이라고 하는 것 등이 이것이다. 그러면 흑수(黑水)란 신수(神水)를 이름이고, 검단산(黔丹山)·감악산(紺岳山)·웅심산(熊心山)·금성산(錦城山) 등은 모두 신산(神山)의 뜻을 이름이다. 뒤에 내려와 변화하여 그 본래의 뜻을 잃게 되었다.

제10장

예(濊)

(天神話의 계통)

제1절 예(濊)의 신속(神俗)(천신(天神)을 제사하는 것은 역시 단군(壇君)이다)

《삼국지(三國志)》《후한서(後漢書)》: 예(濊)는 그 풍속이 산천을 중히 여겨 각각 그 부분에 있어서 서로 간섭하지 않고, 같은 성과 혼인하지 않으며 기휘(忌諱)가 많아서 질병이 들어 사망하면 문득 옛집을 버리고 새로운 거처를 마련하고, 해마다 10월에 하늘에 제사하여 밤낮으로 술을 마시고 노래하고 춤추었는데 이를 무천(舞天)이라 했으며, 또 호랑이를 신(神)으로 섬겨 제사 지냈다.

노래와 춤 등 무천(舞天, 무천을 무천(儛天)으로도 쓴다)과, 호랑이를 제사하여 신(神)으로 삼는 것은 단군신시(壇君神市)의 무사(巫事)의 계통인 것 같다. 《고기(古記)》를 상고하면 "환웅(桓雄)이 무리 3천을 거느리고 신단수(神壇樹) 아래로 내려와서 신시(神市)라 일컬었다" "한 곰과 한 호랑이가 신웅(神雄)에게 빌어 사람으로 화하기를 원하였다" 등 말이 있으니 웅(雄)은 곧 신무(神巫)를 말한다. (옛날 방언(方言)에서 무당을 차차웅(次次雄)이라 했으니 그 어원(語源)이 환웅(桓雄)에서 나온 것 같다.) 무리 3천이 있어 신단(神壇)으로 내렸다 함은 곧 모여서 노래와 춤으로 하늘에 제사함을 이름이고, 한 곰과 한 호랑이가 신웅(神雄)에게 빌었다 함은 곧 웅신(熊神)·호신(虎神)을 이름이니,《고기(古記)》에서 북부여 해모수(解慕漱)가 하백(河伯)의 딸을 웅심산(熊心山) 아래로 유인했다고 하는 것과 같은 것이다. (부여(夫餘) 왕 금와(金蛙)가 하백(河伯)의 딸을 태백산(太白山) 남쪽 우발수(優渤水)에서 얻었다고 하였는데, 웅심산(熊心山)은 태백산(太白山)인 것 같다. 태백산은 신단(神壇)·웅신(熊神)·호신(虎神)이 있는 곳이다.) 또《후한서(後漢書)》에서 "호랑이를 제사하여 신으로 삼았다" 함이 이것이다. 대체로 예(濊)는 산으로 된 나라이므로 호환(虎患)이 많기 때문에 제사하여 신으로 삼은 것이다.《신당서(新唐書)》에 "신라에서는 산신(山神)에게 제사 지내기를 좋아하였다" 했으니 이것도 또한 예(濊)의 풍속이 전해진 것이다. 오늘날 우리나라 풍속이 산신에게 제사 지내기를 좋아하고, 또 호랑이를 산신이 변하여 나타난 것으로 보고 있다. 그 때문에 산군(山君)으로 이름하였다. 심지어 동화(童話)에 동남동녀(童男童女)가 호랑이를 보았는데 "사내아이는 겁내지 않았기 때문에 달(月)로 화하여 밤에 나오고 계집아이는 겁을 냈기 때문에 해(日)로 화하여 낮에 나온다"라는 말이 있으니 자세히 그 근원을 살펴보면 옛날부터 전해 내려오지 않음이 없다. 근세 사람 이규경(李圭景, 소운거사(嘯雲居士))이《오주연문장전산고(五洲衍文長箋散稿)》를 저술하였는데, 사호설(祠虎說)이 있다.

우리나라 시골에 호랑이와 표범의 근심이 많기 때문에 밤에 감히 나오지 못한다. 잔약한 백성이 돈을 거두어 희생(犧牲)과 예주(醴酒)를 갖추고 마을 진산(鎭山)에서 산군(山君)을 제사 지내는데 무당이 모여들어 북치고 춤추면서 신을 인도하니 이름하여 도당제(都堂祭)라고 한다. (뒤에 나오는 〈조선 제산(祭山)〉조에 자세히 보인다.) 만약 제수(祭需)가 불결하거나 재계(齋戒)가 정성스럽지 못하다면 이날 밤에 호랑이가 반드시 와서 크게 소리치고 개나 돼지를 물어간다고 한다. 이것은 향촌(鄕村)의 속언(俗言)이므로 족히 취할 것 없다. 그렇지만 우연히 《후한서》〈예전(濊傳)〉을 보았는데 "호랑이를 제사하여 신으로 삼았다" 하였으니 그 풍속에 유래하는 바가 또한 멀다고 하겠다.

이와 같은 설을 참고하더라도 오늘날 산제사를 지내고 호랑이를 신으로 받드는 정상(情狀)이 또한 예(濊)의 풍속에서 유전된 계통임을 입증할 수 있다.

제11장

예맥(濊貊)

(太陽神話의 계통의 國號)

제1절 조선 땅에 나라를 세우고 조선의 여속(餘俗)을 익히고, 희화(羲和)의 이름으로 부르고 희화(羲和)가 남긴 기예(技藝)가 있다

옛날의 사기(史記)들을 상고하면 예(濊)·맥(貊)을 반드시 병칭하고 예맥조선(濊貊朝鮮)을 또한 병칭했는데 예맥은 본디 조선 땅이다. 그렇다면 이는 단군조선의 묘예(苗裔)가 된다.

예(濊)는 우리 음으로 '예(Ye)'이다. 그러나 《광운(廣韻)》[1]을 상고해 보면 호회절(呼會切) '희(Tbeu)'가 되고 또 활각절(滑各切) '확(Huak)'이 되며 중국 음으로 '훠(Hö)'가 된다. '희'와 '훠' 두 음은 모두 우리말로 해〔日〕를 일컫는 말인 '히(Hai)'와 극히 비슷하다. 대체로 '예(濊)'자는 '희

---

1) 廣韻: 漢字를 2백6韻으로 분류하여 배열하고, 글자마다 음과 뜻을 註解한 韻書로서, 唐나라 때 隋의 陸法言 등이 편찬한 切韻을 증보하여 《唐韻》이라 했는데, 宋나라 때 陳彭年 등이 증보하여 《大宋重修廣韻》이라 이름 붙였다. 5권이며, 宋의 丁度가 이에 따라 《集韻》 10권을 撰하였다.

화(羲和)'의 '희(羲)'를 취해서 '해'와 관련이 있는 것 같다.

맥(貊)은 학(貉)과 통하고 학(貉)과 학(狢)이 같으며, 중국 음으로 '허(Hö)'가 되니 희화(羲和)의 화(和)에서 뜻을 취하고, 또한 '예(濊)' 자와 함께 그 뜻이 일치하는 것 같다.

《주례(周禮)》 구학(九貉)의 소(疏)에 "구학은 곧 구이(九夷)인데 동방에 있다" 했으니 '학(貉)' 자로서 동이(東夷)의 대표적인 호칭으로 하였다. 이로 미루어 보면 '학(貉, Hak)'은 해솟는 지방 민족의 명사(名詞)가 되는 것이다. 그러나 중국 사람은 예로부터 오만하여 화하(華夏)를 자칭하고 다른 민족에 대한 호칭은 반드시 충(虫)·치(豸)의 변(邊)을 붙여서 만들었으니 이제 맥(貊)·학(貉) 두 글자만으로도 그같은 사례를 입증하기에 족하다. 또 《동문유해(同文類解)》에 "속훈(俗訓)으로 담부(啖父, 담비)는 곧 학(貉)이다. 학(貉)은 미운(몹쓸) 짐승이므로 고려(高麗)를 이름지어 욕(辱)한다" 하였다.

《삼국지(三國志)》를 상고하면 "예(濊)는 성수(星宿, 별)를 살피는 일에 밝아서 그 해의 풍년 들고 흉년 드는 것을 미리 안다" 하였는데, 이것은 단군이 풍백(風伯)과 운사(雲師)·우사(雨師)를 거느리고 곡식과 생명을 맡아보았던 일 등의 남은 풍속(餘俗)인 것이다. 또 희화(羲和)가 삼가 하늘의 법칙에 따라 해·달·별(日月星辰)들을 역상(曆象)[2]하여 백성들에게 농사철을 알리던 유풍(遺風)인 것이다. 우이(嵎夷)에 살게 하니 양곡(暘谷)이라는 곳이며, 해가 뜨는 것을 공손히 인도한다 하니 우이는 곧 동이(東夷)이며 예(濊) 또한 동이이다. 그러므로 역상학(曆象學)의 계통에서 전하는 것은 상상해서 말하지 않는 것이다.

《삼국지》에서는 또 "예(濊)는 기휘(忌諱)가 많아서 질병이 들어 사망

---

2) 曆象: 책력을 추산하여 天體의 운행하는 모양을 보는 것.

하면 옛집을 버리고 새로이 살 집을 마련한다" 하였는데, 이것은 오늘날 역서(曆書, 태음력(太陰曆))의 일주(日註)[3]에 이른바 동토(動土), 이사 방위(移徙方位)의 길흉 등 기휘(忌諱)의 근본이 되는 것이다. 이 한 가지 사례에 의거하더라도 예(濊) 시대에 역상의 학문이 이미 발달했음을 알 수 있다. 세상에서 이르기를 음양학(陰陽學)이 모두 희화에 바탕을 둔다고 하니 예(濊)에서 성수(星宿)를 살피는 일에 밝아서 연사(年事)는 미리 점친다 함도 또한 음양학일 뿐이다.

제2절 〈의안(疑案)〉 예(濊)자와 왜(倭)자의 연구

《이아소(爾雅疏)》에 구이(九夷)의 여덟째를 왜인(倭人)이라 하였고, 《삼국유사》〈해동안홍기(海東安弘記)〉 구한(九韓) 그 첫째가 일본(日本)이라 하니, 의심스러우며 석연치 않다. 지금 내가 고증하고 있으나 스스로 단언(斷言)하지 못하여 〈의안(疑案)〉이라 해서 밝히고자 한다.

일본을 일본(日本)이라 하는 것과 조선을 조선(朝鮮)이라 하는 것은 동쪽에 달(月)이 솟는 데서 얻어진 이름으로, 두 나라가 고초(古初)에 해가 솟는 현상을 취해서 국호(國號)로 하였다.

일본 고초(古初)에는 신도(神道)의 가르침을 베풀어서 그 받드는 신(神)을 대일령존(大日靈尊), 곧 아마테라스 오미카미(天照大神)로 일신(日神)이다. 또 월궁존(月弓尊), 혹은 월야견존(月夜見尊), 월독존(月讀尊)은 (곧)월신(月神)이다. 《니혼쇼키(日本書紀)》 권1 〈신대(神代)〉(상(上))을 살펴보자.

---

3) 日註: 그날그날의 註釋.

하늘과 땅 중간에 하나의 물체가 생겼는데 그 형상은 갈싹〔葦芽〕과 같았으며, 곧 신(神)으로 화하였는데 이름을 국상입존(國常立尊), 가장 귀한 신을 존(尊), 나머지는 명(命)이라 한다)이라 하며, 다음에 국협추존(國狹槌尊), 다음에 풍짐정존(豊斟淳尊)(이상을 삼신(三神)이라 하며 순수한 남신(男神)이다)이며, 다음은 신(神) 토저존(土煮尊)·사토저존(沙土煮尊)이 있고, 다음은 신 대호지도존(大戶之道尊)이 있고, 다음은 신 면족존(面足尊)·황근존(惶根尊)이 있고, 다음은 신 이장낙존(伊奘諾尊)·이장염존(伊奘冉尊)(국상입존부터 이장낙존·이장염존까지를 신세(神世) 7대라 한다)이 있다.

이장낙존(伊奘諾尊, 양신(陽神))과 이장염존(伊奘冉尊, 음신(陰神))이 부부가 되었다. 이에 대일본(大日本, 일본은 이를 야마등(耶摩騰)이라 이른다. 이하 모두 같다) 풍추진주(豊秋津洲)를 낳고, 다음은 이예이명주(伊豫二名洲)를 낳고, 다음은 축자주(筑紫洲)를 낳고, 그 다음은 은기주(隱岐洲)와 좌도주(佐度洲) 쌍둥이를 낳았으며, 다음은 월주(越洲)를 낳고, 다음은 태주(太洲)를 낳고, 다음은 길비자주(吉備子洲)를 낳았다. 이로 인하여 처음으로 대팔주국(大八洲國)의 이름이 생긴 것이다. (다음은 산천초목(山川草木)을 낳는 등의 설은 생략한다.)

이장낙존(伊奘諾尊)과 이장염존(伊奘冉尊)이 논의하기를 "나는 대팔주국과 산천초목을 낳았다. 이번에는 천하의 주인이 될 자를 낳지 않으면 안 될 것이다" 하고 이에 해신〔日神〕을 낳았으며 이를 대일령존(大日靈尊)(한 책에는 아마테라스 오미카미〔天照大神〕이라 하며, 또 한 책에는 천조대일령존(天照大日靈尊)이라 부른다)이라 한다. 이 아들은 빛이 찬란하고 밝아 천지 사방에 빛났다.

두 신을 하늘로 보내 천계(天界)를 주어 다스리도록 하였다. 다음에 달신〔月神〕(한 책에는 월궁존(月弓尊), 월야견존(月夜見尊), 월독존(月讀尊)이라 부른다)을 낳았는데, 그 빛은 해의 다음으로 화려하게 빛났으며, 달신

〔月神〕을 해신〔日神〕과 같이 하늘을 다스리도록 하늘로 보냈다…….

이것은 대개 일본 창세개국(創世開國)의 일월신화(日月神話)이다.

제3절 야마도(ヤマト) 명칭의 연구

1. 야마도(ヤマト)는 곧 팔주(八洲)이다

팔주(八洲)는 팔륙(八陸)이며, 주(洲)는 육(陸)이다. 육(陸)은 육(六)과 통한다. ('육(陸),' 우리말에는 육(陸)을 '뭍'이라 하고, '육(六),' 일본어에서는 육(六)을 '무쓰(ムツ)'라 한다.) 두 나라 말이 서로 같고, 또 일본어에서 팔(八)을 '야(ヤ)'라 하고 우리말에서 팔(八)을 '야돌'이라 하니 그 어근(語根)이 또한 서로 같다. 그러면 '야무쓰(ヤムツ)'가 전음(轉音)되어 '야마도(ヤマト)'가 된 것인가. 대개 무쓰(ムツ)와 더불어 '마도(マト)'는 음이 서로 가까운 까닭이다.

2. 야마도(ヤマト)는 곧 팔도(八島)이다

팔주(八洲)는 팔도(八島)이다. ('도(島)'는 우리말로 읽으면 도, 일본 음의 도(ト)이고, 우리말의 뜻은 섬, 일본어의 뜻은 시마(シマ)이다. 일본말로 읽으면 도, 우리 음의 도이고, 일본어의 뜻은 시마(シマ), 우리말의 뜻은 섬이다.) 예와 같이 대마도(對馬島)(《위지(魏志)》에는 대마국(對馬國)이라 이르고, 《수서(隋書)》에는 도사마(都斯麻)라 하였다)는 일본어에 쓰이시마(ツイシマ)라 하며 약칭으로 쓰시마(ツシマ)라 한다. (《일본백과대사전》에 쓰시마(ツシマ)를 혹은 진도(津島)라 이르는데 한국을 왕래하는 선박이 정박하는 진(津)의 고명(故名)이다. 어떤 이는 쓰시마(ツシマ)라는 이름이 도내(島內) 두산향(豆酸鄕)에서 기인(起因)된 것이라 하였다.) 이 쓰시마(ツシマ)는 대도(對島) 2자의 옮긴 음(音)이며 대마도의 마(馬)자는 그 사이에 붙여서 쓰시마(ツシマ)라 부르고(마도(馬島) 2자도 또한 시마(シマ), 도(島) 1자도 또한 시마(シマ)이다), 내가 일본 사람에게 물으니 대개 그 뜻을 해석하지 못하였다. 마도(馬島)를 우리말로 읽으면 '마도'가 되며 일본어로는 '마도(マト)'와 같다. 그러면 '마도(マト)'는 주(洲) 혹은 도(島)의 뜻이다. 그러므로 야마도(ヤマト)는 곧 팔주(八洲)이다.

3. 야마도(ヤマト)는 곧 팔정(八町)이다

《일본백과대사전(日本百科大辭典)》에 '야마도(ヤマト, 大和)'를 주석(註釋)하기를 "대화(大和)는 왜(倭)이며, 그 뜻을 취하는 것이 정설이다. 《석일본기(釋日本紀)》〈홍인사기(弘仁私記)〉서(序)에, '천지(天地)가 나누어질 때 진흙이 축축하여 마르지 않았다. 이에 서산(栖山)을 왕래할 때 자취가 많았다. 그러므로 야마지(耶麻止)라 하며, 또 고어(古語)에 거주하는 것을 지(止)라 하며, 산에 거주하는 것을 말한다' 하였으니 산적(山跡)의 뜻이 된다" 하였다.

야마지(耶麻止) 3자는 내가 별도로 해석한 것이 있으니 곧 야(耶)는 팔(八)이 되며, 마지(麻止)는 정(町)이 된다. 대개 고어(古語)에 거주하여 머물게 하는 데 이르고 지금 말에는 거주지의 '마치(マチ, 町)'에 이르니, 마치(マチ)는 아마도 마지(麻止)의 번역인 것 같다. (마지(麻止), 일본 음은 '마도(マト),' 아마도 마도(マト)의 전음(轉音)이 돼서 마치(マチ), 우리 음은 마지, 곧 일본 음의 마치(マチ).) 이로써 상호 비교가 되며 그 뜻이 서로 통한다. 그러면 야마도(ヤマト)는 8개 거주지의 명사로 지칭되니 이른바 '정(町)'이다.

4. 야마도(ヤマト)는 곧 팔지(八地)(팔창(八窓))이다

《일본백과대사전》의 야마도(ヤマト) 주석(註釋)에 "《석일본기(釋日本紀)》〈연희개제기(延喜開題記)〉에 '처음으로 천지(天地)가 창조될 때 사는 집은 없었으며, 사람들은 오직 산을 의지하여 살았으므로 산호(山戶)라 한다' 하였고, 이 산에 머무른다는 뜻이 된다" 하였다.

고대 사람들이 산에 의지해서 사는 것을 산호(山戶)라 하고, 물에 의지해서 사는 것을 강호(江戶, 지금 도쿄의 옛 이름)라 하니, 그 뜻을 추상(推想)하면 그런 것 같기도 하다. 그러나 어리석은 생각으로 호(戶)와 창(窓)은 이것이 모두 인가(人家)의 문호(門戶)로, 이른바 야마도(ヤマト)는 팔창(八窓, ヤマト)의 뜻이 없겠는가? 그 해석은 다음과 같다.

'창(窓)'(일본어로는 마도(マト)이고 우리말은 낮은 지대[底地]를 이른다)은, 우리나라 포민(浦民)이 굴주통하(堀洲通河)를 '굴창(堀窓)'이라 하는 바, 주지(洲地)의 뜻이 있다.

5. 야마도(ヤマト)는 일본(日本)(일본을 위한 야마도)

야마도(ヤマト, 倭)의 명칭이 변해서 일본이 된 것은 그 시대를 상고하면, 중국의 수(隋)·당(唐) 시대와 신라 문무왕(文武王) 통일 이후에 해당되니 그 증거를 열거하면 아래와 같다.

《수서(隋書)》: 대업(大業) 3년(607)에 왜(倭) 사신이 왔는데 그 국서(國書)에 해돋는 곳의 천자[日出處天子]라 하고, 치서(致書)에 해지는 곳의 천자[日沒處天子], 무양(無恙) 운운하였다.

《구당서(舊唐書)》: 일본국이란 왜국(倭國)의 별종(別種)이다. 그 나라가 일변(日邊)에 있기 때문에 "일본(日本)이라 이름하였다. 어떤 이는 왜국(倭國)이라는 그 이름이 아름답지 않다고 스스로 싫어해서 일본으로 고쳤다 하고, 어떤 이는 일본은 옛날 소국(小國)으로 왜국(倭國)에 합하였다" 하였다.

《당서(唐書)》: 일본은 옛날 왜노국(倭奴國)이다. (왜노(倭奴)는 아이누(アイヌ)족을 가리키는지 모른다.) "함형(咸亨) 원년(670)에 사신 하평(賀平)을 고려에 보내고 그 뒤 초습하음(稍習夏音)을 보내서 왜(倭)라는 이름이 싫어 일본으로 다시 고쳤다고 사자(使者)가 스스로 말하였다. 나라는 해가 가까이 솟는 곳을 이름으로 하였다. 어떤 이는 일본은 본래 소국(小國)인데 왜(倭)에 합했으므로 그 이름으로 불렀으며, 사자(使者)의 진상이 아니므로 의심이 된다" 하였다.

《삼국사기》: 〈신라본기(新羅本紀)〉에 문무왕(文武王) 통일 이전에는 반드시 왜(倭)라 일컬었으며, 통일 이후(문무왕(文武王) 10년 경오(670), 일본 천지천황(天智天皇) 9년)에 왜(倭)자를 버리고 일본이라 칭하였는데, 이것은 당시 국교상 문서에 의거한 것이다.

《니혼쇼키》 신대(神代) 상에 "이장낙존(伊奘諾尊)과 이장염존(伊奘冉尊)이 함께 대일본을 낳았다"라는 말이 있는데, 대개 일본어에 한자(漢字)를 빌려 토어(土語)로 해석한 것을 완자(宛字, アテジ)라 한다. 곧 일본 2자는 혹 '야마도(ヤマト)'의 완자(宛字)가 아닌가. 그러나 《니혼쇼키》는 일본 제일의 고사(古史)를 일컫는데 그 글에 대일본(大日本)의 진가명(振假名, 일본어에서 모든 한자의 우견서(右肩書)는 진가명(振假名)이다)이 이와 같으니, 그러면 '대(大)'가 '오호(オホ)'가 되고, '일(日)'이 '야(ヤ)'가 되고, '본(本)'이 '마도(マト)'가 된다. 《위지(魏志)》를 상고하면 야마대(耶馬臺)는 왜(倭) 여왕이 도읍한 곳이 된다. 야마대란 곧 '야마도(ヤマト)'의 역음(譯音)이다. '야(耶)'는 '일(日, ヤ)'이 되고 '마대(馬臺)'는 '본(本, マト)'이 된다. 마대는 마도(マト)와 음이 서로 가까우며 큰 차이가 없다. 야(耶)자가 어떻게 일(日)이 되는가? 이것은 고구(考究)해야 될 것이다. 야(耶)가 일(日)이 되는 것은 지금 한 예가 있으니, 서양 문자에 '일본'을 '저팬(Japan)'이라 한다. 다만 조돈족어(條頓族語,

독일어·네덜란드어 등)에 '야반(ヤバン)'으로 읽으니, 이것은 '저(Ja)'가 '일(日)'이 되고 '팬(pan)'은 '본(本)'이 된다. 그러나 서양 문자의 역음(譯音)으로 동아(東亞) 고사(古史)를 증명하는 것은 당연하지 못하다. 그러므로 그 예(例)에 만족해서 취했을 뿐이다. 어떤 이는 '저팬(Japan)'이라 부르는 것은 칠기(漆器)에서 기인(起因)되며, 일본 칠공(漆工)의 가장 오래된 이름[故名]이라 한다. 그러나 칠(漆)은 검은 물건이다. 햇빛은 밝음으로 상반(相反)되니 이것도 아닌 것 같다. 일본어에 '소(燒)'는 '야쿠(ヤク)'이며, 곧 '야(ヤ)'자 어근(語根)이 혹 옛날에 태양에서 불을 얻던 동제(銅製)의 거울[陽燧]을 취한 뜻이 아닌가. 《능엄경(楞嚴經)》에, 거울에 햇볕을 쬐어 불을 취하는 것을 양수(陽燧)라 하였다.)

일본어에 '본(本)'자의 음(音)은 '모도(モト, Moto)'로서 '마도(マト, Mato)'와 서로 가깝다. 이로 인해서 서로 가까워 전변(轉變)된 것이 아닌가? '야(耶)'와 '일(日)'의 대역(對譯)의 뜻은 위에 논술한 것과 같다. 다만 '본(本)'이 '마대(馬臺)'와 같은 것은 어떤 의미인가? 몽고어(蒙古語)를 상고하면 '단(壇)'을 '만달(滿達, Mata)' 혹은 '매적(買的, Mati)'이라 하는데 이것은 일본어의 '마도(マト)' 혹은 '모도(モト)'이다. 《위지(魏志)》의 '마대(馬臺, Mati)'와 서로 가깝다. 대개 일본은 해신[日神]이 신앙의 대상이 된다(지금도 해를 숭배하는 것을 본다). 곧 진무 천황[神武天皇]과 같이 대향산(大香山)에 히모로기[神籬]를 세우고 아마테라스 오미카미[天照大神]에게 제사 지내는데, 아마테라스 오미카미는 일신(日神)이며, 히모로기[神籬]는 단(壇)으로 부르기를 '히모로기(ヒモロギ, Himorongi)'라 하니, 일단(日壇)의 뜻이다. 그러면 '야마도(ヤマト)'라는 것은 단을 세우고 해[日]를 제사 지낸 것에서 그 뜻을 취한 것인지 모르겠다. 그 어근(語根)이 몽고어의 만달(滿達) 혹은 매적(買的)에서 나온 것 같다. 또 몽고어에 해[日]를 '나란(羅蘭, ナラン, Naran)'이라 하니, 일본어의 '나라(ナラ, 奈良, Nara)'와 서로 같은 유이다. 일본의 '야마도(ヤマト)'는 본래 팔주(八洲)(대화국大和國)에서 시작되었는데 나라(奈良) 일대 지방이다. 이런 지명은 몽고어의 '나란(羅蘭)'〔日〕과 같으므로 몽고와 교류가 있은 것 같다.

제4절 '히(ヒ, 日)'와 '해〔日〕'

일본어는 일(日)을 '히(ヒ, Hi)'라 하고 우리말은 일(日)을 '희(Hai)'라 하니 그 음이 서로 같고, 또 일본어는 화(和)를 '와(ワ, Wa)'라 하고 우리말은 화(和)를 '화(Wha)'라 하니 그 어근(語根)이 서로 같은지 모르겠다. 이와 더불어 '희화(義和, Hihua)'와 교섭이 있는 것 같다. 대개 희화 씨(義和氏)는 곧 동아(東亞) 상고(上古)의 해〔日〕를 주관한 관리로 우이(嵎夷), 즉 양곡(暘谷)에 살았다. 동이(東夷)의 우리말·일본어는 누구든 논한 바 없으며, 해〔日〕를 명사로 부르는 것은 희화의 뜻을 취해 갖춘 것 같으며, 이것은 어학상(語學上) 연구에 있어 흥미가 있을 뿐 아니라 또 고대 문화 접촉에 민족의 이동 등 여러 문제에 있어 크게 관계가 있다.

제5절 예(濊)·왜(倭)·예(曳) 등 글자가 같은 음으로 혼용된다

예(濊): 우리말에 '예(Yŏ)'라 하고, 일본어는 '왜(ワイ, wai)'라 한다.
왜(倭): 일본어는 '와(ワ, wa)'라 하고, 우리나라 현재 말은 '왜(wai)'이다. 우리 고어(古語)에 훈(訓)은 '예(Yŏ)'이며, 음(音)은 '와(wa)'이다.

그러므로 '예(濊)' 자와 '왜(倭)' 자는 서로 비슷하다. 이것은 2×4가 8이 되는 것이나 4×2가 8이 되는 것과 같다. 우리나라 고어(古語)에 훈(訓)으로 '예(Yŏ)'가 되는 그 증거는 다음과 같다.

《훈몽자회(訓蒙字會)》(조선 중종(中宗) 때 (4백 년 전) 역관(譯官) 최세진(崔世珍) 지음): '왜(倭)' '예와(Yewa)' '예(イエ)'는 훈(訓)이며, '와(ワ)'는 음(音)이다.

《여지승람(輿地勝覽)》〈한성부(漢城府)〉조: '동평관(東平館)'은 남부 훈도방(薰陶坊)에 있는데(지금의 앵정정(櫻井町). 인현동 2가) 일본 사신이 머물던 곳이라 하였으니, 동평관이 있는 곳은 곧 왜관동(倭館洞)이다. 다만 옛날에 부르기를 '예관골'이라 하였으니 역음(譯音)은 곧 예관동(濊(藝)館洞)과 서로 같다.

임진왜란 당시 싸움터에 왜인 무덤[倭塚]이 많이 보이는데 예부터 전해 오기를 '예무덤'이라 하며, 역음(譯音)은 예총(濊塚)과 같다. 그밖에 다른 예도 많으나 번거롭게 갖추어 인용하지 않는다.

조재삼(趙在參, 조선 헌종 때 사람)의 《송남잡지(松南雜識)》〈방언류(方言類)〉: 예황제(曳皇帝)의 석의(釋義)에 이르기를, "북사(北史)에 왜국(倭國) 왕은 하늘[天]을 형(兄)으로 하며, 해[日]를 아우[弟]로 하고, 새벽[未明]에 나와 정사를 듣고 달이 솟을 때 정무(政務)를 멈춘다고 하며, 왜(倭)는 나의 아우이다" 하였다.

지봉(芝峰, 이수광(李晬光))이 말하기를, "천황(天皇)은 정사(政事)에 간여하지 않으며 오직 부귀만을 누리고, 국왕(國王)은 관백(關白)이라 하여 국정을 마음대로 맡아 다스리면서 천황을 높이 섬긴다. 그러므로 세상에서 이르기를 일하는 것이 없는 자라고 한다. '예황제(曳皇帝)'는 세속에서 왜(倭)를 예(曳)라고 하니 곧 예종(曳踵)이다" 하였다.

예(曳)는 음이 예(濊)로서 왜(倭)와 같으므로 혼용된다. 예맥(濊貊)의 국호는 희화(羲和)에서 취한 것 같으며, 일본어의 일(日)자는 희화의 희(羲)와 가깝고 화(和)자와 더불어 희화의 화(和)와 같은데, 이 어근은 모두 연구할 문제이다.

제6절 예맥(濊貊)의 이동, 강릉(江陵)(옛날의 명주(溟州))은 예(濊)가 되고 춘천(春川)(옛날의 우수주(牛首州))은 맥(貊)이 된다

예(濊): 《삼국지》에 "부여의 옛성을 예성(濊城)이라 했으며, 부여(夫餘) 왕(王)이 그 안에 살았다" 하였고, 《삼국유사》에는 "옛 기록에 북부여 왕 해부루(解夫婁)가 가섭원(迦葉原)으로 도읍을 옮겨서 동부여(東夫餘)가 되었다" 했으며(이는 북쪽에서 점차 남쪽으로 옮기는 것이다), 《삼국사기》에는 "신라 남해차차웅(南解次次雄) 16년(19) 봄 2월에 북쪽 명주(溟州) 사람이 밭 갈다가 예(濊) 왕의 인(印)을 얻어서 바쳤다"(강릉이 예(濊)가 되는 것은 정약용(丁若鏞)의 《강역고(疆域考)》에 보인다) 하였다.

맥(貊): 《아언각비(雅言覺非)》(정약용(丁若鏞) 지음)에 '맥(貊)'이라는 것은 동북이(東北夷)의 총칭이라고 하였다. 《주례(周禮)》 직방씨(職方氏) 구맥(九貊)의 주(注)에 "동북이(東北夷)는 맥(貊)이며 예(濊)는 지명(地名)이고 혹은 물 이름이기도 하다. 맥(貊)은 통틀어서 아홉 종류가 있는데 모두 동북(東北)에 있다(지금의 홍경(興京) 일대). 후세에 또 양맥(梁貊)·소수맥(小水貊)·구려맥(句麗貊)의 구별이 있었는데(견이(畎夷)·

우이(于夷)·적적(赤狄)·백적(白狄) 같은 것) 우리나라 사람들이 소홀히 하여 예·맥의 둘로 나뉘었으며, 또 강릉을 예(濊)로 하고 춘천(春川)을 맥(貊)으로 하니, 예(濊) 사람은 동쪽 강릉으로 옮기고(북부여 왕 해부루(解夫婁)가 가섭원(迦葉原)으로 옮겼다) 맥(貊) 사람들은 남쪽 춘천으로 옮긴 때문이다(한말(漢末)에 낙랑국(樂浪國)은 춘천(春川)을 근거지로 했는데 본디 맥(貊) 사람이다)" 하였다.

이상 여러 설에 근거한다면 예·맥은 본디 한몸에서 나누어진 것으로서, 나라 이름을 분별할 수 없는 것이다. 그 나라가 본디 요서(遼西) 영지(令支)의 땅에 있었는데 나라가 깨어지고 백성들이 떠돌아다니다가 점차 남하(南下)해서 동해 연안에 살게 되었는데 그 시대를 상고한다면 삼한(三韓) 이전에 있었음이 틀림없다. 예맥(濊貊) 민족의 유풍여속(遺風餘俗)은 강원·경상도 일대 지역에서 구해야 하며(옛날 삼한(三韓) 땅) 아직도 그 전형(典型)을 볼 수 있으니, 즉 신라에서 일신(日神)을 숭배한 것, 슬퍼하고 근심하는 일의 기휘(忌諱), 산천신(山川神)을 제사지내는 것, 그리고 벌휴이사금(伐休尼師今)이 바람과 구름을 점쳐서 수해(水害)·한재(旱災) 및 연사(年事)의 풍흉(豊凶)을 미리 안 일 등이 모두 예국(濊國) 풍속의 유전(遺傳) 계통에서 나온 것 같다.

예맥 민족이 이미 동해(東海) 연안(강릉 등지)에 살았다면 대안(對岸)의 일본의 이즈모(出雲) 등지(等地)와 반드시 교류가 있어서 서로 통했을 것이다. 무릇 민족의 이동, 문화의 접촉을 추상해서 알 수 있는 것이다. 그러면 '예(濊)'자와 '왜(倭)'자 두 음이 서로 비슷한 것도 결코 우연이 아니다.

《니혼쇼키〔日本書紀〕》를 상고하면 "상고 시대에 소잔명존(素戔嗚尊)이 무상(無狀, 무례)하여 부모(父母) 두 신에게 추방당하여 드디어 근국(根國)으로 갔다" 또 "소잔명존이 그 아들 오십맹명(五十猛命)을 거느리고 신라국으로 건너가 증시무리(曾尸茂梨)의 땅에 살았다" 하였다. 그러나 우리나라 사기(史記)를 상고하면 전혀 증빙(證憑)할 만한 것이 없다. (소잔명존(素戔鳴尊)이 신라로 온 일, 신라 태자(太子) 천일창(天日槍)이 일본으로 건너간 일 등은 일본사(日本史)에는 있지만 우리나라 사기(史記)에는 없다.) 오늘날 일본의 많은 학자들이 이것을 논하여 어떤 이는 증시무리(曾尸茂梨)가 춘천(春川)에 있다 하고, 어떤 이는 사천(泗川)에 있다고 하며, 또 어떤 이는 경주(慶州)에 있다고 하지만 그와 같은 설이 있을 뿐 실증(實證)은 가지고 있지 않다. 이제 그 실례를 들어서 단편(斷片)이나마 살펴보기로 한다.

아오야나기 미나미메이〔青柳南冥〕의 저서《조선문화사(朝鮮文化史)》제3편 제1장 〈조선 민족은 하늘에서 내려온 인종(人種)〉

한국은 본디 신(神)의 나라이다……《한일상고사(韓日上古史)》의 저자가 말하기를 "고문(古文)의 환웅(桓雄)이 신웅(神雄)으로 풀이된다면 한(韓)도 환(桓)과 같이 신(神)의 옛말로 풀이된다. 즉 한국은 환인·환웅의 나라임을 뜻하는 환국(桓國)이다. 다시 말해서 하늘에서 내려온 종족이 세운 나라는 통유성(通有性)의 이상적(理想的)인 신국(神國)임을 뜻한다……마한(馬韓)이란 진신(眞神)의 전음(轉音)으로서 진한(辰韓)·변한(弁韓)과 구별되며 그 존엄성(尊嚴性)을 보이는 말이 된다. 그 때문에 환웅이 그 왕도(王都)를 신시(神市)라고 일컫고 스스로 신웅(神雄)을 일컬었으며 천왕(天王)을 일컬었다. 또 태백산(太白山) 정상에 내렸음을 일컬어서 일일이 하늘에서 내려온 신족(神族)의 옛 역사의 특색을 유감 없이 발휘하고 있다" 하였다.

하물며《후한서(後漢書)》에서 마한(馬韓)의 신(神)을 제사 지내는 의식을 기록한 글에 "여러 나라 도읍에서 각각 한 사람을 가려 천신(天神)을 제사 지내는 일을 맡게 하여 천군(天君)이라고 이름하였다. 그리고 소도

(蘇塗)를 마련하고 큰 나무를 세우고서 방울과 북을 달아 귀신을 섬겼다. 그 남쪽 경계는 왜(倭)에 가까워서 문신(文身)하는 자가 있었다"한 것을 보면 이것은 분명히 일본 신대(神代)의 기록에 집어넣어야 할 엄격(嚴格)·장경(莊敬)의 사실이 아니겠는가. 이것은 실로 일본 신대사(神代史)와 공통성을 가진 전설 기록의 존재라고 말할 수 있다.

내가 일본의 옛 사기(史記)를 살피건대 이즈모족(出雲族)과 한족(韓族)은 형제의 밀접한 관계를 보지(保持)하고 교역(交易)했음이 틀림없다고 생각한다. 즉 소잔명존(素戔鳴尊)이 그 아들 오십맹명(五十猛命)을 이끌고 뿌리의 나라로 건너가 증시무리(曾尸茂梨)의 땅에 살았다고 했는데, 근국(根國)은 모국(母國)의 뜻이며 증시무리는 오늘의 강원도 춘천(春川)이라고 한다. 옛 사기(史記)에서 오십맹명(五十猛命)의 어머니를 웅인종(熊人種)으로 보는 등의 일을 생각한다면 일본 민족과 한민족(韓民族)의 상고사(上古史)가 더욱 명료해지지 않겠는가.

논하건대 《니혼쇼키》에서 말한 바 소잔명존(素戔鳴尊)의 증시무리(曾尸茂梨), 곧 '소시모리(ソシモリ, Sosimori)'란 우리말의 '소머리〔牛首〕'와 매우 비슷하고, 또 신라 시대에 우수주(牛首州)가 있었는데 곧 지금의 춘천이다. 춘천은 맥국(貊國)의 옛 도읍으로 일컬어지기도 한다. 곧 맥(貊)과 예(濊)는 본디 일체이다. 소잔명존을 우두천황(牛頭天皇)으로 칭하기도 하는데, 신라로 건너왔다고 했으니 이른바 증시무리란 곳은 우수주(牛首州)인 것 같다. 또 소잔명존의 어머니의 나라가 되기도 한다. (아오야나기〔青柳南冥〕의 《조선문화사(朝鮮文化史)》에 "근국(根國)은 모국(母國)의 뜻이다"했으니 근국이란 본국(本國)의 뜻이 아니겠는가. 《니혼쇼키〔日本書紀〕》에 의하면 소잔명존(素戔鳴尊)이 울며 슬퍼하고 한탄하였다. 이에 이장낙존(伊弉諾尊)이 묻기를 "너는 무엇 때문에 항상 이처럼 우는가" 하니 대답하기를 "나는 근국(根國)으로 가서 우리 어머니를 따르려 한다" 하였다. 이장낙존(伊弉諾尊)이 미워해서 말하기를 "네 뜻대로 행동해도 좋다" 하고 쫓아 버렸다.)

그리고 그 일본을 왕래한 경로(逕路)는 반드시 우수주(牛首州)에서 예국(濊國, 옛날 명주(溟州), 지금의 강릉(江陵))을 경유하여 동해를 건너서 출운국(出雲國)에 이르렀음을 추상(推想)해서 알 수 있다. 또 예(濊)와 왜(倭)의 부르는 음이 서로 같은 근원을 찾는 데 있어 이같은 고대의 사기(史記)에서 알아낼 수 있다.

제12장

삼한(三韓)

(天神話의 계통)

제1절 천신(天神)을 제사 지내는 것 또한 단군(壇君)이다

'한(韓)'은 우리 옛말로 하늘의 뜻이 된다. '한'은 곧 한이(干夷)의 후예로서 환(桓)·한(汗)·한(干) 등 글자가 서로 통하여 전변(轉變)한 것이 아닌가 의심스럽다. 대체로 '한(韓)'이란 동이(東夷)의 고대 신권 시대(神權時代)의 나라 이름 또는 군장(君長)의 호칭으로서 만주·몽고어와 함께 그 근원을 같이 하는 것이다. 이에 그 예증(例證)을 다음과 같이 든다.

《상서전(尙書傳)》: 해동제이(海東諸夷)는 구려(駒麗)·부여(夫餘)·한(韓)·한(馯)·맥(貊)의 족속(族屬)이다. 소(疏)에 "《한서(漢書)》에 고구려(高句麗)·부여(夫餘)·한(韓)이 있고 한(馯)은 없으니 한(馯)은 곧 한(韓)으로서 음은 같고 글자를 다르게 하는 것이다" 하였다.

이수광(李睟光)의 《지봉유설(芝峰類說)》: 우리나라 방언에 한(干)은 음이 한(汗)이고 또 큰 것을 한(汗)이라고 한다. 그 때문에 하늘을 한(汗)이라고 한다.

　《흠정만주원류고(欽定滿洲源流考)》에 삼한(三韓)으로 명명한 것 같은 것은 《사기(史記)》에 마한(馬韓)·진한(辰韓)·변한(弁韓)(변진(弁辰)이라고도 한다)으로 나열되어 있을 뿐 '한(韓)'을 일컫는 뜻은 상세하지 않다. 진수(陳壽)의 《위지(魏志)》에서 한지(韓地)·한왕(韓王) 등으로 직언(直言)하였고, 어환(魚豢)의 《위략(魏略)》에서 조선 왕 준(準)이 한씨(韓氏)를 모성(冒姓)[1]했음을 말했으니 그 부회(附會)[2]함이 더욱 심하였다. 개국어(蓋國語)(만주어) 및 몽고어에서 군장(君長)을 가리켜 한(汗)이라고 하였는데 '한(韓)'과 '한(汗)'의 음이 서로 혼동된 것이다. 역사의 기록에 삼한(三韓)이 각각 수십 국이 실려 있다. 내 생각으로는 당시에 있어 삼한(三干)[3]이 나누어 통치한 것으로 보지만 사가(史家)는 한(汗)이 군장(君長)이 됨을 알지 못하고 있었던 것이다. 용렬(庸劣)한 자는 '한(韓)'을 족성(族姓)으로 착각하기에 이르렀다. 대저 한(韓)과 한(干)은 음이 서로 비슷하고 뜻이 다르므로 착각을 일으켜서 오류를 범한 것 같다.

제2절 삼한(三韓)의 신속(神俗)

　《삼국지(三國志)》: 마한(馬韓)의 여러 나라 도읍에서 각각 한 사람을 가려 천신(天神)을 제사 지내는 일을 맡게 하여 천군(天君)이라고 이름하였다. 소도(蘇塗)를 마련하고 큰 나무를 세우고서 방울과 북을 달아 귀

---

1) 冒姓: 남의 성을 가칭하는 것.
2) 附會: 말이나 이론을 억지로 끌어다붙이는 것.
3) 三干: 汗·韓과 同音으로, 三韓을 가리킨다.

신을 섬겼다……마한은 해마다 5월에 파종을 마치고 귀신에게 제사 지내고 밤낮으로 모여 노래하고 춤추었다. 춤에는 수십 명이 서로 뒤따르며 땅을 밟는 것으로 절도(節度)를 삼았다. 10월에 농사일을 마치면 또 그와 같이 하였다.

천군(天君)의 제사를 맡아봄과 소도(蘇塗)의 의식이 있는 것과 사람들이 모여 노래하는 것과 농사를 기리는 춤은 모두 옛날의 무속(巫俗)이다. 무당은 존장(尊長)이 되었기 때문에 사람들에게 공경하고 두려워하는 바 되었다. 단군의 신교(神敎)가 곧 그 전형(典型)인 것이다. 또 《만주원류고(滿洲源流考)》를 상고하면 만주의 살만교속(薩滿敎俗)[4]이 삼한(三韓)과 함께 공통점이 많다. 한(韓)·만(滿)의 신교(神敎)가 같은 계통에서 나왔음이 분명하다.

제3절 한국(韓國)은 곧 신국(神國)의 뜻이다

일본 사람 아오야나기 미나미메이〔青柳南冥〕 저서 《조선문화사朝鮮文化史》 제3편 제1장에서 아래와 같이 말하였다.

조선(朝鮮) 민족(民族)은 하늘에서 내려온 인종(人種)

한국은 본디 신(神)의 나라이다. 조선의 문신(文臣) 정다산(丁茶山)[5]은

---

4) 薩滿: 巫服을 입고 북을 들고 신령과 교통하는 힘이 있다는 무당(박수). 곧 샤먼(Shaman).

5) 丁茶山: 正祖 때 實學者인 丁若鏞(1762~1836)을 말한다. 茶山은 호로 俟菴이라고도 하였다. 시호는 文度. 《疆域考》이외에도 5백여 종의 저서를 남겼다. 조선 후기에 진보적인 새로운 학풍을 진작시켜 집대성하였다.

그의 《강역고(疆域考)》에서 "한(韓)은 큰 것을 의미한다. 방언에서 무릇 큰 것을 '한(韓)'으로 일컫고 노예가 그 상전을 불러 '한(韓)'이라고 했는데, 이는 중국에서 '대인(大人)'을 일컬음과 같은 것이다. 열수(洌水) 이북은 중국에 가까워서 문명이 일찍 열리고 열수 이남은 미개하였다. 그러나 다같이 그 추장(酋長)을 높여서 '한(韓)'으로 불렀다" 하였다. 다산(茶山)의 이같은 설은 '한(韓)'을 가지고 대국(大國)에 비유하여 그 추장이 지배한 것으로 했을 뿐 신국(神國)이 됨을 밝히지 못했음은 심히 유감스럽다. 《한일상고사(韓日上古史)》의 저자가 말하기를 "고문(古文)의 환웅(桓雄)이 신웅(神雄)으로 풀이된다면 '한(韓)'도 '환(桓)'과 같이 '신(神)'의 옛말로 풀이된다. 즉 한국은 환인(桓因)·환웅(桓雄)의 나라임을 뜻하는 환국(桓國)이다. 다시 말해서 하늘에서 내려온 종족(種族)이 세운 나라라는 통유성(通有性)의 이상적인 신국(神國)임을 뜻한다" 하였다.

일본어를 상고하건대 '신(神)'의 음이 '한(韓)'이 되니 한국과 신국(神國)이 구별이 없다. 아오야나기 미나미메이〔青柳南冥〕가 이것을 미루어서 우리의 신조(神祖)인 환인(桓因)·환웅(桓雄)·환검(桓儉)의 '환(桓)'에 미치고 또 '한(韓)'과 더불어 음이 서로 비슷하기 때문에 이같은 단안(斷案)을 내리게 된 것이다. 대체로 한국과 일본의 고대의 언어가 상통되는 증거가 많으니 아오야나기 미나미메이의 설이 또 볼 만한 것이 있다.

제4절 삼한(三韓)의 소도(蘇塗)(神壇)는 단군조선(壇君朝鮮)의 학설에 바탕을 두었다

신채호(申采浩)는 호가 무애(無涯) 또는 단재(檀齋)로서 고령부원군(高靈府院君)(보한재(保閒齋)) 숙주(叔舟)의 후예(後裔)이다. 대대로 청주(淸州)에 살아서 시례(詩禮)를 숭상하는 전통을 지켜왔다. 나이 약관(弱冠)에 국학(國學)(성균관(成均館))에 놀아서 박사과(博士科)에 응시했으나 그 생각을 버리고 신문계(新聞界)로 투신(投身)하여 오랫동안 붓을 잡았는데, 문장이 뛰어나고 언론이 기발(奇拔)하여 학계의 태두(泰斗)가 되고 사회의 안목이 되었다. 경술년(1910)에 세상이 바뀌자 내 나라를 떠나 이역(異域)에서 갖은 풍상(風霜)을 겪으며 오래도록 유랑생활을 했으나 이를 조금도 개의치 않고 사학(史學)에 전심하여《조선사연구초(朝鮮史研究草)》·《이두문명사해석(吏讀文名詞解釋)》(고사(古史)의 국명(國名)·관명(官名)·지명(地名) 등·《전삼한고(前三韓考)》·《후삼한고(後三韓考)》등을 지었다. 이제 여기에《전삼한고》만을 다음과 같이 인용한다.

전삼한(前三韓)(삼조선三朝鮮)의 명칭은 단군(壇君)의 삼경(三京)에서 비롯된다

전삼한(前三韓)의 명칭, 삼조선(三朝鮮)의 명칭은 삼경(三京)에서 비롯되었다. 삼경(三京)이란《고려사(高麗史)》《신지비사(神誌秘詞)》에 나오는 '부소량(扶蘇樑)·오덕지(五德地)·백아강(百牙岡)'이니 이른바 단군의 삼경이 이것이다. 삼경은 우리나라의 고대에 있어 미신(迷信)의 대상인 삼신(三神)에서 나왔으며, 삼신은《고기(古記)》에서 이른바 환인·환웅·왕검이다. 다만《고기(古記)》는 불교도(佛敎徒)의 찬집(撰集)에 속하기 때문에 무릇 지명(地名)과 인명(人名)이 불서(佛書)에 따라서 함부로 고친 것이 많은데, 즉 가슬라(加瑟羅)를 가섭원(迦葉原)으로, 비처왕(毗處王)을 소지왕(炤智王)으로 한 것이 그 예이다. 환인(桓因)·환웅(桓雄) 등 두 명사에 이르기까지도《법화경(法華經)》⁶⁾의 석제환인(釋提桓因), 그리고 석가(釋迦)의 별칭인 대웅(大雄)을 인용하여 고쳐 만든 것이지, 본래의 명칭은 아니다.

1. 삼일신(三一神)은 천일(天一), 지일(地一), 태일(太一)이다

《사기(史記)》〈봉선서(封禪書)〉에 "삼일신(三一神)이란 천일(天一)·지일(地一)·태일(太一)이다……삼일 중에서 태일이 가장 존귀하다……오제(五帝)는 태일(太一)의 보좌(輔佐)이다" 하였다. 천일·지일·태일은 삼신(三神)의 별명이다. 굴원(屈原)의 구가(九歌)에〈동황태일(東皇太一)〉의 노래 이름이 있는데 태일(太一) 등 삼신의 이름임을 알 수 있다. 사마씨(司馬氏) 이전에는 중국에 유행하였으며, 다만〈계극빈상구가시가(啓棘賓商九歌是歌)〉의 구절이 변천되어〈동황태일〉의 노래 이름이 되었음을 알 수 있다. 굴원(屈原) 이전 고대에는 중국 연해(沿海) 민간에서 유행되었는데 우리나라 고대에 산동(山東)·강소(江蘇) 등지로 이주한 백성이었다. 곧 저들의 역사에 이른바 "구이(九夷)가 삼신(三神)의 이름을 한족(漢族)에 전했다"라는 것으로서, 이를 한자로 풀이하여 혹 노래 이름에 올리고 혹 신조(信條)에 올린 것이다.

---

6) 法華經:《妙法蓮華經》의 약칭.

2. 태일(太一)은 신한〔辰韓〕, 천일(天一)은 말한〔馬韓〕, 지일(地一)은 불한〔弁韓〕이다

'신〔辰〕'의 해석이 '대(大)'가 됨은 이미 전술한 바 있다. 태일(太一)은 '신한〔辰韓〕, 천일(天一)은 '말한〔馬韓〕,' 지일(地一)은 '불한〔弁韓〕'의 뜻이 된다. '신〔辰〕' '불〔弁〕' '말〔馬〕' 삼한 중에서 '신한〔辰韓〕'이 수위(首位)를 차지한다. 〈봉선서(封禪書)〉의 "삼일(三一) 중에서 태일(太一)이 가장 존귀하다"라는 뜻이 이것이다. '신한〔辰韓〕' 아래 대관(大官) 5명을 두어서 오가(五加)라 칭했는데, 즉 5개의 국무(國務)를 맡은 대신(大臣)이다. 전국을 동서남북중의 오부(五部)로 나누고서 오가(五加)가 군대와 민생(民生) 두 가지 정사를 나누어 맡았다. 이때에 각각 그 본도(本道)[7]에 나가 머무는 것을 '사리(Sari)'라고 하는데, '사리'는 나가 머문다는 뜻이다. 살(薩)·사자(使者)·사리(舍利) 등이 그 풀이이다. 난시(亂時)를 당하면 다섯 사람이 싸우는 일을 분담하여 다섯 대장(大將)이 되었는데 '크치(Kuchi)'라고 일컬었다. '크치'란 대장의 뜻이다. 견지(遣支)·견지(遣智)·검측(儉側)·대형(大兄) 등이 그 풀이이다. 이처럼 다섯 신하가 '신한(태일(太一))'을 보좌하였는데, 곧 〈봉선서(封禪書)〉의 "오제(五帝)는 태일(太一)의 보좌이다" 한 것이 이것이다. 상고(上古) 시대에는 미신(迷信)의 신계(神界)를 가지고 인사(人事)에 응용했으니 삼왕(三王) 오가(五加)가 삼경(三京) 오부(五部)를 관할해서 삼두(三頭) 오비(五臂)의 관제(官制)를 이룬 것이다. 그 상세한 것은 다른 날 관제고(官制考)에서 논하기로 하겠다.

삼국 시대의 신왕(辰王)·태왕(太王)·대왕(大王)은 모두 '신한(태일

---

7) 本道: 5部를 말한다.

(太一)'의 풀이다. 고구려에서는 태왕(太王) 밑에 '부리(Buri)' '마리(Mari)' '좌우보(左右輔)'를 두어서 삼일(三一)에 비기고, 또 국내(國內) · 평양(平壤) · 한성(漢城)을 삼경(三京)으로 일컬었다. 전국을 순나(順那) · 소나(消那) · 관나(灌那) · 절나(絶那) · 계나(桂那)의 5부로 나누었으니 또한 조선의 유형(遺型)인 것이다. 신라 · 백제는 삼두(三頭)에 일비(一臂)를 더해서 삼두 육비(六臂)의 제도를 만들었다.

3. 전삼한(前三韓) 창립자는 단군(壇君)이다

전삼한(前三韓)의 창립자는 단군이다.《동사강목(東史綱目)》〈고이(考異) 단군이칭(壇君異稱)〉조에 "《삼국유사》에서는 신단수(神壇樹) 아래 내렸다고 해서 단군(壇君)이라 일컫는다 하였다.《동국통감(東國通鑑)》및《고려사(高麗史)》〈지지(地志)〉에서는 신단수(神檀樹) 아래로 내려왔다고 해서 단군(檀君)이라 일컫는다 하였는데 오늘날에는《통감》및《여지(麗志)》에 따른다" 하였다. 순암(順菴) 선생 같은 조예(造詣)가 깊은 학자로서 그 시비를 판별하지 않고 단지 세력을 추종했으니 참으로 괴이한 일이다.

4. 수두[蘇塗]라는 고어(古語)는 신단(神壇)을 말하는 것이다

《삼국지(三國志)》〈삼한전(三韓傳)〉에 의거한다면 "마한의 여러 나라는 각각 별읍(別邑)을 설치하여 소도(蘇塗)를 세우고 한 사람을 가려 천신(天神)을 제사 지내는 일을 맡게 하여 천군(天君)이라고 이름하였다.

죄 있는 자라도 소도가 있는 경계 안으로 도망쳐 들어가면 잡지 못했다"하였다. 또 동전(同傳)에 실려 있는 54국 중에 '신소도(臣蘇塗)'라는 나라가 있다. 소도는 '수두(Shutu)'이고, '수두'는 고어(古語)로 신단(神壇)을 가리키는 것으로서, 열국(列國)의 '수두〔蘇塗〕'는 곧 열국의 신단이다. 신수두〔臣蘇塗〕는 열국의 신단을 총관(總管)하는 최대 신단의 나라임을 가리킨다. 오늘에 이르기까지 관북(關北) 지방에서는 몇 개의 촌락이 하나로 뭉쳐 한 곳에 큰 수림(樹林)을 가려서 정한 다음, 그 주위를 '금줄(Kumtsul)'로 두르고 그 수림 안을 신단(神壇)으로 칭했다. 그리고 때에 맞춰 대제(大祭)를 행한다. 비록 옛날과 지금의 변천이 없지 않으나 이는 고대 신단의식(神壇儀式)의 유전(遺傳)의 한 편모인 것이다. 대체로 단군왕검이 이같은 수림(樹林)의 신단(神壇)인 '수두' 아래 나타나 때에 맞추어 삼신(三神) 오제(五帝)의 신계(神界)를 연설하고, 삼신의 하나인 '신한(태일(太一))'의 화신(化身)임을 자칭하여 원시 형태의 국가를 건설한 것이 곧 조선이다. 그리고 그 신단은 토축(土築)도 아니고 석축(石築)도 아니며 곧 자연수림(自然樹林)의 신단인 것이다. 이제 '토(土)' 변의 '단(壇)'을 써서 단군(壇君)을 칭하지 않고 반드시 '목(木)' 변의 '단(檀)'을 써서 단군(檀君)을 칭하려 한다면, 이는 자단(紫檀)·백단(白檀) 등의 단(檀)이 아니고 새로운 학설을 만들어서 수두나무〔蘇塗樹〕 '단(壇)'으로 한다면 가능하다.

5. 흉노(匈奴)는 제단(祭壇)이 있는 곳을 칭하여 휴도국(休屠國)이라 하는데, 휴도는 수두〔蘇塗〕의 뜻이다

〈흉노전(匈奴傳)〉에 의거하면, 흉노는 제단이 있는 곳을 휴도국(休屠國)이라고 하였다. 휴도란 '수두〔蘇塗〕'로서 또한 수림(樹林)의 제단을 일컫는 말이 아닌가 한다. 그 때문에 중국 사람이 그 제단을 가리켜 농성(蘢城)(《한서(漢書)》〈위청전(衛靑傳)〉)이라고 했는데, 뒤에 편의에 따라서 농(蘢)자에서 초두(草頭)를 떼어 버리고 용성(龍城)으로 만들었다. 《사기(史記)》·《한서(漢書)》·《후한서(後漢書)》·《진서(晋書)》에 보이는 용성(龍城)들이 이것이다. 그렇다면 흉노가 혹시 우리 민족과 함께 근원을 같이하는 것이 아닌가 의심스럽다. 그렇지 않다면 고대에 있어 우리와 흉노가 같은 지배하에 있었는지도 모른다.

6. 《신지비사(神誌秘詞)》의 진단(震壇)(三朝鮮 全土의 명칭), 즉 신수두[臣蘇塗]의 뜻이다

어떤 시기에서는 '신수두[臣蘇塗]'를 삼조선(三朝鮮) 전토(全土)의 명칭으로 하고 있는데, 《신지비사(神誌秘詞)》에 진단구변도국(震壇九變圖局)이 있는 까닭이다. 진단의 '진(震)'은 곧 '신수두[臣蘇塗]'의 '신(臣)'의 음이고 '단(壇)'은 곧 '신수두'의 '수두[蘇塗]'의 뜻이다.

7. 왕검(王儉)은 '님금(Nimkum)'이다

왕검(王儉)은 '왕(王)'의 반의(半義) '님(Nim)'을, 그리고 '검(儉, Kum)'의 전음(全音)을 취하여 합쳐서 '님금'으로 읽는다. 어떤 이가 비난하여 말하기를 "'왕(王)'자가 이미 '님금'의 뜻일진대 무슨 까닭에 그 반의(半義)를 취한단 말인가" 하였다. 내 말하기를 "예를 든다면 《삼국사기》 소지(炤智)의 주(註)에서 '비처(毗處)'라고도 일컫는다는 말이 나와 있다. '소(炤)'자가 이미 '비치(Bichi, 照)'의 뜻이다. 그런데 어째서 '지(智)'자를 더해서 '비치'로 읽는단 말인가" 하였다.

《삼국사기》에는 이같은 예가 심히 많아서 이루 헤아릴 수 없다. 우리나라에서 처음으로 나라를 세운 이를 '님금'이라고 했기 때문에 역대 제왕(帝王)의 존칭을 또한 '님금'으로 하였다. 이것은 중국 주공(周公)의 기괴한 이름(諱名)이 수입되기 이전의 일이다.

8. '님금〔王儉〕'은 신단(神壇) 주제자(主祭者)의 일컬음이다

'님금〔王儉〕'은 곧 신단 주제자(主祭者)의 일컬음이고, '신한(Sinhan)'은 곧 정치 원수(元首)의 일컬음이니, 그때에는 신단의 제사를 맡은 자가 정치 원수가 되기까지 했다. 그러면 '님금〔王儉〕'이 '신한'의 직권(職權)까지 아울러 차지했음은 논할 것도 없는 일이다. 어떤 이는 말하기를 "인도의 범어(梵語)로 '스투파(Stwpa)'가 우리나라로 들어와서 '수두〔蘇塗〕'가 되고, 일본으로 들어가서 '소도바(ソトバ)'가 되고, 중국으로 들어가서 '탑(塔)'이 되었다" 하는데 이것은 일종의 참고할 말이기도 하다. 그렇지만 한두 가지 우연히 일치되는 것을 가지고 판정하는 것은 성급한 의론에 속한다고 할 수 있다.

그리스〔希臘〕의 역사를 읽으면 중앙에 큰〔大〕 '썰피(Tolpi)' 신전(神殿)의 나라가 있고 다른 여러 나라에는 작은〔小〕 '썰피' 신전이 있다고 했는데, 이것이 우리의 '신수두〔臣蘇塗〕'의 제도와 함께 서로 같은 것이 아니냐.

페르시아〔波斯〕의 역사를 읽어보면 전국을 통치하는 대왕(大王)이 있고, 대왕 아래 여러 작은 국왕이 있다고 했는데, 이것이 어찌 우리 삼국시대의 대왕 밑에 각각 소왕(小王)이 있었던 제도와 서로 같은 것이 아니냐.

서양 중고(中古)의 예수교(耶蘇敎)의 무사단(武士團)에서 부인(婦人)으로 교사(敎師)를 삼았다고 하는데, 이것이 어찌 신라(新羅) 원화(源花)의 제도와 서로 비슷한 것이 아니겠는가.

이집트(埃及) 고대에 태양력(太陽曆)의 일수(日數)인 3백60여 등의 자양(字樣) 쓰기를 좋아하였다. 나일 강의 본명도 3백60여의 의미가 들어 있다고 하는데, 이 어찌 단군의 옛 기록에 "곡식·생명·병·형벌·선악 등 인간의 3백60여 가지 일을 다스렸다"라는 말 및 《여지승람(輿地勝覽)》에 기록된 바 묘향산(妙香山) 고적의 3백60여 궁(宮) 등 일과 함께 서로 같은 것이 아니겠는가.

이같은 일들은 본디 본론의 범위에 속하는 것이 아니니 그만두기로 한다. 역사란 시대와 경우에 따라 성립되는 것이므로 비록 번거롭고 지리한 미신(迷信)에 속한 기록일지라도 지금 삼경(三京) 오부(五部)의 건설의 원인이 모두 '수두(蘇塗)'와 그 교의(敎義)를 따라서 나왔으므로 이러한 사실을 알아야 우리나라의 고사(古史)를 말할 수 있다. 그러므로 위와 같이 개술하였다.

수방당(殊芳堂) 주인 정윤(鄭潤)은 《사지통속고(史誌通俗考)》를 저술하였는데 우리 고대의 지명(地名)·관명(官名)·국명(國名)·인명(人名)은 모두 한어(漢語)·몽고어·만주어 및 우리 고어(古語)를 함께 해석하였으며, 제2편에는 '한검수두(Hankumshutu)'가 있고, 〈천신교당(天神敎堂)〉조에 "삼한(三韓) 여러 국읍(國邑)에 각 한 사람을 세워 천신(天神)에게 제사 지내는 것을 주관하였는데 이름을 천군(天君)이라 하고, 또 별읍(別邑)을 두어 이름을 소도(蘇塗)라 하였다. 소도신(蘇塗神)은 교당(敎堂) 안에 한없이 넓은 충만한 모양으로 있는 것 같은 하나의 신을 말하는 것이다. 소도 혹은 신간(神桿)이라는 것은 교당 앞에 서 있는 긴 간목(桿木)이며, 신소도(臣蘇塗)란 국도(國都)에 건립한 대교당(大敎堂)이다" 하였다.

제5절 삼한(三韓)(해〔日〕 신화(神話)의 계통)

《삼국지(三國志)》 및 《후한서(後漢書)》에 의하면, 마한(馬韓) 여러 나라 가운데 일화국(日華國)·월지국(月支國)이 있다. 월지국이라는 것은 마한 사람 진한(辰韓) 국왕의 도읍이다. 어떤 의미에서 일화·월지라 하였는지 알 수 없으나 마한이 일월신(日月神)을 숭배한 것을 이로써 조금이라도 알 수 있다. 진한의 진(辰)은 동방을 말하는 것이다. 예컨대 궁예(弓裔)의 태봉(泰封)은 처음 이름이 마진(摩震)이었으니, 마(摩)는 우리 방언(方言)에서 대(大)를 말하는 것이며, 진(震)은 동방이므로, 곧 대동국(大東國)이라는 의미이다. 대체로 진(辰)은 곧 진(震)이며, 진한(辰韓)은 곧 동한(東韓)을 말한다. 또 진(辰)은 방위로는 정동(正東)이며, 시간은 해가 솟을 때이다. 진한이 동해가에 위치하여 양곡(暘谷)으로서 해가 솟는 것을 삼가 인도함으로써〔寅賓〕, 신라에서는 내을(奈乙, 방언(方言)에는 해를 나을이라 한다)의 신궁(神宮)을 두었고 고려 때에는 영일(迎日)이라는 고을 이름이 있으니, 모두 진한 해〔日〕 신화의 계통이다.

근일(近日) 신채호(申采浩)가 이두문(吏讀文)으로 옛 지명을 해석하기를, '진(辰)'은 '신(臣)'(신소도(臣蘇塗)의 신(臣) 및 신견지(臣遣支)의 신(臣))과 같이 크다는 의미이며, '한(韓)'도 또한 크다는 의미로서 왕의 명칭으로 하였는데 처음의 '진한(辰韓)' '진왕(辰王)' 등은 모두 태왕(太王)·대왕(大王)·총왕(總王)·원수(元首) 등의 의미이다. (마한(馬韓) 준왕(準王)이 이것이다.) 또 진왕(辰王)이 월지국(月支國)을 다스렸다는 '진왕(辰王)'으로서, 곧 백제(百濟)의 태왕(太王)이며, 월지는 바로 백제의 위례성(慰禮城)이다. 위례(慰禮)의 음이 월(月)이고, 지(支)는 음이 '티〔峙〕'이며 성(城)이라는 뜻이라 하니 진한 등의 뜻은 독자가 스스로 생각해 보기 바란다.

제13장

고구려(高句麗)

(天神話의 계통)

제1절 동명제(東明帝)의 탄생 및 건국

고구려 광개토왕(廣開土王) 비문: 옛날 시조 추모왕(鄒牟王)이 나라를 창기(創基)할 때, 북부여(北夫餘) 천제(天帝)의 아들이며, 어머니는 하백(河伯)의 딸로서, 알을 깨고 세상에 나왔다. 태어나자 성덕(聖德)이 있었다. □□□□□ 남쪽으로 순행(巡行)하다가 부여 엄리대수(奄利大水)를 건너는 곳에 이르러 왕이 말하기를 "나는 황천(皇天)의 아들이며, 어머니는 하백의 딸이다. 내가 추모왕이다. 나를 위하여 거북을 띄우고 갈대를 이어라" 하였다. 이 소리에 응해서 곧 뜬 거북과 갈대가 이어져 물을 건너 비류곡(沸流谷) 홀본(忽本) 서쪽 산 아래 성을 쌓고 도읍을 세웠으나 인간 세계의 왕위가 싫었다. 황룡(黃龍)을 내려보내서 왕을 맞으니, 추모왕은 홀본 동강(東罡)에서 황룡을 타고 하늘로 올라가는데, 세자(世子) 유류왕(儒留王)에게 도(道)를 일으켜 다스리도록 고명(顧命)하니 대주류왕(大朱留王)이 기업(基業)을 계승하였다. 이어 17세손 국강상광개토경평안호태왕(國罡上廣開土境平安好太王)이 29세에 왕위에 오르니 호(號)가 영락대왕(永樂大王)이다.

《삼국유사(三國遺事)》 왕력(王曆): 고구려 동명왕(東明王)의 성은 고(高), 이름은 주몽(朱蒙), 일명 추몽(鄒蒙)이며, 단군(壇君)의 아들이다.

《삼국사기(三國史記)》: 고구려 시조 동명성왕(東明聖王)의 성은 고(高)씨, 이름은 주몽(朱蒙)이다(또는 추모(鄒牟)나 상해(象解)). 이보다 앞서 부여(夫餘) 왕 해부루(解夫婁)가 돌아가자 아들 금와(金蛙)가 왕위를 이었다. 이때에 태백산(太白山) 남쪽 우발수(優渤水)에서 한 여자를 만나 사정을 물으니 그 여자가 말하기를 "나는 하백(河伯)의 딸로 이름은 유화(柳花)이며, 여러 아우들과 더불어 놀러나왔는데 때마침 한 남자가 스스로 천제(天帝)의 아들 해모수(解慕漱)라고 하면서 나를 웅심산(熊心山) 밑 압록강변에 있는 집으로 유인하여 정을 통하고 떠나서 다시 돌아오지 않았습니다. 부모는 내가 중매도 없이 남을 따라갔다고 책망하고 드디어 우발수로 쫓겨났습니다" 하였다. 금와(金蛙)가 기이하게 여겨 깊숙한 방에 가두어 두었더니, 햇빛이 비춰 몸을 피하면 햇빛이 따라오며 비춰 드디어 임신하고 크기가 다섯 되쯤 되는 알 하나를 낳았다. 왕은 이를 버리게 하여 개와 돼지에게 주어도 먹지 않고, 또 길 가운데 버려도 소와 말이 피해 가고, 나중에는 들에 버렸더니 새들이 모여들어 날개로 덮어 주었다. 왕이 이것을 깨뜨려 보려 하였으나 깨뜨릴 수 없어 결국 그 어미에게 돌려 주었다. 그 어미가 덮어 따뜻한 곳에 두었더니 한 사내아이가 껍질을 깨뜨리고 그 속에서 나왔는데 골격이 준수하고 영특하였다. 나이 일곱 살 때에는 남달리 뛰어나서 스스로 활과 화살을 만들어 쏘는데 백발백중이었다. 부여 속어(俗語)에 활 잘 쏘는 사람을 주몽(朱蒙)이라 하였으므로 이름지었다. 금와(金蛙)에게 일곱 아들이 있어 늘 주몽과 함께 놀았지만 그들의 기능이 모두 주몽보다 못하였다. 맏아들 대소(帶素)가 왕에게 말하기를 "주몽은 사람의 소생(所生)이 아니며, 그 사람됨이 용맹하니 만약 일찍 도모하지 않으면 후환이 있을까 두려우니 제거하기 바랍니다" 하였으나 왕은 듣지 않고 말을 기르게 하였다. 주몽은 훌륭한 말은 먹이를 줄여 여위게 하고 둔한 말은 잘 먹여 살찌게 하니, 왕은 살찐 말만 골라 타고 여윈 말은 주몽에게 주었다. 후에 들판에 사냥하러 갔을 때 주몽은 활을 잘 쏜다 하여 화살을 적게 주었으나 주몽이 잡은 짐승이 훨씬 많았다. 왕자와 여러 신하들이 죽이기를 모의하였다. 주몽의 어머니가 몰래 이 사실을 알고 알리기를 "나라 사람들이 너를 해치려 하니 너의 재주로 어디 간들 안 되겠느냐. 그대로 머물러 있다가 욕을 당하는 것은 차라리 멀리 떠나 있느니만 못하겠다" 하니 주몽이 곧 오이(烏伊)·마리(摩離)·협보(陜父) 등 세 사람과 함께 벗을 삼아 가다가 엄사수(掩㴲水)[1]에 이르러 강을 건너고자 하였으나 다리가 없었다. 쫓는 군사에게 잡힐까 두려워하여 물에 아뢰기를 "나는 천제(天帝)의 아들이고 하백(河伯)의 외손인데 오늘 도망가는 길에 추격하는 자가 곧 이르니 어찌하오?" 하니 이 때 어별(魚鼈)들이 물 위로 떠올라서 다리를 만들어 주므로 주몽 등이 건너고 곧 어별들이 흩어져 추격하는 군사들은 건너지 못하였다. 주몽이 모둔곡(毛屯谷)에 와서 세 사람을 만났는데 그 중 한 사람은 베옷을 입었고, 한 사람은 기운옷(衲衣)(승복(僧服))을 입었고, 한 사람은 마름옷(水藻衣)을 입고 있었다. 주몽이 묻기를 "그대들은 어디 사는 사람이며 성명은 무엇인가?" 하니 베옷을 입은 사람은 재사(再思)라 하고 승복(僧服)을 입은 사람은 무골(武骨)이라 하고, 마름옷을 입은 사람은 묵거(默居)라 하였으나 성을 말하지 않으므로, 주몽은 재사에게는 극씨(克氏)라는 성을 주고, 무골에게는 중실씨(仲室氏), 묵거에게는 소실씨(少室氏)를 주고, 무리에게 말하기를 "나는 지금 천명을 받들고 나라를 세우고자 하는데 마침 세 어진 분(三賢)을 만났으니 어찌 하늘이 주신 것이 아니겠는가" 하고 드디어 그들의 재능(才能)에 따라 일을 맡기고 함께 졸본천(卒本川)에 이르니 그 땅이 기름지고 아름다우며 산하(山河)가 험고(險固)함

---

1) 掩㴲水 : 일명 蓋斯水라 하며, 압록강 동북쪽에 있다.

을 보고 드디어 도읍을 정하고자 하였다. 그러나 아직 궁실을 지을 겨를도 없어 다만 비류수(沸流水) 위에 집을 짓고 거처하면서 국호를 고구려(高句麗)라 하고 고(高)로써 성을 삼았다. 이때에 주몽의 나이 22세였으며, 때는 한(漢) 효원제(孝元帝) 건소(建昭) 2년(B.C. 37)이고, 신라(新羅) 시조(始祖) 혁거세(赫居世) 21년(B.C. 37) 갑신세(甲申歲)[年]였다.

제2절 고구려의 천신(天神)에 대한 제사(祭祀) 및 기타 신사(神事)

《삼국지(三國志)》: 고구려 마을 좌우에 큰 집을 짓고 귀신에게 제사를 지냈으며, 또 영성(靈星)[2] · 사직(社稷)에 제사 지냈고, 10월에는 제천대회(祭天大會)를 열었는데 이름을 동맹(東盟)이라 하였으며, 나라 동쪽에 큰 굴이 있는데 이름이 수혈(隧穴)이며, 10월에 온 나라가 크게 모여 수신(隧神)을 맞아 나라 동편으로 돌아가 목수(木隧)[3]를 신좌(神座)에 모셔놓고 제사 지냈다.

《후한서(後漢書)》: 고구려 사람은 모두 깨끗하게 하기를 좋아하고 밤이면 남녀가 무리지어 노래 부르고, 귀신 · 사직 · 영성(靈星)에 제사 지내기를 좋아하였다. (《당장회태자주(唐章懷太子注)》에 의하면, 용성(龍星) 왼쪽 뿔은 천전(天田)으로 곧 농신(農神)이다. 진일(辰日)에 소[牛]로써 제사 지내는데 영성(靈星)이라 부른다. 고구려에는 나라 왼쪽에 대옥(大屋)을 세우고 겨울에 영성에 제사 지낸다.) 10월의 제천대회(祭天大會)를 동맹이

---

2) 靈星: 농업신으로 조선 시대에는 立秋 뒤 辰日에 제사 지냈다.
3) 木隧: 나무로 만든 隧神인 듯하다.

라 부르고, 나라 동쪽에 큰 굴이 있는데 수신(隧神)이라 부르며, 10월에 모셔다가 제사 지낸다.

《북사(北史)》: 고구려는 10월에 하늘에 제사 지내며, 음사(淫祀)가 많다. 신묘(神廟)가 두 곳에 있으니, 첫째는 부여신(夫餘神)으로 부인의 상을 새겼고, 둘째는 고등신(高登神)이니 부여신의 아들이다. 관사(官司)에서 관리를 두어 지키는데 하백녀(河伯女)와 주몽(朱蒙)이다.

《당서(唐書)》: 고구려 풍속에 음사(淫祠)가 많으며, 영성(靈星)·기자(箕子)·가한(可汗) 등의 신에게 제사 지내며, 나라 왼쪽에 대신수(大神隧)가 있는데 매년 10월에 왕이 친히 제사 지낸다.

《삼국사기(三國史記)》: 고구려는 항상 3월 3일에 낙랑(樂浪) 언덕에 모여 사냥을 하여 돼지와 사슴을 잡아 하늘과 산천에 제사 지낸다.

제천대회(祭天大會)를 동맹(東盟)이라 하는데, 동맹은 곧 동명(東明)이며 해가 솟는 상(象)이다. 고구려 사람이 그들의 시조 주몽(朱蒙) 탄강(誕降)의 상서로움을 기념하여 경축(慶祝)하는 것이다. 나라 동쪽의 큰 굴(大穴)은 한구암(韓久庵), 이름은 백겸(百謙, 조선 명종(明宗) 때 사람)의 《동국지리지(東國地理志)》에 "수혈(隧穴)은 영변(寧邊) 석룡굴(石龍窟)이 아닌가 의심된다"(굴은 묘향산(妙香山)에 있는데 묘향산은 일명 태백산(太白山)이다) 하였으니 세속에서 전하기를 영변 태백산에 단군굴(壇君窟)이 있는데(윤정주(尹廷鑄)의 《동환록(東寰錄)》과 이중환(李重煥)은 묘향산을 옛날 태백산(太白山)이라 했으며, 위쪽에 단군이 화생(化生)한 석굴(石窟)이 있다), 마치 제주(濟州)의 삼성혈(三姓穴)과 같다. (제주도에는 굴이 있는데, 세속에 전하기를 고(高)·부(夫)·양(良) 3성의 시조인 고을나(高乙那)·부을나(夫乙那)·양을나(良乙那)가 출생한 곳이다.) 태백산(곧 장백산(長白山)으로 이색(李穡)의 《묘향산기(妙香山記)》에는 장백산의 한부분이라고 하였다. 그러면 묘향산은 태백산으로 볼 수 있다) 단군신시(壇君神市)《고기古記)에 신단(神壇)과 곰(熊)·호랑이(虎) 설화가 있다. 그런 까닭에 뒷사람이 태백산 단군신시를 가리켜 수혈(隧穴)이라 하지 않겠는가. 또 곰과 호랑이는 모두 굴에서 산다. 그러므로 수혈과 관련이 있는 것 같다)는 그 위치가 고구려 옛 도읍인 환도(丸都)이다. (환도(丸都)는 곧 환도(桓都)이다. 환도(丸都)·환도(桓都)라 일컫는 것은 천국(天國)의 뜻이 갖추어 있으며, 이것은 환국신시(桓國神市)를 칭하는 것으로, 관련이 있는 것 같다.) 새 도읍지인 평양(平壤)이 나라 동쪽, 혹은 나라 왼쪽에 있고, 또 큰 굴(大穴)은 풀이하면 '한금(Hankum)'이 되니 곧 '환금(桓儉, Huankum)'이다. 즉 고구려에서 제사 지내는 수신(隧神)은 환검의 신인지 모른다. 《당서(唐書)》에 "고구려는 가한신(可汗神)을 제사 지낸다" 하니, 이 가한신은 환검천신(桓儉天神)인지 모를 일이다. 대개 가(可)는 음이 '커'로서 크다는 뜻이며, 한(汗)은 왕이라는 의미이다.

고등신(高登神)은, 우리 방언에 원시(原始) 최초를 '초고쯩[初高登, Chokodung]'이라 하므로, 고등신이란 곧 시조 주몽 신을 말한다. 하물며 《북사北史)》에서 고등신을 부여신(夫餘神)의 아들이라고 밝혀 말하였음에랴!

부여신이란 곧 하백(河伯)의 딸이며 주몽(朱蒙)의 어머니이다. 부여에서 태어나 부여에서 죽었으므로 부여신이라 칭한다. 《삼국사기》〈고구려본기(高句麗本紀)〉를 살펴보면 "시조 동명성왕(東明聖王) 14년(B.C. 24) 가을 8월에 왕의 어머니 유화(柳花)가 동부여(東夫餘)에서 돌아가니 금와왕(金蛙王)은 태후(太后)의 예(禮)로써 장사 지내고 드디어 신묘(神廟)를 건립하였다" 한 것이 바로 이것이다. 사막인(沙漠人)이 흑수(黑水)의 신단에 아폴로 신(亞普魯神, Apollo, 고대 로마 신)을 봉사(奉祀)하는데 아폴로 신은 부여신 또는 해부루신(解夫婁神)인지 알 수 없다.

중국의 현대 사람 장빙린(章炳麟)의 저서 《장태염문초장(太炎文鈔)》에 "목전(穆傳), 목천자전(穆天子傳)·서막(西膜, 훈(訓)은 사막(沙漠))·

홍로(鴻鷺)는 흑수신단(黑水神壇)을 말한다. 서막종(西膜種)이 아보로신(亞普魯神)을 섬기는 의미는 상천(上天)의 아들 성(姓)이며 또 희랍(希臘)에 전입(轉入)하여 음이 변하여 아포로(亞泡路)라 하는데 광명(光明)의 신(神)이라 하며, 신단은 흑수(黑水)에 있다"라는 등의 말이 있으니, 대개 백산흑수(白山黑水), 우리말에 흑(黑)을 '곰(Kam)'이라 하며 곧 검(儉)이고, 검(儉)은 곧 신(神)임을 앞에서 상술(詳述)하였다. 그러므로 흑수(黑水)는 신수(神水)의 뜻이 있다. 《원사어해(元史語解)》에 의하면, 몽고어로 합나루(哈喇婁, Hararü)라는 것은 곧 한어(漢語)로 흑룡(黑龍, Hurung)이며, 홍로(鴻鷺, Hungrü) 신단(神壇)이라는 것은 곧 흑룡신단(黑龍神壇)이다. 대개 합나루(哈喇婁) · 흑룡(黑龍) · 홍로(鴻鷺)는 모두 그 근원이 몽고어에서 나왔다. 먼 옛날 훈육(薰鬻) · 험윤(玁狁) · 흉노(匈奴) 등 명칭은 처음에는 신단의 의미였으며, 홍로는 흑룡과 같으며, 또 천天[하늘]은 한(汗)으로서 모두 옛날 동북이(東北夷)의 동일 어원임이 증명된다)는 단군이 발상(發祥)한 본원(本源)의 땅이다. 단군의 후예는 부여가 되고, 부여는 또 사막(沙漠)과 가까우므로(주몽이 북부여(北夫餘)에서 나왔으므로 혹 북이(北夷)의 설이 있다) 부여신교(夫餘神教)가 사막으로 유입(流入)되고, 또 그리스(希臘)로 흘러들어 광명(光明)의 신이라 칭하니, 주몽의 어머니이며 하백의 딸이 햇빛에 쬐인 신화(神話)가 전해진 것이 아닌지 의심스럽다. 단군이 하백의 딸을 맞아 아들 부루(夫婁)를 낳았으며, 부루의 성은 해(解, 해는 해[日]를 상징한다)이니, 곧 하백의 딸은 하신(河神)의 딸이며, 해부루(解夫婁) 또한 천신(天神)의 아들이니, 그 나라 사람들이 신으로 봉사(奉事)하는 것은 당연한 일이다.

하백녀(河伯女)(한음(漢音) 허버뉴, Hopuru)
해부루(解夫婁)(음 해부루, Haipuru) } 모두 음이 서로 비슷하다
아보로(亞普魯)(아보로, Apollo)

아포로(亞泡路)(아포로, Apollo)
홍로(鴻鷺)(홍두, Hungrü)　　　　　 } 모두 음이 서로 비슷하다
홀(忽)(훔, Huru; 부여・고구려 말로는 신단의 뜻)

　이렇게 볼 때 소위 아보로신(亞普魯神) 혹은 아포로신(亞泡路神)이라는 것은 부여신임을 증명할 수 있다. 고구려가 사직과 영성(靈星)에게 제사 지내는데, 사(社)란 토신(土神)이며, 직(稷)은 곡신(穀神)이고, 영성은 농신(農神)이다. 중국 옛 제도에 의하면, 오직 천자(天子)만이 천지(天地)와 천하 명산・대천에 제사 지내는데, 고구려는 나라를 세운 이래로 천지 산천에 제사 지냈으니, 동명(東明)이 천제의 아들이라 칭하고 또 성제(聖帝)라 부르니 이것은 천자(天子)의 일을 행하는 것이다. 조선 단군신사(壇君神事)의 조목에 이미 주곡(主穀)의 설이 있으니, 고구려가 사직(社稷)에 제사하는 것은 단군의 유속(遺俗)을 이은 것으로 중국의 제도와는 교섭(交涉)이 없었다.

【附】 환도(桓都)・신주(神州)・신화(神化)・신록(神鹿) 등 이름 및 단군평양(壇君平壤)이 패수(浿水) 북쪽에 있다는 설

　북애노인(北崖老人)의 《규원사화(揆園史話)》(북애노인은 어느 시대 사람인지 알 수 없다): 단군평양은 패수(浿水)의 북쪽이니 곧 발해 서경(西京) 압록부(鴨綠府) 땅인 신주(神州)가 그것이다. 고구려 국내 환도(桓都) 옛 성터가 그 경내에 있으니 패수가 지금의 대동강이 아님은 명백하다. 《신당서(新唐書)》〈발해전(渤海傳)〉을 살펴보면, 고려 옛땅이 서경으로 압록부가 신주(神州)・환주(桓州)・풍주(豊州)・정주(正州)의 4주를 거

느린다고 하였고, 《요사(遼史)》〈지리지(地理志)〉에는, 녹주(綠州) 압록군절도(鴨綠軍節度)는 본래 고려의 고국(故國)인데 발해의 서경 압록부라 부르니 신주·환주·풍주·정주의 4주의 일을 도독하고 옛날의 3현(縣)인 신록(神鹿)·신화(神化)·검문(劍門)을 모두 폐하였다고 하였다.

또 말하길, 환주(桓州)는 고려의 중도성(中都城)으로 옛 3현인 환도(桓都)·신향(神鄕)·기수(淇水)를 모두 폐하였다 하니, 무릇 발해는 고구려의 뒤를 이었고 고구려는 다시 부여에서 나왔으므로 발해 시대에 고사(古史)를 전한 것이 적지 않게 있었으리라 생각된다. 어떤 이는 말하기를, 평양이 함락되고 이적(李勣)[4]이 궁궐과 창고를 불사르고 벼슬아치와 세족(世族)들을 잡아갔으므로 사적(史籍)도 불에 타는 것을 면치 못했을 것이니, 발해가 어찌 그 역사를 전할 수 있었겠는가! 하였다. 그러나 내 생각은 그렇지 않다. 발해의 고왕(高王)은 고구려의 옛 장수로 고구려가 망하자 영주(營州)에 옮겨 살다가 진영(盡榮)의 난을 보고 걸사비우(乞四比羽)와 함께 무리를 거느리고 동쪽으로 옮기자 고구려와 말갈의 무리들이 호응하여 일어나니, 대개 그 노련한 옛 장수는 백제의 흑치상지(黑齒常之)와 같음이 분명하다. 생각하면 그 휘하에 구국유신(舊國遺臣)이 많아 능히 고금(古今)을 통달한 이가 있었을 것이다. 또 고구려가 망한 뒤 고왕(高王)이 일어나기까지의 기간은 27년의 일이니 고사(古史)를 전할 수 없겠는가?

또 글 내용〔文勢〕을 말하더라도 신주(神州)는 마땅히 발해의 서경이었으므로 압록부(鴨綠府)의 땅이 되며, 신주(神州)와 환주(桓州)의 이름은 또 신시(神市)나 환검(桓儉) 등 글자에 가깝다. 하물며 신시나 환검은 사람들마다 한 사람으로 알고 지금 온 세상이 거의 그러하다. 신주 속현(屬縣) 고을에 신화(神化)·신록(神鹿) 등 지명이 있고, 환주(桓州) 속현에

---

[4] 李勣: 唐나라 高祖로 太祖 때 武將이며, 新羅軍과 연합하여 고구려를 멸망시켰다.

또 환도(桓都)·신향(神鄕)·기수(淇水)의 이름이 있다. 환도(桓都)란 고구려의 환도(丸都)이며, 환도(丸都)라는 지명이 《위지魏志)》와 《북사(北史)》 등 책에 나온다. 환(桓)은 환(丸)의 잘못이 아닌가 생각된다. 발해는 이미 환주 환도로써 이름을 정했으므로 혹 옛날을 추모(追慕)하는 뜻에 근원한 것이 아닌가 생각된다. 신향(神鄕)이란 신시(神市)의 고을이라는 뜻이 담겨 있고, 신화(神化)란 신인(神人)으로 화(化)하는 것을 말한다. 신록(神鹿)이라 일컫는 것도 이상한데 더구나 예로부터 내려오는 환검(桓儉)을 신인(神人)이라 하니 신환(神桓) 등의 명칭이 결코 우연이 아니다. 또 기수(淇水)는 원(元)나라 《일통지(一統志)》에 패수(浿水)라 썼으니 전술한 패수의 북쪽이라는 설은 우연히도 합치한다. 신주(神州)·환주(桓州)·신화(神化)·신록(神鹿)·환도(桓都)·신향(神鄕)·패수(浿水)의 명칭은 단군고사(壇君古事)에 맞는 것이 많으므로 단군의 평양은 당연히 패수(浿水) 북쪽에 있다.

《규원사화(揆園史話)》에서 지명(地名)에 대하여 사리를 분명하게 풀어 밝힌 것은 이치에 합당하여 받아들일 것이 많으므로 기록하여 뒷날 고증을 기다린다. 신록(神鹿) 등의 명칭은 주몽고사(朱蒙故事)에서 나온 것 같은데, 고려 이규보(李奎報)가 지은 《동국이상국집(東國李相國集)》에서 인용한 《구삼국사(舊三國史)》와 안정복(安鼎福)의 《동사강목(東史綱目)》〈고이(考異)〉조를 살펴보자.

권람(權擥)의 《응제시주(應製詩註)》에 인용한 《고기(古記)》에 의하면, 주몽이 처음 졸본(卒本)에 이르러 비류수(沸流水)에 푸성귀잎이 떠내려가는 것을 보고 상류(上流)에 사람이 살고 있는 줄 안 다음 사냥하면서 살펴보니 과연 비류(沸流)라 하는 나라가 있었다. 그 나라 왕 송양(松讓)이 주몽의 용모가 비상함을 보고 말하기를 "과인(寡人)이 바다 밖 후미

진 곳에 있어 일찍이 군자(君子)를 만나보지 못하였는데 어디서 오는가?"하였다. 주몽이 말하기를 "나는 천제(天帝)의 아들로서 서국(西國)의 왕이다. 군왕(君王)은 누구의 후예인가?"하였다. 왕이 말하기를 "나는 선인(仙人)의 후예로 여러 대 왕으로 지냈다. 땅이 적어 두 사람의 주인을 허용할 수 없으며, 그대는 나라를 세운 지 얼마 되지 않으니 나의 속국[附庸]이 되겠는가?"하였다. 주몽이 말하기를 "과인은 하늘의 뒤를 이었지만 왕은 신(神)의 아들이 아니거늘 억지로 왕이라 부르니 만약 나에게 귀속하지 않으면 하늘이 반드시 죽일 것이다"하였다. 왕은 주몽이 여러 번 천손(天孫)이라 칭하는 것을 마음속으로 의심하여 그 재주를 시험하고자 말하기를 "그대와 활쏘기를 원하노라"하고 사슴 그림을 걸어두고 1백 보 안에서 활을 쏘니 화살이 사슴 배꼽을 뚫지 못하였으며, 주몽이 옥지(玉脂)5)로 1백 보 밖에서 활을 쏘아 기와 깨어지는 것처럼 부수니 왕이 대항하지 못하였다. 주몽이 나라를 새로 세웠으나 의위(儀衛)를 갖추지 못하여 왕의 예(禮)에 결함이 있자 신하 부분노(扶芬奴)가 나와 말하기를 "대왕께서 부여에서 어려움을 당하다가 죽는 가운데에서 떨쳐 나와 먼 도읍에서 이름을 떨치니, 이것은 하늘이 명한 것으로 무엇을 못 이루겠습니까?"하였다. 이에 세 사람은 함께 가서 비류(沸流)를 취하고 오려 하는데, 왕이 사신을 보내어 아뢰자 주몽이 두려워 몰래 북과 나팔을 부니 송양(松讓)이 감히 싸우지 못하였다. 또 송양이 도읍을 먼저 세운 뒤에 속국이 되라고 하자 주몽이 썩은 나무로 집 기둥을 세우니 송양이 와서 보고 감히 싸우지 못하였다. 왕이 서쪽으로 사냥을 나가서 흰 사슴을 잡아 해원(懈原)에 거꾸로 달아놓고 주문(呪文)하기를 "하늘이 만약 비를 내리지 않고 비류왕도(沸流王都)를 침몰시켜 떠내려 보내려면 내가 너를 놓아 보내지 아니할 터이니 이 어려움을 면하려면 네

---

5) 玉脂: 옥처럼 아름다운 손가락.

가 하늘에 대고 호소하라" 하였다. 사슴이 슬피 울어 소리가 하늘에 닿자 7일 동안 큰비가 내려 송양(松讓)의 도읍이 침몰되어 떠내려가자 위삭(葦索)이 왕을 업고 물길을 가로질러 말에 태우니 백성들이 모두 그 말의 꼬리를 잡았다. 주몽이 말채찍으로 물을 치니 물이 곧 없어졌으며, 송양은 나라를 권하며 항복하였다.

흰 사슴이 슬피 울고 비가 내려 도성을 떠내려가게 했다는 것은, 이 때문에 신록(神鹿)이라는 이름이 생긴 것인지도 모른다. 《고기(古記)》에 "동명왕(東明王) 3년(B.C. 35) 7월에 검은 구름이 견령(鵑嶺)에서 일어나서 사람들은 그 산을 못 보는데 다만 수천 사람이 토공(土功)하는 소리만 들렸다. 왕이 말하기를 '나를 위하여 성을 쌓는 것이다' 하더니 7일 뒤에 구름과 안개가 걷히고 성곽과 궁실(宮室)이 세워져 있었다. 왕은 하늘에 경배(敬拜)하고 나아가 거처하였다" 하니, 이것이 신주(神州)·신화(神化) 등 지명(地名)이 나온 배경인지도 모른다. 나는 고구려의 주몽도 또한 하나의 단군으로 생각한다.

제14장

고구려(高句麗)

(해 神話의 계통)

제1절 시조(始祖) 주몽(朱蒙)은 해의 아들이다

《신당서(新唐書)》에 "고려는 영성(靈星) 및 해에 제사 지낸다" 하였으니, 이로 보면 고구려는 해를 신앙의 대상으로 삼은 것을 알 수 있으며, 그 시초를 추측해 볼 때 시조가 태어날 때 해와 관계되는 것이 다섯 가지 항목이 있으니 그 대요(大要)는 다음과 같다.

1. 《고기(古記)》: 주몽의 어머니 하백(河伯)의 딸 유화(柳花)가 어두운 방에 갇혀 있는데 햇빛이 쬐므로 몸을 피하니 햇빛이 또 따라와 쬐어서 그로 인하여 임신하여 주몽을 낳았다……알을 들에 버리니 해는 구름에 덮였으나 알 위에는 빛이 있었다.

2. 《후위서(後魏書)》: 부여(夫餘)의 신하들이 주몽을 죽이려고 모의하니, 주몽의 어머니가 몰래 알려 주었으며, 주몽은 부여를 버리고 동남쪽으로 달아나는데, 도중에 큰물을 만나 주몽이 물에게 고하기를 "나는 해의 아들이며 하백의 외손이다" 하니, 물고기와 자라가 다리를 만들어 주몽이 물을 건넜다.

3. 《고기(古記)》: 주몽이 도망하여 졸본부여(卒本夫餘)에 이르러 도읍을 정하고, 국호(國號)를 고구려라 하고 '고(高)'로 성(姓)을 삼았다. 주(註)에 의하면, 본성(本姓)은 해(解)인데 스스로 말하기를 천제(天帝)의 아들로 햇빛을 쬐어 태어났으므로 '고(高)'로 성을 삼았다.

4. 《삼국사기》: 주몽(朱蒙)은 추모(鄒牟)라고도 하고 또 상해(象解)라고도 한다 하니, 우리 방언에 '일(日)'을 '해(解)'라고 한다.

5. 주몽의 시호를 동명왕(東明王, 또는 성제(聖帝))이라 한다. 《후한서》〈부여전(夫餘傳)〉에 "처음에 북이(北夷)의 삭리왕(索離王) 시아(侍兒)가 사내아이를 낳아 이름을 동명(東明)이라 하고, 동명이 자라서 활을 잘 쏘았다" 하였다.

이상의 여러 기록에 의거하여 말할 때 주몽의 탄강(誕降) 신화는 해와의 관계가 들어맞아 앞뒤가 서로 응하니 시험삼아 다음과 같이 다시 지어 본다.

동명(東明)이란 곧 동쪽 해솟는 곳이며 천하(天下)가 다 밝다는 것이니, 예를 들면 송(宋) 태조(太祖) 조광윤(趙匡胤)의 〈영일시詠日詩〉 "바다 밑을 떠나지 않으면 천산(千山)이 어두운데 가까스로 하늘 가운데 이르니 만국(萬國)이 밝네 未離海底千山暗 纔到天中萬國明"의 뜻이다.

고(高)로 성을 삼은 것은 하늘의 해에서 의미를 취한 것이다. 곧 하늘은 높고 해는 밝다는 상징이다.

본성은 해씨(解氏)인데, 또 이름을 상해(象解)라 하니, 대체로 '히[解]'는 우리말의 해[日]이다.

주몽 계통은 본래 부여에서 나왔으며, 그 신화의 근원도 또한 부여의 옛것에서 비롯되었다.

제2절 유리명왕(瑠璃明王)이 햇빛을 타고 신이(神異)한 것을 보이다

《삼국사기》〈고구려본기(高句麗本紀)〉: 유리명왕은 휘(諱)가 유리(類利), 혹은 유류(孺留)로서, 주몽(朱蒙)의 원자(元子)이며, 어머니는 예씨(禮氏)이다. 처음에 주몽이 부여에 있을 때 예씨와 결혼하여 임신하고, 주몽이 떠난 뒤에 낳았는데 이가 유리(類利)이다. 어릴 때 맥상(陌上)[1]에 놀러나가 새를 잡다가 잘못하여 물 긷는 부인의 물동이를 깨뜨리니, 부인이 꾸짖기를 "이놈이 아비가 없어 이렇게 고약하다" 하였다. 유리가 부끄러워하며 돌아와 어머니에게 묻기를 "내 아버지는 누구이며 지금 어디 있습니까?" 하였다. 어머니가 말하기를 "너의 아버지는 보통 사람이 아닌데 나라에 용서를 못 받아 남쪽 땅으로 달아나 나라를 세워 왕이 되었다. 떠날 때 내게 말하기를 '당신이 만약 아들을 낳거든 내가 물건을 남겨 일곱 모가 난 돌 위 소나무 아래 숨겨두었다고 말하시오. 이것을 찾아야 내 아들이오' 하였다" 하였다. 유리가 듣고 산골짜기로 갔다가 찾지 못하고 피곤하여 돌아왔다. 하루는 마루 위에 있는데 기둥과 주춧돌 사이에서 소리가 나는 것 같아 살펴보니 주춧돌이 일곱 모이었다. 이에 기둥 밑을 수색하여 부러진 칼날 하나를 찾아서, 옥지(屋智)·구추(句鄒)·도조(都祖) 등 세 사람과 함께 떠나 졸본(卒本)에 이르러 부왕(父王)을 만나 부러진 칼날을 드리자, 왕이 자기가 가지고 있던 부러진 칼날과 맞추어 보니 딱 들어맞았다(이상 《삼국사기(三國史記)》). 왕이 유리에게 말하기를 "네가 진실로 내 아들이다. 어떤 신이(神異)한 재주가 있느냐?" 하였다. 유리가 창문으로 비치는 햇빛을 타고 몸이 공중으로 솟아오르는

---

1) 陌上: 밭 언덕 부근.

신기한 재주를 보이니 왕이 크게 기뻐하여 태자(太子)로 세웠다(안정복(安鼎福)《동사강목(東史綱目)》〈고이(考異)〉).

주몽이 햇빛을 쬐어 태어나 스스로 해의 아들이라 일컫고 그 상서로움이 해와 부합(符合)하는 것이 위에 기록한 것처럼 몇 가지가 있다. 이제 그 아들이 칼조각을 찾아 아버지를 만났다는 인연도 기이한데, 또 햇빛을 타고 몸이 공중으로 솟구치는 신이(神異)를 보이니 이것은 해〔日〕신화의 계통임이 명백하며, 또 호를 유리명왕(瑠璃明王)이라 한 것 또한 해의 광명(光明)을 취하여, 그 아버지의 호가 동명(東明)인 것과 의의가 서로 같은 것이다.

제3절 고구려 무덤 속의 일월성신(日月星辰) 벽화

《조선고적도보(朝鮮古蹟圖譜)》해설 제3책: 〈고구려 시대〉의 〈을평양 장안 지방(乙平壤長安地方)〉 71, 매산리(梅山里) 사신총(四神塚, 461-478) 벽화에 사신도(四神圖, 창룡(蒼龍)·백호(白虎)·주작(朱雀)·현무(玄武))와 북두칠성(北斗七星)이 있다. 74, 성총(星塚, 499-509)에 사신도(四神圖)가 있다. 76, 쌍영총(雙楹塚, 510-527-581) 현실(玄室) 벽화에 일월성신(日月星辰) 등 상(象)이 있다. 79, 우현리(遇賢里) 대총(大塚, 603-605-629) 벽화에 기린·봉황·천인(天人)·비운(飛雲)·신선(神仙)·산악(山岳) 등 상(象)이 있다. 80, 우현리 중총(中塚, 604-630-645) 벽화에는 동서로 일월(日月)이, 남북으로는 봉황의 상이 그려져 있다.

이러한 무덤 속의 벽화를 볼 때, 고구려 풍속에서 숭상한 것은 일월성신(日月星辰)을 더욱 중히 여겼음을 미루어 생각할 수 있다.

제4절 고구려 평양의 신월성(新月城)과 만월성(滿月城)

《삼국유사》〈보장봉로(寶臧奉老)〉조: 고구려 무양왕(武陽王, 곧 영류왕(榮留王)) 때에 당(唐) 태종(太宗)이 도사(道士) 숙달(叔達) 등 여덟 사람을 보내니 왕이 기뻐하여 불사(佛寺)를 도관(道館)으로 삼고 도사를 높여 유사(儒士) 위에 앉혔다. 도사 등이 국내에 돌아다니며 유명한 산천을 진압하는데, 옛 평양성(平壤城)의 형세는 신월성(新月城)이라 하여 도사 등이 남하(南河)의 용(龍)에게 명하여 성을 더 쌓아 만월성(滿月城)으로 만들고 이름을 용언성(龍堰城)이라 하고 비결[讖]을 지어 용언도(龍堰堵), 또는 천년보장도(千年寶臧堵)라 하였으며, 혹은 영석(靈石, 속설에 도제암(都帝嵓)이라 하고 또 조천석(朝天石)이라 하는데, 옛날 성제(聖帝)가 이 돌을 타고 상제(上帝)에 조관(朝觀)했기 때문이다)을 파서 깨뜨렸다.

평양성의 형세가 신월성(新月城, 신월성은 곧 반월성(半月城)이다)인데 더 쌓아서 만월성(滿月城)으로 만들고 이름을 용언성(龍堰城)이라 하고, 비결[讖]을 지어 용언도(龍堰堵)라 하고 또 천년보장도(千年寶臧堵)라 하는 것은 곧 음양가(陰陽家)의 설로서, 소위 지덕(地德)에 의뢰하여 국조(國祚)를 연장하려는 것이다. 그 뒤 고려 예종(睿宗) 때에 이르러 태사(太史)가 이 비결을 인용하여 서경(西京) 용언도(龍堰堵)에 궁궐 짓기를 건의하였다가 이루지 못하였고, 인종(仁宗) 때에 묘청(妙淸)·백수한(白壽翰)이 임원역(林原驛)에 궁궐짓기를 또 건의하고 태을옥장보법(太乙玉帳步法)을 행하여 자칭 도선(道詵)의 전수를 받았다 운운 하니, 그렇다면 도선의 지리법(地理法, 풍수술(風水術))은 당(唐)의 일행 에게 얻은 것이 아니라 당나라 도사의 술수를 전한 것이다.

제15장

백제(百濟)

(天神話의 계통)

제1절 천신(天神)에게 제사 지내는 것도 또한 하나의 단군(壇君)이다

백제의 제천(祭天) 및 신사(神事)가 실려 있는 것은 내외 전적(典籍)인데 다음과 같다.

《후주서(後周書)》: 백제는 사중월(四仲月)[1]에 하늘에 제사 지냈다.

《수서(隋書)》: 백제는 사중월에 오제(五帝)의 신에게 제사하였다.

《구당서(舊唐書)》: 백제 왕 부여풍(扶餘豊)이 웅진성(熊津城)에 이르러 신라 왕 김법민(金法敏, 문무왕(文武王))과 더불어 백마(白馬)를 잡아 먼저 신기(神祇) 및 산천신(山川神)에게 제사 지낸 뒤에 맹세를 다짐하여 피를 마셨다[歃血].

《삼국사기》〈백제본기(百濟本紀)〉: 시조 온조왕(溫祚王) 20년(2) 봄 2

---

1) 四仲月: 봄·여름·가을·겨울의 가운데 달들을 이르는 말로, 곧 음력 2월·5월·8월·11월을 이른다. 仲朔이라고도 한다.

월에 큰 단(壇)을 설치하고 친히 천지(天地)에 제사하고, 31년 겨울 10월에 왕이 큰 단을 쌓고 천지에 제사 지냈다.

다루왕(多婁王) 2년(29) 봄 2월에 왕이 남단(南壇)에서 천지(天地)에 제사 지냈다.

고이왕(古爾王) 5년(238) 봄 정월에 천지(天地)에 제사하고 북과 피리를 사용하였다.

근초고왕(近肖古王) 2년(347) 봄 정월에 천지(天地) 신기(神祇)에 제사 지냈다.

아신왕(阿莘王) 2년(393) 봄 정월에 남단(南壇)에서 천지에 제사 지냈다.

전지왕(腆支王) 1년(405) 봄 정월에 남단에서 천지에 제사 지냈다.

모대왕(牟大王, 동성왕(東城王)) 11년(489) 겨울 10월에 왕이 단을 설치하고 천지에 제사 지냈다.

최치원(崔致遠)이 지은 신라 지증대사(智證大師) 적조탑비명(寂照塔碑銘) 서문에 "옛날 동표정치(東表鼎峙)[2] 때에 백제에 소도(蘇塗)의 의식이 있었다" 하였다.

백제는 마한(馬韓)에서 나왔으므로 믿는 종교도 또한 마한 계통을 계승하였다. 마한 풍속에 귀신에게 제사 지낼 때 노래하고 춤추고 땅을 밟는 절차가 있으니, 이것은 고대(古代) 무축(巫祝)의 일이다. 이 풍속은 지금껏 동남(東南) 지방에서 행해지며, 봄과 여름 사이에 많은데, 군읍(郡邑) 시장이나 도시에 새신(賽神)[3] 대회를 베풀고 이름을 별신사(別神事)라 하며, 별신을 섬기는 것(別神事)은 반드시 영남(嶺南) 무당을 청하여 행한다. 그 의식은 신단(神壇)을 가운데 설치하고 신간(神杆)을

---

2) 東表鼎峙: 이 글에서는 三國, 즉 고구려·백제·신라의 鼎立 시대를 뜻한다.
3) 賽神: 神에게 감사하는 제사.

세운 다음 여러 무당이 북치고 춤추며 성황신(城隍神)을 청해 와서 신(神)의 자리에 앉히고(종이에 신(神)의 호(號)를 쓴다) 검줄[儉틒]을 두르는데, 검줄 이름을 인줄[因틒]이라고도 한다. (검줄·인줄은 모두 신승(神繩)의 뜻이다.) 상(床)을 펴고 술·과실·떡·메를 진설(陳設)하고 연일 노래하고 춤을 추는데 구경꾼이 시장과 같고, 술 마시고 도박(賭博)하며 대단히 즐거워하는데 관(官)에서도 금하지 않는다. 무당의 가곡(歌曲)은 이름하여 '타령(妥靈, Tariong)'이라 하는데 대개 명산(名山)·대천(大川)의 신을 두루 불러 위로한다. 남효온(南孝溫, 조선 성종(成宗) 때 사람)의 《추강랭화(秋江冷話)》에서 말하는 영동시장(嶺東市場)의 도신(跳神)이라는 것이 바로 이것이다.

최비(崔碑)에 이르는 바, 백제 소도(蘇塗) 의식은 마한의 풍속을 계승한 것이니 근래 풍속에 소위 '소씨장이(Sotaichangi)'라는 것은 아마도 마한·백제 이래 소도 의식의 유전(遺傳)인 것 같다. (소도는 '소씨'와 음이 서로 비슷하다.) 그 방법이 신장대(神杆)를 세우고 방울과 북, 그리고 의물(衣物)을 그 위에 매달고 여러 무당과 재인(才人)들이 나풀나풀 춤추고 동동 북을 치며, 또 여러 패거리를 시켜 관람하는 사람들에게서 돈을 거둔다. 어떤 이가 말하기를 소도는 곧 효주(孝柱)의 와전이라 한다. 대개 효주라는 것은 지난날 민가(民家) 풍속에 과거(科擧) 출신자가 있으면 조상의 무덤 앞에 화주(畵柱) 하나를 세워서 영화의 표시로 삼는데, '효씨(Hiotai, 孝柱)'의 속칭 '소씨(Sotai)'가 소도와 음이 비슷한 까닭이라 하나 그 의미는 실상 멀다.

백제 마지막 왕[末王][4] 때에 거북의 비결을 풀이한 무당이 있는 것이 국사(國史)에 보이니 그 풍속에 무당을 숭상한 것을 알 수 있으며, 백제어(百濟語)에 왕의 존칭을 '어라ᄒ[於羅瑕, ŏraha]'라 하니, 지금 우리

---

4) 末王: 百濟 義慈王(641~660)을 이른다.

풍속에 무당이 타령(妥靈, 가곡(歌曲)을 타령이라 한다)의 시작에 반드시 "어라하만수(於羅瑕萬壽)"라 창(唱)하니, 이것은 임금의 복을 빌고 축수(祝壽)하는 것으로 백제에서 널리 전파된[流傳] 어원인지 모른다.

제2절 백제(百濟)(일신화(日神話)의 계통)

백제의 나라 이름과 왕의 성(姓) 모두 부여(夫餘)라 하며, 혹은 해씨(解氏)라 하는데 그 근원을 살펴보면 부여에서 나온 것은 논할 것도 없으며, 《삼국사기》에 "백제 시조 41년(23)에 북부(北部)의 해루(解婁)를 우보(右輔)로 삼았는데, 해루는 본래 부여 사람이다" 하니 백제의 왕과 신하가 함께 부여에서 나왔으며, 성은 모두 해씨(解氏)이니 또한 그 내려온 맥락이 확실함을 증명한 것이며, 해루라는 이름은 부여 해부루(解夫婁)의 계통에서 나왔는지 모른다. 부여와 해(解)가 모두 '일(日)'의 의미라는 것은 이미 〈부여(夫餘)〉조에서 상세히 기술하였으므로 여기에서는 거듭 이야기하지 않겠으나, 시조 온조(溫祚)의 이름은 몽고어(蒙古語)의 온덕(溫德)에서 나온 것이 아닌가 싶다. 온덕은 높다는 뜻인데, 이것은 주몽(朱蒙)이 천고(天高)의 뜻을 취하여 고(高)로 성을 삼은 것과 그 의미가 서로 비슷하지 않은가. 어떤 이는 우리나라 고어(古語)에 백(百)이 온(溫)이며, 조(祚)는 제(濟)와 음이 서로 비슷하므로, 백제와 온조는 글자는 다르지만 의미는 실상 같다 하나 그런지 아닌지 알 수 없다.

제3절 백제 도읍 위례성(慰禮城)은 곧 월지성(月支城)이다

신채호(申采浩)가 지은 《후삼한고(後三韓考)》에서 고증하기를, 백제 위례성은 곧 진왕(辰王, 백제(百濟) 총왕(總王))이 도읍한 월지국(月支國)이니, 위례의 음이 월(月)이며 성(城)의 뜻이 지(支, 음은 티)라 하니, 이 말은 근거가 있어 따를 만하다.

제4절 부여(扶餘) 반월성(半月城)

백제 성왕(聖王) 때에 도읍을 소부리(所夫里)로 옮기니, 곧 사비성(泗沘城, 지금의 부여군)이다. 성을 반달〔半月〕같이 쌓았으며, 지금도 유지(遺址)가 남아 있어 완연히 알 수 있다.

《동국여지승람(東國輿地勝覽)》부여현(扶餘縣).
 [군명(郡名)] 소부리(所夫里)·남부여(南扶餘)·반월(半月)·사비(泗沘)·여주(餘州)(《삼국유사》에 보인다).
 [산천(山川)] 부소산(扶蘇山)은 현(縣) 북쪽 3리에 있으며 진산(鎭山)이다. 동쪽 봉우리에는 파타처(坡陀處)가 있는데, 영월대(迎月臺)라 부르며, 서쪽 봉우리는 송월대(送月臺)이다.
 [고적(古跡)] 반월성은 돌로 쌓았는데, 둘레가 1만3천6자이니 곧 백제의 옛 도성이다. 부소산을 둘러서 쌓았는데 양쪽 머리는 백마강(白馬江)에 닿았으며, 형태가 반달 같으므로 그렇게 이름지었고, 지금은 현아(縣

衙)가 그 안에 있다.

제5절 거북 비결〔龜讖〕·보름달〔月輪〕·초생달 〔月新〕의 말

《삼국사기》: 의자왕(義慈王) 20년(660)에, 한 귀신이 궁중(宮中)에 들어와서 "백제가 망한다"라고 크게 부르짖고 곧 땅속으로 들어가 버렸다. 왕이 괴이하게 여겨 사람을 시켜 땅을 3자 가량 깊이 파니 거북 한 마리가 있는데 그 등에 "백제는 보름달〔月輪〕과 같고 신라는 초생달〔月新〕과 같다"라는 글이 씌어 있었다. 왕이 무당에게 물으니, 그는 말하기를 "달이 둥글면 찬 것이니 가득 차면 이지러지고, 달이 새로우면 차지 않은 것이니 차지 않은 달은 점점 차게 됩니다" 하자, 왕이 노하여 그를 죽여 버렸다. 어떤 사람이 말하기를 "둥근 달과 같다는 것은 왕성한 것이며, 새 달〔月新〕과 같다는 것은 쇠미한 것이니, 이 뜻은 우리나라는 성하고 신라는 쇠미한 것을 뜻합니다" 하니, 왕이 기뻐하였다.

부소(扶蘇)의 이름은 단군 시대 선인(仙人)《신지비사(神誌秘詞)》에 보이는데 하물며 반월성(半月城) 안에도 있으니 이는 신비한 의의가 있음을 확실히 알 수 있다. 또 귀참(龜讖)에 초생달〔月新〕과 보름달〔月輪〕은 이것이 고구려 말년(末年) 신월만(新月滿)의 비결과 서로 같으니, 대개 나라가 망하려 할 때 요망스런 참서(讖書)가 유행하는 것은 쇠퇴해 가는 상태인 것이다. 예를 들면 조선 말년에 《정감록(鄭鑑錄)》이 성행하여 혹세무민(惑世誣民)한 것이 이런 유이다.

제16장

가락(駕洛)

(天神話의 계통)

제1절 황천(皇天)이 명한 것, 이것도 하나의 단군(壇君)이다

변진(弁辰)·변한(弁韓)·가락(駕洛)·가라(加羅)·가야(伽倻)·구야(狗邪, 《위지(魏志)》에 변진(弁辰) 여러 나라 중 구야국(狗邪國)이 곧 이것이다)·금관(金官, 곧 금관(金冠))의 여러 나라 이름은 비록 다르지만 본원은 같다. 그러므로 땅은 나누어져 있으나 종족(種族)과 풍속이 서로 비슷하니 이제 여러 책을 열거하여 다음과 같이 고증한다.

《후한서(後漢書)》에 "변진(弁辰)과 진한(辰韓)이 섞여 살아서 성곽과 의복이 모두 같고 언어와 풍속이 다르지 않다" 하였으며, 《동국지리지(東國地理志)》(한구암(韓久庵) 백겸(百謙) 찬(撰))에 "수로왕(首露王)이 세운 금관가락(金官駕洛, 지금 김해(金海))은 변한 땅이다" 하였다. 《위지(魏志)》에 "변진(弁辰) 고자국(古資國)이 있으니 고자라는 것은 고성(固城)이다. 고성도 가야(伽倻)이므로 가야를 변진(弁辰)이라 하는 것에 더욱 의심할 수 없다. 가야 가실왕(嘉悉王)이 가야금을 만들었다" 하고,

《문헌통고(文獻通考)》에는 "변한국에 거문고(瑟)가 있으니 그 모양이 축(筑)과 같고 연주하면 음곡(音曲)이 호금(胡琴)의 유와 같다고 하니, 이러므로 가야가 변한이다" 한 것이다. 《성호사설(星湖僿說)》〈가락(駕洛)・가야(伽倻)〉조에 "영남 지방에 처음에 변진(弁辰) 두 한(韓)이 있다가 신라가 일어나 두 나라가 망하고 다만 가락과 가야가 가장 커서 신라와 더불어 병립(幷立)했는데 그 종말(終末)은 상고할 길이 없다" 하였다. 《통고(通考)》를 상고해 보면, 송(宋) 문제(文帝) 원가(元嘉) 2년(425)에는 '백제' '신라' '임나(任那)' '진한(秦韓)' '모한(慕韓)'이라 하였고, 28년(451)에는 '신라' '임나' '가라(加羅)' '진한' '모한'이라 하였으며, 효무제(孝武帝) 대명(大明) 6년(462)에는 '백제' '신라' '임나' '가라' '진한' '모한' 등 국명이 있다고 하였다. 또 〈신라(新羅)〉조에는 "신라가 강성하여 가라(加羅)・임나(任那) 여러 나라를 습격하여 멸망시켰다" 하고, 주(註)에 이르기를 "삼한(三韓) 땅을 합병하였는데, 신라 때에는 서 있는 나라가 다만 가락(駕洛) 및 가야(伽倻) 두 나라였는데 모두 신라에 들어가고 그 밖에는 나라가 없었다" 하니, 생각컨대 모한(慕韓)은 바로 마한(馬韓)이고, 가라(加羅)는 가락(駕洛)이며, 임나(任那)도 가야(伽倻)이다. 모(慕)・마(馬), 가(駕)・가(加), 낙(洛)・나(羅)는 음이 서로 비슷해서 잘못 전해진 것이며, 임나(任那)・가야(伽倻)는 글자가 서로 비슷하여 잘못 적은 것이다. 《동사(東史)》에 "신라 법흥왕(法興王) 19년(532)에 가락왕(駕洛王) 김구형(金仇衡)이 신라에 항복하고 구형의 뒤에 대를 이은 규림(圭林)・간원(間元) 두 사람이 있었는데 비록 항복하여 부속되었으나 나라는 상존(尙存)했는데, 수(隋) 문제(文帝) 이후에 신라에 병합되었으며, 마한(馬韓)과 가야(伽倻)도 또한 같다. 그렇지 않다면 신라 개국(開國)이 수(隋) 나라 때에 이미 6백여 년이니 어찌 마한(馬韓) 외에 모한(慕韓)이 있고, 가락(駕洛) 외에 가라(加羅)가 있으며, 가야(伽倻) 외에 또 임나(任那)가 있었겠는가" 하였다. 또 《동사(東史)》에 "가락은 가야라 일컫고 또 금관국(金官國)이라 일컫는다" 하니, 지금의 김해(金海) 땅이다. 그밖의 5가야는 고령(高靈)이 대가야(大伽倻), 고성(固城)이 소가야(小伽倻), 성주(星州)는 벽진가야(碧珍伽倻), 함안(咸安)은 아나가야(阿那伽倻), 함창(咸昌)은 고령가야(古寧伽倻)가 되는데, 가락(駕洛)과 모두 같이 나왔다.

신채호(申采浩)가 근래에 지은 전후 《삼한고(三韓考)》에 "《백제지리지(百濟地理志)》의 부리(夫里)·부여(扶餘) 등은 모두 같은 음(音)이며, 같은 의미이다. 구야(狗邪)·안야(安邪)·미야(彌邪)·마야(馬邪) 등의 '야(邪)'는 그 음(音)이 '라(Ra)'가 되며, 가락(駕洛)의 '낙(洛),' 가라(加羅)의 '나(羅)'도 모두 같은 음인데도 선유(先儒)들이 이 이두문(吏讀文)을 해석하지 못하였다" 하고, 또 그가 지은 《이두문명사해석(吏讀文名詞解釋)》〈동명이자(同名異字)〉를 보면, 가장 복잡한 것이 두 가지가 있는데, 하나는 '라(Ra)'이니 사라(沙羅)는 사량(沙良)이 되고 가슬라(加瑟羅)도 또한 가서량(加西良)이 된다. 평양(平壤)도 또한 평양(平穰)·평나(平那)·백아(百牙)·낙랑(樂浪)·낙량(樂良) 등이 되고, 대량(大良) 또한 대야(大邪)가 되고, 가라(加羅)도 또한 가락(駕洛)·가야(加邪)·구야(狗邪)·가량(加良) 등이 되며, 안라(安羅)도 안야(安邪)가 되며, 매라(邁羅)도 매로(邁盧)가 되며, 신라(新羅) 또한 사로(斯盧)가 되며, 순나(順那)·연나(涓那) 또한 순노(順奴)가 되며, 연노(涓奴) 혹은 순루(順婁)·연루(涓婁) 등이 되니, 이와 같이 그 조리(條理)를 찾아 풀어볼 수 있다. 그렇지만 실제는 나(羅)·양(良)·노(盧)·노(奴)·누(婁)·나(那)·아(牙)·야(耶)·야(邪) 등은 모두 '라(Ra)'로 읽는 것이다 하니, 지금 조선(朝鮮) 고사(古史)를 읽는 이가 진실로 이 까닭을 알면 여러 명사(名詞)(국명(國名)·인명(人名)·관명(官名)·지명(地名))의 동명이서(同名異書) 같은 것도 스스로 정확하게 풀 수 있을 것이다.

근세에 박학(博學)으로 가장 유명한 다산(茶山) 정약용(丁若鏞)은 건책(巾幘)[1]으로 변진(弁辰)과 가락(駕洛)을 해석하여 고증한 것이 있으니 그 설이 《강역고(疆域考)》에 보이는데 다음과 같이 열거한다.

　변진(弁辰)이라 칭하는 것은 혹시 그 머리에 쓰는 책(幘)이 진한(辰韓)과 달라 이름지어진 것 같다.

　한백겸(韓百謙)이 말하기를 "수로왕(首露王)이 일어난 곳은 변한(弁韓) 땅이다" 하였다. 용(鏞)은 생각하기를 "변(弁)이란 것은 가락(駕洛)이니, 가락이란 가야(伽倻)이다. 동쪽 풍속에 관책(冠幘)의 머리가 뾰족한 것은 통틀어 변(弁)이라 하고, 또 가나(駕那)라고도 하니, 지금 금부(禁府)의 조예(皂隷, 나장(羅將)을 칭한다)와 군현(郡縣)의 시노(侍奴, 창(唱)을 칭한다)들이 아직도 머리가 뾰족한 책(幘)을 쓰고 있는데, 이름을 가나(駕那)라 하고 또 금가나(金駕那)라 하는데, 방언(方言)이 전파되는 것도 반드시 근본이 있다. 신라 때 가락국이 지금 김해에 있어 혹은 가라(加羅), 혹은 가야(伽倻)라 부르니 이것은 변진(弁辰)의 총왕(總王)이다. 반드시 건책(巾幘)은 특별히 머리가 뾰족한 형식이므로, 부르기를 가라국(駕羅國)이라 하며, 중국 사람이 글로 번역하면 변진(弁辰)이라 한다. 마지막 왕 구해(仇亥)가 신라에 항복한 뒤에 그 나라를 금관(金官)이라 하였으니, 금관(金官)이라는 것은 금관(金冠)이며, 금관(金冠)이라는 것은 금가나(金駕那)이니 가나(駕那)를 변진(弁辰)이라 하는 것에 무슨 의심이 있겠는가" 하였다.

　이능화(李能和)는 가락국(駕洛國)에 구간(九干, 아도간(我刀干)·여도간(汝刀干)·피도간(彼刀干)·오도간(五刀干)·유수간(留水干)·유천간(留天干)·신천간(神天干)·오천간(五天干)·신귀간(神鬼干))의 이름이

---

1) 巾幘: 머리에 쓰는 수건.

있으니, 이것으로 가락이 삼한(三韓)의 묘예(苗裔)²⁾임을 알 수 있다. 대개 삼한의 명호(名號)는 한(干)〔간干의 원말〕에서 나온 것인지 모른다. 한(干)은 한(韓)의 약자로서, 곧 하늘〔天〕의 의미이며, 또 군장(君長)의 칭호이기 때문이다. 건책(巾幘)의 풍속도 또한 삼한 계통에서 나왔다. 《삼국지(三國志)》에 "여러 한(韓)나라는 그 풍속이 건책을 쓰기 좋아하여 하호(下戶)³⁾가 군(郡)에 가서 군주를 뵈올 때 모두 건책을 빌려 써 인끈〔印綬〕⁴⁾에다 건책을 쓴 이가 1천여 명이라……" 했으니 이것은 참으로 확실한 증거이다. 또 구간(九干)은 그 명칭과 의미를 따져볼 때 반드시 하늘과 신(神)에게 제사 지내는 사람일 것이니, 이와 같이 《삼국지》에 이르는 바, 삼한(三韓) 국읍(國邑)이 각각 한 사람을 세워 천신(天神)의 제사를 주관하는데 이름을 천군(天君)이라 하고, 또 여러 나라에 각각 별읍(別邑)을 두고 이름을 소도(蘇塗)라 하여 큰 나무를 세우고 방울과 북을 달고 귀신을 섬기는 풍속이 이것이다. 그 건책(巾幘, 금관각변(金冠角弁))은 반드시 천신(天神)을 주제(主祭)하는 사람이 쓰는 예관(禮冠)일 것이다. 마치 일본 신관(神官)의 '칸무리(カンムリ)' 등과 비슷한 것이다.

가락 시조는 《삼국유사》에 "처음으로 나타났으므로 이름을 수로(首露)라……" 한 것은 옳지 않은 것 같다. 가락(駕洛) 당시에 어찌 한자(漢字) 시호가 있었겠는가. 대개 신라 국초(國初)의 여러 왕호(王號)를 모두 방언(方言)으로 칭하였다. 예컨대 (혁거세는 불구내(弗矩內), 남해(南海) 차차웅(次次雄)은 무당을 칭하는 것 등) 이로 미루어 보아 알 수 있다. 그러면 수로(首露)는 처음으로 나타났다는 것이 아니며, 금관(金冠)

---

2) 苗裔: 먼 후손. 곧 여러 代를 지난 먼 후대의 자손.
3) 下戶: 部族 국가 또는 元三國 시대에 扶餘・高句麗 등의 나라에서 쓰던 일반 백성의 명칭. 부여에서는 지배 계급을 座食 계급이라 하였다.
4) 印綬: 옛날 관리가 몸에 지니고 있던 인장과 끈.

의 형상이다. '수(首)'자는 머리에 쓴 관(冠)의 의미를 취한 것 같으며, '노(露)'자는 노병(露絣)의 뜻을 취한 것인지 모른다. (《후한서》〈동이전〉에, 마한 사람은 모두 머리를 동여 상투를 맺는다 하였다.) 권애류(權崖溜, 덕규(悳奎))는 "수로(首露)는 '마리' 혹은 '마로'의 뜻이며, 또 신라 마립간(麻立干)도 이 뜻이다" 하니, 이 말이 매우 이치에 맞다. 또 아도간(我刀干)·여도간(汝刀干)·피도간(彼刀干)·오도간(五刀干)은 부족의 추장(酋長)으로서 칼을 찬 자인 것 같다. 옛 진한(辰韓) 때에 철(鐵)이 났고, 가락은 변진(弁辰)의 후예로 일찍이 도검(刀劍)이 있었으며, 수신(水神)·천신(天神)·신귀(神鬼) 등의 간(干)은 곧 그 종교를 주제(主祭)하는 사람으로, 그 글자의 뜻이 증명되는 것이다. 이것은 수신(水神)·천신(天神) 및 기타 신귀(神鬼)에게 제사 지내는 존장(尊長)일 것 같으며, 이들은 모두 무축(巫祝)으로서 가락(駕洛)에 계락(禊洛)의 풍속이 있는데, 무사(巫事)이다. 곧 많은 서민들이 모여 뛰고 춤추고 노래 부르는 것은 마치 지금의 영무새신(迎巫賽神)의 풍속과 같은 것이다. 지금 무당의 춤추고 노래 부르는 것을 '가락(歌樂, Karak)'이라 하는데, 그 어원이 '가락(歌樂, Karak)' 혹은 '계락(禊洛, Keirak)'에서 나온 것 같기도 하다. 또 가락의 국호는 혹 계락의 무속(巫俗)에서 생긴 것인지 알 수 없으니, 대개 가락(駕洛)은 계락(禊洛)과 음이 서로 비슷한 때문이다.

【가락(駕洛)】

《삼국유사》: 이 땅에 구간(九干)이라는 것이 있으니, 이는 추장(酋長)이다. 후한(後漢) 건무(建武) 18년(42) 임인 3월 계욕일(禊浴日)[5]에 북쪽 구지(龜旨)에서 무엇을 부르는 이상한 소리가 났다. 무리 2,3백 명이 이곳에 모이니 사람 목소리 같은데 모습은 보이지 않고 소리만 났다.

---

5) 禊浴日: 3월 첫째 巳日에 厄을 쫓기 위해 물가에서 목욕하고 會飮하는 날.

"이곳에 사람이 있느냐?"

구간(九干) 등이 대답했다.

"우리들이 있습니다."

또 말하였다.

"내가 있는 곳이 어딘가?"

대답하기를,

"구지(龜旨)에 있습니다" 하였다.

또 말하였다.

"황천(皇天)이 나에게 명하기를 이곳에 와서 나라를 새롭게 하여 임금이 되라 하였으므로 이곳에 내려왔으니 너희들은 마땅히 이 산봉우리에서 흙을 파면서 '거북아, 거북아, 머리를 내놓아라. 내놓지 않으면 구워서 먹겠다[龜何龜何 首其現也 若不現也 燔灼而喫也]'하고 노래 부르며 뛰고 춤을 추며[踏舞] 대왕(大王)을 맞이하여 기뻐서 날뛸 것이다. (이능화(李能和)가 말하기를, "이 고사(故事)는 지금 무속(巫俗)에서 이른바 공창(空唱)이다" 하였다.)"

구간(九干) 등이 그 말대로 모두 즐겁게 노래하며 춤추다가 얼마 안 되어 쳐다보니 붉은[紫] 줄이 하늘에서부터 드리워져 땅에 닿았다. 줄 밑을 살펴보니 붉은[紅] 폭(幅)에 금합자(金盒子)가 싸여 있었다. 열어보니 해와 같이 둥근 황금알이 6개 있었다. 모두 놀랍고 기뻐하는데 6개의 알이 동자(童子)로 화하니 용모가 심히 훌륭하였다. 이에 상(床)에 앉히고 여러 사람이 배하(拜賀)하였다.

나날이 자라서 열흘 남짓 지나자 키가 9자나 되었다. 그 달 보름날에 즉위하였는데 처음으로 나타났다고 하여 수로(首露)라 하였다. 어떤 이는 수릉(首陵)이라고도 하며, 나라를 대가락(大駕洛), 또는 가야국(伽倻國)이라고도 일컬었으니 곧 6가야의 하나이다. 나머지 다섯 사람도 각각 돌아가서 5가야의 임금이 되었다.

제2절 가락 및 여러 나라의 유사한 신화대조표

1. 가락: 황천(皇天)이 나에게 명하여 나라를 새롭게 하라.
   진한: 6부(部) 조상이 모두 하늘에서 내려온 것이 비슷하다.
   신라: 당시 사람이 다투어 하례하기를, 이제 천자(天子)가 이미 내려왔다 하였다(박혁거세).
   부여: 천자가 설승골성(說升骨城)으로 내려와서 나라를 세우고 왕이라 칭하였다(해부루).
   고구려: 주몽(朱蒙)이 말하기를, 나는 천제(天帝)의 아들이다 하였다.
2. 가락: 구간(九干), 계락(禊洛)과 구지(龜旨).
   신라: 진한 6부, 알천(閼川) 위에 모이다.
3. 가락: 붉은[紫] 줄이 하늘에서부터 드리워져 땅에 닿다.
   신라: 전광(電光)과 같은 이상한 기운이 땅에 드리우다(박).
       자색(紫色) 구름이 하늘에서 땅에 드리우다(김알지).
4. 가락: 붉은[紅] 폭(幅) 속에서 금합자(金盒子)가 나타났다.
   신라: 구름 가운데 황금궤가 있었다(김).
5. 가락: 구지(龜旨)에서 이상한 소리가 있었다.
   신라: 나정(蘿井) 곁에 이상한 기운이 있었다(박).
       흰 닭이 나무 밑에서 울었다(김).
6. 가락: 달과 같이 둥근 6개의 황금알이 있었다.
   신라: 박같이 큰 붉은[紫] 알이 하나 있었다(박).
       궤(櫃)가 내려왔는데 그 속에 알이 있었다(석탈해).
   고구려: 알을 낳았는데 크기가 다섯 되만하였다(주몽).
   동이(東夷): 서언왕(徐偃王)이 알을 낳았다는 설이 있다.
7. 가락: 금합(金盒)이므로 성을 김씨라 하였다.

신라: 박[瓠]과 같이 큰 알이므로 성을 박씨라 하였다.

　　　　금궤에서 나왔으므로 성을 김씨라 하였다.

　　　　까치[鵲]가 궤(櫃)를 열고 새[鳥]는 날아가 버렸으므로 성을 석(昔)씨라 하였다.

　이상 이야기에서 그 의의를 풀어보면 서로 유사하다. 여러 나라의 시조가 모두 하늘에서 내려왔다고 말하니, 대개 고어(古語)가 혼돈하던 초창기에 둥글다는 것은 달걀과 같고, 둥근 알은 하늘의 형상을 말하는 것으로서, 반드시 알에서 났다고 붙인 것이 아닐까. 또 부여 시조의 성(姓) 해(解)는 해[日]를 본뜬 것이며, 고구려 시조는 해[日]의 아들이라 일컫고, 신라 시조 불구내(弗矩內)는 해가 솟아오를 때의 형상이며, 또 김알지(金閼智)는 달[月]에 관한 신화(神話)이고, 가락과 5가야주(伽倻主)는 해와 같이 둥근 6개의 알이니, 이 모두가 해의 모양을 나타낸 것이다. 그러므로 해와 달도 둥근 모양의 알과 같으므로, 이 때문에 알에서 났다고 한 것이 아닐까?

제3절 가락(해[日] 신화의 계통)

　가락 수로왕 및 5가야 주인의 기사는 해와 달의 신화와 관계가 있는데 대략 다음과 같다.

　《삼국유사(三國遺事)》: 후한(後漢) 건무(建武) 18년(42) 임인(壬寅) 3월에 북쪽 구지(龜旨, 지명)에 붉은[紫] 줄이 하늘에서부터 드리워져 땅에 닿았다. 이에 붉은[紅] 폭 속에서 금합자(金盒子)를 발견하고 열어보니 해와 같이 둥근 황금알이 6개 있었다. 6개의 알이 동자(童子)로 화하여 나날이 자라서 열흘 남짓 지나자 키가 9자나 되었다. 그 달 보름날에 즉위하였는데 처음으로 나타났다고 하여 수로(首露)라 하고, 대가락(大駕洛), 또는 가야국(伽倻國)이라고도 일컬었으니 곧 6가야(六伽倻)의 하나이다. 나머지 다섯 사람도 각각 돌아가서 5가야(五伽倻)의 임금이 되었다.

《동국여지승람(東國輿地勝覽)》〈고령현(高靈縣) 건치(建置) 연혁(沿革)〉조: 본래 대가야국인데 시조 이진시왕(伊珍肢王, 일명 내진주지(內珍朱智))으로부터 도설지왕(道設智王)까지 16대, 5백20년이다.

[주(註)] 최치원(崔致遠)의 《석리정전(釋利貞傳)》을 상고하면 "가야산신 정현모주(正見母主)는 천신(天神) 이비하(夷毗訶)의 정(情)으로 대가야 왕 뇌질주일(惱窒朱日)과 금관국(金官國) 왕 뇌질청예(惱窒靑裔) 두 사람을 낳았다 하니, 뇌질주일은 이진아시왕(伊珍阿肢王)의 별칭이며, 뇌질청예는 수로왕(首露王)의 별칭이다" 하였다. 그러나 가락국 고기(古記)에 여섯 알의 설은 황탄(荒誕)하여 믿을 수 없다. 또 《석순응전(釋順應傳)》에 "대가야국의 월광태자(月光太子)는 정현(正見)의 10세 손으로 아버지는 이뇌왕(異腦王)이다. 신라에 구혼(求婚)하여 이찬비지배(夷粲比枝輩)의 딸을 맞이하여 태자(太子)를 낳았다 하니 이뇌왕(異腦王)은 뇌질주일(惱窒朱日)의 8세 손이다. 그러나 역시 고증할 수 없다" 하였다. (《성호사설(星湖僿說)》및 《동사강목(東史綱目)》이 모두 이 조를 인용하였다.)

《동국여지승람(東國輿地勝覽)》〈합천군(陜川郡) 고적(古蹟)〉조: 거덕사(擧德寺) 유지(遺址)가 해인사(海印寺) 서쪽 5리에 있다.

최치원(崔致遠)의 《석순응전(釋順應傳)》: 서쪽 두 계곡이 교차하는 물가 해지는 곳에 난야(蘭若)가 있어 거덕(擧德)이라 부르니, 지나간 옛날 대가야 태자(太子) 월광(月光)이 인연을 맺은 곳이다.

정현모주(正見母主) 및 이비하(夷毗訶) 등의 이야기는 불서(佛書) 색채를 띠고 있으니, 대개 석문(釋門)의 전기(傳記)에서 나온 것이므로 이상할 것 없다. 그러나 국왕(國王) 이름이 주일(朱日), 태자(太子)를 월광(月光)이라 부르는데, 이것은 일월신화(日月神話)에 젖어 있는 것이다.

제17장

신라(新羅)

(天神話의 계통)

제1절 천자(天子) 강생(降生), 이것도 또한 하나의 단군(壇君)이다

《삼국유사》: 진한(辰韓) 6부의 조상은 모두 하늘에서 내려온 것 같다 ……. 6부의 조상은 각각 자제를 거느리고 알천(閼川) 언덕에 모여 높은 곳에 올라 남쪽을 바라보니, 양산(楊山) 나정(蘿井) 곁에 전광(電光) 같은 이상한 기운이 땅에 드리워져 있고 백마(白馬) 한 마리가 꿇어 엎드린 형상을 하고 있었다. 가까이 가서 살펴보니 큰 알이 하나 있는데(혹은 푸른 큰 알이라고 한다) 말은 사람을 보고 길게 울다가 하늘로 올라가 버렸다. 그 알을 깨고 동자(童子)를 얻으니 용모가 단정하고 아름다웠다. 놀랍고도 기이하여 그 아이를 동천(東泉)에서 목욕시키니 몸에서 광채(光彩)가 나고, 새와 짐승들이 따라 춤추고, 천지가 진동하고 해와 달이 청명(清明)해지므로 이름을 혁거세왕(赫居世王)(향언(鄕言)이다. 혹은 불구내왕(弗矩內王)이라고도 하는데, 밝게 세상을 다스린다〔光明理世〕는 뜻이다)이라 하고 위호(位號)를 거슬한(居瑟邯)(혹은 거서간(居西干)이라고도 하는데 처음 입을 열 때 스스로 알지(閼智)라 칭했으며, 거서간(居西干)이 한 번 일어난다 하였으므로 이 뒤부터 왕의 존칭이 되었다)이라 하였으며, 그때 사람들이 다투어 치하하고 '이제 천자(天子)께서 내려오셨다' 하였다. 박(匏)과 같은 알에서 났고 진한(辰韓) 사람은 바가지(匏)를 박(朴)이라 하였으므로 성을 박(朴)이라 하고, 국호(國號)를 서벌(徐伐)(지금 속(俗)에 경(京)자를 훈(訓)하여 서벌(徐伐)이라 하는 것도 이 때문이다) 혹은 사라(斯羅) 또는 사로(斯盧)라 하였다.

《삼국유사》: 호공(瓠公)이 밤에 월성(月城) 서쪽 마을을 거닐다가 큰 광명(光明)이 시림(始林, 일명 구림(鳩林)이라고 한다) 속에 나타남을 보았다. 자색 구름이 하늘에서 땅에 드리웠는데 황금궤(黃金櫃)가 나뭇가지에 걸려 있고 빛이 이 궤로부터 나왔으며, 또 흰 닭이 나무 밑에서 울고 있었다. 궤를 열어보니 동남(童男) 하나가 누워 있다가 일어났다. 마치 혁거세의 고사(故事)와 같으므로 그 말(言)로 인하여 알지(閼智)라 이름하였다. 알지는 우리말(鄕言)에 어린아이를 일컫는다. 금궤에서 나왔다 하여 성을 김씨라 하였다. 신라 김씨는 알지로부터 시작되었다.

신라 신화(神話)에 중요한 것이 다섯 가지가 있으니, 천신(天神)·일월신(日月神)(앞에 상술했다)·성신신(星辰神)·산천신(山川神)·용신(龍神)이다.

제2절 천신(天神)

진한(辰韓) 6부의 조상은 모두 하늘에서 내려온 것 같다. 박혁거세가 났을 때 사람들이 다투어 치하하고 "이제 천자(天子)께서 내려오셨다" 하였다(앞쪽 참조). 진평왕(眞平王) 즉위 원년(579)에 천사(天使)가 궁궐

뜰에 내려와서 왕에게 말하기를, "옥황(玉皇)이 나를 보내어 옥대(玉帶)를 전하라 명하셨다" 하였다. 왕이 몸소 무릎을 꿇고 받은 뒤에 그 천사는 하늘로 올라갔다(《삼국유사》).

이와 같은 이야기는 모두 천신(天神)에 속한 신화(神話)이다. 그 계통을 상고해 보면 반드시 환국(桓國) 신시(神市) 고사(古事)의 유전(遺傳)인 것이다. 삼한(三韓)의 '한(韓)' 자는 뜻이 '한(汗)'이 된다. 곧 하늘의 칭호인데, 하물며 박혁거세는 진한의 나머지 줄기를 계승하여 나라를 세우고 거서간(居西干)이라 칭하니, 간(干)은 한(汗)의 의미이며, 한(汗)은 천(天)의 의미이다. 그러므로 하늘에서 내려왔다고 하는 등의 이야기는 동이(東夷)의 고초(古初) 신화(神話)에서 끼쳐 온 것임이 당연하다.

제3절 일월신(日月神)

제18장에서 자세히 다룰 것이므로 여기에서는 생략한다.

제4절 성신신(星辰神)

《삼국사기》〈제사지(祭祀志)〉: 신라는 입추(立秋) 뒤 진일(辰日)에 본피유촌(本彼遊村)에서 영성(靈星)에 제사 지내고《풍속통(風俗通)》에 이르기를, "별[辰]의 신(神)을 영성(靈星)이라 한다. 그러므로 진일(辰日)에 동남(東南)에서 제사한다" 하였다.《후한서(後漢書)》〈영성주(靈星注)〉에, "용성

(龍星)의 왼쪽 뿔(左角)이 천전(天田)으로 곧 농신(農神)이다. 진일(辰日)에 소에게 제사하는데 이를 영성(靈星)이라 한다"하였다), 또 영묘사(靈廟寺) 남쪽에서 오성제(五星祭)를 지낸다.

《삼국사기》〈김유신전(金庾信傳)〉: 고구려 말갈(靺鞨)이 북한산성(北漢山城)을 포위하여 협구(浹句)를 공격하여 성 안이 두렵고 위태하였는데 홀연히 큰 별이 적(賊)의 진영에 떨어지고 또 벼락과 비가 몰아치니 적들이 놀라서 포위를 풀고 도망하였다. 처음에 유신(庾信)이 적이 성을 포위했다는 말을 듣고 말하기를, "사람의 힘은 이미 다하였으니 남모르는 도움을 빌릴 수밖에 없다"하고 불사(佛寺)에 가서 단(壇)을 쌓고 기도하더니 드디어 하늘에 변화가 일어나니 모두 말하기를 지성(至誠)에 감동한 것이라 하였다.

신라가 진일(辰日)에 제사 지내는 영성(靈星)이라는 것은 그것이 용성(龍星)이기 때문에 용날[龍日]을 사용한 것으로 생각된다. 대개 진(辰)은 용(龍)이 되고 또 동쪽도 되므로, 이것은 《풍속통(風俗通)》및《후한서(後漢書)》주(注)와 서로 부합된다.

《삼국사기》〈신라 제사지(祭祀志)〉: 입춘(立春) 후 해일(亥日)에 명활성(明活城) 남쪽 웅살곡(熊殺谷)에서 선농제(先農祭)를 지내고, 입하(立夏) 후 해일(亥日)에 삼원(森園)(蒜園?)[1]에서 후농제(後農祭)를 지내고, 입추(立秋) 뒤 축일(丑日)에는 대수곡문(大首谷門)에서 풍백(風伯)에게 제사 지내고, 입하(立夏) 뒤 신일(申日)에는 탁저(卓渚)에서 우사(雨師)에게 제사 지냈다.

---

1) 蒜園:《삼국사기》에는 立秋 뒤 亥日에 蒜園에서 後農祭를 지냈다고 했으며, 또 立春 뒤 丑日에는 犬首谷門에서 風伯祭를 지냈다고 하였는데, 본서의 '森園'은 蒜園의 誤植으로 생각되며, 또 大首谷門의 '大'자도 '犬'首谷門의 誤植으로 보인다.

이로 볼 때 그 제사의 목적은 모두 농사 잘되기를 기원하는 것 아닌 점이 없으니, 이것은 신시(神市) 단군(檀君)이 풍백(風伯)과 우사(雨師)를 거느리고 곡식과 생명을 주관하는 등 신사(神事)의 유풍(遺風)인 것 같다. 또 신라 풍속에 지지(地支) 12 신월(神月)에 각각 피하는 것이 있으니, 매 정월 상해(上亥)·상자(上子)·상오(上午) 등 날에는 모든 일을 피하고 삼가하여 움직이지 않는데, 이르기를 달도(怛忉)[2]라 한다. (슬프고 근심하는 것을 금하기 위해 백사(百事)를 기피한다.)

다만 진일(辰日)에 용성(龍星)에 제사 지내는 것은 곧 오일(午日)에 마신(馬神)에게 제사 지내는 것과 같은 예이다.

제5절 산천신(山川神)

신라는 산신(山神)에게 제사 지내기를 좋아하여《신당서(新唐書)》및 《당회요(唐會要)》에 보인다) 3산(三山) 5악(五岳) 이하 유명한 대천(大川)에 제사 지내는데 대중소(大中小) 제사로 나누어서 사전에 기재하였다.

[대사(大祀)] 3산(三山): 1. 나력(奈歷)(습비부(習比部), 현 경주) 2. 골화(骨火)(절야화군(切也火郡), 현 영천) 3. 혈례(穴禮)(대성군(大城郡), 현 경주).

[중사(中祀)] 5악(五岳): 동은 토함산(吐含山)(대성군(大城郡), 현 경주), 남은 지리산(地理山)(청주(菁州), 현 지리산(智異山)), 서는 계룡산(鷄龍山)(웅천주(熊川州), 현 계룡산), 북은 태백산(太白山)(나기군(奈己郡), 현 태백산), 중앙은 문악(文岳)(또는 공산(公山) 압독군(押督郡), 현 대구).

---

2) 怛忉: 근심하고 슬퍼하는 것.

제17장 신라(新羅) 181

4진(四鎭): 동은 온말근(溫沫懃)(아곡정(牙谷停), 남은 해치야리(海耻也里)(일명 실제(悉帝) 추화군(推火郡), 현 밀양), 서는 가야갑악(加耶岬岳)(마시산군(馬尸山郡), 현 덕산(德山)), 북은 웅곡악(熊谷岳)(비열홀군(比烈忽郡), 현 안변(安邊)).

4해(四海): 동은 아등변(阿等邊)(일명 근조형변(斤烏兄邊) 퇴화군(退火郡), 현 흥해(興海)), 남은 형변(兄邊)(거칠산군(居柒山郡), 현 동래(東萊)), 서는 미릉변(未陵邊)(시산군(屎山郡)), 북은 비례산(非禮山)(실직군(悉直郡), 현 삼척(三陟)).

4독(四瀆): 동은 토지하(吐只河)(일명 참포(槧浦), 퇴화군(退火郡), 현 흥해(興海)), 남은 황산하(黃山河)(삽량주(歃良州), 현 양산(梁山)), 서는 웅천하(熊川河)(웅천주(熊川州), 현 공주(公州)), 북은 한산하(漢山河)(한산주(漢山州), 현 서울) · 속리악(俗離岳)(삼년산군(三年山郡), 현 보은(報恩)) · 추심(推心)(화가야군(火加耶郡), 현 고령(高靈)) · 상조음거서(上助音居西)(서림군(西林郡), 현 서천(舒川)) · 오서악(烏西岳)(결사군(結巳郡), 현 결성(結城)) · 북형산성(北兄山城)(대성군(大城郡), 현 경주(慶州)) · 청해진(淸海鎭)(조음도(助音島), 현 완도(莞島)).

[소사(小祀)]: 상악(霜岳)(고성군(高城郡), 현 금강산(金剛山)) · 설악(雪岳)(수성군(㳽城郡), 현 설악산(雪岳山)) · 화악(花岳)(근평군(斤平郡), 현 가평(加平)) · 겸악(鉗岳)(칠중성(七重城), 현 적성(積城)) · 부아악(負兒岳)(북한산주(北漢山州), 현 서울) · 월내악(月奈岳)(월내군(月奈郡), 현 영암(靈岩)) · 무진악(武珍岳)(무진주(武珍州), 현 광주(光州)) · 서다산(西多山)(백해군(伯海郡) 난지가현(難知可縣), 현 진안(鎭安)) · 월형산(月兄山)(내토군(奈吐郡) 사열이현(沙熱伊縣), 현 제천(堤川) · 청풍(淸風)) · 도서성(道西城)(만로군(萬弩郡), 현 진천(鎭川)) · 동로악(冬老岳)(진례군(進禮郡) 단천현(丹川縣), 현 무주(茂朱)) · 죽지(竹旨)(급벌산군(及伐山郡), 현 풍기(豊基)) · 웅지(熊只)(굴자군(屈自郡) 웅지현(熊只縣), 현 창원(昌原)) · 악발(岳髮)(일

명 발악(髮岳), 우진야군(于珍也郡), 현 울진(蔚珍))·우화(于火)(생서량군(生西良郡) 우화현(于火縣), 현 울산(蔚山))·삼기(三岐)(대성군(大城郡), 현 청도(淸道))·훼황(卉黃)(모량(牟梁), 현 경주(慶州))·고허(高墟)(사량(沙梁), 현 경주(慶州))·가아악(嘉阿岳)(삼년산군(三年山郡), 현 보은(報恩))·파지곡원악(波只谷原岳)(아지현(阿支縣))·비약악(非藥岳)(퇴화군(退火郡), 현 흥해(興海))·가림성(加林城)(가림현(加林縣), 본래 영암산(靈嵒山)·우풍산(虞風山)이 있고 가림성(加林城))은 없다. 현 임천(林川)·가량악(加良岳)(청주(菁州), 현 진주(晋州))·서술(西述)(모량(牟梁), 현 경주(慶州)).

김부식(金富軾, 《삼국사기(三國史記)》 저자)에 의하면, 신라 37대 선덕왕(宣德王)에 이르러서 사직단(社稷壇)을 세운 것이 사전(祀典)에 보이는데, 모두 경내(境內)의 산천이며, 천지(天地)에 미치지 못한 것은 대개 왕제(王制)에 이르기를 "천자는 천지(天地)·천하(天下)·명산(名山)·대천(大川)에 제사하고, 제후(諸侯)는 사직(社稷)과 명산·대천이 있는 그곳에서 제사 지내기 때문이다. 그러므로 감히 예(禮)를 벗어나서 이를 행하지 못한 것이 아닌가……" 하였는데, 부식(富軾)의 이 논(論)은 참으로 썩은 선비의 견해이다. 먹던 것을 토해낼 만큼 견디지 못할 것 같으니 왜 그런가? 우리나라는 단군조선 이래로 부여·고구려·백제·신라·가락(駕洛)의 작은 나라에 이르기까지 제(帝)의 아들이라 일컫지 않음이 없으며, 천지(天地)와 백신(百神)에 제사하여 천자(天子)의 일을 행사하였으니, 실제로 이것은 우리나라에 본디부터 있던 제도이며, 왕제(王制)에서 말하는 것과는 교섭(交涉)이 없다는 것은 앞에서 논술한 여러 옛 나라 신교사(神敎史)에서 증명할 수 있다. 부식(富軾)이 역사를 찬술(撰述)하면서 중화(中華)의 전적(典籍)을 인용하여 우리의 제도를 매몰하니 슬픈 일이다. 우리의 옛날 여러 나라가 중국과 교통(交通)하게 된 것은 신라 말엽에 이르러서였고, 종묘(宗廟)의 제도와 직관(職官)의 명칭은 혹시 당(唐)나라 제도를 사용했을지 모르나, 천지(天地)·산천에 제사 지내는 제도는 우리나라 고전(古傳) 계통을 지켜왔다.

《삼국사기》〈신라본기(新羅本紀)〉를 상고하면, 일성이사금(逸聖尼師今) 5년(138) 겨울 10월에 왕은 북변(北邊)을 순행(巡幸)하여 친히 태백산(太白山)에 제사를 지냈다 하고, 또 기림(基臨, 일명 기구(基丘)) 이사금(尼師今) 3년(300) 봄 3월에 우두주(牛頭州)에 이르러 태백산(太白山)에 망제(望祭)를 지냈다 하니, 대개 태백산은 곧 나기군(奈己郡, 지금의 안동군)에 있는 신라의 북악(北嶽)으로 사전(祀典)에 중사(中祀)로 기재되어 있는 것이 이것이며, 반드시 왕이 친히 제사 지낸 것은 당시 사전(祀典)에서 가장 중요한 위치에 있었음을 알 수 있다. 태백산은 곧 우리나라 시조 단군이 강림(降臨)한 곳이므로 후세에 이르기까지 나라를 세우고 왕이 된 자는 또한 태백(太白)으로 진산(鎭山)이라 이름하였다. 고구려 국내의 태백산(太白山, 지금의 묘향산(妙香山)), 신라 국내의 태백산이 이것이다. 그렇다면 일성왕이 친히 태백산에 제사 지낸 것과 기림왕이 태백산에 망제(望祭)를 지낸 것에 대하여 역사가 비록 그 까닭을 말하지 않고 있지만 오늘날에 이르러 가히 상상하여 알 수 있다.

1. 산신(山神)의 이름자가 있으니 불교화된 것 같기도 하다

《삼국유사》에 이르기를 "박혁거세는 이야기하는 자에 의하면, 서술성모(西述聖母)에게서 탄생한 것이다" 하니, '술(述, Sul)'은 우리 방언(方言)에 솔개(鳶)를 말하므로, 서술산(西述山)이란 서연산(西鳶山)이며, 성모(聖母)라는 것은 서연산신(西鳶山神)을 말하고, 또 선도성모(仙桃聖母, 선도산명(仙桃山名)) 혹은 서연신모(西鳶神母)《삼국유사》〈선도성모수희불사(仙桃聖母隨喜佛事)〉조에 의하면, 선도산신모(仙桃山神母)는 본래 제실(帝室)의 딸로, 이름을 파소(婆蘇)라 하였다. 일찍이 신선의 술법을 배워 해동(海東, 신라)에 와서 오랫동안 돌아가지 아니하였다. 아버지인 황제는 편지를 소리개 발에 매어 붙여 보냈다. "솔개가 머무는 곳에 집을 지어라." 파소(婆蘇)가 편지를 보고 솔개를 놓으니 이 산에 날아와서 멈추므로 드디어 이곳에 와서 지선(地仙)이 되었다. 그래서 이름을 서연산신모라 하였다. 신모(神母)는 이 산에 웅거하며 나라를 보호하였는데 신령스러운 일이 매우 많았다. 나라가 있은 이래로 항상 3사(三祀)[3]의 하나로 하였고 그 차례도 여러 망제(望祭)의 위에 있었다)라 하니, 대개 혁거세는 알〔卵〕에서 났으므로, 서연성모(西鳶聖母)에게서 났다 하여 마치 현을(玄乙)이 상(商)을 낳았다는 신화(神話)처럼 그 이야기를 신비스럽게 꾸민 것이다. 또 신라 산신(山神)에게 명호(名號)가 있는 것은, 지리산신(智異山神)은 성모천왕(聖母天王), 고려 박전(朴全)의 《용암사(龍巖寺) 중창기(重創記)》에 의하면, 옛날 개국조사(開國祖師) 도선(道詵)이 지리산주(智異山主) 성모천왕(聖母天王)과 인연이 되었는데 비밀리에 부탁하기를, "만약 3암사(三巖寺, 용암사(龍巖寺)·운암사(雲巖寺)·선암사(仙巖寺))를 창건하면 삼한(三韓)이 하나가 될 것이다" 하였다. 구령노인(甌嶺老人)이 곧 지리산신(智異山神)이다. 삽량주(歃良州) 영취산신(靈鷲山神)은 변재천녀(辯才天女)(《삼국유사》〈낭지승운(朗智乘雲)〉조에 이르기를, 전하는 말로는 영취산의 주인이 변재천녀(辯才天女)라고 한다), 남산(南山)의 신은 상심(祥審)(《삼국유사》〈처용랑(處容郎)〉조에, "제49대 헌강대왕(憲康大王)이 포석정(鮑石亭)에 행행(行幸)하였을 때 남산(南山)의 신(神)이 모습을 나타내어 어전(御前)에서 춤을 추었는데 좌우(左右) 사람들에게는 보이지 않고 왕에게만 보였다. 사람이 앞에 나타나 춤을 추고 왕 자신도 춤을 추어 그 형상이 보였다. 신(神)의 이름을 혹은 상심(祥審)이라 했으므로, 지금 나

---

3) 三祀: 大祀·中祀·小祀.

라 사람들이 전하기를 이 춤을 어무상심(御舞祥審) 혹은 어무산신(御舞山神)이라 한다. 혹은 신(神)이 나와 춤을 추자 그 모양을 살펴 공인(工人)에게 명하여 모각(摹刻)시켜 후세에 보이게 하였으므로 상심(象審)이라 하였다 하고, 혹은 상염무(霜髥舞)라고도 하는데, 이것은 그 형상을 일컫는 것이다. 또 왕이 금강령(金剛嶺)에 행행(行幸)하였을 때 북악신(北岳神)이 나와 춤을 추었으므로 이름을 옥도령(玉刀鈴)이라 하고, 또 동례전(同禮殿) 연회시(宴會時)에는 지신(地神)이 나와 춤을 추었으므로 지백급간(地伯級干)이라 이름하였다" 하였다. 가야산신(伽倻山神)은 정현모주(正見母主)〔최치원이 지은 《석리정전(釋利貞傳)》에 "가야산신 정현모주(正見母主)는 천신(天神) 이비하(夷毗訶)의 정으로 대가야(大伽倻) 왕 뇌질주일(惱窒朱日)과 금관국 왕 뇌질청예(惱窒靑裔)를 낳았다" 하였다〕이다) 등의 말은 반드시 승가(僧家)에서 안출(案出)된 기사이며 고속(古俗)에서 전해 온 명사(名詞)는 아니다. 또 지금 풍속에도 수렵꾼들이 어떤 산은 여신(女神)이고 어떤 산은 남신(男神)이라 하여 산에 들어가서 사냥하기 전에 산신에게 제사 드리는데, 여신에게는 옷〔衣幣〕(붉고 푸른 의상(衣裳))을 드리고, 남신에게는 주육(酒肉)을 드리니, 이런 이야기는 모두 성모(聖母)·신모(神母)·모주(母主)·천녀(天女) 등 이름이 세상에 널리 퍼져 풍속이 된 것이 아니겠는가. 《고려사(高麗史)》와 김관의(金寬毅)의 《편년통록(編年通錄)》을 상고하면, 시조 성골장군(聖骨將軍) 호경(虎景)이 구룡산(九龍山) 여신의 남편이라 하니 신(神)에게도 남녀의 설이 있는 것은 신라 때부터 시작되었다.)

제6절 용신(龍神)

세상에 전하기를 복희(伏羲)는 용(龍)으로 관명(官名)(용마(龍馬)는 상서로우므로 용(龍)으로 관명(官名)을 하였는데 부르기를 용사(龍師)라 하며, 즉 춘관(春官)은 청룡(靑龍)씨, 하관(夏官)은 적룡(赤龍)씨, 추관(秋官)은 백룡(白龍)씨, 동관(冬官)은 흑룡(黑龍)씨, 중관(中官)은 황룡(黃龍)씨로 하였다)을 세웠다 하고, 또 복희로 동방의 제(帝)(제(帝)는 진(震)〔東·권위〕에서 나오므로 춘황(春皇)·창제(蒼帝)·창정(蒼精)·창아(蒼牙)라는 것이 이것이다)라 하고, 또 복희는 구이(九夷)에서 태어났다는 이야기가 있다. 그러면 우리 해동(海東)의 용 신화(神話)는 그 유래가 오래되었다. 그러나 이런 것은 아득한 일로서 기준을 삼을 수 없으며, 우리나라의 용 신화는 다른 유래가 있으니 그 근원이 흉노(匈奴)의 풍속에서 나온 것 같기도 하다. 우리 민족은 본래 몽고(蒙古) 인종이다. 그 옮겨온 자취를 살펴보면 북이(北夷)로부터 시작해서 점차 나누어져 동이(東夷)가 되었으니, 곧 숙신(肅愼)·북부여(北夫餘)·예맥(濊貊)·고구려(高句麗)·발해(渤海) 등의 나라가 이것이다. 또 중국 고사(古史)에, 흉노 여러 부(部)에 좌왕(左王)은 동방에 거처하고, 곧바로 상곡(上谷) 동쪽으로 예맥조선(濊貊朝鮮)과 접하였다 하니, 민족 문화가 서로 통한 것을 이것으로 증명할 수 있다. 또 흉노의 풍속에 용신(龍神)을 섬기며 그 조선(祖先)들과 천지 귀신에게 제사 지내던 곳의 이름이 용성(龍城)이다.

《사기(史記)》〈흉노전(匈奴傳)〉: 해마다 5월에 용성(龍城)에서 대회를 열어 조선(祖先)과 천지 귀신에게 제사 지낸다(《색은索隱》).

《후한서(後漢書)》〈흉노전〉: 흉노에 삼룡사(三龍祠)가 있는데 해마다 정월 5일과 9월 무자(戊子)에 천신에게 제사 지낸다.

조선 《고기(古記)》를 살펴보면, 단군이 하백(河伯)의 딸을 취하여 아들 부루(夫婁)를 낳고, 또 북부여 천제(天帝)의 아들 해모수(解慕漱)도 또한 아들 부루(夫婁)를 낳아 해(解)로 성(姓)을 삼았다 하고, 또 해모수가 하백의 딸과 정을 통하여 주몽(朱蒙)을 낳았다 하니, 대개 하백은 곧 용신(龍神)·용왕(龍王) 등 유(類)를 이르는 것이다.

《장태염문초(章太炎文鈔)》:《목천자전(穆天子傳)》에 서막(西膜)(곧 사막(沙漠)이다) 홍로(鴻鷺)는 흑수신단(黑水神壇)을 말하며, 서막종인(西膜種人)은 아보로신(亞普魯神)을 섬기는데, 뜻은 상천(上天)의 아들 성(姓)이다.

내 생각에 홍로(鴻鷺)라는 것은 곧 흉노(흉노의 이름에서 신단(神壇)〔이름〕을 얻었다는 뜻)이고, 흑수(黑水)는 곧 흑룡(黑龍)(조선 헌종(憲宗) 때 학자 조재삼(趙在參)의 《송남잡지(松南雜識)》에 "호어(胡語)에 수(水)를 용(龍)이라 하므로 〈노룡현주(盧龍縣註)〉에 노(盧)는 흑(黑)이며, 곧 노시(盧矢)(검은 칠을 한 화살)의 노(盧)이다. 흑룡(黑龍)을 흑수말갈(黑水靺鞨)이라 한 것도 이것이다. 지금 사람이 술을 빚어서 청주(淸酒)를 뜨는 것〔酒多水〕을 용다(龍多)라 하는 것도 여기에서 나온 말이며, 영남(嶺南)에서는 용수리(龍水螭)라 풀이한다" 하였다), 아보로신(亞普魯神)이라는 것은 하백여신(河伯女神)이거나 혹은 해부루신(解夫婁神)인 것 같은데, 그것은 그 음이 비슷하고 지분(地分)이 서로 가까운 까닭이다. (이 이야기는 이미 〈고구려 신교〉조에서 나왔다.)

이의봉(李義鳳)의 《고금석림(古今釋林)》에 흉노어(匈奴語)를 인용하여, 탱리고도(撐犁孤塗)(천자(天子)라는 뜻)는 우리 방언(方言)과 서로 관계가 있다 했으니, 이것도 또한 동·북 양이(兩夷)가 같은 종족에 근원하고 있음이 증거가 되며, 용신(龍神)·천신(天神) 등에게 제사 지내는 풍속도 또한 이 계통의 유래이다.

또 진수(陳壽)의 《삼국지(三國志)》에 "진한(辰韓)은 옛 진국(辰國)이다. 변진(弁辰) 여러 나라에 변진미리미동국(弁辰彌離彌凍國)과 난미리미동국(難彌離彌凍國)이 있다" 하니 옛날에 진(辰)을 용(龍)이라 하였으며, 또 우리 방언에 용을 미리(彌離)라 하였다. 따라서 진국(辰國)·진한(辰韓)·변진(弁辰)·변진미리미동국(弁辰彌離彌凍國)·난미리미동국(難彌離彌凍國) 등 국호는 용(龍) 이야기와 관계가 있는 것 같다. 이제 전적(典籍)에 보이는 삼국 시대의 용 신화(神話)를 다음과 같이 열거하여 참고하고자 한다.

　북부여 천제(天帝)의 아들 해모수(解慕漱)가 오룡거(五龍車)를 타고 흘승골성(訖升骨城)에 내려왔다(《고기(古記)》).
　고구려 시조 동명왕(東明王) 3년(B.C. 35) 봄 3월에 황룡(黃龍)이 골령(丹嶺)에 나타났다. 또 유리왕(瑠璃王) 27년(8)에 황룡국(黃龍國)이라는 기사가 있으며(《삼국사기(三國史記)》), 보장왕(寶藏王) 때 당(唐)나라 도사(道士) 등이 국내의 명산·대천을 돌아다니며 옛 평양성(平壤城)의 지세는 신월성(新月城)이라 하여 남하(南河)의 용에게 명하여[呪勅] 성을 더 쌓아 만월성(滿月城)으로 만들어 용언성(龍堰城)이라 이름하고 비결[讖]을 지어 용언도(龍堰堵), 또는 천년보장도(千年寶臧堵)라 하였다(《삼국유사(三國遺事)》).
　백제 무왕(武王)의 이름은 장(璋)이다. 어머니가 과부가 되어 서울 남쪽 연못가에 집을 짓고 살았는데 그 연못의 용(龍)과 정을 통하여 낳았다(《삼국유사(三國遺事)》).
　만어사(萬魚寺)는 옛 자성산(慈成山)이며, 또 아야사산(阿耶斯山, 처음에는 마야사(摩耶斯)라 했는데 이는 물고기[魚]이다)이라 하는데 곁에 아라국(呵囉國)이 있었다. 옛날에 알이 하늘에서 바닷가에 내려와 사람이 되어 나라를 다스리니, 곧 수로왕(首露王)이다. 이 당시 경내(境內)에 옥지(玉池)가 있고 그 못에 독룡(毒龍)이 있었는데 만어산(萬魚山)에 다섯 나찰녀(羅刹女)가 있어 왕래하면서 서로 정을 통하였다. 이 때문에 때때로 천둥 치고 비가 내려 4년이 지나도록 오곡(五穀)이 익지 않았다. 왕이 주문으로 금해도 되지 않아서 머리를 숙이고 불가(佛家)의 설법(說法)을 청한 뒤에 나찰녀가 오계(五戒)[4]를 받아들여 뒤에 해가 없었으며, 동해(東海) 어룡(魚龍)은 만동(滿洞)의 돌로 화해서 각각 종경(鐘磬)[5]의 소리를 낸다(《고기(古記)》).

이와 같은 이야기는 모두 용 신화(神話)이며, 아라룡(呵囉龍) 이야기는 순수한 인도식(印度式)이다. 대개 수로왕비(首露王妃)가 인도에서 왔으므로 일단의 용 이야기와 관계가 있는 것이다(《가락국기(駕洛國記)》).

용 신화는 신라 시대에 이르러 구체적이 되었으니, 처음 시조의 비(妃) 알영(閼英)·계룡(鷄龍)·현서(現瑞)의 이야기로 시작하여 석탈해(昔脫解)가 용성국(龍城國)에 내려왔다는 신화는 점점 불서(佛書)의 풍미(風味)를 띠고 있다. 대개 모든 불서가 용천(龍天)의 사건을 말한 것이 많다. 곧 《법화경(法華經)》에 용녀(龍女)가 성불(成佛)한 이야기가 있고, 《화엄경(華嚴經)》에 무량제천용왕(無量諸天龍王)이 있는데 비루박차용왕(毗樓博叉龍王)·사갈라용왕(娑竭羅龍王) 등이 구름을 일으키고 비를 내려 모든 중생(衆生)으로 하여 심한 고뇌(苦惱)를 소멸케 한다 하니, 후세에 비를 내리게 하는데 용왕(龍王)에게 빌고 제사 지내는 것이 모두 여기에 뿌리를 두고 있다. 또 당(唐)의 현장법사(玄奘法師) 《서역기(西域記)》에 용의 일을 말한 것이 심히 많으며, 일본 사람 호리 도쿠겐[堀德謙]이 지은 《서역기 해설》에 고증한 것이 있으니, 그 말에 "인도 고대에 용(龍) 종족(種族)이 있었는데, 그 이름은 '나가(Naga)'로서 아리아 종족과는 다르고, 인도 북방 히말라야[喜瑪拉耶] 산계(山系)에

---

4) 五戒: 불교에서 지켜야 할 다섯 가지 禁戒로, 곧 중생을 죽이지 말 것, 도둑질하지 말 것, 음행하지 말 것, 거짓말하지 말 것, 술 마시지 말 것 등이다.

5) 鐘磬: 編磬과 編鐘 또는 그 소리. 磬鍾이라고도 한다.

살며, 대개 보통 인류로서 용관(龍冠)을 5개, 7개씩 많이 쓴 것이 고탑(古塔)의 조각 가운데서 보인다" 하였다.

《삼국사기》 및 《삼국유사》 등 책에 용의 기사가 많은데 그 기록을 열거하여 참고로 이용하고자 한다.

《삼국유사》: 신라 시조 박혁거세(朴赫居世)가 강생(降生)하니, 이날 사량리(沙梁里) 알영정(閼英井, 일명 아리영정(娥利英井))가에 계룡(鷄龍)이 나타나 왼편 겨드랑이에서 동녀(童女)를 낳으니(혹은 용(龍)이 나타나 죽으므로, 그 배를 갈라 동녀(童女)를 얻었다 한다) 자태와 용모가 매우 고왔으나 입술이 닭의 부리와 같았다. 월성(月城)의 북천(北川)에 가서 목욕시키니 그 부리가 떨어졌다. 그것으로 인해서 내를 발천(撥川)이라 하고 나온 곳인 우물 이름을 이성(二聖)이라 하는데, 남자는 왕이 되고 여자는 왕후가 되었다.

《신라사전(新羅祀典)》을 살펴보면, 웅천주(熊川州)에 계룡산(鷄龍山)이 있는데, 나라의 서악(西岳)이다. 그러므로 중사(中祀)의 차례에 배열하였다. 계룡(鷄龍)이라는 이름을 얻게 된 것은 본래 서벌(徐伐)의 서연산(西鳶山) 선도신모(仙桃神母)가 이성(二聖)을 낳은 고사(故事)와 알영(閼英)이 태어날 때 계룡이 상서롭게 나타났으므로 그 이름이 후세에 전해 오면서 서악(西岳) 계룡(鷄龍)에 이른 것으로 추측된다.

《삼국유사》〈선도성모(仙桃聖母)〉조를 상고하면, 신모(神母)는 본시 중국 제실(帝室)의 딸로 이름을 파소(婆蘇)라 하였으며, 일찍이 신선의 술법을 배워 해동(海東, 신라)에 와서 돌아가지 않고(서연산(西鳶山)이 곧 선도산(仙桃山)이다) 성자(聖子)를 낳아 동국(東國)의 처음 임금이 되었으니, 대개 박혁거세와 알영 두 성인[二聖] 일 것이다. 그러므로 계룡(鷄龍)·계림(鷄林)·백마(白馬) 등으로 칭하였으니 계(鷄)는 서쪽에 속하는 까닭이다.

또 서거정(徐居正)의 《사가집(四佳集)》〈계룡산(鷄龍山) 가섭암(迦葉菴) 중신기(重新記)〉에 "장백(長白)의 한 줄기가 웅진(熊津)에 이르러 큰 산이 되었는데, 계룡(鷄龍)으로 신라 5악(五岳)의 하나이다. 처음에는 선도(仙桃)라 하였고, 다음에는 서연(西鳶)이라 했으며, 그 뒤에 이 이름이 되었으니 그 산세가 굴곡(屈曲)하여 서려 있으면서도 뒤섞여서 하나로 되는 듯 자못 신령스럽고 기이하다. 산마루에는 항상 금빛 같은 샘이 솟아나고 아래는 용담(龍潭)이 있는데 검푸른 것이 놀랍기만 하다. 산 북쪽편〔陰〕에는 안육왕(安育王) 탑이 있고, 울창한 남쪽편〔陽〕에는 왕도(王都) 기운이 있다" 하니 지금 계룡산은 비결과 참서(讖書)의 땅(세상에서는 정(鄭)씨가 왕이 되어 도읍할 곳이라 한다)으로서 미신(迷信)을 믿는 자들이 그 아래 모여 살며 가뭄에 단비 기다리듯 주인 오기를 기다린다. 그러나 이상의 여러 가지를 종합하여 볼 때 계룡(鷄龍)의 신비(神秘)는 신라 때의 일인데 지금 사람들이 허망하게도 《정감록(鄭鑑錄)》의 미신에 부회(附會)하니 그 어리석음이 지나치다.

《삼국유사》〈신라 탈해왕(脫解王)〉조: 탈해가 스스로 말하기를 "나는 본래 용성국(龍城國, 용성(龍城)은 왜(倭)의 동북쪽 1천 리에 있다) 사람으로, 우리나라에는 일찍이 28용왕(龍王)이 있었는데 사람의 태(胎)에서 나왔으며, 5,6세 때부터 왕위에 올라 만민(萬民)을 가르쳐 성명(聖命)을 올바르게 하였습니다. 8품의 성골(聖骨)이 있으나 간택(揀擇)하는 일이 없이 모두 대위(大位)에 올랐습니다. 이때 우리 부왕(父王) 함달파(含達婆)가 적녀국(積女國)의 왕녀를 맞아서 비(妃)를 삼았으나 오래도록 아들이 없으므로 기도하여 자식을 구한 지 7년 뒤에 큰 알 1개를 낳았습니다. 이에 대왕께서 여러 신하에게 묻기를 사람이 알을 낳은 것은 고금에 없는 일이므로 이것은 불길한 징조라 하시고, 궤를 만들어 나를 그 속에 넣고,

칠보(七寶)와 노비(奴婢)를 배 안에 함께 실어 바다에 띄우면서 축원하시기를 인연 있는 곳에 가서 나라를 세우고 일가를 이루어라 하셨습니다. 갑자기 적룡(赤龍)이 나타나 배를 호위하여 이곳에 왔습니다" 하였다.

용이 사람의 태(胎)에 의해 태어났다는 석탈해(昔脫解)의 이야기는 비록 신화(神話)이긴 하지만 불합리하다. 용이라는 동물이 과연 존재한다면 틀림없이 뱀 종류일 것이다. 뱀은 알에서 나는 것이므로 용도 알에서 태어나는 것은 틀림없는 이치이다. 근년(近年) 신문에 미국인 탐험단이 몽고 내지(內地) 여러 곳을 돌아다니다가〔游歷〕용의 알 10여 개를 채득(採得)하였는데, 약 50만 년 전에 낳은 것이라는 등의 이야기가 실려 있다. 대체로 서양 사람들은 용은 없다는 논리를 주장하는데, 지금은 또 어찌하여 갑자기 용의 알을 이야기하는가. 동양에는 《주역(周易)》에 용의 기사가 많고 또 《사기(史記)》에 공자(孔子)가 노자(老子)를 보고 용에 비유한 것이 있으니, 이것은 모두 상상에 펼쳐진 이야기가 아닌가? 나도 또한 용은 보지 못하였으므로 단언은 하지 못하겠다.

《삼국사기》〈신라본기(新羅本紀)〉: 문무왕(文武王) 21년(681) 가을 7월에 왕이 돌아가시니 신하들이 유언(遺言)에 따라 동해 입구 큰 바위 위에 장사 지내니, 세속에서 전하기를 왕이 화하여 용이 되었다 하여 그 바위를 대왕석(大王石)이라 하였다.

《삼국유사》〈문호왕(文虎王)[6] 법민(法敏)〉조: 대왕이 나라 다스린 지 21년 영륭(永隆) 2년 신사(辛巳, 681)에 돌아가시니 유언에 따라 동해의 큰 바위 위에 장사 지내었다. 왕은 평시에 항상 지의법사(智義法師)에게 이르기를 "짐이 죽은 뒤에 호국대룡(護國大龍)이 되어 불법(佛法)을 숭

---

6) 文虎王: 신라 文武王으로, 고려 惠宗의 諱가 武이므로 피하여 虎라 하였다.

상하고 나라를 수호(守護)할 것이오" 하자 법사(法師)가 말하기를 "용이 되는 것은 축보(畜報)인데 어찌하겠습니까?" 하였다. 왕이 말하기를 "내가 세간(世間)의 영화를 싫어한 지 오래요. 만약 추한 응보로서 짐승이 된다면 짐의 뜻에 합당하오" 하였다.

《삼국유사》〈만파식적(萬波息笛)〉조: 제31대 신문대왕(神文大王)의 휘(諱)는 정명(政明)으로 개요(開耀) 원년 신사(681) 7월 7일에 즉위하였으며, 성고(聖考)[7] 문무대왕(文武大王)을 위하여 동해변(東海邊)에 감은사(感恩寺)를 세웠다. (《사중기(寺中記)》에 문무대왕이 왜병(倭兵)을 진압하기 위해 이 절을 짓다가 마치지 못하고 돌아가셔서 해룡(海龍)이 되고, 그 아들 신문(神文)이 즉위하여 개요 2년에 준공하였는데 금당(金堂) 계단 아래에 동쪽으로 난 구멍이 하나 있으니, 그것은 용(龍)이 이 절에 들어와 서리게 하기 위한 데서 준비한 것이다. 대개 유조(遺詔)로 뼈(骨)를 감추게(藏) 하기 위한 곳이므로 대왕암(大王巖)이라 하고, 절은 감은사(感恩寺)라 명명했으며, 뒤에 용(龍)의 형상이 나타난 곳은 이견대(利見臺)라 하였다). 다음해 5월 초하루에 해관(海官) 파진찬(波珍飡) 박숙청(朴夙淸)이 아뢰기를 "동해에 작은 산이 떠서 감은사(感恩寺)로 향하여 오는데 파도를 따라 왕래합니다" 하였다. 왕이 기이하게 여겨 일관(日官) 김춘질(金春質, 일명 춘일(春日))에게 명하여 점을 치니, 그가 말하기를 "성고(聖考)께서 이제 해룡(海龍)이 되시어 삼한(三韓)을 진호(鎭護)하고 또 김공(金公) 유신(庾信)은 삼십삼천(三十三天)[8]의 한 아들로서 지금 내려와서 대신(大臣)이 되어, 두 성인[二聖]이 덕(德)을 같이하여 성(城)을 지키는 보배를 내주시려 하니 만약 폐하께서 바닷가에 가시면 반드시 값을 매길 수 없는 큰

---

7) 聖考: 돌아가신 父王.
8) 三十三天: 불교의 欲界 6天 중 제2천인 忉利天으로, 범어 Trāyastrimśa의 음역. 수미산 꼭대기에 있으며, 중앙에 善見城이 있는데, 4면이 8만 유순씩 되는 큰 성이며, 여기에 帝釋天이 있고, 사방에 각기 8성이 있어서 하늘 사람들이 살고 있다. 사방 8성이므로 모두 32성인데, 帝釋天의 善見城을 더하여 33천이라 한다.

보물을 얻을 것입니다" 하였다. 왕이 기뻐하여 그 달 7일에 이견대(利見臺)에 행차하시어 배를 타고 그 산에 들어가니 용이 검은 옥대(玉帶)를 바쳤다. 왕이 감은사(感恩寺)에서 자고 17일에 지림사(祗林寺) 서쪽 시냇가에 이르러 수레를 멈추고 점심을 먹었다. 태자(太子) 이공(理恭, 곧 효소왕(孝昭王))이 대궐을 지키고 있다가 이 소식을 듣고 말을 타고 달려와서 하례하고 천천히 살펴보고 아뢰기를 "이 옥대는 여러 구멍이 모두 진룡(眞龍)입니다" 하니 왕이 말하기를 "네가 어떻게 아느냐?" 하였다. 태자가 말하기를 "구멍 하나를 물에 넣어보겠습니다" 하고 왼편 둘째 구멍을 떼서 시냇물에 담그니 곧 용이 되어 하늘로 올라가고 그곳은 못이 되었으므로 용연(龍淵)이라 하였다.

《삼국유사》: 신라 제24대 진흥왕(眞興王) 즉위 14년 계유(553)에 용궁(龍宮) 남쪽에 자궁(紫宮)을 지으려 할 때 황룡(黃龍)이 그곳에 나타나 이를 불사(佛寺)로 고쳐 짓고 황룡사(皇龍寺)라 하였다.

《삼국유사》: 선덕왕(善德王) 5년(636), 자장법사(慈藏法師)가 당(唐)나라에 들어가서 대화지(大和池)를 지나다가 용왕(龍王)을 만나고 귀국 후에 그 말에 의하여 황룡구층탑(皇龍九層塔)을 세우니, 그 호법룡(護法龍)은 곧 대화지 용의 아들이다는 설이 있다.

《삼국유사》: 원성대왕(元聖大王) 11년(795), 당(唐)나라 사신이 와서 동지(東池)·청지(靑池) 두 용에게 주문을 외워 작은 고기로 변하게 하여 통발에 담아 돌아갔다는 이야기가 있다.

《삼국유사》: 헌강왕(憲康王)이 개운포(開雲浦)에 놀러가니 동해용왕(東海龍王)이 아들 일곱을 데리고 나타나서 덕(德)을 찬양하여 춤을 추었는데, 그 한 아들 처용(處容)이 왕을 따라 서울에 들어와 왕정(王政)을 보좌하였다는 이야기가 있다.

《삼국유사》: 진성왕(眞聖王) 시대, 아찬(阿湌) 간패(艮貝)가 사신(使臣)으로 당나라에 가는데 배가 곡도(鵠島)에 다다르니 두 용이 배를 호위하였다는 이야기가 있다.

《삼국유사》: 명랑대사(明朗大師)가 용궁(龍宮)에 들어가 비법(秘法)을 전한 이야기가 있다.

송(宋)나라 《고승전(高僧傳)》: 신라 스님 현광(玄光)이 진(陳)나라에 들어가 사대화상(思大和尙)을 만나 법화삼매(法華三昧)를 깨닫고 귀국할 때 해룡(海龍)을 맞아들여 법을 들었다는 이야기가 있다.

《삼국유사(三國遺事)》: 혜통법사(惠通法師)가 독룡(毒龍)을 항복시킨 이야기가 있다.

《삼국유사》: 보양법사(寶壤法師)가 용궁(龍宮)에 들어가 불경의 뜻을 생각하니〔念經〕용이 그 아들 이목(璃目)을 시켜 모시고 돌려보냈다는 이야기가 있다.

《신승전(神僧傳)》: 석무루(釋無漏)가 총령(葱嶺)에 들어가 독룡(毒龍)을 굴복시켰다는 이야기가 있다.

송나라 《고승전(高僧傳)》: 신라 스님 의호(義湖)가 당(唐)에 들어가 법(法)을 전하고 귀국하는데 여자가 용으로 화하여 배를 호위하여 왔다는 이야기가 있다.

송나라 《고승전》: 신라 사신이 바다를 건너 당에 들어가서 의원을 찾는데 검해(鈐海)라는 이름을 가진 바다 용왕이 맞아들여 《금강삼매경(金剛三昧經)》을 가르쳤다는 이야기가 있다.

고려 왕씨(王氏)를 용(龍)의 종족이라 이르고 조선 왕가(王家)도 또한 용에 대한 이야기가 있는데, 이것은 신라의 옛것을 계승한 것이다.

제18장

신라(新羅)

(日月神話의 계통)

제1절 (국호(國號)) 서벌(徐伐)·서나벌(徐那伐)· 서야벌(徐耶伐)(계명성(啓明星)의 뜻)

《삼국유사》: 국호를 서라벌(徐羅伐) 또는 서벌(徐伐)(지금 속(俗)에 경자(京字)를 훈(訓)하여 서벌(徐伐)이라 이르는 것도 이 때문이다)이라 하였다.

《삼국사기》〈신라본기(新羅本紀)〉: 시조 박혁거세는 전한(前漢) 선제(宣帝) 오봉(五鳳) 원년 갑자(B.C. 57) 4월 병진에 즉위(卽位)하여 국호를 서나벌(徐那伐)이라 하였다.

《대동지지(大東地志)》(고산자(古山子) 김정호(金正浩) 지음): 서나벌(徐那伐)을 서야벌(徐耶伐)이라 하고 또 방언에 대평(大坪)을 벌(伐)이라 하는데, 서야벌은 곧 왕경(王京)을 일컫는 것으로 지금의 경도(京都)를 말하며, 변하여〔轉〕 서울(徐鬱)이 되었다.

신라가 진한(辰韓)의 계통을 이어 개국(開國)하고 도읍을 건설하는 데 따른 여러 가지 길한 징조〔瑞應〕의 신화는 해와 달의 뜻을 포함하지 않는 것이 없다. 서벌(徐伐)이라는 국호도 곧 그 중의 하나이다. 대개 '서벌(徐伐, Sopol)' '서야벌(徐耶伐, Soyapol)' '서나벌(徐那伐, Sonapol)'은 그 요지가 '시별(Saipyol, 曙星[1])'의 역음(譯音)을 벗어나지 않으니 이것은 새벽에 해가 돋는다는 뜻으로서, 곧 진한의 진(辰)은 우리말의 '별(Pyol)'의 훈(訓)과 같은 예이다.

제2절 (국호) 계림(鷄林)(월주(月主)의 뜻)

박혁거세가 개국한 다음 국호를 서벌(徐伐)이라 했으며, 제4대 탈해왕(脫解王) 9년(65)에 이르러 계림(鷄林)이라 이름을 고쳤다.

《삼국사기》: 탈해왕 9년 봄 3월, 왕이 밤에 금성(金城) 서쪽 시림(始林) 숲속에서 닭이 우는 소리를 듣고, 날이 밝자 호공(瓠公)을 보내어 살펴보게 하였는데, 금색(金色)의 작은 궤짝이 나뭇가지에 걸려 있고 흰 닭이 그 밑에서 울고 있었다. 호공이 돌아와 이 사실을 아뢰었다. 왕이 사람을 시켜 그 궤짝을 가져와 열어보니 용모가 기이하게 뛰어난 어린아이가 그 안에 있었다. 왕이 거두어 기르면서 시림(始林)을 계림(鷄林)으로 이름을 고치고 국호로 삼았다.

《삼국유사》: 처음에 왕이 계림에서 태어났다 하니, 어떤 이는 계림국(鷄林國)은 계룡(鷄龍)이 나타난 상서로운 일 때문이라 하고, 일설에는 탈해왕 시대에 김알지(金閼智)를 얻었을 때 숲 속에서 닭이 울었으므로 국호를 계림이라 고쳤다 한다.

《삼국유사》: 호공(瓠公)이 밤에 월성(月城) 서쪽을 가는데 시림(始林)

---

1) 曙星: 샛별 · 明星 · 새벽별.

속에서 큰 광명(光明)이 나타났으며 자색 구름이 하늘에서부터 땅에 드리우고, 구름 속에서 황금궤가 나뭇가지에 걸려 있었으며, 궤에서 빛이 나오고 또 흰 닭이 나무 밑에서 울었다.

지금의 경주(慶州)는 신라의 옛 도읍이다. 방언에 '계(鷄)〔닭〕' 자의 훈(訓)은 '월(月)〔달〕' 자의 훈과 같다. 대개 월(月)을 '달(達, Tal)'이라 하고 계(鷄)도 또한 '달(達, Tal)'이므로 달(達)은 곧 '타(吒)'이다. 《삼국유사》〈귀축제사(歸竺諸師)〉조에 "천축인(天竺人)이 해동(海東, 신라)을 부르기를 구구타예설라(矩矩吒䃜說羅)라 하였으니, 구구타(矩矩吒)는 계(鷄)를 말함이며, 예설라(䃜說羅)는 귀(貴)를 말함이다" 하니, 구구(矩矩)는 우리 방언에 닭 부르는 소리이며, 타(吒)는 계(鷄)자의 훈(訓)의 역음(譯音)이며, 계림(鷄林)의 '님〔林, Nim〕'은 우리 방언에 존경의 말로, 곧 왕으로, 일본어 신양(神樣, ガサマ)의 양(樣)자와 뜻이 같다. 그러므로 '달님(Talnim, 鷄林)'이라는 것은 곧 월주(月主)의 뜻이다. 월성 서쪽에 큰 빛이 있고 궤에서 빛이 나온다는 등의 이야기에서 실증(實證)할 수 있다. 신라는 일월신(日月神)을 숭배한 때문에 그 신앙의 대상인 일월신(日月神)으로 국호를 삼은 것이다. 이것은 마치 인도(印度)가 월국(月國)이라는 의미와 그 취지가 같지 않은가.

제3절 (국호) 사라(斯羅)·신라(新羅) 등(일월(日月)의 뜻)

《삼국사기》: 지증왕(智證王) 4년(503) 겨울 10월에 여러 신하들이 왕에게 아뢰기를 "시조가 창업(創業)한 이래로 나라 이름을 정하지 아니하여 혹은 사라(斯羅)라 칭하고, 혹은 사로(斯盧)라 칭하고, 혹은 신라(新羅)로 말하였으나 신(臣) 등의 생각은 신(新)이란 덕업(德業)이 날로 새로워진다는 뜻이며, 나(羅)는 사방을 망라한다는 뜻이므로(이능화(李能和)는, 이 말은 글을 꾸미는 말[辭]이라고 하였다) 이것을 국호로 삼는 것이 마땅합니다" 하니 왕이 따랐다.

　진수(陳壽)의 《삼국지(三國志)》: 변진(弁辰) 여러 나라에 사로국(斯盧國)이 있었다.

　《남사(南史)》: 위(魏)나라 시대에 신로(新盧)라 하였고, 송(宋)나라 때에 신라(新羅) 혹은 사라(斯羅)라 하였다.

　고산자(古山子) 김정호(金正浩)의 《대동지지(大東地志)》: 방언으로 신(新)을 사(斯)라 부르고 국(國)을 나(羅)라 부르다가 변하여 나(那)·노(盧)·야(耶)가 되었으므로, 사라(斯羅)·신로(新盧)는 모두 새나라[新國]를 일컫는다.

　변진(弁辰) 삼한 시대에 이미 사로국(斯盧國)이라 칭하는 나라가 있었으니 이것은 그 근본이 되는 명사(名詞)이지, 신국(新國)이라는 뜻이 아님이 분명하다. 여러 설이 분분(紛紛)하여 그 근본이 무슨 뜻인지 알 수 없으나 내 어리석은 견해로는 몽고어(蒙古語)에서 나온 것이 아닌지 의심스럽다. 대개 몽고어에 날[日]을 '나란(羅蘭, Naran)'이라 하고, 달[月]을 '사란(斯蘭, Saran)'이라 한다. 우리말에 국(國)을 '나라(羅羅, Lara)'라 하는데 이것은 몽고말의 날[日]과 같고, 사라(斯羅)·사로(斯盧)·신로(新盧) 등은 몽고어의 달[月]과 같으며, 또 우리말의 '서(曙)'와 '신(新)' 자의 훈(訓)은 '시(Sai)'이고, 일(日)은 '날(Nal)'이니, 합성하여 '시날(Sainal)'이다. 따라서 사로(斯盧)·사라(斯羅)·신라(新羅) 등의 명칭은 또한 서일(曙日), 혹은 새날[新日]의 뜻이다.

제4절 (일본어) 신라귀(新羅貴)(シラキ)

일본 고어(古語)에 신라를 '시라기(シラキ, Siraki)'라 한다. 대개 '시라(シラ)'는 곧 사로(斯盧), 혹은 사라(斯羅)·신라(新羅)의 역음(譯音)이며 그 말미에 문득 '기(キ)'자를 더하여 그 뜻을 알 수 없게 하였다. 이제 일본 고서(古書, 홍인(弘仁) 6년(815))《신찬성씨록(新撰姓氏錄)》을 상고한다.

新良貴……稻飯命後也. 是出於新良國主稻飯命出於新羅國王者祖合日本紀不見.

이것은 '신라귀(新羅貴, シラキ)'의 뜻이 분명하다. 또 일본 고사(古史)에 소전명존(素戔嗚尊)과 그 아들 오십맹명(五十猛命)이 신라에 와서 살았다 하니(《니혼쇼키(日本書紀)》의거), '존(尊)'과 '명(命)'은 귀인(貴人)이다. 그러므로 귀(貴)자 하나를 신라 아래에 붙인 것인가. 신라는 본래 일월신(日月神)을 숭배하였으며, 그 왕자 이름은 천일창(天日槍)이라 칭하니 일본 신화와 관계 있음을 또한 알 수 있다. 일본 고서《출운풍토기(出雲風土記)》에 신라가《지라기(志羅紀)》(シラキ)를 지었다 하니 이는 다만 자음(字音)을 취하여 신량(新良)과 같은 것이니 이른바 만엽가명(萬葉假名)이다. 마치 우리 반도(半島)의 향찰(鄕札)의 가음(假音)을 취한 것 같다. 일본은 고대에 변진·진한과 더불어 신라 이전에 이미 문물(文物)을 서로 통하였다.

《삼국지(三國志)》: 진한(辰韓)에는 철(鐵)이 나서 한(韓)과 왜(倭)는 모두 가서 취하였다.

《후한서(後漢書)》: 변진(弁辰)이 진한과 잡거(雜居)하면서 왜(倭)와 가까워 문신(文身)한 자가 조금 있었다.

신라사(新羅史)에는 천일창(天日槍)이 없으니, 아마 진한의 귀인(貴人)이 일본에 건너가서 자기 이름을 천일창이라 한 것인지도 알 수 없는 일이다.

【附】 제5절 국호(國號) 시라(尸羅) 부회(附會) 불서(佛書)

《동문선(東文選)》: 최치원(崔致遠)이 지은 〈신라 가야산 해인사 결계장기(結界場記)〉에 "일찍이 들으니 대일산(大一山) 석씨(釋氏)가 금언(金言)을 가지고 이 세상을 깨우친다 하니 계(戒)는 대지(大地)가 생성(生成)하는 주지(住持)와 같다. 대개 심업(心業)의 발로(發露)를 말함이다. 그러므로 대경(大經)에 말하기를, 세상이나 세상을 벗어나는 모든 선(善)한 뿌리는 모두 가장 좋은 시라지(尸羅地)를 의지하는 것이라 하니, 그렇다면 지명(地名)도 서로 비슷하고 임금님의 말씀〔天語〕도 살필 수 있다. 국호(國號) 시라(尸羅)는 실제는 파라제흥법(波羅提興法)의 땅이며 산을 가야(伽倻)라 일컫는 것은 석가(釋迦)가 도를 깨달은 곳과 같다" 하였다.

제6절 (씨명(氏名)) 박혁거세(朴赫居世)(해가 상서로운 광명이세(光明理世)의 뜻)

《삼국유사》: 진한(辰韓) 6부의 조상이 양산(楊山) 나정(蘿井) 곁에서 큰 알 하나를 얻어, 알을 깨뜨려서 동자(童子)를 얻었다. 동천(東泉)에서 목욕시키니 몸에서 광채(光彩)가 나고, 새와 짐승들이 따라 춤추고, 천지가 진동하고 해와 달이 청명해지므로 이름을 혁거세왕(赫居世王)이라 하였다. (향언(鄕言)이다. 혹은 불구내왕(弗矩內王)이라고도 하는데, 밝게 세상을 다스린다〔광명이세〕는 뜻이다.)

박혁거세는 향언(鄕言)이 불구내왕(弗矩內王)으로 광명이세(光明理世)의 옮긴 말〔譯語〕이다. 대개 우리말에 혁거세의 혁(赫)은 훈(訓)이 불(弗)이며, 거(居)와 구(矩)의 음이 같고, 세(世)의 훈(訓)은 내(內)이다. (《훈몽자회(訓蒙字會)》에 이르기를 '누리세'라 하였다.) 그러므로 불구내(弗矩內)는 곧 혁거세이다. '불구레〔弗矩內, Pulkurei〕'는 우리말로 붉은 해가 처음 떠오르는 모습을 나타내는 것이며, '밝〔朴, Pak〕'은 우리말로 광명(光明)이며, 혁(赫)은 쌍적(雙赤)으로 글자가 되었으며, 이것도 붉은 해가 밝다는 뜻이다. 요지는 모두 붉은 해가 처음 떠오르는 광명(光明)의 형상이다. 거세(居世)는 곧 세상을 다스린다는 뜻이다. 윗 글을 볼 때 몸에서 광채가 나고 해와 달이 청명하다 등의 이야기들은 해와 달의 형상을 형용하지 않은 것이 없다.

또 《삼국사기》를 살펴보면 "소지마립간(炤智麻立干, 마립간(麻立干)은 왕을 말한다) 9년(487) 봄 2월에 내을(奈乙)에 신궁(神宮)을 지었는데, 내을은 시조가 처음 태어난 곳이다" 하니, 내을은 양산 나정이다. 나(蘿)는 내(奈)와 음이 같으며, 정(井)자는 훈(訓)이 음을(陰乙)이므로 내을(奈乙)이라 하여 글자는 다르지만 의미는 변하지 않으니 이두문(吏讀文) 명사이므로 이런 변화가 있는 것이다. 대개 내을(奈乙)은 풀이하면 음(音)이 '날(Nal)'이 되는데, 곧 일(日)을 말하는 것이다. 소지왕(炤智王)이 그 시조가 해[日]의 정기로 탄생하였다 하여 그곳에 신궁(神宮)을 짓고 제사 지냈다. 또 그 시조의 성은 박(朴), 부르기[號]는 혁거세, 혹은 불구내로 이 모두 해가 떠올라 밝은[光明] 형상을 나타내는 것이므로, 신라의 국호·씨명(氏名) 및 종교는 일월신화(日月神話)에서 나오지 않은 것이 없으니, 앞뒤의 여러 설이 절절(節節)이 맞다.

제7절 (씨명(氏名)) 석탈해(昔脫解)(일월(日月)의 의미가 있다)

《삼국유사》: 석탈해(昔脫解)가 정명국(正明國)에서 왔다 하니 왜(倭)의 동북쪽 1천 리이다.

《동국여지승람(東國輿地勝覽)》〈경주부(慶州府) 고적(古蹟)〉조: 월성(月城)은 부(府)의 동쪽 5리에 있으며, 파사왕(婆娑王) 22년(101)에 쌓아서 모양이 반달 같으므로 이름을 반월성(半月城)이라 하였다. 흙으로 쌓았으며 둘레가 3천23척(尺)이다. 처음 탈해왕이 어릴 때 토함산(吐含山)에 올라 성중(城中)에 거처할 만한 곳을 찾아보다가 양산(楊山) 한 봉우리가 일월(日月) 형세와 같음을 보고 내려와 찾아보니 곧 호공(瓠公)의 집이었다. 몰래 숫돌과 숯[礪炭]을 그 옆에 묻어 놓고 호공에게 이르기를 "이곳은 우리 조상의 집이다" 하였다. 호공과 쟁변(爭辯)[2]하여 드디어 관

---

2) 爭辯: 다투어 변론하는 것.

(官)에 소송하였는데, 관에서 말하기를 "무엇으로 너희 집이라고 증명하는고?" 하니 탈해가 말하기를 "나는 본래 대장장이〔冶匠〕인데 잠시 이웃 고을에 나간 사이에 남에게 빼앗겼으니 땅을 파서 증거를 삼으리라" 하고 땅을 파니 과연 숫돌과 숯〔礪炭〕이 나와서, 드디어 탈해에게 주어 살게 하였다(이상 《삼국사기》에 보인다) 하니 이곳이 월성(月城)의 터이다.

석탈해가 명국(明國)에서 왔다 하니 정명(正明)은 일월(日月)의 의미가 있으며, 또 왜(倭)의 동북에 있고 해의 근본을 가리키는 것이니 이것도 또한 해돋는 곳이라는 의미이다. 또 탈해(脫解)가 일월(日月) 형세의 땅으로 주택을 삼고 뒤에 그 유지(遺址)도 또한 월성(月城)이라 했으므로, 이러한 고사(故事)는 일월신화(日月神話)와 교섭이 있었음을 분명히 알 수 있다. 이뿐 아니다. 석(昔)씨의 석은 우리말의 훈(訓)에 '예(濊, Yei)'이며, '예(濊)'는 광운(廣韻)에 '회(會, Hoi)'라 부른다. 이것은 본래 '회'이던 것이 전변(轉變)하여 '예'가 된 것이다. 그러므로 석(昔)자는 해〔日〕의 의미가 있는 것이다. 위의 '예맥(濊貊)'조를 참조하면 스스로 분해(分解)할 수 있다. 또 탈해의 '탈(脫, Tal)'은 '달〔月, Tal〕'의 뜻이고, '해(解, Hai)'는 '히〔日, Hai〕'의 뜻이다.

제8절 (씨명(氏名)) 김알지(金閼智)(달 신화)

《삼국유사》: 탈해왕 9년(65)에, 호공(瓠公)이 밤에 월성(月城) 서쪽을 가는데 큰 광명(光明)이 시림(始林, 일명 구림(鳩林)) 속에서 나타났다. 자색 구름이 하늘에서 땅에 뻗치었는데 황금궤가 나뭇가지에 걸려 있었으며, 빛이 그 궤에서 나오고 또 흰 닭이 나무 밑에서 울었다. 궤를 여니 그 속에 동남(童男) 하나가 누워 있다가 일어났다. 마치 혁거세의 고사(故事)와 같으므로 그 말로 인하여 알지라 이름하였다. 알지는 우리말(鄕言)에 어린아이를 말한다. (지금 소아(小兒)를 아지(阿只)라 하는 것이 이 것이다.) 금궤에서 나왔다 하여 성을 김씨라 하니 신라 김씨는 알지로부터 시작되었다.

월성(月城) 서쪽에서 큰 빛을 보고, 또 빛이 궤에서 나왔다는 등의 말은 달을 응(應)한 상서로운 신화이다(앞의 〈계림(鷄林)〉조 참조). 신라 김알지의 김과 가락(駕洛) 김수로(金首露)의 김은 모두 금궤・금합에서 나왔으므로 성을 김씨라 하는 것이다. 그러나 '곰(金, Kam)'은 우리 고어(古語)에 신(神)의 뜻이다(앞의 〈단군왕검(檀君王儉)〉조 참조). 예를 들면 지금 풍속 중 광부(鑛夫)들의 용어(用語)에 금토(金土, 금을 포함한 흙)를 일러 '곰(흙, Kamhurk)'이라 하는데, 금(金)자의 음이 '곰'인 것을 알 수 있다. 그러므로 김알지라는 것은 곧 신동(神童)을 말한다. 또 일설에는 알지가 김(金)으로 성을 삼은 것은 월성 서쪽에서 얻은 때문이라 하니, 서방(西方)은 금덕(金德)이라는 뜻인 것 같다. 《삼국유사》〈선도성모(仙桃聖母)〉조에, 〈계룡(鷄龍)・백마(白馬)・계림(鷄林)〉은 모두 서방(西方)이기 때문에 이름지은 것이라 하니, 이것으로 예를 삼을 수 있다.

제9절 (씨명(氏名)) 남해차차웅(南解次次雄)(일신(日神)을 숭배한 의미가 있다)

신라 제2대 남해왕(南解王)은 박혁거세(朴赫居世)의 적자(嫡子)이다. 무당의 뜻을 취하여 차차웅(次次雄)이라 하였다.

《삼국사기》에 의하면 차차웅은 혹은 자충(慈充)이다. 김대문(金大問)이 말하기를 "방언에 무당을 이르는 것이니, 세상 사람들은 무당이 귀신을 섬기며 제사를 숭상하기 때문에 외경(畏敬)하여 존장(尊長)을 일컬어 자충(慈充)이라 한다" 하니, 이렇게 볼 때 남해차차웅(南解次次雄)은 혁거세를 계승하여 한 나라의 존장이 되어 귀신을 섬기고 제사를 숭상한 것을 알 수 있으며, 그 이름인 남해(南解)는 상당한 의미가 있는 것 같다. 우리말에 전(前)을 '압(Ap, 南)'이라 하고 일(日)을 '히(Hɑi, 解)'라 하는데, 합하여 말하면 남해(南解)라는 것은 해를 향하는 것을 말하는 것으로, 이것은 일신(日神)을 숭배하는 뜻인 것 같다.

제10절 (씨명(氏名)) 천일창(天日槍)(일신화(日神話)의 뜻이 있다)

일본 고사(古史)에 신라 왕자 천일창(天日槍, アマノヒホコ)이 일본에 건너가 거주했다는 설이 있으니, 지금 그 여러 기록을 다음과 같이 열거한다.

《고사기(古事記)》: 옛 신라 왕자 이름은 하늘의 해(日)이라는 기록이 있고, 연대가 표시되어 있다.

《니혼쇼키》: 수인천황(垂仁天皇 3년, B.C. 26) 봄 3월에 신라 왕자 천일창(天日槍)이 와서 귀순하였다. 우대옥(羽大玉) 1개, 족고옥(足高玉) 1개, 제록록적석옥(鵜鹿鹿赤石玉) 1개, 출석소도(出石小刀) 1개, 출석모(出石桙, 방패) 1개, 일경(日鏡) 1개, 웅신리(熊神籬) 1개 등 일곱 가지 물건을 가지고 왔으니 단마국(但馬國)에 간직해서 언제나 신물(神物)로 삼았다(칠보(七寶)가 나온 뒤 석신사(石神社)에서 소장).

《파마국풍토기(播磨國風土記)》: 천일창은 대기귀신(大己貴神)이 국토를 경영할 때에 건너왔다고 기록되어 있으나, 연대가 많이 다르다(《대일본신기사(大日本神祇史)》에 의거).

일본 수인천황(垂仁天皇) 3년은 곧 신라 시조 박혁거세 32년(B.C. 26)이다. 그러므로 소위 천일창(天日槍)은 박혁거세의 차자(次子)가 아니면 안 될 것이다. (박혁거세의 적자(嫡子)가 남해차차웅(南解次次雄)인 때문이다.) 그러나 우리나라 고사(古史)에는 증거할 만한 것이 전혀 없고, 다만 천일창이라는 그 이름이 일신화(日神話)와 관계가 있는 것으로, 이것은 박혁거세의 계통인 것 같다. 만약 그렇지 않다면 혹 변진(弁辰) 여러 나라 가운데 사로국(斯盧國)(《삼국지》에 의하면 변진(弁辰) 12국 중 사로국이 있다)의 한 존장(尊長)의 아들인지 알 수 없다.

제11절 (씨명(氏名)) 연오랑(延烏郎)·세오녀(細烏女)(일월(日月)의 의미가 있다)

《삼국유사》: 제8대 아달라왕(阿達羅王) 즉위 4년 정유(157)에 동해가에 연오랑(延烏郎)과 세오녀(細烏女) 부부가 살고 있었다. 하루는 연오(延烏)가 바다에 나가 바닷말을 따고 있는데 갑자기 바위 하나(혹은 일어(一魚)라 한다)가 그를 싣고 일본으로 돌아갔다. 그 나라 사람들이 보고, 이는 비상한 사람이라 하여 왕을 삼았다. (《일본제기(日本帝紀)》를 살펴보면, 전후(前後)에 신라(新羅) 사람으로 왕이 된 이가 없으니, 이는 변읍(邊邑)의 소왕(小王)이고 진왕(眞王)은 아닐 것이다.) 세오(細烏)가 그 남편이 돌아오지 않으므로 이상히 여겨 찾아보니 남편이 벗어놓은 신이 있었다. 그래서 그 바위에 올라가니 그 바위가 전과 같이 그녀를 싣고 갔다. 그 나라 사람들이 놀라워서 왕에게 아뢰었으며 부부가 서로 만나고 귀비(貴妃)로 삼았다. 이때 신라에서는 해와 달의 빛이 없어, 일관(日官)이 아뢰기를 "해와 달의 정기(精氣)가 우리나라에 있었으나 지금은 일본으로 갔기 때문에 이런 변이 일어났습니다" 하였다. 왕이 사자(使者)를 일본에 보내어 두 사람을 데려오게 하니, 연오(延烏)가 말하기를 "내가 이 나라에 온 것은 하늘이 시킨 것이니 이제 어떻게 돌아가겠소. 그러나 나의 비(妃)가 짠 세초(細綃)가 있으니 이것으로 하늘에 제사를 지내면 좋으리다" 하고 비단을 주었다. 사자가 돌아와 아뢰고, 그 말에 따라 제사를 지내니 해와 달이 전과 같았다. 그 비단을 국보(國寶)로 삼아 어고(御庫)에 넣어두고 그 창고를 귀비고(貴妃庫)라 하고, 하늘에 제사 지낸 곳을 영일현(迎日縣) 또는 도기야(都祈野)라 하였다.

연오(延烏)·세오(細烏)의 오(烏)는 이름에 응한 것이니 세속(世俗)에 이르기를 해(日) 안에 세 발 까마귀(三足烏)가 있다는 것이 이것이며, 영일(迎日)이라는 현(縣)의 이름은 곧 오(烏)를 맞이하는 것(迎烏)을 말한다.

제12절 (종교) 일월신(日月神) 숭배

《북사(北史)》: 신라에서는 매월 초하루에 서로 하례하며 왕이 연회를 베풀고, 여러 신하에게 상을 내리며 그날 일월신주(日月神主)에게 경배(敬拜)한다.

《수서(隋書)》: 신라는 매년 정월 초하루에 일월신주에게 배례(拜禮)한다.

《구당서(舊唐書)》: 신라는 설날〔元日〕을 중히 여겨 서로 경하(慶賀)하면서 잔치를 베풀고 매년 이날 일월신(日月神)에게 배례한다.

《당서(唐書)》: 신라 풍속에 설날〔元日〕에는 서로 경하하고, 이날 일월신에게 배례한다.

《삼국사기》〈신라 제사지(祭祀志)〉: 문열림(文熱林)에서 일월제(日月祭)를 행하였다.

《삼국사기》: 소지마립간(炤智麻立干) 9년(487) 봄 2월에 내을(奈乙)에 신궁(神宮)을 지었는데, 내을은 시조가 처음 태어난 곳이다. (〈제사지(祭祀志)〉에는 지증왕(智證王) 22년(?)[3]에 신궁을 내을에 창립했다 하여 소지왕의 기사와 같으니 둘 가운데 하나는 잘못된 것이다. 이능화(李能和)가 말하기를, "내을(奈乙)(날)은 일(日)을 말한다. 내을신궁은 곧 일신궁(日神宮)이다. 일신(日神)은 시조 박혁거세, 우리말로 불구내왕(弗矩內王)으로서, 광명이세(光明理世)를 말한다" 하였다.)

《문헌비고(文獻備考)》: 신라가 하늘에 제사 지내는 곳은 세속(世俗)에서 영일현(迎日縣)에 있다고 전하니, 이름이 일월지(日月池)이다.

《동국여지승람(東國輿地勝覽)》: 영일현은 본래 신라 근오지(斤烏知, 일명 오량우(吾良友))이던 것을 경덕왕(景德王)이 임정(臨汀)으로 고쳐 의창(義昌)에 속한 현으로 했으며, 고려 시대에 지금의 이름으로 고쳤다. 일월지(日月池)는 현 동쪽 10리 도기야(都祈野)에 있다. 신라 아달라왕(阿達羅王) 때 동해가에 영오랑(迎烏郎)이라는 사람이 있었으며, 부인은 세오녀(細烏女)이다. 하루는 영오(迎烏)가 바닷가에서 바닷말을 따다가 홀연히 일본국의 작은 섬으로 표류해 들어가 왕이 되었다. 부인이 남편

---

3) 智證王 22년: 지증왕 22년은 없으며, 지증왕 3년(502)에 奈乙神宮에 제사 지냈다는 《삼국사기》의 기록이 보인다.

을 찾아 그 나라에 들어가 왕비(王妃)가 되니 이때에 신라에 해와 달의 빛이 없었다. 일관(日官)이 아뢰기를 "영오(迎烏)·세오(細烏)·일월(日月)의 정기가 지금 일본에 갔으므로 이 괴이한 일이 있는 것입니다" 하니 왕이 사신을 보내서 두 사람을 데려오게 하였다. 영오가 말하기를 "내가 여기에 도착한 것은 하늘이 한 것이다" 하고 세오(細烏)가 짠 명주〔絹〕를 주며, 이것으로 하늘에 제사 지내라 하였다. 사자가 돌아와서 이 말을 아뢰고 그 말대로 못가에서 제사 지내니, 해와 달이 다시 빛났다. 이어서 명주를 어고(御庫)에 보관했고, 그 못 이름은 일월지(日月池)라 했으며, 현(縣) 이름은 영일(迎日)이라 하였다. 이제 살펴볼 때 고려초에 임정(臨汀)을 고쳐 영일(迎日)로 한 것은 아달라왕(阿達羅王) 때 비롯된 것이 아니다. 영오(迎烏)의 이야기는 김부식(金富軾)의 《삼국사기》와 권근(權近)의 《동국사략(東國史略)》에는 보이지 않고 다만 《삼국유사》에만 실려 있으니 믿을 만하지 못하다.

《영일현 인빈당기(寅賓堂記)》: 영일현 인빈당은 기운정(倚雲亭) 서쪽에 있다. 성화(成化) 경자(庚子, 1480)에 현감(縣監) 어득호(魚得湖)가 세웠다. 김종직(金宗直)의 기문(記文)에 "동해가에 영일이라는 현이 있는데, 혹은 임정(臨汀)이라고도 한다" 하였다. 신라는 동표(東表)의 땅과 신라 초에는 혼돈하여 개발되지 않고, 제도도 들을 수 없었는데, 중엽에 이르러 현명한 왕이 계속 나와 비로소 중국과 교통하여 옛〔古〕을 상고하고 문화를 가까이 하여 아침해 저녁 달〔朝日夕月〕은 모든 국어(國語)에 실려 있고 공경히 보내고 맞이하는 것〔寅出餞納〕은 〈요전(堯典)〉에 기서(紀序)하여 옛 제왕(帝王)이 하늘을 공경하고 인시(人時)[4]를 중히 여기니 그 정사(政事)가 이와 같이 과오(過誤)가 없을 뿐이다. 조종(祖宗)의 연고가 없어도 또한 올바른 의로움이 일어났다. 관직에 태사대(太史臺)를

---

4) 人時: 春耕·除草·秋收 등의 농사철을 말한다.

두고 첨성(瞻星)을 존숭하여 역상(曆象)과 옥측(玉測)의 제도를 그 당시에 갖추었으니 이 현은 마땅히 양곡(暘谷)의 다음이다. 그러므로 이러한 이름을 얻은 것이다. 고려 태조가 신라를 대신하여 나라를 일으킨 즈음에 임정(臨汀)을 버리고 지금의 이름으로 고쳤는데 그만한 이유가 없겠는가. 들으니 현(縣) 동쪽 20리에 도기야(都祈野)가 있고 일월지(日月池)가 있다. 지금 사람들이 신라가 하늘에 제사 지내던 곳이라 일컬으니 이것이 명확한 증거이다. 언(諺)에 전하는 바 영오(迎烏)·세오(細烏) 부부의 이야기가 얼마나 잘못된 것인가. 신라 사람의 괴이한 것을 좋아하는 것이 이러하니 증거하기에는 부족하다.

《동환록(東寰錄)》: 윤정기(尹廷錡)가 말하기를 "영일(迎日)이라는 것은 처음 솟아오르는 해에게 예(禮)를 갖추어 영접하는 것으로서 옛날에는 이 예(禮)가 있었다" 하였다. 제곡(帝嚳)은 해와 달이 지나가는 것을 영송(迎送)하고, 희중빈(羲仲賓)은 해가 돋는 곳〔嵎夷〕을 동쪽으로 표시하고, 옥조(玉藻)는 동문(東門) 밖에서 해에게 조례(朝禮)하고, 한(漢)나라의 춘조(春朝, 춘분(春分)의 조례(朝禮))·조일(朝日)이 모두 그 뜻이다. 신라 때 동해가에 관리를 보내어 하늘에 제사 지내고 춘조(春朝)의 해를 영접하였는데, 이것 또한 유법(遺法)으로서 하늘에 제사 지내는 곳 이름을 따라 영일현(迎日縣)이라 하니 그 뜻이 본래 이와 같다.

《동국여지승람》〈영일현(迎日縣)〉조의 설과 〈인빈당기(寅賓堂記)〉는 쓸모없는 선비〔腐儒〕들의 이야기이다. 하나는 괴이한 말을 하지 않는 것이며, 하나는 중화(中華)의 제도를 숭배하여 스스로 선비라 하는 자들의 본색을 드러냈을 뿐이니 어찌 헛된 생각〔夢想〕으로 우리 동방 고유의 문화를 고찰할 수 있겠는가. 대개 우리 동방 일월신화(日月神話)의 시작은 단군에서 비롯되어 동표일출(東表日出)의 의미로, 국호를 조선이라 하여 온 이래로 역대의 여러 나라가 모두 계통이 있어 반반(班

班)하고 뚜렷하나[昭昭] 다만 저 〈요전(堯典)〉 희화(羲和)의 기록과 같은 문자가 없는 것이 유감이다. 그러나 《니혼쇼키[日本書紀]》의 천일창(天日槍)과 《삼국유사》의 영오랑(迎烏郞)도 또한 요(堯)가 희중(羲仲)을 명하여 우이(嵎夷)를 정한 일과 같은 일임을 말할 수 있다. 영오(迎烏)의 일이 김부식과 권근의 두 역사[5]에 없는 것은 김·권의 기록이 소략(疎略)[6]했을 뿐이지, 고기(古記)를 모두 믿을 수 없다는 것은 아니다. 지금 방언으로, 옛 현의 이름을 풀어보면, 곧 영일현(迎日縣)은 본래 신라의 근오지(斤烏知)이다. 근(斤)은 우리말로 '날(Nal)'이니 내을(柰乙)과 같이 날[日]을 말하는 것이며, 오지(烏知)는 풀이하면 '나지(Nachi)'가 되니 방언으로는 날[出]로서, 합하여 말하면 '날나지(Nalnachi)'로 해솟는 것을 말한다. 또 근오지(斤烏知)는 일명 오량우(烏良友)로서, 오(烏)는 또한 날[日]을 말하고, 양(良)은 양(暘)으로 '볏(Pyot, 볕)'이며, 우(友)는 '벗(Pot)'으로 곧 양(陽)이니 모두 영일(迎日)의 뜻과 부합된다. 또 영오(迎烏)는 영일(迎日)로서 더욱 확증(確證)된다. 또 《동국여지승람》〈경주부(慶州府) 고적(古跡)〉조에 "일정교(日精橋), 일명 춘양교(春陽橋)는 부(府)의 동남쪽 문천(蚊川) 위에 있고, 월정교(月精橋)는 옛날에 부(府)의 서남쪽 문천(蚊川) 위에 있어, 두 다리의 유지(遺趾)가 아직 있다" 하는 말이 있는데, 이것도 또한 일월신화와 관계 있는 것이다.

    신라가 일월신(日月神)을 숭배한 풍속은 어디서 왔는가? 이제 고찰하고 연구해 볼 때 두 가지 경로가 있다고 말할 수 있으니, 하나는 중국[秦化]에서 전해온 것 같고, 하나는 동속(東俗)의 계통이다. 다음 글을 보자.

    《문헌통고(文獻通考)》: 진(秦) 시황(始皇)이 동쪽 바닷가에 놀러가서 명산(名山)·대천(大川)과 팔신(八神)에게 신사(神祠)를 행하고《한서교

---

5) 두 역사: 《三國史記》와 《東國史略》.
6) 疎略: 엉성하고 간략한 것.

사지(漢書郊祀志)》에서 팔신은 1. 천주(天主), 2. 지주(地主), 3. 병주(兵主), 4. 음주(陰主), 5. 양주(陽主), 6. 월주(月主), 7. 일주(日主), 8. 사시주(四時主)로, 진(秦)에 의한 한(漢)의 제도), 동래산(東萊山)에 제사 지내고(동래(東萊)는 장광현(長廣縣)에 있다), 일곱번째의 일주(日主)를 성산(盛山)에서 제사 지내고(성산(盛山)은 동래(東萊) 부화현(不花縣)에 있다) 북두성(北斗星) 바다를 따라 제(齊)나라 동북에서 오래 머물면서 일출(日出)을 맞이했다 하고, 또 옹(雍)[7]에 일월삼신묘(日月參辰廟)가 있는데 세시(歲時)에 제사를 받든다.

이능화(李能和)는 말하기를, "대개 진한(辰韓) 민족은 진교(秦僑)[8]와 섞여 진한(秦韓)이라고도 칭하므로, 진한(辰韓)의 후신(後身)인 신라가 일월신을 숭배한 풍속이 혹 진(秦)나라에서부터인지는 알 수 없다. 그러나 주(周)나라 당시에 동이(東夷)의 민족이 빈기(邠岐)에 들어가 살았으니, 빈기는 곧 옹주(雍州)이다. 진(秦)나라 사람이 숭배한 일월삼신(日月參辰)과 한(漢)나라 때 일월주(日月主)에게 제사 지낸 것은 동이(東夷)의 풍속에서 유전(遺傳)한 계통이 아닌지 어떻게 알겠는가. 또 일설에는 진(秦)나라가 멸망하니 사람들이 피하여 한(韓)에 들어와 한화(韓化)되었을 뿐으로, 이러한 교족(僑族)들이 어찌 옛 풍속을 바꿀 수 있겠는가. 이와 같이 진국왕(辰國王)은 반드시 마한(馬韓) 종인(種人)으로 주인을 삼았으니 또한 손님이 주인을 빼앗을 수 없다는 하나의 증거이다. 내가 이런 까닭에 단언(斷言)하기를 신라가 일월신(日月神)을 숭배한 것은 동방 상고(上古) 시대에 속하는 풍속이 유전(流傳)되어 서

---

7) 雍: 옹은 네 곳이나 된다. 禹 임금 때 9州의 하나로, 지금의 陝西・甘肅 두 성에서 青海에 걸친 지역과, 둘째는 周의 諸侯의 하나로 현 하남성 심양현 동북, 셋째는 秦의 수도로 섬서성 鳳翔縣, 넷째는 황하의 分流이다.

8) 秦僑: 중국 華僑.

로 따른 것이지, 진(秦)나라 풍속의 계통은 아니다. 하물며 조선 유일의 사가(史家) 신채호(申采浩)의 《삼한고(三韓考)》에 진(秦)나라 사람의 진한설(辰韓說)을 절대 부인하여 선명하게 증거하지 않았는가. 그 설을 따른다" 하였다.

제13절 반월성(半月城) · 만월성(滿月城)

《삼국사기》〈신라지리지(新羅地理志)〉: 혁거세 21년(B.C. 37)에 궁성(宮城)을 쌓고 금성(金城)이라 불렀으며, 파사왕(婆娑王) 22년(101)에 금성 동남쪽에 성을 쌓고 월성(月城)이라 불렀는데 둘레가 1천23보(步)였다. 신월성(新月城) 북쪽에 만월성(滿月城)이 있는데 둘레는 1천8백38보이다. 시조(始祖) 이래로 왕은 금성(金城)에 거처하였고, 후세에 이르러서는 두〔兩〕월성(月城)에 거처하였다.

능화(能和)가 《삼국사기》를 살펴볼 때, 석탈해(昔脫解)가 토함산에 올라 거처할 만한 곳을 찾다가 양산(楊山)의 한 봉우리가 마치 일월(日月)의 형세인 것을 보고 내려와서 살펴보니 호공(瓠公)의 집이었으나 꾀를 내어 빼앗아 자기 주택을 삼았다 하고, 《여람(輿覽)》에 이르기를 이것이 반월성(半月城) 터라 하니, 대체로 일월(日月)의 형세로서 거처할 만한 땅이라는 설은, 이것은 곧 우리나라 음양풍수도참비설(陰陽風水圖讖秘說)의 남상(濫觴)[9]인 것이다.

---

9) 濫觴: 큰 강도 근원을 따라 올라가면 잔을 띄울 만한 細流라는 뜻에서 온 말로, 곧 사물의 시초나 기원을 말한다.

제14절 반월형(半月形) 휘장(徽章)

《삼국사기》〈신라직관(新羅職官)〉: 금(衿)은 대개 〈서전(書傳)〉에 이른 바 휘직(徽織)이며, 〈시전(詩傳)〉에는 직문조장(織文鳥章)이라 하고, 〈전(箋)〉에는 직(織)은 휘직(徽織), 조장(鳥章)은 조준(鳥隼)의 문장이다 하였는데, 장수(將帥) 이하의 옷에는 모두 붙였다. 《사기(史記)》〈한서(漢書)〉에는 기치(旗幟)라 하였는데, 치(幟)는 직(織)자와 다르나 음(音)은 같다. 《주례(周禮)》〈사상(司常)〉에 구기(九旗)를 그린 것이 다른 것은 휘직(徽織)이 서로 다른 까닭이다. 나라에 있어서는 조정(朝廷) 상하의 벼슬을 표시하고, 군(軍)에 있어서는 그 제도를 본뜨고 마련하여 이를 입혀 전쟁에 대비하였다.

신라인의 휘직(徽織)은 푸르고 붉은색[靑赤] 등으로 분별하였는데, 그 모양이 반달[半月]을 본뜨고 계(罽)도 또한 옷 위에 붙였는데 그 길고 짧은 제도는 알 수 없다.

능화(能和)는 살펴보건대, 신라 고분 가운데 발굴된 곡옥(曲玉)이 모두 반달 모양이니 이 휘장은 띠에 차는 데[佩帶] 사용한 것으로 생각된다.

제19장

고려신사(高麗神事)

제1절 단군기사(壇君記事)는 고려대(高麗代)에 처음 보인다

《삼국사기》〈고구려본기(高句麗本紀)〉를 살펴보면 "영양왕(嬰陽王) 11년(600) 태학박사(太學博士) 이문진(李文眞)에게 조칙(詔敕)을 내려 고사(古史)를 약(約)하여 《신집(新集)》5권을 편찬하였다. 국초(國初)에 처음으로 문자를 사용해서 당시 사람 기사(記事)가 1백 권이 있어 이름을 《유기(留記)》라 했는데, 이때에 이르러 번잡한 것을 빼내고 새로 편수(編修)하였다" 하였다. 대개 《유기(留記)》라는 것은 곧 고사(古史)이며 고기(古記)를 말한다. 부여의 뒤를 이은 고구려 국초(國初)의 기사가 1백 권에 이르도록 많았다는 것은 북동부여 및 고조선의 일들이 그 중에 기록되었을 것임을 상상으로 알 수 있다. 그러나 고구려의 전적(典籍)(《유기(留記)》·고사(古史)·《신집(新集)》)이 하나도 전해 오는 것이 없으니 생각으로는 당시에 인서(印書)의 방법이 없고 다만 사본(寫本)으로 사관(史館)에 보관했을 것이다. 당장(唐將) 이적(李勣)이 와서 평양을 포위하자 보장왕(寶藏王)이 싸우다가 힘이 다하여 마침내 항복하니, 이적이 군사를 풀어 도성(都城)에 침입하여 거의 다 분탕(焚蕩)하였는데 창고에 보관하던 책들도 이때에 재가 되었을 것이다.

내려오면서 고려 중세(中世)에 이르러 김부식(金富軾)이 처음으로 편찬한 《삼국사기》〈고구려본기(高句麗本紀) 제1시조 동명왕(東明王)〉조에 단편적인 고기(古記)의 문구(文句)가 처음 보이는데 "천제(天帝)의 아들 해모수(解慕漱)가 와서 북부여에 도읍하였다"하고, 또 〈동천왕(東川王)〉 21년(247)조에는 "평양(平壤)은 본래 선인(仙人) 왕검(王儉)이 살던 곳이다" 하였으며, 《고려사(高麗史)》〈인종(仁宗)〉 9년(1131)조에는 "왕이 승려 묘청(妙淸)의 말에 따라 서경(西京)에 임원궁(林原宮)을 건축하고 팔성당(八聖堂, 팔성(八聖)은 팔선(八仙)으로도 칭하는데 정지상(鄭知常)의 제문(祭文)에 보인다)을 두었는데 제4신상(神像)이 구려(駒麗) 평양선인(平壤仙人)이다"하였으니, 묘청은 김부식과 같은 시대 사람으로서 두 사람이 평양선인을 인용하였다. 평양선인 혹은 신인(神人)이란 곧 단군이므로 김부식과 묘청이 모두 옛 기록에서 이 사적(事蹟)을 알았을 것이다. 고조선(왕검조선王儉朝鮮)의 옛 기록과 북부여(해모수·해부루)의 옛 기록이 후세에 전해져 고종(高宗, 1214-1259) 때에 이르러 이규보(李奎報)가 보고 그의 문집(文集)에 기재하였고, 충렬왕(忠烈王, 1274-1308) 때에 일연국존(一然國尊)이 《삼국유사》에 인용하였으며, 아울러 《위서(魏書)》를 인용하여 우리 후인들에게 단군왕검(壇君王儉)이 개국 시조임을 알게 하였고, 또 일연과 같은 시대의 유신(儒臣) 안향(安珦)이 인원감상(人元感想)의 시(詩)에 단군의 아들 부루(夫婁)가 옥백(玉帛)을 가지고 하우(夏禹)의 도산(塗山) 모임에 참석한 것을 인용하였고, 공민왕(恭愍王)초에 전리판서(典理判書) 백문보(白文寶)도 또한 단군을 인용하여 동방(東方) 개국(開國) 연대가 구원(久遠)함을 증명하였으며, 이색(李穡)의 〈송부보사환조시서(送符寶使還朝詩序)〉와 권근(權近)의 〈참성초청사(塹城醮靑詞)〉가 모두 단군에 대하여 말하고 있다. 이와 같은 몇 조목으로도 역대 인물들이 고기(古

記)의 존재를 알지 못하는 것이 아님을 증명하는 것이며, 이뿐 아니다. 조선 초기에 정인지(鄭麟趾)가 지은 《고려사》〈지리지(地理志)〉에 단군에 관한 일을 세 곳에 인용하였으니, 〈서경(西京) 유수관(留守官) 평양부(平壤府)〉조에 세 조선〔三朝鮮〕옛 도읍과 〈유주(儒州)〉조에 〈구월산(九月山) 삼성사(三聖祠)〉와 〈강화현(江華縣)〉조에 〈마리산(摩利山) 참성단(塹星壇)〉이 그것이며, 또 정인지와 같은 시대의 권람(權擥)의 《응제시주(應製詩註)》에 고기(古記)를 인용하여 신지선인(神誌仙人)이 단군 시대 사람이라는 것을 증명하였다. 또 나라에서 찬(撰)한 《용비어천가(龍飛御天歌)》에도 또한 신지(神誌)가 단군 시대 선인(仙人)이라 하였으며, 세조(世祖)·성종(成宗) 양대에 이르러 동방(東方)에서 옛부터 전해 내려온 책(그 중에 《조대기(朝代記)》도 있다)을 모두 태워 《단군부여기(壇君夫餘記)》 등 진귀한 책도 또한 영원히 사라졌다.

이제 고려말, 조선 초에 관리가 개인적으로 지은 여러 책 중 단군과 관련 있는 책들을 열거하여 참고에 이바지하고자 한다.

《삼국사기》〈고구려본기(高句麗本紀)〉: 동천왕(東川王) 21년(247) 봄 2월에 왕은 환도성(丸都城)의 난을 겪고 다시 도읍할 수 없게 되자, 평양성을 쌓고 백성과 종묘(宗廟) 사직(社稷)을 옮겼다. 평양은 본래 선인(仙人) 왕검(王儉)이 살던 곳으로, 혹은 왕의 도읍을 왕검(王儉)이라고도 한다.

《고려사》: 인종(仁宗) 9년(1131)에 승려 묘청(妙淸)의 말에 따라 서경에 임원궁(林原宮)을 건축하고 팔성당(八聖堂)을 두었는데, 제4신상(神像)이 구려(駒麗) 평양선인(平壤仙人)이다.

《삼국유사》: 〈기이(紀異) 제1〉조에 "고조선(왕검조선王儉朝鮮)은 《위서(魏書)》에 의하면, 지금으로부터 2천 년 전에 단군왕검이 있어 아사달(阿斯達)에 도읍하고 나라를 세워 이름을 조선이라 하였다" 하였고, 〈왕력(王曆)〉조에서는 "단군의 아들은 주몽(朱蒙)이다" 하였으며, 또 〈단군기(壇君記)〉에 "단군이 서하백(西河伯) 딸에게 장가들어 아들을 낳아 이름을 부루(夫婁)라 하였다" 하였다.

안향(安珦)이 충선왕(忠宣王)을 시종(侍從)하여 원(元)나라에 갔을 때 감상을 읊은 시 〈도산지옥괴부루(塗山贄玉愧夫婁)〉의 전시(全詩)를 기재한다(죽성군가보(竹城君家譜)에서 인용).

백호구(白狐裘) 걸쳐입은 기린 공자
산호 옥패와 녹로검(轆轤劍) 옆에 찼네
중국의 풍속 보니 계찰(季札)[1]이 생각나고
도산(塗山)[2]에 옥 잡으니 부루(夫婁)가 부끄럽네
관하(關河)에 쌓인 눈을 보니 마음 상(傷)하고
옛 변방 느릅나무 눈에 익구나.
이 몸 이때의 한없는 슬픔이라면
중원 천하에 오랑캐가 황제라니…….

麒麟公子白裘狐　　寶玦珊瑚劍轆轤
上國觀風思季札　　塗山贄玉愧夫婁
傷心漠漠關河雪　　慣眼依依古塞楡
最是此時無限痛　　百年天子帝單于

《조선금석총람(朝鮮金石總覽)》: 고려 사공(司空) 조연수(趙延壽) 묘지명(墓誌銘)에는 "평양의 선조는 선인(仙人) 왕검이며, 지금의 유민(遺民)은 당당한 사공일세. 평양의 군자(君子)는 삼한(三韓) 앞에 있었으며, 수

---

1) 季札: 중국 吳나라 왕자로 上國인 魯나라에 사신으로 갔다가 풍악 소리를 듣고 그 나라의 흥망을 예언한 사람.
2) 塗山: 중국 安徽省에 있는 산 이름으로, 夏나라 禹 임금이 이 산에서 諸侯와 회합을 했다 한다.

(壽)는 천년을 넘었으니 할아버지 또한 신선 되셨네(下略)〔平壤之先 仙人王儉 至今遺民 堂堂司空 平壤君子 在三韓前 壽過一千 胡考且仙〕"라고 씌어 있다. 태정(泰定) 2년 을축 9월(충숙왕(忠肅王) 12년(1325)).

《고려사》〈열전(列傳)〉: 백문보(白文寶)가 공민왕(恭愍王)초에 전리판서(典理判書)가 되어 상소(上疏)하기를 "우리 동방은 단군으로부터 지금까지 3천6백 년이니 주원(周元)의 회(會)가 됩니다" 하였다.

《동문선(東文選)》: 이색(李穡)의 〈송부보사환조시서(送符寶使還朝詩序)〉에 "우리 조선 씨족이 세운 나라는 실제로 당요(唐堯) 무진년(戊辰年, B.C. 2333; 이 말은 단군이 요(堯)와 같은 시기에 나라를 세웠다는 뜻)이다. 비록 해마다 중국과 상통하였으나 중국이 일찍이 신하로 생각하지 아니하였으며, 이 때문에 무왕(武王)이 은태사(殷太師)를 봉하여 신하를 삼지 않았다. 그뒤 신라·고구려·백제가 솥〔鼎〕처럼 대치하여 서로 웅장하여 진(秦)·한(漢) 이래로 혹은 통교도 하고 절교도 하였다" 하였다.

《고려사》〈지리지(地理志)〉: 서경(西京) 유수관(留守官) 평양부(平壤府)는 본래 세 조선〔三朝鮮〕 옛 도읍지로서, 당요(唐堯) 무진년에 신인(神人)이 박달나무〔檀木〕 아래 내려오니 나라 사람이 임금으로 세우고 평양에 도읍하고 부르기를 단군(檀君)이라 하니, 이것이 전조선(前朝鮮)이다 ……. 기자(箕子)는 후조선(後朝鮮)이 되고, 위만(衛滿)은 위만조선이 된다. 유주(儒州)는 본래 고구려 관구(關口)로 고려초에 지금 이름으로 개명했으며, 고종(高宗) 46년(1259)에 문화현(文化縣)이 되었다. 구월산(九月山, 세속에 전하기를 아사달산(阿斯達山))·장장평(莊莊坪, 세속에 전하기를 단군이 도읍한 곳, 곧 당장경(唐藏京)의 와전(訛傳))·삼성사(三聖祠, 단인(檀因)·단웅(檀雄)·단군(檀君)의 사당)가 있다. 강화현(江華縣)은 본래 고구려 혈구군(穴口郡, 일명 갑비고차(甲比古次)이다. 고려초에 지금 이름으로 고쳤으며, 우왕(禑王) 3년(1377)에 부(府)로 승격되었고, 마리산(摩利山, 부(府) 남쪽에 있으며, 산 정상에 참성단이 있는데, 세전(世傳)에는 단군의 제천단(祭天壇)이라 한다)·전등산(傳燈山, 일명 삼랑성(三郞城); 세상에 전하기를 단군이 세 아들을 시켜 쌓았다 한다)이 있다.

《고려사》〈예지(禮志) 잡사(雜祀)〉조: 우왕(禑王) 5년(1379) 3월 신미에 마리산에 사신을 보내어 초제(醮祭)를 지냈다.

《양촌집(陽村集)》(권근(權近) 찬(撰)) 〈참성초청사(塹城醮靑詞)〉: 마리산(摩利山)은 단군(檀君)을 제사 지내는 곳이다. 성조(聖祖)로부터 백성을 위하여 나라를 세워 옛을 더 이어 아름다움을 드리우고 후대의 왕에 이르러 오랑캐를 피하여 도읍을 옮기니 이에 힘입어 근본이 보존된다.

《양촌집(陽村集)》〈응제시(應製詩)〉(양촌(陽村) 권근(權近)이 명(明)나라에 사신으로 가서 명 태조(太祖)의 명(命)으로 10수(首)를 지었는데, 그 첫째에 "먼 옛날 동이(東夷) 주(主)에 의해 새로운 시대가 열리니〔始古開闢東夷主〕"라는 응제시(應製詩)를 올렸는데, 홍무(洪武) 19년(1386)이다): 태고(太古)〔鴻荒〕의 이야기를 들었으니 단군이 신단수(神壇樹)가에 내려와 동국 땅에 임금님 되시니 그때가 제요(帝堯) 시대이네. 전하는 세(世)가 얼마인지 알 수 없으나 역년(歷年)은 일찍이 천년을 넘었다네. 그 뒤 기자(箕子)가 대신하여 같이 조선이라 불렀다네〔聞說鴻荒日 檀君降樹邊 位臨東國土 時在帝堯天 傳世不知幾 歷年曾過千 後來箕子代 同是號朝鮮〕.

《양촌집》 부록에 있는 호정(浩亭) 하륜(河崙)의 시에, "아득히 먼 옛날 단군께서 명을 받아 나라 세웠고 기자(箕子)를 봉하여 교화(敎化) 베풀었으나 위만(衛滿)이 방자하였고 몇 번이나 이합(離合)하여 서로 넘어지고 일어섰네. 후세의 귀감을 삼고자 하나 증거될 만한 자료 없네〔邈矣檀君氏 鴻荒命始膺 箕封施敎化 燕虜肆憑陵 自爾幾離合 徒然相廢興 欲爲來世鑑 無籍可能徵〕"하였다.

《동국사략(東國史略)》: 동방에는 처음에 군장(君長)이 없었는데(다만 아홉 종류의 오랑캐가 있었다), 신인(神人)이 태백산(太白山, 영변부(寧邊府)에 있으며 곧 묘향산) 박달나무 아래 내려오니 나라 사람들이 임금으로 세우고(당요(唐堯) 25년 무진년(B.C. 2333)) 국호를 조선(朝鮮, 동쪽 해 솟는 곳에 있으므로 조선이라 했다고 하며, 《색은(索隱)》에는 산수(汕水)가 있는 때문이라고 하였다)이라 하고 평양에 도읍하여 백악(白岳)으로 옮기고 뒤에 아사달산(阿斯達山, 지금 구월산(九月山))에 들어가 신(神)이 되었는데, 이를 단군(檀君, 이름은 왕검(王儉))이라 한다.

《동국사략》〈서(序)〉(권근(權近) 선(選)): 우리 해동(海東)의 나라는 단군조선으로 시작하니 지금도 태곳적 원속(元俗)은 순박하다. 기자(箕子)가 왕으로 봉(封)해지자 여덟 가지 법조(法條)의 가르침을 행하였으니 문물(文物)과 예의(禮義)의 아름다움이 실상 여기에 기초한다.

《동국사략》〈전(箋)〉(권근 지음): 우리 바닷가의 나라는 진실로 하늘이 지은 땅이니 단군이 나라를 연 뒤부터 천년을 이어오다가 기자가 왕으로 봉해지자 8조(八條)로 다스렸으나 연대가 아득히 멀어 문적(文籍)이 전하지 않는다.

《조선왕조실록(朝鮮王朝實錄)》: 태종(太宗) 5년 을유(1405) 11월 계축일, 의정부(議政府)에서 글을 올리기를 "우리 동방의 단군·기자는 다 같이 역년(歷年)이 1천 년이다" 하였다.

《역대세년가(歷代世年歌)》: 조선 세종(世宗) 18년 경진(1436) 12월 정해일에 전 한성부사(漢城府事) 유사눌(柳思訥)이 글을 올리기를 "엎드려 세년가(世年歌)를 보니 단군은 조선의 시조이다" 하였다(《실록》).

이계전(李季甸)의 《역대세년가서(歷代世年歌序)》: 세종(世宗)이 이조판서(吏曹判書) 권제(權踶)에게 명하여 찬차(撰次)[3]하고 또 주해(註解)를 하게 하고 친히 예재(睿裁)하여 극히 밝게 갖추었는데, 중국을 상편(上篇)으로 하고 우리나라를 하편으로 하였으며, 이계전(李季甸)에게 명하여 서(序)를 짓게 하였다(《동문선(東文選)》).

---

3) 撰次: 순서를 세워 편집하는 것.

《동국통감(東國通鑑)》〈단군조선(檀君朝鮮)〉조: 동방에 처음에는 군장(君長)이 없다가 신인(神人)이 박달나무(檀木) 아래로 내려오자 나라 사람들이 임금으로 세우니 이가 단군이며, 국호를 조선이라 하니 이때가 당요(唐堯) 무진년(戊辰年, B.C. 2333)이다. 처음에 평양에 도읍하고 뒤에 백악(白岳)으로 도읍을 옮겼으며, 상(商)나라 무정(武丁) 18년 정미년에 아사달산(阿斯達山)에 들어가 신(神)이 되었다.

《잠곡유고(潛谷遺稿)》(김육(金堉) 찬(撰)): 단군은 동방에서 처음 나온 임금이다. 세전(世傳)에 의하면 갑진년에 요(堯)와 함께 임금이 되었으며, 태백(太白)에 내려와 철옹(鐵甕)에서 도읍하고 패상(浿上)으로 옮겼으며 아사(阿斯)에 들어가니 인문(人文)이 펼쳐진 것은 이 터가 처음이다. (효종(孝宗) 병신(丙申)년(1656) 9월 15일 서남(西南)에 재변(災變)으로 인하여, 이 변을 살피는 차자(箚子)를 올렸다. 서남(西南) 영변(寧邊)에 재변(災變)이 일어났는데, 영변은 단군이 강생(降生)한 곳이기 때문이다.)

제2절 무축(巫祝)

우리나라 무축(巫祝)을 살피면, 단군신교(壇君神教) 제천사신(祭天祀神)의 종계(宗系)에서 전해 온 것이다. 후세 문화 발달의 안목으로 볼 때, 보수(保守) 원시적(原始的) 사상(思想) 상태를 면하지 못한다. 그러므로 일반 사회의 배척을 받고 사람 축에 들지 못한다. 그러나 평심(平心)으로 논할 때 왕가(王家)에서 예관(禮官)이 단(壇)·묘(廟)를 섬길 때와 그리스도교 목사가 교당(教堂)에서 미사(媚祀)하는 것은 모두 신(神)에게 기도하고 복을 구하는 의식이다. 어찌 태고(太古) 무축(巫祝)의 유(類)가 아니겠는가. 다만 그 엄숙한 차림새의 형식과 예절에 관한 글의 조직이 옛날과 다를 뿐이다. 통틀어 말한다면 물질적 발달은 있으나 정신적 변화는 볼 수 없다.

고려는 가뭄이 들면 무당을 모아 비가 내리기를 빌었으니 이것도 고대의 무당이 하늘에 제사 지낸 유속(遺俗)이며, 수신(水神)·산신(山神)·병역신(病疫神)의 제사에도 무격(巫覡)을 시켰으니 이것도 옛 풍속이다. 또 고려 시대 무당에게는 공창(空唱)[4]의 술(術)과 일반 가정의 신묘(神廟) 위호(衛護, 민가(民家)에서 조선(祖先)의 신(神)을 무당 집에 의탁해서 제사 지내는데, 이를 위호라 한다)하는 방법이 있으니, 무속의 유래가 오래도록 변치 않았음을 볼 수 있다. 내가 별도로 《조선무속고(朝鮮巫俗考)》를 지어 예로부터 전해 오는 무축(巫祝)의 일을 상세히 논하였으니 참고할 만하다.

제3절 산천신(山川神)

우리 해동(海東)의 산악(山嶽)과 하해(河海)의 신을 숭배한 유래는 오래되었다. 우리나라 개국 시조 단군왕검이 아사달산(阿斯達山)에 들어가 신이 되고, 또 단군이 하백(河伯)의 딸에게 장가드니, 하백은 하신(河神)으로, 그 후예가 제사 지내면서 공경하는 것도 반드시 있는 일이다. 〈부여고기(夫餘古記)〉에 "북부여 왕 해부루(解夫婁)가 늙도록 아들이 없었다. 후사(後嗣)를 얻기 위해 산천에 제사 드리고 곤연(鯤淵)에 이르러 금와(金蛙)를 얻어 아들을 삼았다" 하는데, 이것도 명확한 증거이다.
고구려 주몽(朱蒙)은 하백(河伯)의 외손이 되며 그 어머니는 하백의

---

4) 空唱: 무당이 귀신의 소리라 하면서 입으로 휘파람처럼 내는 소리. 이 소리에 의하여 吉凶禍福을 판단해 점을 치며, 죽은 사람의 음성이라든가 소식을 듣는다고 한다.

딸 유화(柳花)이다. 부여에서 묘사(廟祀)를 지냈으며, 또 고구려에서는 3월 3일에 낙랑(樂浪) 언덕에 모여 사냥하여 잡은 돼지와 사슴으로 천지·산천에 제사 지냈고, 산상왕(山上王) 7년(202)에는 아들을 얻기 위해 산천에 빌었는데, 이것은 동북이(東北夷) 어렵(漁獵) 시대 및 신권(神權) 시대에 행한 유속(遺俗)이다. 백제와 고구려가 함께 부여에서 나왔으므로, 천지·산천에 제사 지내는 것은 부여·고구려와 더불어 그 풍속이 같은 것이다.

《후한서(後漢書)》에 "예(濊)의 풍속은 산천을 중히 여겼는데 각각 부(部)로 나누어 있다" 하니 이것도 단군 유속을 계승한 것이다.

신라 상대(上代)에 일성(逸聖)과 기림(基臨) 두 임금이 태백산에 가서 제사 지냈으며, 명산·대천을 대사(大祀)·중사(中祀)·소사(小祀)로 나누었다는 사전(祀典)의 기록이 있다. 그 사사(祀事)를 살펴보면, 태백산에 편중(偏重)되어 있고 또 산천도 각각 부로 나누었는데, 이것도 신대(神代)의 유의(遺義)로서 예(濊)의 풍속을 이은 것이다. 예(濊)는 해마다 별을 보고 점을 잘하여 풍흉을 미리 아는 것이 《삼국지》에 보인다. 신라 벌휴이사금(伐休尼師今)이 바람과 구름을 점쳐서 홍수와 가뭄, 풍년과 흉년을 미리 알았다 하니(《삼국사기》), 이 한 가지 일만 보더라도 신라가 예의 풍속을 계승한 것을 충분히 증명할 수 있다.

삼국 시대에 중국과 통교(通交)하여 문화가 서로 통하기는 하였지만 오직 신사(神事)의 전칙(典則)만은 옛 풍속을 여럿 따랐다. 고려 이후로 예제(禮制)의 형식은 중국을 모방하였으나 정신은 변하지 않았다. 그러나 조선의 유학자(儒學者)들은 예악법도(禮樂法度)와 전장문물(典章文物)을 중국의 것을 모방하고는 아름답게 잘 갖추었다고 생각하고, 예의(禮義)의 나라라고 스스로 자랑하고 있다. 《고려사》〈예지(禮志)〉에 환구(圜丘)·방택(方澤)·사직(社稷)의 제도는 중국에서 온 것임을 묻지 않아도 알 수 있으나, 유주(儒州) 궐산(闕山)의 성사(聖祠)와 강화(江華)

마리산(摩利山)의 참성단(塹星壇), 염주(鹽州) 전성(甑城)의 천단(天壇)은 예로부터 내려온 우리 동방 고유의 제천(祭天) 제도인데 도리어 등한히 여겨 강구(講究)하지 않으니, 이것은 그 근본과 근원을 버리는 것이라 하겠다.

고려 시대에 산악(山嶽)·하해(河海)와 여러 신사묘(神祠廟) 및 신기(神祇) 훈호(勳號)가 전적(典籍)에 기록되어 있는 것은 다음과 같다.

1. 산천(山川) 신기(神祇) 훈호(勳號)

목종(穆宗) 7년(1004)에 호경(鎬京)에 행차하여 악(嶽)·주(州)·진(鎭)·신(神)·기(祇)의 훈호(勳號)를 더(加)하였다.

현종(顯宗) 즉위초(1009)에 국내의 군망신기(群望神祇)에게 훈호(勳號)를 더하였다.

문종(文宗) 33년(1079)에 산천신기(山川神祇)에게 지기(知幾) 두 글자를 더하고, 26년(1072)에 온수군(溫水郡)에 행차하면서 지나는 산천의 신호(神號)를 더하도록 명령하였다.

숙종(肅宗) 6년(1101) 2월에 사신을 보내서 산천에 차례로 제사를 지내고 조서(詔書) 내리기를 "기묘(己卯)에 삼각산(三角山)에 행차할 것이니 지나가는 산천신호(山川神號)에 각각 인성(仁聖) 두 글자를 더하고 소재 주(州)·현(縣)에 제사로써 고(告)하게 하라" 하였다.

고종(高宗) 40년(1253)에 국내의 명산(名山)과 탐라(耽羅) 신기(神祇)에 각각 제민(濟民)이라는 호를 더하게 하였다.

충숙왕(忠肅王) 12년(1325)에 사전(祀典)에 실려 있는 산천에 각각 덕호(德號)를 더하고 사우(祠宇)를 수집하였다(이상《고려사(高麗史)》).

2. 산천신(山川神)에게 제사하다

태조(太祖) 훈요(訓要) 10항 중 여섯번째에 "팔관(八關)은 천령(天靈) 및 5악(五嶽)과 명산(名山)·대천(大川)·용신(龍神)을 섬기는 것이다" 하였다. (팔관(八關)은 별항에 상세히 보인다.)

숙종(肅宗) 6년(1101) 2월에 사신을 보내 산천에 차례로 제사 지냈다.

예종(睿宗) 17년(1122)에 왕이 병환이 있어 산천신기(山川神祇)에 기도하였다.

인종(仁宗) 원년(1123) 12월에 산천에 차례로 제사 지냈으며, 6년(1128)에는 천재지변(天災地變)으로 국내 산천에 망사(望祀)를 지내도록 조칙(詔勅)을 내렸으며, 9년(1131)에는 국내 명산에 제사 지냈다.

명종(明宗) 14년(1184)에 태자(太子)가 아들이 없어 사신을 보내 백마산(白馬山)에서 매제(禖祭)⁵⁾를 지냈다.

고종(高宗) 41년(1254)에 몽고병(蒙古兵)이 있어 산천에 기사(祈祀)하였다.

충렬왕(忠烈王) 원년(1274) 6월에 충청도와 경상도 및 전라도 동쪽 경계 등에 사신을 보내 두루 산천에 제사 지냈다.

공민왕(恭愍王) 8년(1359)에 적(賊)이 일어나자 신묘(神廟)에서 중외산천(中外山川)에 제사를 지내 도움을 구하였다. 10년(1361)에 여러 산봉우리를 바라보면서 군사가 이기도록 기도하였다(《고려사(高麗史)》).

---

5) 禖祭: 天子가 아들을 얻기 위해 지내는 제사.

3. 산천신사(山川神祠) 및 여러 신묘(神廟)

[성골장군사(聖骨將軍祠)] 경기도(京畿道) 우봉군(牛峰郡)에 구룡산(九龍山)이 있으며, 국조(國祖) 성골장군의 사당이 있다. 구룡산을 성거산(聖居山)이라고도 부른다. 김관의(金寬毅)의 《편년통록(編年通錄)》에 "이름이 호경(虎景)이라는 자가 있었는데 스스로 성골장군(聖骨將軍)이라 하고, 백두산 유력(遊歷)[6]을 시작으로 부소산(扶蘇山) 좌곡(左谷)에 이르러 아내를 얻어 가정을 이루고 부유하게 살았으나 자식이 없었다. 활을 잘 쏘아 사냥으로 일을 삼았는데, 하루는 같은 마을 사람 9명과 함께 평나산(平那山)에서 매를 잡다가 날이 저물어 바위굴에 들어가 자는데 호랑이가 굴 입구에서 크게 으르렁거렸다. 열 사람이 서로 말하기를 '호랑이가 우리를 잡아먹으려 하니 각자가 관(冠)을 던져 호랑이가 움키는 자가 당하기로 하자' 하고 제각기 관을 던지니 호랑이가 호경(虎景)의 관을 움켰다. 호경이 굴 밖으로 나와서 호랑이와 싸우려 하는데 호랑이는 홀연히 보이지 않고 굴이 무너져 9명이 모두 굴 안에서 나오지 못하였다. 호경이 평나군에 돌아와 이 사실을 알려서 아홉 사람을 장사 지내는데, 먼저 산신(山神)에게 제사 지내니 신(神)이 나타나 말하기를 '나는 과부(寡婦)로 이 산 주인인데 다행히 성골장군(聖骨將軍)을 만나 부부가 되어 함께 신정(神政)을 다스리고자 하니 이 산의 대왕으로 봉해 주기를 청한다' 하고 말을 마치자 호경과 함께 숨어 버려 보이지 않았다. 군 사람들이 호경을 대왕으로 봉하여 사당을 세워 제사 지냈으며, 9명이 같이 죽었다 하여 산 이름을 구룡(九龍)으로 바꾸었다" 하였다(《고려사(高麗史)》).

---

6) 遊歷: 여러 곳을 놀면서 돌아다니는 것.

[송악신사(松嶽神祠)] 《고려사》〈지리지(地理志)〉에 "왕도(王都)의 진산(鎭山)인 송악은 일명 숭악(崧嶽)이며, 산봉우리〔嶺〕에 신사(神祠)가 있다" 하였다. 《동국통감(東國通鑑)》에 이르기를 "고려 충숙왕(忠肅王) 4년(1317)에 첨의좌정승판삼사사(僉議左政丞判三司事) 강융(姜融)의 누이가 무당이 되어 송악사(松嶽祠)에서 제향(祭享)하였다" 하였다. 《여지승람(輿地勝覽)》〈개성부(開城府) 사묘(祠廟)〉조에 "송악산사(松嶽山祠) 위에 다섯 사우(祠宇)가 있는데, 첫째는 성황(城隍), 둘째는 대왕(大王), 셋째는 국사(國師), 넷째는 고녀(姑女), 다섯째는 부녀(府女)라 하나 모두 어떤 신인지 모른다" 하였다. (근간에 최남선(崔南善)이 송악령(松嶽嶺)에 올라서 간토인대왕(間土人大王)이 무슨 신이냐 할 때 '쿠쿨(Kukul)'이라 하니 무슨 뜻인지 알지 못하였다. 나는 위구르〔回紇〕[7]의 전음(轉音)이 아닌가 의심된다. 이는 고창국인(高昌國人)의 신인데, 고창(高昌)은 곧 위구르이다.)

[팔선궁(八仙宮)] 《여지승람》에 "팔선궁은 송악 정상에 있다" 하였다. (팔선(八仙)은 팔성(八聖)이 아닌가 한다. 《고려사》 인종 9년 〈서경(西京) 팔성당(八聖堂)〉조 참고.)

[숭산신사(崧山神祠)] 송(宋)나라 서긍(徐兢)이 지은 《고려도경(高麗圖經)》에 "숭산신사는 왕부(王府)의 북쪽에 있다. 그 신은 본래 고산(高山) 나라 사람이라 한다. (고산국(高山國)은 고창국(高昌國)의 와전(訛傳)으로 의심한다.) 전하기는 상부(祥符) 연간(1008-1016)에 거란(契丹)이 왕성(王城)으로 침입해 오자 그 신(神)이 밤중에 소나무 수만 그루로 변화하여 사람 소리를 내니 오랑캐들은 원군(援軍)이 있는가 의심하고 곧 퇴거(退去)하였으므로, 뒤에 그 산을 숭산(崧山)으로 봉하고 그 신을 사당에 받들었다고 한다. 백성들은 재난이나 질병이 생기면 옷을 시주하

---

7) 回紇: 현재 위구르(Uigur)로 回鶻이라고도 한다.

고 좋은 말을 바치며 기도한다" 하였다.

　[동신사(東神祠)] 《고려도경》에 이르기를 "동신사는 선인문(宣仁門) 안에 있다. 땅이 평평하고 넓으며, 전우(殿宇)는 낮고 누추하며 행랑채 30간은 황량(荒凉)하게 수리하지 않은 채로 있다. 정전에는 〈동신성모지당(東神聖母之堂)〉이라는 방이 붙어 있고 장막으로 가려 사람들이 신상(神像)을 보지 못하게 만들었는데, 이는 나무를 깎아 여인의 형상을 만들어 놓았기 때문이다. 어떤 사람은 그것이 부여(夫餘)의 처인 하신(河神)의 딸이라고 한다. 그 부인이 주몽(朱蒙)을 낳아 고구려의 시조가 되었기 때문에 제사 모시는 것이다. 전부터 사자(使者)가 오면 관원을 보내어 전제(奠祭)를 준비하는데 그 생뢰(牲牢)[8]와 작헌(酌獻)[9]은 숭산신에 대한 제사와 같다" 하였다. (《고려사》〈잡사(雜祀)〉조에 보이는, 예종 11년 4월 정묘에 사신을 보내서 상경(上京) 동신묘(東神廟)에 기우(祈雨)한 것이 곧 이것이다.)

　[합룡굴사(蛤龍窟祠)] 《고려도경》에 이르기를 "합룡굴사는 급수문(急水門) 상원(上源)에 있다. 작은 집이 두어 간 있는데 그 가운데 신상(神像)이 있다. 뱃길로는 물이 얕아 접근할 수 없고 뱃사공들이 작은 배로 맞아와 제사할 뿐이다" 하였다.

　[주작신사(朱雀神祠)] 송도(松都) 동궐(東闕) 남훈문(南薰門) 밖에 있으며, 주작칠수(朱雀七宿)[10]를 제사 지낸다(《태종실록(太宗實錄)》).

　[삼성당(三聖堂)] 충렬왕(忠烈王)이 원(元)나라 세조(世祖)의 딸을 맞이하는데 중국 남쪽에 있는 신에게 제사 지내기를 청하였으며, 그 신은 대개 물길(뱃길)의 화(禍)와 복(福)을 주관한다(《태종실록(太宗實錄)》).

---

8) 牲牢: 제물로 바치는 犧牲.
9) 酌獻: 잔을 드리는 것.
10) 朱雀七宿: 28宿 가운데 남서쪽에 있는 일곱 별로서 그곳을 지키는 신령, 곧 井·鬼·柳·星·張·翼·軫의 별들을 통틀어 이르는 말이다.

[대국신당(大國神堂)] 《태종실록(太宗實錄)》에 "대국이란 중국 북방의 신으로서 충렬왕이 청하여 제사 지냈다" 하였다. 《문헌비고(文獻備考)》에 "대국신당(大國神堂)은 개성부(開城府) 서쪽 5리에 있으며, 아라비아[回回國]의 세자로서 본국에서 원통하게 죽었으므로 신당(神堂)을 세워 제사 지냈다" 하였다.

[천상제(川上祭)] 《고려사》에 "정종(靖宗) 원년(1034) 5월 갑진에 냇가에서 기청제(祈晴祭)를 지냈다. 장마가 들거나 가뭄이 심할 때마다 송악(松嶽) 계곡에서 백신(百神)에게 제사 지냈는데 천상제(川上祭)라 하였다" 하였다.

[서경목멱산신사(西京木覓山神祠)] 《고려사》에 "현종(顯宗) 3년(1012) 12월에 서경(西京) 목멱사(木覓祠) 신상(神像)을 만들었다" 하였다.

[감악신사(紺岳神祠)] 《고려사》〈예지(禮志)〉에 "현종 2년(1011) 2월에 거란병(契丹兵)이 장단(長湍)에 이르자 갑자기 눈보라가 일어나고 감악신사에 정기(旌旗)와 군사와 말이 있는 것 같아서 거란병이 두려워하여 전진하지 못하였다. 해당 관서에 명해서 수리하고 은혜에 감사하는 보사제(報祀祭)를 지냈다" 하였다. 〈지리지(地理志)〉에 이르기를 "구전(口傳)에 신라 사람이 당(唐)나라 장수 설인귀(薛仁貴)가 산신이 되었다 하여 제사 지낸다" 하였고, 또《고려사》에는 "충선왕(忠宣王) 3년(1311)에 감악산에 제사를 금하였다. 이때에 귀신을 숭상하여 벼슬아치·사류(士類)·서인(庶人)에 이르기까지 친히 제사를 지냈었다" 하였다.

[덕적산사(德積山祠)] 《국조보감(國朝寶鑑)》 태종(太宗) 11년(1411) 조에 이르기를 "덕적(德積)·백악(白岳)·송악(松嶽)·목멱(木覓) 등에서 봄·가을에 환시(宦侍)[11] 및 무당에게 영을 내려 여악(女樂)을 베풀고 치제(致祭)하게 했는데 이를 기은(祈恩)이라 한다" 하였다.

---

11) 宦侍: 內侍.

[금성산신사(錦城山神祠)]《고려사》에 "충렬왕 3년(1277) 5월에 탐라(耽羅)의 역(役)에 금성산신이 남몰래 도와 준 징험이 있다 하여 소재지의 관리에게 명하여 해마다 쌀 다섯 석을 보내 치제(致祭)케 하였다" 하였다.

[지리산사(智異山祀)]《고려사》에 "남원부(南原府) 지리산은 일명 지리(地理)라 하고 또는 방장(方丈)이라 하는데, 신라 때 남악(南岳)으로 삼아 중사(中祀)에 오르고 고려도 이에 따랐다" 하였다.

[무등산신사(無等山神祠)]《고려사》〈잡사(雜祀)〉조에 "원종(元宗) 14년(1273)에 삼별초(三別抄)를 토벌할 때 무등산신이 남몰래 도운 징험이 있다 하여 봄·가을로 치제(致祭)하기를 명하였다" 하였다. 또 〈지리지(地理志)〉에 "해양주(海陽州, 광주(光州)) 무등산(無等山)은 일명 무진악(武珍岳) 혹은 서석산(瑞石山)이라 하는데, 신라 때에는 소사(小祀)로 하였고, 고려는 국가 제사로 치제(致祭)하였다" 하였다.

[태령산신사(胎靈山神祠)]《고려사》〈지리지(地理志)〉에 "진주(鎭州, 지금의 진천군(鎭川郡)) 태령산은 신라 때 만노군(萬弩郡) 태수(太守) 김서현(金舒玄)의 처 만명(萬明)이 유신(庾信)을 낳아 현(縣) 남쪽 15리에 태(胎)를 감추었는데, 태가 화(化)하여 신이 되었다. 그래서 태령산이라 부르며, 신라 때부터 사당을 세우고 봄·가을에 향을 내려 제사를 행했으며, 고려도 그렇게 하였다" 하였다.

[평양기자사(平壤箕子祠)]《고려사》에 "숙종(肅宗) 7년(1102) 7월 임자삭(壬子朔, 초하루)에 예부(禮部)에서 아뢰기를 '우리나라에서 예의(禮義)를 교화(敎化)시킨 것은 기자부터 시작되었으나 사전(祀典)에는 기재되지 않았으니 그 묘소〔墳塋〕를 찾아 사당을 짓고 제사 지내기를 바랍니다' 하니 그렇게 하였다. 충숙왕(忠肅王) 12년(1325) 10월에 평양부(平壤府)에 명하여 기자사(箕子祠)를 수리하고 제사 지냈다. 공민왕 5년(1356) 6월에 평양부에 명하여 기자사우(箕子祠宇)를 수영(修營)케

하고 때에 따라 치제(致祭)하였으며, 20년(1371)에도 위와 같이 행하였다" 하였다.

[평양부 동명성제사(平壤府東明聖帝祠)] 《고려사》에 "숙종 10년(1105) 8월 갑신에 사신을 보내 동명성제 사당에 의폐(衣幣)를 올리고 치제하였다" 하였다.

[전성제천단(甄城祭天壇)] 《고려사》〈지리지(地理志)〉에 "염주(鹽州, 연안(延安))에 큰 못이 있는데, 남대지(南大池)라 부르며 전성(甄城)의 옛 제천단(祭天壇)이 있었다" 하였다.

[아사진(阿斯津)] 《고려사》에 "안악군(安岳郡) 아사진(阿斯津) 성초곶(省草串)과 아사진(阿斯津) 도곶(桃串)은 모두 사전(祀典)에 실려 있으며, 또 황주목(黃州牧) 아사진(阿斯津) 송곶(松串)도 사전에 실려 있다" 하였다.

[장산곶(長山串)] 《고려사》에 "장연현(長淵縣) 장산곶(長山串)에서 봄과 가을에 향과 축문을 내려 제사를 행했다는 것이 소사(小祀)에 실려 있다" 하였고, 정변진(靜邊津, 문주(文州))은 《고려사》에 이르기를 "현종(顯宗) 22년(1031)에 비류수사(沸流水祠)를 세워 봄·가을로 향과 축문을 내려 제사를 행하였다" 하였으며, 《문헌비고(文獻備考)》에 "고려 때 덕주(德州, 지금의 영흥(永興)) 비류수(沸流水)에서 봄·가을에 향과 축문을 내려 제사를 행하였다 하는데 이것이 정변진(靜邊津)인 것 같다" 하였다.

[덕진명소(德津溟所)] 《문헌비고(文獻備考)》에 "고려 시대 교주(交州, 지금의 회양(淮陽)) 덕진명소는 사전(祀典)에 실려 있다" 하였다.

[비백산(鼻白山)] 《문헌비고》에 "고려 시대에 정주(定州, 지금의 정평(定平)) 비백산에 봄·가을로 향과 축문(祝文)을 내려 제사를 행하였다" 하였다.

[전주 보안현 마포대왕(全州保安縣馬浦大王)] 고려 시대 이규보(李奎

報)가 지은 《동국이상국집(東國李相國集)》에 실려 있는 전주 보안현 마포대왕에게 거듭 고(告)하는 제문에 이르기를 "모년 모월 모일(某日)에 모관(某官)은 삼가 같은 해 진사(進士) 황민인(黃敏仁)을 보내어 산록(山鹿) 한 마리와 맑은 술 등 제수(祭需)를 갖추어 거듭 마포대왕 영전에 제사 지냅니다. 정직한 귀신은 사람이 공경히 생각하고 청렴한 관리는 백성들이 두려워합니다. 이로써 헤아려 볼 때 누가 높고 누가 낮습니까. 더구나 내가 다스리는 완산(完山)은 한 지방의 중심이며, 대왕이 맡은 마포도 완산의 소속입니다. 장관(長官)의 관리로서 하읍(下邑)의 신[地祇]에 대해 절을 하지 않고 읍(揖)하는 것은 예(禮)로서 마땅합니다. 이때문에 교[筊]12)를 던진 뒤에 귀신이 허락하였고 나도 무릎 꿇어 절하지 않고 읍만 하였습니다. 제사 진설에 고기[肉]를 쓰지 않고 채소만을 썼더니 바야흐로 사우(祠宇)를 떠나 말을 천천히 모는데 사슴이 몹시 놀라서 미친 듯이 날뛰다가 피를 토하며 죽고, 말이 또 놀라 넘어지니 해괴한 일입니다. 거듭 생각해 보면 귀신이 어찌 그 제사에 고기를 쓰지 않았다고 그러는 것입니까. 또는 그 보답에 대한 사례가 늦었다 해서 깨우쳐 주기 위해서입니까. 어쨌든 제수를 희생으로 하는 것이 옳을 것 같아 사람을 사당에 보내 잔을 올리니 흠향(歆享)하고 나를 나무라지 마십시오" 하였다.

[지리산대왕(智異山大王)] 지리산 대왕 앞에 올리는 기원문(부사(副使)가 행하였다)에 이르기를 "모등(某等)은 모두 비재(非才)로서 원수(元帥)[元戎]의 요좌(寮佐)에 보임(補任)되어 앞으로 동도(東都)에 죄를 물을까 합니다. 무릇 군(軍)의 생사(生死)와 성패(成敗)는 모두 통군(統軍)에 달렸으니 사람의 몸으로 비유하면 통군은 머리며, 요좌는 손이고, 군졸(軍卒)은 발과 같으니 어찌 머리에 병이 있는데 손과 발이 편안하겠습

---

12) 筊: 대오리로 꼰 노로서, 구슬을 노에 매어 물에 던져 귀신의 뜻을 물어보는 것.

니까? 지금 군사(軍師)가 선주(善州)에 주둔하고 있는데, 통군(統軍) 상서(尙書) 김공(金公) 아무개가 갑자기 미질(微疾)이 있어 절선(節宣)[13]이 좋지 못합니다. 생각컨대 산행과 야숙(野宿)으로 바람과 안개를 맞아서 일어난 병입니까? 아니면 다른 무슨 까닭이 있어 그런 것입니까? 일군(一軍)이 걱정과 두려움에 싸여 그 이유를 알 수 없어 감히 중성(衆誠)을 내어 경건히 우리 대왕의 영(靈)에 기도드리오니, 만약 신통한 힘을 빌려 보지(保持)하고 구호하여 김공으로 하여 약을 쓰지 않고도 건강을 회복하여 주신다면 삼군(三軍)의 복일 뿐 아니라 대왕의 위령(威靈)도 더욱 나타날 것이니, 어찌 아름답지 않겠습니까? 먼저 옷 한 벌을 올려 작은 정성을 펴고 병이 쾌유되면 계속 사신을 보내 치제(致祭)하여 은혜의 만분의 일이나마 보답하겠습니다" 하였다(《동국이상국집》).

[공산대왕(公山大王)] 공산대왕에게 올리는 제문(祭文)에 이르기를 "한 여자와 한 남자가 그 몸의 편안을 도모하여 돼지갈비와 쌀밥 신(神)을 섬기더라도 정성이 진실로 지극하면 진진(蓁蓁)한 복을 받는데, 하물며 나 한 사람은 남면(南面, 왕)의 귀한 몸으로 신을 부지런히 섬겨 정례(情禮)를 살펴 갖추었습니다. 모든 명산(名山)은 모두 상사(常祀)가 있는데, 어찌 요구할 것이 있은 뒤에 섬기겠습니까? 아, 저 완고한 백성[頑民]들이 이를 갈고 피를 빨아 인물을 함부로 죽여 비린내를 풍기면서 평민을 동요시켜 놀란 사슴처럼 날뛰게 하고, 지나가는 곳마다 성읍(城邑)을 모두 함락시키고 마을에 들어가 불지르고, 노략질하여 집들이 잿더미로 변하여, 죄악이 진실로 가득 찼으므로, 이치에 당연히 가서 정벌해야 합니다. 이런 까닭으로 왕명을 받아 삼가 천벌(天罰)을 행하려 하나, 들으니 우리 공산(公山)은 사방이 우러러보는 바로서 나라의 혈식(血食)을 누린 지 그 유래가 오래되었다고 합니다. 국가가 신(神)에게 이

---

13) 節宣: 철에 따라 몸을 조섭하는 것.

미 영험이 있다고 믿으니, 일이 있으면 기도하는 것은 예(禮)에 어긋나지 않으며 신(神) 또한 나라의 제사를 받은 지 오래이니, 갑자기 변란(變亂)이 있는데 어찌 구원하지 않겠습니까? 이에 박천(薄薦)이나마 준비하여 급히 신사(信使)를 보냅니다. 나는 불초(不肖)하므로 설령 도와 주시지 않더라도 나라는 저버릴 수 없는데도 끝내 버리겠습니까?" 하였다 (《동국이상국집》).

[울주 계변성 천신(蔚州戒邊城天神)] 제문(祭文)에 이르기를 "아득히 먼 천년(千年) 고군(古郡)에 우뚝한 외로운 성은 오직 신령(神靈)이 진압하시니 행인(行人)이 감히 길에 침도 뱉지 못합니다. 본래 하늘에서 정령(精靈)이 내려오신 것이니 어찌 독귀(瀆鬼)나 산령(山靈)에게 빌겠습니까? 사녀(士女)들이 복을 구하니 아침에 고하면 저녁에 보응(報應)이 오는데, 하물며 국난(國難)이 일어났으니 어찌 안연(安然)히 구원하지 않겠습니까? 저 동도(東都)의 역적〔逆寇〕들이 개〔犬〕처럼 짖어대면서 주인에게 으르렁거리므로 장차 군사를 정돈하여 정벌하려 하니, 신(神)의 음조(陰助)를 바라서 서둘러 신사(信使)를 보내어 치제(致祭)하오니 어찌 길이 험한 것을 꺼리겠습니까? 진실로 정성이 하늘에 전해지면 보응(報應)은 반드시 부고(枹鼓)보다 빠르니, 천병(天兵)의 소리만 들려도 적도(賊徒)들은 소멸(掃滅)되는 것과 같습니다. 해초(海草)가 우거지기 전에 개가(凱歌)가 길을 가득 메우게 해주십시오. 그 공은 반드시 우리 신에게 돌려 국고(國庫)를 기울려 보답하겠습니다. 이 술 한 잔이 비록 박(薄)하오나 성의를 흠향(歆享)하시고 냄새만을 흠향하지 마십시오" 하였다(《동국이상국집》).

4. 고려(高麗) 성황신사(城隍神祠)

문종(文宗) 9년(1055)에 선덕진(宣德鎭) 신성(新城)에 성황신사(城隍神祠)를 세우고 숭위(崇威)라는 호를 내렸으며, 봄·가을로 치제(致祭)하였다. (《고려사(高麗史)》. 아래도 같다.)

인종(仁宗) 14년(1136)에 서경(西京)이 평정되고 김부식(金富軾)이 사람을 보내 성황 여러 신에게 제사 지냈다.

고종(高宗) 23년(1236)에 온수군(溫水郡) 성황신 호를 가봉(加封)하였는데 군리(郡吏) 현려(玄呂) 등이 몽고병을 격퇴시킬 때 성황신사가 은밀히 도와 준 공이 있어서이다.

충숙왕(忠肅王) 6년(1319)에 덕수현(德水縣) 성황사우(城隍祠宇)가 불에 탔다. 왕이 이 현에서 사냥할 때 해동청(海東靑)[14]과 마구간의 말이 죽었으므로 노(怒)하여 태워 버렸다.

공민왕(恭愍王) 9년(1360) 3월 갑오에 모든 도(道)·주(州)·군(郡)의 성황의 여러 신묘(神廟)에 제사 지내서 전첩(戰捷)[15]을 사례(謝禮)하였다.

고종(高宗) 때 사람 이규보(李奎報)가 지은 〈전주제성황치고문(全州祭城隍致告文)〉에 이르기를 "삼가 채소·과실과 맑은 술의 제수로서 성황대왕(城隍大王)의 영전(靈前)에 치제(致祭)합니다. 내가 이곳의 관리로서 각종 나물로도 끼니를 잇지 못하는데 어떤 사냥꾼이 사슴 한 마리를 잡아와서 바쳤다. 그 이유를 물으니 그가 말하기를 '이 고을에서 예로부터 매월 초하루에 저희들로 하여금 사슴 한 마리, 또는 꿩·토끼를 공물(貢物)로 바쳐 제육(祭肉)에 충당케 한 뒤에 아리(衙吏) 등이 공

---

14) 海東靑: 보라매·송골매.
15) 戰捷: 싸움에서 이기는 것.

봉(公俸)을 받아서 주찬(酒饌)을 갖추어 성황에 치제(致祭)하는 것이 관례가 되어왔습니다' 하였다. 내가 노하여 매질하면서 말하기를 '네가 어찌 나에게 품고(稟告)도 하지 않고 이런 짓을 하느냐? 무릇 고을의 선물을 구차히 거절하지 않고 산의 살찐 노루나 토끼, 곰 발바닥과 코끼리 발가락, 바다의 상어와 숭어 및 메기·잉어·물오리·야생 고니 등을 바쳐 앞에 쌓는 자들은 차마 그 진미를 홀로 다 먹을 수 없어 대왕에게 바치는 것이 마땅하겠으나 어찌 소식(蔬食)으로 가난하게 지내는 나로서는 생물을 죽여 신에게 바치기 위해 내 자신의 죄를 더 쌓겠는가? 신(神)도 정직하다면 나에게 이런 것은 바라지 않을 것이다' 하고, 곧 아리(衙吏)들에게 훈계하여 지금부터는 다시 고기〔肉〕를 쓰지 않기로 하고 채소·과일과 주찬(酒饌) 따위의 진설은 이와 같이 하게끔 맡겨달라. 나의 약속이 이와 같으니 대왕은 마음을 놓을 수 없어 의심쩍어 할지 모르나 바라건대 근본이 내가 완고하여 구전(舊典)을 따르지 않는다 하지 마시라" 하였다(《동국이상국집》).

5. 도우신사(禱雨神祠)

정종(靖宗) 원년(1034) 5월 갑진에 냇가에서 기청제(祈晴祭)를 지냈다. 장마가 들거나 가뭄이 심할 때마다 송악 계곡에서 백신(百神)에게 제사 지냈는데 천상제(川上祭)라 하였다.

문종(文宗) 11년(1057) 5월 무인에 예부(禮部)에서 아뢰기를 "삼가 살피건대 지금 첫여름부터 비가 오지 않고 또 광주목(廣州牧)의 보고에 전야(田野)가 메말라 거의 수확이 없을 것 같다 하니 청컨대 동악신당(東岳神堂) 등 여러 신묘(神廟)와 산천·박연(朴淵) 등 다섯 곳에 7일마다 한 번씩 기도하게 하십시오" 하니, 그렇게 하라고 하였다. 임오(壬午)에 여러 신묘(神廟)에 도우(禱雨)하였다.

숙종(肅宗) 3년(1098) 5월 을사에 여러 신사(神祠)에 도우(禱雨)하였다. 6월 무술에 여러 신사에 도우하였다.

예종(睿宗) 원년(1105) 7월 정유에 여러 신묘(神廟)에 기우(祈雨)하였다. 2년(1107) 4월 갑신에 송악 동악신사에 도우(禱雨)하였다. 3년(1108) 4월 계미에 여러 신묘(神廟)에 비내리기를 빌었으며, 16년(1121) 윤5월에 신사에도 도우하였다.

인종(仁宗) 8년(1130) 4월에 가뭄이 들어 무자일에 비오기를 비는 우제(雩祭)를 다시 지내라는 조서(詔書)를 내렸다. 태사(太史)가 아뢰기를 "반드시 천상(川上)·송악(松嶽)·동신(東神) 등 여러 신묘(神廟)와 율포(栗浦)·박연(朴淵)에 먼저 빈 뒤에 다시 우제(雩祭)를 지내야 합니다" 하니 이대로 따랐다. 7월에 가뭄이 들어 을사일에 산천 및 여러 신사(神祠)에 기우(祈雨)하였다.

의종(毅宗) 3년(1149) 4월 기묘에 산천 및 여러 신사(神祠)에 도우(禱雨)하였다. 5년(1151) 윤4월 을해에 가뭄으로 명산과 대천(大川) 및 여러 신사(神祠)에 도우(禱雨)하였다.

명종(明宗) 11년(1181) 4월 신유에 악(岳)·독(瀆) 및 여러 신사(神祠)에 도우하였다. 19년(1189) 윤5월 신묘에 명산·대천 및 여러 신사(神祠)에 도우하였다.

고종(高宗) 9년(1222) 5월에 가뭄이 들자 병술일에 여러 신사(神祠)에 도우하였다.

원종(元宗) 13년(1272) 4월 경오에 신사에 비내리기를 빌었다.

우왕(禑王) 8년(1382) 4월에 신사에 비내리기를 빌었다.

이규보(李奎報)의 〈기우국사대왕문(祈雨國師大王文)〉에 "높고 높은 산악에 오직 신(神)이 주(主)가 되어 백성이 부르고 관리가 혹 기도하면 신이 그때마다 응답하여 일찍이 시기를 넘기지 않았습니다. 지금 하늘이 큰 가뭄을 내려 땅이 말라 깊이 갈라졌고 작은 구름도 일어나지 않습니다. 햇볕은 더욱 내리쬐는데 생민(生民)은 두 손을 모으며 굶주려 죽기를 서서 기다리니 이것은 누가 시켜서 그러합니까. 죄는 수리(守吏)에게 있습니다. 그러나 국사(國師)의 근본은 대웅석씨(大雄釋氏)입니다. 참회함으로써 미혹한 무리를 깨우치는 것입니다. 우리 선비의 스승은 대성공자(大聖孔子)입니다. 허물을 고치기를 두려워 말 것을 전기(傳記)로 베풀었습니다. 내가 이로써 나의 결점을 널리 세상에 드러내어 나 자신을 아프게 책망하오니 바라건대 국사(國師)는 나의 많은 잘못을 용서하시고 하늘 같은 은혜를 베풀어서 밭고랑을 윤택하게 하시면 이 관리의 얼굴이 백성 보기에 두려움이 없을 뿐 아니라 신(神) 또한 백성에게 어기지 않고 친해질 것입니다" 하였다.

고려 시대 신사(神祠) 제사제도는 송(宋)나라 서긍(徐兢)의 《고려도경(高麗圖經)》에 상세히 보인다. 곧 고려 신사는 1백리 안에 있으면 사시(四時, 봄·여름·가을·겨울)에 관리를 파견해서 사당에 소·양·돼지의 희생(犧牲)〔太牢〕을 갖추어 제사하고, 또 3년마다 한 번씩 크게 제사 올려서 그 영지(領地)〔封內〕의 안에 골고루 미치게 하였다고 하고, 또 《고려사》〈오행지(五行志)〉를 상고하면 날씨가 가물면 산천신사(山川神祠)에 빈다 하니, 이것은 곧 우리나라 고대 신시씨(神市氏)의 풍백(風伯)·우사(雨師)·운사(雲師)의 주곡(主穀)·주명(主命)의 유속(遺俗)이 전해 온 것이다.

6. 도교적(道敎的) 초제(醮祭)

《고려사》〈예지(禮志)〉에 "국가의 옛일에 왕왕히 천지(天地) 및 경내

산천을 제사하는 것을 초(醮)라고 일렀다"했으니, 초는 도교적(道敎的)인 제천의식(祭天儀式)인 것이다. 더구나 "본명성수(本命星宿)[16]를 초(醮)하고, 북두(北斗)[17]를 초하고, 태일(太一)[18]을 초하고, 하늘의 오방제(五方帝)를 초했다"라는 글이 있으니, 그 증거가 더욱 확실하다. 우리나라 고대의 단(壇)을 모으고 하늘께 제사함은 본디 도교(道敎)의 색채를 띠는 것이지만 고유(固有)의 제도로서 역대로 전해 내려온 계통이지, 중국의 도교를 배워서 얻은 것은 아니다. 중국의 도교가 비록 노자(老子)에서 비롯되었다고 하지만 그 완전한 성립은 동한(東漢) 말기에 있었으며, 당(唐)나라 초기에 이르러 비로소 도사(道士)를 고구려로 보내와 《도덕경(道德經)》 5천 문(文)을 전하였으니 초제(醮祭)의 법도 이때에 비롯되었다. 고구려가 도교를 받든 지 얼마 아니 되어 신라에 병합되었으며, 신라는 불교를 숭봉(崇奉)했기 때문에 도교를 신봉(信奉)하지 아니하였다. 비록 그렇지만 신라 말엽의 최치원(崔致遠)이 당나라에 유학(留學)하여 초청사(醮青詞)를 문집(文集)《계원필경(桂苑筆耕)》에 실었으며, 또 그 행적을 상고하건대 도가자류(道家者流)에 가깝다. 그렇다면 우리나라 도교도 한 맥〔一脈〕의 전하여짐이 없다고도 할 수 없다. 고려 전기인 현종(顯宗) 때에 천지·산천을 대궐 뜰에서 초제했으니 이는 도교의 의식을 쓴 것이며, 그 법이 팔관재(八關齋)에 바탕을 둔 것 같다. 팔관(八關)이란 천령(天靈)〔天神〕 및 5악(五岳)·명산(名山)·대천(大川)·용신(龍神)을 섬기는 것이니, 태조(太祖)의 훈요(訓要)에 나와 있

---

16) 本命星宿: 자기의 타고난 本命星, 즉 각 사람의 난 해에 해당되는 별.

17) 北斗: 북쪽 하늘의 큰곰자리〔大熊座〕에서 뚜렷이 보이는 국자 모양으로 생긴 일곱 개의 별로, 불교에서는 北斗七星을 차례로 貪狼·巨文·祿存·文曲·廉貞·武曲·破軍이라 이름하여, 이것을 섬기면 天災之變 등을 미리 막을 수 있다고 하여 북두 만다라를 본존으로 북두법은 밀교의 최대 비법이었으며, 七元星君이라고도 한다.

18) 太一: 天神의 이름으로 天帝 또는 太乙이라고도 한다. 또 천지창조의 혼돈한 元氣, 곧 太初를 가리키기도 한다.

다. 팔관재법(八關齋法)은 고구려에서 비롯되어 신라에 전하고, 신라에서 태봉(泰封), 태봉에서 고려에 전하였다. 그렇다면 현종(顯宗) 임금 때 구정(毬庭)[19]의 초(醮)란 팔관(八關)의 나뉘어짐인 것 같다. 그리고 또 도(道)·불(佛)의 의식(儀式)이 섞인 것이 아닐까? 고려 예종(睿宗) 때 비로소 도관(道觀, 복원궁(福源宮))을 세우고 도사〔羽流〕를 두었다.

내 따로 《조선도교사(朝鮮道敎史)》를 지어서 갖추어 서술했기 때문에 여기에서는 다만 재(齋)·초(醮) 등 제사의 《고려사》〈예지(禮志)〉에 실려 있는 것만을 뽑아서 참고에 이바지한다.

[발제(軷祭)][20] 목종(穆宗) 11년(1008) 10월에 발제를 고쳐 압병제(壓兵祭)로 하였다. 문종(文宗) 2년(1048)에 압병제를 서경(西京)의 북교(北郊)에서 행하였다.

[구정(궐정)초(毬庭(闕庭)醮)] 현종(顯宗) 이하 역대 임금이 모두 이를 행하였다.

[노인성제(老人星祭)] 정종(靖宗) 5년(1039) 2월 임오에 노인성(老人星)을 남교(南郊)에서 제사하였다. 예종(睿宗) 6년(1111)에도 이를 행하였다.

[본명성수초(本命星宿醮)] 정종 12년(1046) 6월 기미에 친히 본명성수를 내전(內殿)에서 초제(醮祭) 지냈다. 문종 18년(1064)에도 행하였다.

[북두초(北斗醮)] 문종 2년(1048) 7월 기미에 친히 북두(北斗)를 내전(內殿)에서 초제(醮祭) 지냈다.

[성변기양초(星變祈禳醮)] 문종 19년(1065) 8월 무자삭(戊子朔)에, 목(木)·화(火) 두 별이 도수(度數)를 잃었으므로, 구정(毬庭)에서 초제(醮祭) 지냈다.

[천상제(天祥祭)] 문종 27년(1073) 2월 갑오에 천상제를 행하여 재변

---

19) 毬庭: 대궐의 뜰로 闕庭을 이른다.
20) 軷祭: 먼길을 떠날 때 道神에게 지내는 제사.

(災變)이 가시기를 빌었다.

[백신초(百神醮)] 문종 27년(1073) 5월 기유에, 백신(百神)을 구정(毬庭)에서 초제 지내면서 재변(災變)이 가시기를 빌었다.

[태일초(太一醮)] 문종 10년(1056) 9월 기축에 태일(太一)을 수춘궁(壽春宮)에서 초제 지내면서 화재(火災)가 사라지기를 빌었다. 선종(宣宗)은 이를 행하여서 풍우(風雨)가 순조롭기를 빌었다. 숙종은 이를 행하여 기설(祈雪)을 하였다.

[전성천단초(氈城天壇醮)] 선종(宣宗) 5년(1088) 3월 기유에 사신을 전성에 보내 초제를 지냈으니 염주(鹽州) 동쪽에 옛 천단(天壇)이다. 인종(仁宗) 7년(1129) 3월 갑신에 사신을 보내어 염주 전성(氈城)에서 초제를 지냈다.

[오온신제(五瘟神祭)] 숙종 5년(1100) 6월 무오에 오온신을 5부에서 제사하여 온역(瘟疫)21)이 가시기를 빌었다. 6년(1101)에도 또 행하였다.

[삼계백신초(三界百神醮)] 숙종(肅宗) 7년(1102) 2월 병신에 태자(太子)에게 명하여 구정(毬庭)에서 삼계백신에게 초제 지냈다. 충렬왕(忠烈王)도 이를 행하였다.

[호천오방제초(昊天五方帝醮)] 예종(睿宗) 3년(1108) 5월 신유에 왕이 근시(近侍)의 신하로서 3품 이상의 벼슬아치를 거느리고 호천오방제를 회경전(會慶殿)에서 초제 지냈다.

[독제(纛祭)] 충렬왕 7년(1281) 3월에 장차 일본(日本)을 정벌하기 위해 대궐 남문(南門)에서 독(纛)을 제사하였다. 16년(1290)에도 이를 행하였다. 공민왕(恭愍王)이 친히 홍건적(紅巾賊)을 토벌하려 하여 비로소 독(纛)을 세우고 매달 초하루에 제사하였다. 우왕(禑王) 3년(1377)에 이를 파하였다.

---

21) 瘟疫: 돌림병, 급성 전염병.

[구요당초(九曜堂醮)] 충렬왕 14년(1288) 12월 병진에 구요당(九曜堂)에 행행(行幸)하여 11요(曜)[22]에게 초제 지냈다.

[복원궁태일초(福源宮太一醮)] 우왕(禑王) 4년(1378) 5월 갑술에 시령(時令)이 고르지 못하여 태일(太一)을 복원궁에서 초제 지냈다.

[마리산초(摩利山醮)] 우왕 5년(1379) 3월 신미에 사신을 마리산에 보내 초제 행하였다.

[개복신초(開福神醮)] 우왕 6년(1380) 8월 신미에 정사색(淨事色)에 명하여 개복신(開福神)을 궐정(闕庭)에서 초제 지냈다.

[조병육정초(助兵六丁醮)][23] 우왕 14년(1388) 4월 병진에 사신을 보내 조병육정에게 초제를 행하였다.

제4절 유교적(儒敎的) 제사제도(祭祀制度)

《고려사》〈예지(禮志)〉에 보이는 태묘(太廟, 조선(祖先)의 제사를 지내는 곳)의 체협(禘祫)[24]과 문묘(文廟, 공자(孔子)를 제사 지내는 곳)의 석전(釋奠)[25]은 중국의 전례(典禮)에 의거하여 제사하는 것이다. 환구(圜丘, 천제(天帝)를 제사하는 곳)·방택(方澤, 지기(地祇)를 제사하는 곳)·사직(社稷, 토신(土神)〔社〕·곡신(穀神)〔稷〕을 제사하는 곳) 및 풍사(風師)·우사(雨師)·뇌신(雷神)·영성(靈星) 등 제사는 비록 유가(儒家)의 예전(禮典)에 의거한다지만 역시 단군신대(壇君神代)에서 이미 행하

---

22) 十一曜: 日·月·木·火·土·金·水·氣·歡·羅·計의 11星.
23) 助兵六丁: 兵事를 돕는 六丁神. 곧 道敎의 神 이름으로 6甲 중 丁丑·丁卯·丁巳·丁未·丁酉·丁亥의 神을 가리킨다.
24) 禘祫: 임금이 조상의 혼을 合祭하는 大祭.
25) 釋奠: 文廟에서 孔子를 제사 지내는 의식. 음력 2월과 8월 上丁日에 거행한다.

여진 일에 속하니, 이를 잊어서는 안 된다. 《고려사》〈예지(禮志)〉의 〈길례(吉禮)〉조를 살펴보자.

[환구(圜丘)] (길례대사(吉禮大祀)) 환구단(圜丘壇)은 둘레가 6장(丈) 3척(尺), 높이는 5척, 12계단이 있고 3유(壝, 제단의 담)가 있는데, 유(壝)마다 너비가 25보(步)이며 환구를 둘러싼 담(周垣)에 네 문(四門)이 있다. 요단(燎壇)26)은 신단(神壇) 남쪽에 있는데 너비가 1장(丈), 높이가 1장 2척이며, 호(戶)는 방(方) 6척(尺)으로, 위로 열고 남쪽으로 나온다. 환구를 제사하는데 상일(常日)27)이 있는 것은 초봄(孟春) 상신(上辛)28)에 기곡(祈穀)하는 것이고, 상일이 없는 것은 초여름(孟夏)에 길일(吉日)을 가려 우사(雩祀)하며, 축판(祝版)에는 "고려국 왕 신(臣) 왕모(王某)는 감히 밝게 고한다"라고 썼다. 옥폐(玉幣)29)는 상제(上帝)에게는 둥글납작하며 중앙에 둥근 구멍이 있는 옥(蒼璧)을 홀의 밑동에 달고(四圭有邸) 폐(幣)도 푸른색(蒼色)으로 하며, 청제(靑帝)에게는 푸른 옥(靑圭), 적제(赤帝)에게는 붉은 서옥(瑞玉)으로 만든 홀(赤璋), 황제(黃帝)에게는 누른 서옥으로 만든 홀(黃琮), 백제(白帝)에게는 옥으로 만든 범 형상의 그릇(白琥), 흑제(黑帝)30)에게는 서옥으로 두 쪽 낸 모양의 벽옥(玄璜)으로 하고, 폐(幣)는 각각 옥(玉)의 빛과 같이하였다.

무릇 폐의 제도는 길이가 모두 1장 8척이다. 생뢰(牲牢)는 상제(上帝) 및 배주(配主)에게는 창독(蒼犢)31)을 각각 1두(頭) 쓰고, 오방제(五方帝)에

---

26) 燎壇: 횃불을 밝히는 壇.
27) 常日: 정해진 날.
28) 孟春上辛: 정월 첫 辛日.
29) 玉幣: 禮物로 바치는 구슬과 비단.
30) 靑帝는 동방신, 赤帝는 남방신, 黃帝는 중앙신, 白帝는 서방신, 黑帝는 북방신을 이른다.
31) 蒼犢: 蒼色 송아지.

게는 각각 방색(方色)³²⁾의 송아지 한 마리를 쓰되, 방색을 갖추기 어려운 것은 순색(純色)으로 대신한다. 제사를 대행(代行)할 경우에는 상제와 배주(配主)에게 각각 양(羊) 한 마리씩을 쓰고 오방제(五方帝)에게는 각각 돼지 한 마리씩을 쓴다. 헌관(獻官)은 친사(親祀)³³⁾에는 태자(太子) 또는 공(公)·후(侯)·백(伯)이 아헌(亞獻), 태위(太尉)가 종헌(終獻)이 되고, 제사를 대행할 경우에는 태위가 초헌(初獻), 태상경(太常卿)이 아헌(亞獻), 광록경(光祿卿)이 종헌(終獻)이 된다.

성종(成宗) 2년(983) 정월 신미에 왕이 친히 환구(圜丘)에 제사하여 기곡(祈穀)하였으며 태조(太祖)로 배식(配食)했으니, 기곡의 예(禮)가 여기에서 비롯되었다.

[방택(方澤)](길례대사(吉禮大祀)) 현종(顯宗) 22년(1031) 정월에 친히 방택에 제사하였다. 정종(靖宗) 2년(1036) 2월 경술삭(庚戌朔)에 방택에 제사하였다. 10년(1044) 10월 병신에 신주(神州)의 지기(地祇)에 제사하였다.
  인종(仁宗) 5년(1127) 3월 무오에 방택제지기(方澤祭地祇)를 만들어 사방에서 기(氣)를 맞았다[迎氣].
  [사직(社稷)](길례대사(吉禮大祀)) 사직단(社稷壇)은 사(社)는 동쪽에 있고, 직(稷)은 서쪽에 있으니, 각각 너비가 5장(丈), 높이가 3척 6촌이며, 사출폐(四出陛)는 오색(五色) 흙으로 만들고, 예감(瘞坎, 묻는 구덩이) 둘은 각각 두 단(壇)³⁴⁾이 있다. 계단의 북남쪽으로 난 계단은 사방이 깊

---

32) 方色: 東·西·南·北·中의 다섯 방위에 따른 靑·白·赤·黑·黃色 등 다섯 가지 빛.
33) 親祀: 국왕이 친히 제사 지내는 것.
34) 두 壇: 社壇과 稷壇.

어서 물건을 간직할 만하다. 제일(祭日)은 중춘(仲春)과 중추(仲秋)의 상술일(上戌日)이다. 신위(神位)의 진설(陳設)은 대사(大社)를 제사하는 데는 후토씨(后土氏)를 배위(配位)로 하고, 대직(大稷)은 후직씨(后稷氏)를 배위로 하며, 대사(大社)·대직(大稷)의 신위는 단상(壇上)의 북쪽에서 남향으로 하되 자리[席]는 모두 짚으로 하고, 후토·후직의 신위는 단상의 서쪽에서 동향으로 하되 자리는 모두 왕골로 하였다. 옥폐(玉幣)는, 옥은 홀(笏)의 밑동에 달고[兩圭有邸] 폐는 검은빛으로 하되, 길이가 1장 8척이다. 생뢰(牲牢)는, 사(社)와 직(稷)이 돼지가 각각 한 마리이다. 헌관은 태위(太尉)가 초헌(初獻), 태상경(太常卿)이 아헌(亞獻), 광록경(光祿卿)이 종헌(終獻)이 되니, 태위는 팔좌(八座)[35]를 하였다.

성종(成宗) 10년(991) 윤2월에 전교(傳敎)하기를 "내 들으니 사(社)는 토지의 주인이니 땅이 넓어 이루 공경할 수 없기 때문에 흙을 모아 사(社)로 하여 공로에 보답하는 것이고, 직(稷)은 오곡의 어른이니 곡식이 많아서 이루 제사할 수 없기 때문에 직신(稷神)을 세워서 제사한다고 하였다. 《예기(禮記)》에 '왕이 뭇 백성을 위하여 사(社)를 세우는 것을 대사(大社), 스스로 사(社)를 세우는 것을 왕사(王社), 제후(諸侯)가 백성을 위하여 사(社)를 세우는 것을 국사(國社), 스스로 사(社)를 세우는 것을 후사(侯社), 대부(大夫) 이하가 무리를 이루어 사(社)를 세우는 것을 치사(置社)라 한다' 하였다. 그러므로 나라가 있고, 집이 있는 자가 사직(社稷)을 세우지 않을 수 없고, 위로 천자(天子)에서 아래로 대부(大夫)에 이르기까지 근본을 알리고 공로에 보답하는 것이니 갖추지 않을 수 없는 것이다. 성조(聖祖)[36]에서 열성조(列聖朝)에 이르기까지 아직도

---

35) 八座: 중국 漢나라 때 6曹의 尙書 및 一令·一僕을 통틀어 칭한 말이며, 隋·唐 시대에는 左·右僕射와 6尙書를 八座라 하였다.
36) 聖祖: 고려 태조 王建을 가리킨다.

사직의 제사를 행하지 아니 하셨다. 짐(朕)이 보위(寶位)를 이어받은 이후로 모든 설시(設施)가 모두 예전(禮典)에 의거하였다. 종묘(宗廟)와 마찬가지로 중요한 사직단을 세우려 하니, 여러 재신(宰臣)으로 하여 땅을 가려 단을 설치케 하라"하니, 이에 비로소 사직(社稷)을 세웠다.

[적전(籍田)](길례중사(吉禮中祀)) 선농적전단(先農籍田壇)은 사방이 3장(丈)이고 높이가 5척, 사방으로 만든 계단〔四出陛〕이며, 토담〔壝〕은 둘이니, 토담마다 25보이다. 예감(瘞坎)이 안쪽 제단〔內壝〕의 밖 임지(壬地)에 있고, 남쪽으로 나오는 계단〔南出陛〕은 사방이 깊어서 물건을 간직할 만하다. 제일(祭日)은 초봄〔孟春〕의 길해일(吉亥日)이다. 신위(神位)는 신농씨(神農氏)의 신위를 단상(壇上)의 북쪽에서 남향으로 배설(排設)하고, 후직씨(后稷氏)를 배위(配位)로 하며, 단상의 동쪽에서 서향으로 했으며, 자리〔席〕는 모두 왕골로 하였다. 축판(祝版)에는 "고려국 왕 신(臣) 왕모(王某)는 감히 밝게 고한다"라고 썼다. 폐백(幣帛)은 청색으로 하였으며, 길이는 1장(丈) 8척(尺)이다. 생뢰(牲牢)는 정(正)·배위(配位)에 각각 소·양·돼지 한 마리씩을 쓴다. 제사를 대행(代行)할 경우에는 소와 양은 없으며, 헌관(獻官)은 환구(圜丘)와 같다.

[선잠(先蠶)](길례중사(吉禮中祀)) 선잠단은 사방(四方) 2장(丈), 높이가 5척이며, 사출폐(四出陛)가 있고, 예감(瘞坎)은 안쪽 제단〔內壝〕 밖 임지(壬地)에 있으며, 남쪽으로 나오는 계단〔南出陛〕은 사방이 깊어서 물건을 간직하기에 족하다. 향일(享日)은 늦봄〔季春〕의 길사일(吉巳日)이다. 축판에는 "고려국 왕 신(臣) 왕모(王某)는 감히 밝게 고한다"라고 썼다. 폐백(幣帛)은 검은 것을 쓰는데, 길이가 1장 8척이다. 생뢰(牲牢)는 돼지 한 마리를 썼다. 헌관은 태상경(太常卿)이 초헌(初獻), 예부낭중(禮部郎中)이 아헌, 태상박사(太常博士)가 종헌을 하였다.

[풍사(風師)·우사(雨師)·뇌신(雷神)·영성(靈星)](길례소사(吉禮小

祀)) 풍사단(風師壇)은 높이가 3척, 너비가 23보이며, 사출폐(四出陛)가 있다. 요단(燎壇), 섶을 태우는 단은 내유(內壝)의 밖 20보 되는 병지(丙地)에 있으며 너비가 5척이고, 호(戶)는 방(方) 2척으로 위로 열고 들어가서 남쪽으로 나온다. 국성(國城)의 동북 영창문(令昌門) 밖에 있다. 입춘(立春)을 지낸 뒤 축일(丑日)에 제사하며, 축판에는 "고려국 왕 신(臣) 왕모(王某)는 감히 밝게 고한다"라고 썼다. 생뢰(牲牢)는 돼지 한 마리를 썼다. 우사(雨師)와 뇌신(雷神)은 같다. 단의 높이는 3척이고, 사출폐(四出陛)가 있다. 요단(燎壇)은 내유(內壝)의 밖 20보 되는 병지(丙地)에 있으며, 너비가 5척, 방(方) 2척이고, 위로 열고 들어가서 남쪽으로 나온다. 국성 안 서남쪽 월산(月山)에 위치하고 있으며, 입하(立夏)를 지낸 뒤 신일(申日)에 함께 제사한다. 축판에는 "고려국 왕 신 왕모는 감히 밝게 고한다"라고 썼으며, 생뢰(牲牢)는 각각 돼지 한 마리를 썼다. 영성단(靈星壇)은 높이가 3척, 둘레가 8보 4척이며, 사출폐(四出陛)가 있다. 요단(燎壇)은 내유(內壝)의 밖 병지(丙地)에 있으며 너비가 5척이고, 호(戶)는 방(方) 2척으로 위로 열고 들어가서 남쪽으로 나온다. 입추(立秋)를 지낸 뒤 진일(辰日)에 제사하며, 축판에는 "고려국 왕 신 왕모(王某)는 감히 밝게 고한다"라고 썼다. 생뢰(牲牢)는 돼지 한 마리이다.

[마조(馬祖)](길례소사(吉禮小祀)) 마조단(馬祖壇)은 너비가 9보, 높이가 3척이며, 사출폐(四出陛)가 있고, 제단(壝)은 25보이다. 요단(燎壇)은 신단(神壇) 병지(丙地)에 있으며, 너비가 5척이고, 호(戶)는 방(方) 2척으로 위로 열고 들어가서 남쪽으로 나온다. 중춘(仲春)에 길일(吉日)을 가려 제사하며, 축판에는 "고려국 왕은 삼가 모관(某官) 아무개를 보내서 경건히 제사한다"라고 썼다. 생뢰(牲牢)는 돼지 한 마리이다.

[선목(先牧)·마사(馬社)·마보(馬步)](길례소사(吉禮小祀)) 선목·마사·마보단은 각각 너비가 9보, 높이가 3척이며, 사출폐(四出陛)가 있고, 유(壝)는 합해서 25보이다. 예감(瘞坎)은 모두 신단(神壇)의 임지(壬

地)에 있으며, 남출폐(南出陛)는 사방이 깊어서 물건을 간직할 수 있다. 향일(享日)은, 선목(先牧)은 중하(仲夏), 마사(馬社)는 중추(仲秋), 마보(馬步)는 중동(仲冬)에 함께 길일을 가려서 하고, 신위는 각각 단상(壇上)의 북쪽에서 남향으로 배설(排設)하되, 자리는 모두 왕골을 썼다. 축판에는 "고려국 왕은 삼가 모관(某官) 아무개를 보내서 경건히 제사한다"라고 썼으며, 생뢰(牲牢)는 돼지 한 마리이다.

　[사한(司寒)] (길례소사(吉禮小祀)) 사한(司寒)은 초겨울(孟冬)과 입춘(立春)에 얼음을 간직했다가 춘분(春分)날 얼음을 꺼내서 제사한다. 신위는 단상의 북쪽에서 남향으로 배설(排設)[37]하되, 자리는 왕골을 썼으며, 축판에는 "고려국 왕은 삼가 모관(某官) 아무개를 보내서 경건히 제사한다"라고 썼으며, 생뢰(牲牢)는 돼지 한 마리이다.

제5절 선(仙)·불(佛)이 잡(雜)되게 섞인 신사(神事)

1. 서경(西京) 팔성당(八聖堂)

《고려사》를 상고하건대 〈고려세계(高麗世系)〉에 김관의(金寬毅)의 《편년통록(編年通錄)》을 인용하여 말하기를 "처음에 당(唐)나라 귀인(貴人)이 송악군(松嶽郡)에 이르러 곡령(鵠嶺)에 올라 남쪽을 바라보면서 '이곳이 반드시 도읍을 이루리라' 하고, 종자(從者)는 말하기를 '이곳이 참으로 팔선(八仙)이 사는 곳이다' 했다" 하였다. 또 《동국여지승

---

37) 排設: 필요한 제구를 차려 놓는 것.

람(東國輿地勝覽)》을 상고하건대 〈개성부(開城府) 사묘(祠廟)〉조에 "송악 위에 팔선궁(八仙宮)이 있다" 했으니 팔선설(八仙說)은 그 유래가 먼 것이다.

인종(仁宗) 때에 술승(術僧) 묘청(妙淸)이 조정(朝廷)에 건의하여 서경(西京) 임원역(林原驛)에 궁궐을 세우고 팔성당(八聖堂)을 두었는데 신(神)은 모두 회상(繪像)[38]이었으며, 정지상(鄭知常)이 지은 제문(祭文)에 "이제 평양성 안에 대화(大華)의 형세를 가려 궁궐을 창건하여서 삼가 음양(陰陽)에 순응(順應)하고, 팔선(八仙)을 봉안(奉安)하여서 백두악선인(白頭岳仙人)을 첫머리로 하였다" 했으니 여기에 말미암아서 본다면, 팔선(八仙)은 곧 팔성(八聖)으로서, 그 말이 앞뒤가 서로 맞는다. 또 팔성당(八聖堂)에서 묘청(妙淸)이 태일옥장보법(太一玉帳步法)을 행하고 스스로 말하기를 "이 법은 도선(道詵)에게 전해 내려온 것이다" 했으니, 아마도 단군의 신교(神敎)가 후세로 내려와서 혹 도교(道敎)로 떨어지고 혹 불교의 풍습에 섞인 것이다. 이 서경(西京)의 팔성당과 양경(兩京)[39]의 팔관회가 이것이다. 서경 팔성당의 설치가 백두선인(白頭仙人)·평양선인(平壤仙人) 등에 연유(緣由)한 기사는 다음과 같다.

《고려사》〈열전(列傳)〉: 묘청(妙淸)은 서경(西京)의 중인데, 뒤에 정심(淨心)으로 법명(法名)을 고쳤다. 인종(仁宗) 6년(1128)에 일자(日者)[40] 백수한(白壽翰)이 검교소감(檢校少監)으로, 서경에 분사(分司)[41]하여, 묘청을 일러 스승이라 하고, 두 사람은 음양비술(陰陽秘術)을 빙자하여 뭇 사람을 현혹시켰다. 정지상(鄭知常)은 서경 사람으로 깊이 그 말을 믿어서

---
38) 繪像: 그림으로 그린 神像.
39) 兩京: 개경과 서경(평양).
40) 日者: 그날그날 吉凶을 점치는 점술가.
41) 分司: 관청을 西京에 分置하는 것.

상경(上京)은 기업(基業)이 이미 다하고 서경은 왕기(王氣)가 있으니 마땅히 도읍을 옮겨서 상경으로 삼아야 한다고 하며, 근신(近臣) 김안(金安)과 더불어 입에 올려 번갈아 가며 찬양(讚揚)하고, 근신 홍이서(洪彝叙)·이중부(李仲孚) 및 대신(大臣) 문공인(文公仁)·임경청(林景淸)이 여기에 호응하여 아뢰기를 "묘청은 성인(聖人)이고 백수한은 그 다음입니다. 국가의 일을 일일이 자문한 뒤에 행하여서, 그 진청(陳請)하는 바를 받아들이지 않음이 없다면, 나라 일이 순조롭게 이루어지고 국가를 보존할 수 있을 것입니다……." 이에 묘청 등이 상언(上言)하기를 "신(臣) 등이 서경의 임원역(林原驛)의 지세를 살피오니, 음양가(陰陽家)의 이른바 대화(大華)의 세(勢)입니다. 만약 궁궐을 세워서 도읍하신다면 천하를 아우를 수 있으며, 금국(金國)이 폐백(幣帛)을 바쳐서 스스로 항복하고 36국이 모두 신첩(臣妾)이 될 것입니다" 하니, 왕이 마침내 서경에 궁궐 창건을 명하니 7년(1129)에 새 궁궐이 완공되었다. 왕이 서경에 행차하니 묘청의 무리가 혹 표문(表文)을 올려서 칭제(稱帝) 건원(建元)[42]을 청하기도 하고, 혹 유제(劉齊)[43]와 약속하여 금국(金國)을 협공(挾攻)하여 멸망시키자고 청했으나 왕은 끝내 이 말을 듣지 않았다.

《고려사》: 인종(仁宗) 7년(1129) 3월 경인에 왕이 서경(西京)에서 돌아와서 죄인(罪人)을 사면(赦免)하고 조서(詔書) 내리기를 "시세(時勢)로 인하여 그 거처를 일정하게 하지 않음은 예로부터 그렇다. 우리나라의 선현(先賢)이 말하기를 궁궐을 대화세(大華勢)에 세워서 기업(基業)을 연장하라고 했는데, 이제 이미 지세를 잘 보아서 새 궁궐을 세웠기로, 때에 순응(順應)하여 순유(巡遊)하고, 백성에게 은택이 있기를 생각한 것이다" 하였다.

《동국통감(東國通鑑)》: 고려 인종(仁宗) 9년(1131)에 내시(內侍) 이중

---

42) 稱帝建元: 皇帝라 칭하고, 年號의 제도를 마련하는 것.
43) 劉齊: 당시 중국에 있던 작은 나라.

부(李仲孚)를 보내어 서경(西京) 임원궁성(林原宮城)을 쌓고, 궁 안에 팔성당(八聖堂)을 두었으니, 첫째 호국백두악선인(護國白頭岳仙人) 실덕문수사리보살(實德文殊師利菩薩), 둘째 용두악육통존자(龍頭嶽六通尊者) 실덕석가불(實德釋迦佛), 셋째 월성악천선(月城嶽天仙) 실덕대변천신(實德大辯天神), 넷째 구려평양선인(駒麗平壤仙人) 실덕연등불(實德燃燈佛), 다섯째 구려목멱선인(駒麗木覓仙人) 실덕비파시불(實德毗婆尸佛), 여섯째 송악진주거사(松嶽震主居士) 실덕금강색보살(實德金剛索菩薩), 일곱째 증성악신인(甑城嶽神人) 실덕륵차천왕(實德勒叉天王), 여덟째 두악천녀(頭嶽天女) 실덕부동우파이(實德不動優婆夷)로, 모두 회상(繪像)이며, 묘청의 말에 따른 것이다. 김안(金安)·정지상(鄭知常) 등이 성인(聖人)의 법으로써 나라를 이롭게 하고 기업(基業)을 연장시키는 술(術)이라고 하였다. 김안(金安) 등이 임원궁(林原宮) 안의 팔성(八聖)에 치제(致祭)하기를 주청(奏請)하고, 정지상(鄭知常)이 그 글을 지었으니 "빠르게 하지 아니하여도 빠르고, 가지 아니하여도 이르니 이를 이름하여 득일(得一)의 영(靈)이라고 하고, 무(無)에 나가서 유(有)가 되고 실(實)에 나가서 허(虛)가 되니 이를 일러 본래의 불(佛)이라고 한다. 오직 천명(天命)이라야 만물(萬物)을 제어(制御)하고 오직 토덕(土德)이라야 사방에 왕 노릇 할 수 있다. 이제 평양성 안에서 대화(大華)의 세(勢)를 가려 궁궐을 세워서 삼가 음양에 순응(順應)하고 팔선(八仙)을 그 안에 봉안(奉安)하여서 백두악선인(白頭岳仙人)을 첫머리로 하였으니 경광(耿光)[44]이 있음을 생각하고 묘용(妙用)이 앞에 나타나기를 바란다. 황홀(恍惚)하다. 참모습은 비록 형용할 수 없지만 실덕(實德)은 임(臨)하는 것 같다. 화상(畫像)을 장엄(莊嚴)하게 그리기를 명하고 현관(玄關)[45]에 조아리며 흠향

---

44) 耿光: 신령스러운 빛.
45) 玄關: 현묘한 도로 들어가는 관문. 곧 禪學으로 들어가는 어귀로 禪寺의 작은 문이라고도 한다.

(歆饗)을 빈다" 하였다.

[유고(留考)] 북애노인(北崖老人)의 《규원사화(揆園史話)》에서 고려 때 사람 청평거사(淸平居士) 이명(李茗)의 말을 인용하면 다음과 같다.

고려 인종(仁宗) 9년(1131)에 요승(妖僧) 묘청(妙淸)의 말로 인하여 서경(西京)의 임원궁(林原宮) 안에 팔성당(八聖堂)을 두었으니, 청평거사(淸平居士)가 말하기를 "첫째는 호국백두악태백선인(護國白頭岳太白仙人)이라고 한다. 큰 지혜와 큰 덕이 있어 주신(主神)을 도와 대계(大界)를 창조했으니 곧 환웅천왕(桓雄天王)을 이름이다. 둘째는 용위악육통존자(龍圍嶽六通尊者)라고 하니 능히 만리(萬理)를 변화하는 능력이 있어서 인간의 화복(禍福)을 맡고, 셋째는 일월성악천선(日月城嶽天仙)이라고 하니 풍우(風雨)를 맡은 신이고, 넷째는 구려평양선인(駒麗平壤仙人)이라고 하니 광명(光明)을 맡은 신이고, 다섯째는 구려목멱선인(駒麗木覓仙人)이라고 하니 인간의 수명(壽命)을 맡은 신이고, 여섯째는 송악진주거사(松嶽震主居士)라고 하며 큰 용기와 큰 힘이 있어 신병(神兵)을 맡아서 항상 국도(國都)를 진수(鎭守)하여 외적(外敵)을 물리치니 옛날의 치우(蚩尤)의 신(神)이고, 일곱째는 증성악신인(甑城嶽神人)이라고 하여 사시(四時)의 곡물(穀物)·소채(蔬菜)·초목(草木)을 맡았으니 옛날 고시씨(高矢氏)의 신이고, 여덟째는 두악천녀(頭嶽天女)라고 하여 지상(地上)의 선악(善惡)을 관장하니 곧 신시씨(神市氏)의 후예이며 환검신인(桓儉神人)의 어머니이다. 이들은 모두 대주신(大主神, 환인(桓因))의 지도 아래 천하의 모든 일을 맡아 다스리는 신(神)이다" 하였다. 인종(仁宗)은 묘청을 신임하고 현혹됨이 심하여 마침내 서경(西京)의 변(變)을 불러와서 김부식(金富軾)으로 하여 쳐서 평정하게 하였다. 묘청은 사문(沙門)[46]에

---

46) 沙門: 佛門을 말한다.

서 몸을 일으켜 그 임금을 고혹(蠱惑)[47]했지만 당시에 국력(國力)이 아직도 부진함을 한스럽게 여기고, 외모(外侮)의 거듭됨을 분개(憤慨)하여 고래(古來) 신명(神明)의 전설을 가려 뽑아서 당시의 민심을 진작(振作)하려 했으니 그 행동은 비록 도리에 어긋났어도 그 뜻은 오히려 인정할 만한 것이 있다. 지난날의 역사를 말하는 자가 단지 요승(妖僧) 묘청(妙淸)의 황탄(荒誕)한 말로 침뱉어 욕하니, 견해(見解)가 소루(疎漏)한 책임을 면치 못할 것이다. 팔성(八聖)의 이름을 불가(佛家)의 문자로 표현한 것이 승려(僧侶)의 필법(筆法)이니 어찌 이같지 않으랴. 이것은 깊이 괴이하게 여길 것 없다.

인종(仁宗) 10년(1132) 봄 정월에 비로소 서경(西京)의 궁궐을 조영(造營)하고 평장사(平章事) 최홍재(崔弘宰) 등이 역사(役事)를 동독(董督)[48] 하였다. 기초를 열기에 미쳐 묘청이 홍재(弘宰) 등 재신(宰臣) 3, 4명 및 역사원리(役事員吏)로 하여금 모두 공복(公服) 차림으로 차례로 서게 하고, 장군 네 사람으로 하여 갑옷 차림으로 검(劍)을 잡아 사방에 서게 하며 군사 1백20명은 창(槍), 3백 명은 횃불, 20명은 촛불을 잡아 둘러서게 한 뒤, 묘청이 한가운데 서서 흰 마승(麻繩) 네 가닥, 길이 3백60보로 사인작법(四引作法)을 하면서 스스로 말하기를 "이것은 태일옥장보법(太一玉帳步法)이니, 선사(禪師) 도선(道詵)이 강정화(康靖和)에게 전하고, 정화(靖和)는 내게 전하였으며, 내 늙어갈 때 백수한(白壽翰)을 얻어 전했을 뿐이니 중인(衆人)의 알 바가 아니다" 하였다.

호국백두악선인(護國白頭岳仙人) 실덕문수사리보살(實德文殊師利菩薩)이란 백악선인(白嶽仙人)을 이름이니, 문수보살(文殊菩薩)의 문

---

47) 蠱惑: 남의 마음을 호리는 것.
48) 董督: 바로잡아 단속함.

화현(文化現, 일본 사람이 이르는 바 권현(權現)이 이것이다)으로서 항상 백두산에 살면서 국토(國土)를 진수(鎭守)하고 복리(福利)를 가져오게 하는 신이다. 나머지 7신(七神)도 앞에서 말한 대로 해석하면 된다. 아마도 섭융례(葉隆禮)의 《요지(遼志)》에서 이른바 "장백산(長白山)은 백의관음(白衣觀音)이 사는 곳이다"라고 한 말과 같은 뜻일 것이다. 그리고 이것이 단군 이래로, 산신(山神) 및 선인설화(仙人說話)의 시초일 것이다. 백두악선인(白頭岳仙人)·평양선인(平壤仙人) 등 이름으로 보아서 그 근원이 단군(壇君)에서 비롯되었음을 알 수 있다. 우리나라는 예로부터 참기(讖記)가 많아서 단군 때 신지선인(神誌仙人)의 비사(秘詞)가 《고려사》에 보이니 술승(術僧) 묘청이 이같은 방술(方術)의 서적을 얻어보고, 그 법을 행한 까닭에 신(神)의 호칭이 반선(半仙)·반불(半佛)로서 서로 섞임이 이같은 것일까. 이제 신단재(申檀齋, 采浩)의 논설을 빌린다면, 묘청의 평양 사건은 실로 우리나라 수천 년 역사를 통하여 제일 큰 사건이 되니, 나라 사람의 사상(思想)이 향하는 바이고 또한 나라의 운명에 관계되는 때문이다. 묘청 일파는 모두 국수주의(國粹主義)이고, 김부식(金富軾) 일파는 모두 사대주의(事大主義)이니, 김부식 등 유자(儒者) 사대주의파가 승리하고 정지상(鄭知常) 등 술자(術者) 국수주의파가 패배하였다. 다만 우리나라 사상계(思想界)를 오래도록 중화의 노예로 만들었다고 하였다.

2. 양경(兩京) 팔관회(八關會)

《고려사》: 태조 26년(943) 여름 4월에 왕이 내전(內殿)에 나와서 대광(大匡) 박술희(朴述熙)를 불러 친히 훈요십조(訓要十條)를 전수(傳授)하니, 그 여섯째에 "연등(燃燈)은 불교를 섬기는 것이며, 팔관(八關)은 천령(天靈) 및 5악(五嶽)·명산(名山)·대천(大川)·용신(龍神)을 섬기는 것이다. 후세의 간신(奸臣)이 가감(加減)하는 것을 금지하라" 하였다.

《고려사》〈예지(禮志)〉: 가례(嘉禮)에, 중동(仲冬, 11월)에 팔관회 의식이 실렸는데, 의식이 번잡하여 기록하지 않았다.

중국 상고(上古)에 팔관(八關)의 이름이 있으니 고사(古史)를 상고하면 "갈천씨(葛天氏)가 음악을 만들었는데 여덟 사람이 족도(足蹈)를 하면서 북을 쳐서 참미(摻尾)라는 악곡을 연주하며 뿔피리를 불면서 팔관을 다스렸으니, 악(樂)은 첫째 재민(載民), 둘째 입조(立鳥), 셋째 수물(遂物), 넷째 분곡(奮穀), 다섯째 경천상(敬天常), 여섯째 달제절(達帝切), 일곱째 의제덕(依帝德), 여덟째 총만물지극(總萬物之極)과 괴부와부(塊拊瓦缶)로서, 광악(廣樂)이다" 하였는데, 그 뜻을 상고하면 한쪽으로 치우쳤다가 서로 어울린다. 다만 《동국통감(東國通鑑)》과 《사원(辭源)》(근래 중국인이 편찬)에서는 모두 불가(佛家)의 법에서 나왔다 하니 감히 단언해서 맞는지 아닌지 모르겠다. 그러나 단재(檀齋) 신채호(申采浩)는, 팔관회라는 것은 우리나라 고대 소도(蘇塗) 제신(祭神)의 유의(遺儀)이며, 불교의 팔계(八戒)에 사용하는 데 지나지 않았다 하였다(상세한 것은 〈신라 화랑〉조). 육당(六堂) 최남선(崔南善)은, 팔관회는 불교의 재(齋)도 아니고, 도교의 초(醮)도 아니며, 우리 상고 시대 '붉도(Park to)'의 전형이라 하였다.

《동국통감》: 신(臣) 등이 팔관의 계율(戒律)을 상고하면, 본래 불씨(佛氏)의 가르침이니, 살생(殺生)을 하지 않으며[不殺生], 도둑질하지 않으며[不偸盜], 음란한 짓을 하지 않으며[不淫泆], 망령된 말을 하지 않으며[不妄語], 술을 마시지 않으며[不飲酒], 높고 큰 상[大床]에 앉지 않으며[不坐高大床], 호화 사치하지 않으며[不著香華], 스스로 즐거운 것을 보고 듣지 않는다[不自樂觀聽] 하였습니다. 관(關)이란 폐(閉)로서, 여덟 가지 죄목을 금지하고 단절함으로써, 범하지 않는 것입니다. 옛날 신라 진흥왕(眞興王)이 승려 혜량(惠亮)의 말을 듣고 팔관회를 시행했으며, 고려 태조(太祖)가 스스로 나라를 얻은 것은 여러 부처님의 호위(護衛)와 도움이었다고 하여 연등(燃燈)으로 불교를 섬기고, 팔관으로써 천령(天靈)·5악(五嶽)·산천(山川)·용신(龍神)을 섬기며 조정의 의식을 정하고 국가의 대사(大事)로 삼았으며, 고려말까지 중동(仲冬, 11월)을 팔관의 달로 삼았고, 국가에 범죄가 없기를 맹세하고 군신(君臣)이 함께 즐겼습니다. 이지백(李知白)은 팔관으로써 적(敵)을 물리치는 계책을 삼았고, 최항(崔沆)은 먼저 해야 할 중요한 일이 팔관이라고 다시 청했으며, 문극겸(文克謙)은 중동(仲冬)에 기고(忌故)가 있으면 국가의 재난으로 삼았으니 장차 어찌하겠습니까 하였다.

《사원(辭源)》: 팔관이라는 것은 불교를 신봉하는 자의 이른바 재(齋)로서 중국 남조(南朝) 시대에 성행하였으며(법원주림(法苑珠林)), 팔관의 관(關)은 폐(閉)로서, 여덟 가지 악을 막아서 모든 허물이 일어나지 않게 하기 위한 것이고, 그 철의 특별한 음식을 재(齋)라 한다. 진지둔(晋支遁)의 팔관재(八關齋) 시(詩)가 있는데 상고하면, 팔악(八惡)은 음란(淫亂)·살생(殺生)·망어(妄語) 등이며, 팔계(八戒)는 불가(佛家)의 말로서, 살생(殺生)·투도(偸盜)·사음(邪淫)·망어(妄語)·음주(飮酒)·좌고대상(坐高大床)·사화만영락(著華鬘瓔珞)[49]·습가무기악(習歌舞妓樂) 등을 하지 않는다는 것이라 하였다.

《제서(齊書)》: 이안인(李安人)이 오흥태수(吳興太守)가 되어 항우(項羽)의 신호군(神護郡) 청사(廳事)를 방문했는데, 태수가 도착하자 곧 명

---

49) 華鬘瓔珞: 인도 풍속으로 화만은 끈으로 많은 꽃들을 꿰어 머리나 몸에 장식하는 것으로 오늘날 불상머리 또는 불상 앞에 장식으로 쓰며, 영락은 구슬을 꿰어 만든 목걸이로 뒤에 佛像의 신변에 드리워진 주옥의 장식으로 이르게 되었다.

에 먹인 소에게 제사하였다. 안인이 불법(佛法)을 받들어 소를 신으로 여기지 않고 나막신을 신고 청사에 올라가고, 또 청상(廳上)에 팔관재(八關齋)를 진설(陳設)하니, 갑자기 소가 죽고 안인(安人) 또한 급사하니 세인(世人)들이 신의 화(禍)를 입었다고 하였다.

고려 팔관재 모임은 태봉(泰封)에서 전하였고, 태봉은 신라로부터 전했으며, 신라는 고구려로부터 전하였고, 고구려는 중국 남조(南朝)로부터 전하였다. 진지둔(晋支遁, 당시 고승(高僧))의 팔관재(八關齋) 시가 있고, 또 진지둔이 고려 도인(道人, 실명(失名))과 더불어 편지로 서로 통한 일이 양(梁) 승전(僧傳)에 보인다. 팔관회 의식이 고려에 들어온 경로는 혹 이때가 아닌가? 그러나 신라 시대에 팔관연회(八關筵會)는 실제로 고구려 승려 혜량법사(惠亮法師)가 창시하였다. 다만 신라 말년에 궁예(弓裔)의 건국에 모방하여 행하였다.

《삼국사기》〈열전(列傳)〉: 진흥왕(眞興王) 12년(551)에 왕이 거칠부(居漆夫)에게 명령하여 고구려를 침공하여 10군(郡)을 취하였으며, 거칠부는 혜량법사(惠亮法師)를 모시고 돌아와 왕에게 알현시키니, 왕은 그를 승통(僧統)으로 삼아 처음으로 백좌강회(百座講會)와 팔관법(八關法)을 설치하였다.

《삼국사기》〈본기(本紀)〉: 진흥왕 33년(572) 겨울 10월 20일에 군사가 전사(戰死)하여 팔관연회를 절 밖에 베풀고 7일 동안 업무를 파하였다.

태봉(泰封) 왕 김궁예(金弓裔)는 본래 신라 귀골(貴骨, 헌안왕(憲安王)의 서자(庶子)로 출가(出家)해서 중이 되어 세달사(世達寺)에 있었으며, 법명은 선종(善宗)이다. 시대가 흐리고 어지러워지는 것을 타서 북원(北原)의 적(賊) 양길(梁吉)에게 투항하여 편장(偏將)이 되어 점점 뜻을 얻어서 건국하여 스스로 왕이 되었다.

《삼국사기》〈궁예전(弓裔傳)〉: 광화(光化) 원년 무오(898) 봄 2월에 선종(善宗, 궁예)은 송악성(松嶽城)을 수리하고 우리 고려 태조를 정기태감(精騎太監)으로 삼아 양주(楊州)・견주(見州)를 정벌하고 겨울 11월에 처음으로 팔관회를 행하였다.

궁예가 철원(鐵圓)으로 도읍을 옮겨서 국호를 태봉(泰封)이라 하고 스스로 미륵불(彌勒佛)이라 칭하고, 머리에는 금책(金幘)을 쓰고 몸에는 방포(方袍, 가사(袈裟))를 입고, 맏아들을 청광보살(靑光菩薩)이라 하고 막내아들을 신광보살(神光菩薩)이라 하고, 밖으로 나갈 때는 항상 백마를 타고 비단으로 말머리와 꼬리를 장식하고, 동남동녀(童男童女)로 하여금 깃발과 향과 꽃을 들려 그 앞에서 인도하고, 또 비구승(比丘僧) 2백여 명에게 명령하여 범패(梵唄)를 하면서 뒤를 따르게 하고, 또 스스로 불경(佛經) 20여 권을 지었다. 궁예는 이와 같이 불교를 좋아하고, 또 17년 동안 왕위에 있으면서 팔관회를 행한 것은 역사에는 비록 언급이 없으나 《고려사》를 증거로 한다면 해마다 행했음을 알 수 있다.

《고려사》: 태조 원년(918) 11월에 유사(有司)가 왕 앞에서 말하기를 "매년 중동(仲冬, 11월)에 팔관회를 베풀어 복을 빌었으며, 그 제도를 준수해야 합니다" 하니, 왕이 이 말에 따라 구정(毬庭)에 윤등좌(輪燈座)를 설치하고 향과 등(燈)을 사방에 배열하고, 또 두 채붕(綵棚)[50]을 만들었

---

50) 綵棚: 5색 비단 帳幕을 늘어뜨린 나뭇단을 엮어 만든 다락으로 일종의 裝飾 舞臺. 신라 眞興王 때 시작된 팔관회에서부터 설치된 기록이 보이며, 고려・조선 시대에 이르는 동안 그 자체가 하나의 장식물로서, 그것을 중심으로 여러 가지 장식물이 덧붙여져 사치와 奇觀을 다투었고, 원시 예술적 색채가 짙었다.

는데 각각 높이가 5장(丈)여가 되었으며, 그 앞에서 백희가무(百戲歌舞)를 드리는데 사선악부(四仙樂部)와 용(龍)·봉(鳳)·코끼리(象)·말(馬)·수레(車)·배(船)는 모두 신라의 고사(故事)이다. 백관(百官)은 도포와 홀(笏)을 들고 예(禮)를 행하고 관람자는 우아하여 마음이 쏠렸다. 왕은 위봉루(威鳳樓)에 나와서 보았으며, 해마다 관례로 행하였다.

《동문선(東文選)》〈팔관회(八關會) 선랑하표(仙郞賀表)〉〈곽동순(郭東珣) 지음〉: "복희씨(伏羲氏)가 천하의 왕이 된 뒤부터 최고는 태조(太祖)의 삼한이며, 저 막고야(藐姑射)에 있다는 신인(神人)은 우리 월성(月城)의 사자(四子)[51]인가 합니다. 풍류(風流)가 역대에 전해 왔고 제작(制作)이 본조(本朝)에 와서 새롭게 바뀌어서 조선(祖先)들이 즐겼고 상하가 화목하였습니다(중하(中賀)). 신(臣)이 듣건대 신라의 고읍(古邑)은 적수(積水)의 동쪽 구석에 있어 태고(太古)의 풍(風)이 있었고 군자국(君子國)이라 불렀습니다. 자주색 알(紫卵)[52]이 천상(天上)에서 내려오고 신룡(神龍)[53]이 우물 속에서 나와 1천 년의 황하(黃河)가 맑은 동안 성골(聖骨)·진골(眞骨)이 왕통(王統)을 이었고, 5백 년간 명인(名人)이 배출되니, 원랑(原郞)·난랑(鸞郞) 같은 적선(謫仙)들이 명승지를 찾아 소요(逍遙)하며 노닐었고 종문입실(踵門入室)한 자가 1천만을 세었습니다. 엄내(弇內) 대북(臺北)은 꿈속 같은 꿈나라(華胥)의 길이었으며, 총석(叢石)·명사(鳴沙)는 바다 위의 봉래(蓬萊) 궁궐(宮闕)인 듯, 쌀밥 먹고 사는 이들이 아닌 듯 참으로 구름과 안개(雲烟) 속의 사람이었습니다. 이에 미치어 공을 이루어 신선이 되어 돌아가니 팔극(八極)[54]에 노니는 것을 뉘가 다시 보았으리까. 도화유수(桃花流水)가 아득히 흘러가 버려 비록 진

---

51) 四子: 신라의 대표적인 네 화랑.
52) 紫卵: 박혁거세는 알(태양)에서 나왔다.
53) 神龍: 시조 5년 정월 용이 우물에서 알을 내놓아 이를 깨니 알이 나와 始祖妃로 맞이하였다는 故事.
54) 八極: 온 세상 팔방의 멀고 너른 범위. 八紘이라고도 한다.

적(眞跡)을 찾기 어려우나 고가유속(古家遺俗)은 아직도 남아 있어 전통은 끊기지 않았습니다. 그러므로 우리 태조께서는 수덕(水德) 말년(914)에 의용(義勇)을 분발(奮發)하여 동명(東明) 옛터에 큰 터를 창업하시어 여섯 공신(功臣)을 얻으시니 소하(蕭何)·장량(張良)·한신(韓信)의 삼걸(三傑)보다 나왔고, 점[卜]치신 만세왕업(萬世王業)은 진한·변한·마한을 한 집으로 통일하였나이다. 천지가 아울러 내린 아름다운 선물에 보답하고자 군신(君臣)이 서로 기뻐하는 음악을 만드셨으며, 용주(龍柱)에 신령의 글[靈文]을 얻어 팔정(八正)[55]을 열고 팔사(八邪)[56]를 막았나이다. 계림(鷄林)의 선적(仙籍)을 상고하니 위는 동월(東月), 아래는 서월(西月)로서 내가 만든 이 법을 옛 법으로 삼아서 해마다 한 번씩 상례(常例)를 삼아서 자손에게 물려 주시니 책 실려 있습니다 하였다.

《파한집破閑集》(고려 이인로(李仁老) 지음): 계림(鷄林)의 옛 풍속에 풍채가 아름다운 남자를 가려 주취(珠翠)로써 장식(裝飾)하고 이름을 화랑(花郎)이라 하였으며 나라 사람들이 모두 받들었다. 그 무리가 3천여 명에 이르러 원상춘릉(原嘗春陵)[57]이 선비를 양성할 것처럼 불군(不群)의 재능이 드러난 사람을 뽑아서 조정에서 벼슬까지 하니, 오직 사선(四仙)[58]의 문도(門徒)가 가장 번성하여 비(碑)를 세웠다. 우리 태조께서 등극하시고 옛 나라의 유풍(遺風)이 아직도 교체되지 않았다고 여겨, 겨울철에 팔관회를 성대히 베풀고 양가(良家)의 자제 네 사람을 뽑아 예의(霓衣)[59]를 입혀 궁정(宮庭)에 늘어서서 춤을 추게 하였으며, 대제(待制)[60]

---

55) 八正: 불교의 8가지 바른길로, 곧 正見·正思惟·正語·正業·正命·正精進·正念·正定이며, 일명 八聖道 또는 八正道라고도 한다.
56) 八邪: 불교의 8가지 간사한 일. 곧 邪見·邪思·邪語·邪業·邪命·邪方便·邪念·邪定.
57) 原嘗春陵: 중국 戰國 시대에 趙나라 平原君, 齊의 孟嘗君, 楚의 春信君, 魏의 信陵君으로, 이들은 모두 食客이 3천 명에 달했다고 한다.
58) 四仙: 新羅 때의 네 화랑으로, 곧 南石行·述郎·永郎·安詳을 말한다.
59) 霓衣: 무지개처럼 아름다운 옷으로, 仙人을 노래한 〈霓裳羽衣曲〉이 있다.

곽동순(郭東珣)이 대신하여 하표(賀表)를 지었다.

《동문선》〈교방하팔관표(敎坊賀八關表)〉: ……조종(祖宗) 옛 제도를 따라서 팔관의 아름다운 모임을 차리고 백성과 더불어 즐겨 만국(萬國)의 환심을 고르게 하오니, 기쁨이 그치지 않아 경사가 조야(朝野)에 넘칩니다. 공손히 생각하옵건대, 성상폐하(聖上陛下)께옵서 신도(神道)로 가르침을 베푸시고 손을 맞잡고 옷을 드리워 나는 무위(無爲)하나 사람들이 스스로 감화(感化)하며 고장에 편안히 살아 업(業)을 즐기니 모두 임금의 덕이오나 백성이 어찌 알겠나이까. 이에 중동(仲冬)을 맞아 크게 성례(盛禮)를 거행하오니 상서로움이 답지(沓至)하여 자라가 산을 이[戴]고 거북이 도(圖)를 지고 나오며, 모든 음악을 다 벌리니, 용(龍)이 피리를 불고 호랑이가 비파를 탑니다. 첩(妾) 등은 자부(紫府)에 몸을 두고 동정(彤庭)에 발을 옮겨 구주(九奏)[61]의 소리를 들으니, 균천(鈞天)의 꿈나라에 들어온 듯 만세수(萬世壽)를 받들어 숭악(嵩岳)의 부름을 간절히 기약하옵니다 하였다.

《보한집(補閑集)》(최자(崔滋) 지음): 팔관제일(八關祭日)에 양계(兩界)[62]의 병마사(兵馬使)와 여러 목(牧)의 도호부(都護府)에서 하표(賀表)를 올리면 중서(中書)에 내려보내어 그 고하(高下)를 매겨서 방(榜)을 써서 붙인다. 천도(遷都) 후에 상주목사(尙州牧使)가 올린 팔관표(八關表)에 "사람이 많이 붐비니[衣冠雜遝] 새 수도(首都)가 옛 수도보다 오히려 낫고 소관(簫管)이 울려퍼지니 오늘의 음악이 옛 음악과 다르지 않습니다" 하였다.

---

60) 待制: 고려 시대 관직으로 예종 때 淸燕閣을 寶文閣으로 개편할 때 둠.
61) 九奏: 樂律의 九聲으로, 곧 宮・商・角・徵・羽의 5聲과 商淸・角淸・徵淸 등 4淸을 겸하여 곡조가 9번 변하는 것.
62) 兩界: 서북계 압록강 방면과 동북계 함흥 방면, 곧 북쪽 국경 지대로 고려 시대 兵馬使가 통치함.

능화(能和)는 상고하건대, 유사(有司)가 왕 앞에서 "매년 중동(仲冬)에 팔관회를 베푼다"라고 말한 것은 태봉(泰封)의 궁예(弓裔)가 행하던 일이다. 또 "사선악부(四仙樂部)는 신라의 고사(故事)이다"라는 말은 〈팔관회 선랑하표(仙郞賀表)〉의 글뜻이므로, 팔관재(八關齋)는 화랑과 밀접한 관계임을 미루어 알 수 있다. 또 〈교방하표(敎坊賀表)〉에 "신도(神道)로 가르침을 베푼다"라는 구절은 태조의 훈요(訓要)의 "팔관은 천령(天靈) 및 5악(五岳)·명산(名山)·대천(大川)·용신(龍神)을 섬기는 것이다"라는 말과 서로 일치하니 무릇 고려 팔관재는 1대(代)의 성전(盛典)의 의식(儀式)으로 순수하게 신라의 선풍(仙風)을 승습(承襲)한 것이다. 그러나 팔관재 의식이 후세에 이르러 점차 쇠폐(衰廢)하여 조종(祖宗)의 고사(故事)를 망각하였다. 그러므로 의종(毅宗) 임금은 조서를 내려 규식(規式)을 정하고 양반(兩班)을 선발해서 선가(仙家)로 정하고 계승하여 행하였다.

《고려사》: 의종(毅宗) 22년(1168) 봄 3월 무자에 왕이 관풍전(觀風殿, 서경(西京)에 있다)에 임어(臨御)하여 하교(下敎)하여 영(令)을 내리기를 "불사(佛事)를 숭상하고 공경히 사문(沙門)으로 돌아가 부처님의 보호를 받고 선풍(仙風)을 숭상하고 따르라……. 옛날에 신라 선풍(仙風)이 크게 행해져서, 이로 말미암아 용천(龍天)이 환열(歡悅)하고 백성들이 편안하였다. 그러므로 조종(祖宗) 이래로 그 풍속을 숭상한 지 오래되었다. 근래의 개경과 서경의 팔관회는 옛 풍속이 날로 줄어들어 유풍(遺風)이 점차 쇠퇴하니 지금 팔관회에 양반(문무관(文武官)을 일컫는다) 가정의 풍요한 자를 미리 가려서 선가(仙家)로 정해서 옛 풍속을 행하여 백성들로 하여 즐겁게 하라" 하였다.

윗글에서 선가(仙家)는 팔관회의 제관(祭官)으로서 선가라 불렀다.

지금 송경(松京)에서 숭상하여 유전(流傳)하였는데, 송경은 무당이 나와 상류 인가(人家)를 선관(仙官) 혹은 법사(法師, 하류 인가(人家)는 무당(巫堂)이라 한다)라 하였는데 이것은 고려 때 팔관회 선가 계통의 명사(名詞)이다. 팔관회 의식이 지금 폐지되었으나 송도(松都)의 무풍(巫風)은 성행해서 송악 덕물산(德物山)의 여러 신사(神祠)는 팔관의 유속(遺俗)이다. 우리 동방의 무격(巫覡)은 그 본원(本源)을 고구(考究)하면 단군 신교(神敎)의 계통이다. 후세에 이르러 점차 변화하여 불사(佛事)를 섭행(攝行)하여 법사(法師)・선사(禪師, 조선초에 점치는 맹인(盲人)을 선사(禪師)라 하였다)라 하였으며, 또 도교(道敎)가 물들어져 선가(仙家)・도사(道士)・도류(道流, 조선 시대 점치는 맹인(盲人)을 도류(道流)라 하였다)라 하는 것을 고고학자(考古學者)는 알 것이다.

송(宋)나라 서긍(徐兢)이 지은 《고려도경(高麗圖經)》에, 고려 팔관재는 고구려 동맹(東盟) 제천(祭天)의 계통으로 와류(訛謬)하였고, 《송사(宋史)》에도 고구려 수신(隧神)(《해동역사(海東繹史)》에는, 《송사(宋史)》에서 세신(歲神)이라 했다고 하였다) 제사의 유의(遺儀)라고 오류(誤謬)하였으니, 근세에 열수(洌水) 한치윤(韓致奫)의 《해동역사(海東繹史)》에 약변(略辨)해서 오히려 그 내용이 미진하다.

《고려도경》: 고려는 귀신을 두려워하여 믿고 음양(陰陽)에 얽매어 귀신에게 제사하는 것을 좋아하고, 10월에 하늘에 제사하였는데 이름이 동맹(東盟)이다. 왕씨(王氏)가 나라를 세운 이래로 10월에 동맹하는 모임은, 지금은 그 달 보름날 소찬(素饌)을 차려놓고 그것을 팔관재(八關齋)라 하는데 의식이 극히 성대하다.

《해동역사(海東繹史)》〈잡사(雜祀)〉: 《송사(宋史)》에 "고려국 동쪽에 혈(穴)이 있는데 세신(歲神)이라 부른다. 항상 10월 보름날에 제사하며, 팔관재라 하는데 의식이 심히 성대하다. 왕과 비빈(妃嬪)은 누(樓)에 올라 음악과 연음(宴飮)을 크게 베풀고 상인(商人)〔賈人〕들은 장막을 쳤으며, 백필(百匹)이 서로 이어져 부유하게 보였다"하였다.

상고하건대, 세신(歲神)의 제사는 고구려 수신(隧神)을 맞이하는 제사의 유속(遺俗)이다. 팔관재(八關齋)는 신라 진흥왕(眞興王) 12년(551)에 처음으로 설치하고 고려가 이어받았다……. 〈예지(禮志)〉를 상고하면 이것은 가례(嘉禮)로서 한(漢)나라 때 대포(大酺)[63]의 유(類)이다. 《송사(宋史)》및 서긍(徐兢, 《고려도경》의 저자)의, 수신(隧神)을 맞이하기 위한 제사로 베푼다는 말은 잘못된 것이다(《해동역사(海東繹史)》).

《송사(宋史)》에 "고려국 동쪽에 혈(穴)이 있는데 세신(歲神)이라 부른다"라고 한 것에서, 고려는 고구려의 잘못이며, 세신은 또 수신의 잘못이며, 또 팔관재가 수신제를 이어받았다 한 것 또한 전와(轉訛)된 것이다. 다만 한치윤(《해동역사(海東繹史)》저자)이 밝게 판단하지 않고 모호한 설만 나타내었다. 고려는 본래 세신(歲神)의 섬김이 없으므로《송사(宋史)》의 오류이며, 고구려 동맹제(東盟祭)가 10월에 있고, 고려의 팔관회는 11월(仲冬)에 있으니, 서긍의 말이 서로 부합되지 않으므로 또 잘못 알고 있는 것이다.

---

63) 大酺: 酺宴으로 임금이 백성에게 會飮을 허락하고, 또 酒食을 하사하는 것.

제20장

조선신사(朝鮮神事)

(檀君 天神話의 계통)

 우리나라 단군은 동방의 시조로서, 타고난 성지(聖智)로 신도(神道)의 가르침을 베풀어서 하늘을 신앙의 대상으로 삼고 해〔日〕를 칭호(稱號)의 표준으로 하였다. 은(殷)나라 후예인 기자(箕子)가 그 뒤를 이어 우리나라로 들어와 인현(仁賢)의 교화(敎化)를 베풀었고, 연(燕)나라 사람 위만(衛滿)이 북쪽에서 와서 상투를 틀고 오랑캐 복색(服色)을 하였고, 삼한(三韓)은 남쪽의 왜(倭)와 통하여 이미 구리와 철의 교역이 있었고, 사군(四郡)은 북으로 한(漢)나라에 속하며 문물(文物)의 수입이 있었다. 삼국 시대에는 중국의 육조(六朝) 시대에 해당하여 불교가 비로소 우리나라로 전해 와서 신사(神事)와 혼합하여서 문교(文敎)가 변천을 가져오고, 예술의 발달을 보았다. 신라가 망하고 고려가 일어나서 예악(禮樂)·전장(典章)은 당(唐)·송(宋)·명(明)의 것을 참작하였고, 복색(服色)·언어(言語)는 요(遼)·금(金)·원(元)의 계통이 많았다. 조선에 이르러 단군의 명호(名號)를 일컬어서 동쪽 지방 해뜨는 곳임을 길이 밝히고 남교(南郊)에서 제천(祭天)하는 의식을 예전대로 다시 행하였는데, 여기에 그 실증(實證)을 들어서 참고에 이바지한다.

제1절 제천(祭天)을 모두 단군(檀君)의 고사(故事)로 인하여 행하였다

《증보문헌비고(增補文獻備考)》: 태종(太宗) 15년(1415)에 예문관(藝文館) 제학(提學) 변계량(卞季良)이 소(疏)를 올려 말하기를 "우리 동쪽 나라의 단군께서 하늘에서 내려오시고 비로소 천명(天命)을 받으시어 사천(祀天)하는 예(禮)가 행하여진 지 오래 되어 변할 수 없는 것이니 남교(南郊)에서 하늘에 제사함이 마땅합니다" 하니 이 말에 따랐다.

《국조보감(國朝寶鑑)》: 세조(世祖) 2년(1456)에 비로소 친히 환구(圜丘)에서 제사하였다. 처음에 단군이 강생(降生)의 은혜를 느껴 하늘에 제사하여 근본에 보답한(제천단(祭天壇)이 강화 마니산(摩尼山)에 있다) 데서 시작하여, 신라·고구려·백제 및 고려에서 모두 뒤를 이어 하늘에 제사하였다. 우리 태조께서 한양(漢陽)에 도읍을 정하자 전조(前朝, 고려)의 제도를 모방하여 남교(南郊)에 환구를 쌓고 하늘에 제사하여 비내리기를 빌었고, 태종이 처음 즉위하여 정월 첫 신일(辛日)에 환구에서 기곡(祈穀)¹⁾하였다.

《국조보감(國朝寶鑑)》: 정조(正祖) 16년(1792)에 전교(傳敎)하기를 "지금의 남단(南壇)은 옛날 교사(郊祀)를 행하던 환단(圜壇)(丘)이다. 우리 나라는 그 창건이 단군에서 비롯되었으니, 《사기(史記)》에서 일컫기를 하늘에서 내려와 돌을 쌓아 하늘에 제사했는데 뒤의 나라들이 모두 이에 따랐다" 하였다.

[附] 환구(圜丘)에서 천지(天地)를 합사(合祀)한다. (황제(皇帝)의 예(禮)로써 제사했는데, 이는 중국의 제도를 모방한 것이다.)

---

1) 祈穀: 풍년을 비는 것.

《증보문헌비고》: 왕(광무(光武) 황제(皇帝)〔高宗〕) 34년(1897) 9월 17일에 천지(天地)를 환구에서 합사(合祀)하고 황제의 위(位)에 올라서 이 해를 광무 원년으로 하였다. 이어 환구에서 동지(冬至) 및 원조(元朝) 기곡제(祈穀祭)의 예(禮)를 행하여 정전(定典)으로 삼았다.

환구단(圜丘壇)의 제도: 황천상제위(皇天上帝位)는 단(壇)의 제1층 북쪽에 있어서 동남향에 가깝고, 황지기위(皇地祇位)는 단의 제1층 북쪽에 있어서 서남향에 가깝다. 대명(大明)[2]·야명(夜明)[3]의 위(位)는 제2층에 있으며, 대명은 동쪽에 있고 야명은 서쪽에 있다. 북두칠성(北斗七星)·5성(五星)[4]·28수(宿)[5]·주천성신(周天星辰)[6]·운사(雲師)·우사(雨師)·풍백(風伯)·뇌사(雷師)·5악(五岳)·5진(五鎭)·4해(四海)·4독(四瀆)·명산(名山)·대천(大川)·성황(城隍)·사토(司土)의 위(位)는 제3층에 있는데, 북두칠성·5성·28수·주천성신·5악·4해·명산·성황은 동쪽에 있고, 운사·우사·풍백·뇌사·5진·4독·대천·사토(司土)는 서쪽에 있다. (남교(南郊)의 풍(風)·운(雲)·뇌(雷)·우사(雨師)의 제사를 폐지했기 때문에 산천단(山川壇)으로 개명(改名)하였다. 환구단(圜丘壇)은 경성(京城) 남서(南署) 회현방(會賢坊) 소공동계(小公洞契) 해좌(亥坐) 사향(巳向)의 땅이며, 지금 조선(朝鮮) 호텔 자리에 있다.)

광무(光武) 3년(1899)에 환구(圜丘)의 북쪽에 황궁우(皇穹宇)를 세워서 신위판(神位版)을 봉안(奉安)하였다.

태조대왕을 태조고황제(太祖高皇帝)로 추존(追尊)하여 천제(天帝)의

---

2) 大明: 해〔太陽〕.
3) 夜明: 달〔月〕.
4) 五星: 金星·木星·水星·火星·土星.
5) 28宿: 해와 달과 여러 惑星 등의 소재를 밝히기 위하여 黃道에 따라서 天球를 스물여덟으로 구분한 것으로 동은 角·亢·氐·房·心·尾·箕, 서는 奎·婁·胃·昴·畢·觜·參, 남은 井·鬼·柳·星·張·翼·軫, 북은 斗·牛·女·虛·危·室·壁의 經星이다.
6) 周天星辰: 해·달·별 등이 그 軌道를 일주하는 일.

배위(配位)로 하여 환구에 제사하였다.

제2절 단군봉사(壇君奉祀): 국가적인 제사

1. 평양부(平壤府)에서 정시(定時)로 치제(致祭)

태조(太祖) 원년 임신(壬申, 1392) 8월에 예조전서(禮曹典書) 조박(趙璞) 등이 글을 올리기를 "조선의 단군은 동방에서 천명(天命)을 받은 임금이요, 기자(箕子)는 처음으로 교화(敎化)를 편 임금이오니 평양부(平壤府)에 명하여 때로 치제(致祭)케 하소서" 하였다(《실록》).

2. 단군(壇君)의 축판(祝版)에서 조선국왕(朝鮮國王)으로 칭하다(왕이 단군께 제사할 때의 자칭(自稱))

태종(太宗) 13년 계사(癸巳, 1413) 11월에 예조(禮曹)에서 글을 올려 사전(祀典) 및 조목(條目)을 진달(陳達)했으니 "삼가 교서관(校書館)의 축판식(祝版式)을 상고하면 단군·기자에 대해서는 '국왕'이라 칭하고, 전조(前朝, 고려)의 태조에 대해서는 '조선국 왕'이라 칭하였으니 이치에 맞지 않는 것 같습니다. 단군·기자에 대해서는 '조선국 왕'이라 칭하고 경내(境內)의 산천에 대해서는 '국왕(國王)'이라 일컬어서 망제(望祭)[7]하시기를 청합니다" 하였다(《실록(實錄)》).

3. 단군(壇君)의 묘제(廟制)를 고쳐 정하다

세종 9년(1427) 정미 8월 병자(丙子)에 예조(禮曹)에 전지(傳旨)하기를 "단군·기자 묘제(廟制)를 고쳐 정하라" 하였다(《실록》).

《세종실록(世宗實錄)》권 제154 〈지리지(地理志) 평양(平壤)〉조에 먼저 《고려사》〈지리지〉의 같은 글을 게재하고, 그 다음에 "단군사(檀君祠)는 기자사(箕子祠) 남쪽에 있다. 금상(今上) 11년(1429) 기유(己酉)에 처음으로 설치하여 고구려 시조 동명성왕(東明聖王)과 합사(合祀)했는데, 단군의 위(位)는 서쪽에 있고 동명왕의 위는 동쪽에 있으며 모두 남향하였고, 해마다 봄·가을로 향축(香祝)을 내려 치제(致祭)했다" 하였다. 그 다음 〈영이(靈異)〉를 쓴 항목에 "단군 고기(古記)에 의하면 상제(上帝) 환인(桓因)은 서자(庶子) 환웅(桓雄)이 하계(下界)로 내려가 인간이 되기를 원하여, 천부인(天符印) 3개를 받아가지고 태백산 신단수(神檀樹) 아래로 내려왔으니 이가 단웅천왕(檀雄天王)이다. 손녀로 하여금 약을 먹고 사람의 몸을 이루게 하여 단수(檀樹)의 신(神)과 혼인하여 아들을 낳아 이름을 단군(檀君)이라 하고 나라를 세워 국호를 조선이라 하였다. 조선·시라(尸羅)·고구려·남북옥저(南北沃沮)·동북부여가 모두 단군의 치하(治下)에 속하였다. 단군이 비서갑(非西岬) 하백(河伯)의 딸을 아내로 맞이하여 아들을 낳아서 부루(夫婁)라 했는데 이가 동부여 왕이다. 단군은 당요(唐堯)와 같은 날에 임금이 되고, 우(禹)가 도산(塗山)에 모임을 가졌을 때 태자(太子) 부루(夫婁)를 보내서 조회(朝會)하였다. 나라를 누림〔享國〕이 1천38년으로 은(殷)나라 무정(武丁) 8년 을미년(乙未年)에 아사달(阿斯達)로 들어가 신(神)이 되었으니,

---

7) 望祭: 바라보면서 제사 지내는 일.

아사달은 지금의 문화현(文化縣) 구월산(九月山)이다" 하였다.

4. 평양부(平壤府) 숭령전(崇靈殿)에서 단군을 향사(享祀)

《문헌비고(文獻備考)》: 숭령전(崇靈殿, 세종 11년(1429) 기유년에 세웠다)은 평안도 평양부 성 밖에 있는데 단군 및 고구려 동명성왕(東明聖王)을 향사(享祀)하며, 봄·가을로 향축(香祝)을 보내어 치제(致祭)한다. (신(臣)은 삼가 상고하건대, 고려 때의 동명사(東明祠)가 지금의 숭령전(崇靈殿)인 것 같습니다. 다만 단군과 함께 향사(享祀)하고 있으니, 그 창건이 어느 때인지 상세하지 않습니다. 〈평양지(平壤志)〉에 "단군(檀君)·동명왕사(東明王祠)는 세종(世宗) 11년(1429)에 처음으로 설치했다" 하였으니, 동명사(東明祠)는 세운 지 오래이고, 단군을 합사(合祠)함은 세종조(世宗朝)에 있었던 일이 아닌가 합니다.)

《조두록(俎豆錄)》(정조(正祖) 때 관찬(官撰)): 숭령전(崇靈殿)은 세종 기유년(己酉年, 1429)에 세웠고, 영조(英祖) 을사년(1725)에 '숭령(崇靈)'으로 편액을 달았다.

5. 구월산(九月山)에 단군묘(檀君廟)를 세우자는 건의

세종 18년(1436) 병진(丙辰)[8] 12월 정해(丁亥)에 전판한성부사(前判漢城府事) 유사눌(柳思訥)이 글을 올리기를 "엎드려 세년가(世年歌)를 보오니 단군은 조선의 시조이온대 세상에 태어남도 다른 사람과 다르

---

8) 丙辰: 원문에는 庚辰으로 실려 있다.

고 죽어서〔歿〕는 신(神)이 되었으며, 나라를 누리는 역년(歷年)의 오래임이 이같은 것은 없습니다. 지난날 전하(殿下)께서 유사(攸司)에게 명하여 묘우(廟宇)를 세워 치제(致祭)하셨는데 그때의 유사(攸司)가 그 실지를 알지 못하여 묘우를 평양에 세우기를 청하고, 신(臣)의 숙부(叔父) 관(觀)이 그 옳지 못함을 변론하여서 시행을 보지 못했습니다. 신이 세년가(世年歌)를 상고하건대, 단군이 처음에 평양에 도읍하고 뒤에 백악(白岳)에 도읍했으며, 무정(武丁) 8년 을미년에 아사달(阿斯達)에 들어가 신이 되었습니다. 그 노래에 '나라를 누림이 1천48년, 지금도 사당이 아사달에 있네 享國一千四十八年 至今廟在阿斯達' 했으니 어찌 근거가 없다고 하리까. 더구나 고려에서 구월산 아래에 묘우(廟宇)를 세워서 그 사당과 위판(位版)이 아직도 남아 있어서 세년가(世年歌)와 합치되는 것이리까. 신의 어리석은 소견으로는 이곳을 버리고 다른 곳에 묘우(廟宇)를 다시 세움은 옳은 일이 아닐 것 같습니다. 엎드려 바라건대 재량(裁量)하소서" 하니 글을 예조(禮曹)에 내려 회계(回啓)하기를 명하였다(《실록》).

6. 구월산 삼성당(三聖堂)의 내력 조사

단종(端宗)이 즉위한 임신년(1452) 6월 정해에 경창부윤(慶昌府尹) 이선제(李先齊)가 글을 올리기를, "신이 들으니 황해도 백성의 병이 여항(閭巷)에 생겨 점차 사방으로 전염되어, 북은 평안도에 이르고 남은 경기도 고을에 이르러서 사망이 뒤를 이어 민호(民戶)를 휩쓴다고 하니, 어찌 까닭 없이 이런 일이 있으리까. 신이 지나간 무오・기미년 사이에 집현전(集賢殿)에서 입직(入直)하였는데 봉산군(鳳山郡)이 고향인 서리(書吏) 오성우(吳成祐)가 입직하는 곳에 따라 들어왔기에 황해도 백성이 병이 생긴 까닭을 물었더니 대답하기를 '지난날 단군 사당을 문화현에서 평양으로 옮긴 뒤에 괴기(怪氣)가 뭉쳐서 귀신 모양 같은 것이 있고 검은 기운〔黑氣〕이 진(陣)을 이루어서 행동하는 소리가 있었습니다. 한 사람이 이 광경을 바라보고서 놀랍고도 괴이하여 몸을 숨겨서 피했으며 마을에 이 일을 전하였는데, 사람들이 서로 말하기를 병이 발생한 것은 단군 사당을 옮겼기 때문이라고 합니다' 했습니다. 여기(厲氣)가 먼저 구월산간 민호(民戶)에서 처음으로 발생하여 점차로 문화(文化)·장연(長淵)·재령(載寧)·신천(信川) 등지로 전염되어 목숨을 잃은 자가 많았으니 민생(民生)이 애처로웠습니다. 생각건대 세종께서 가슴 아프게 여겨 전의부정(典醫副正) 김여정(金麗正)을 보내서 그 도(道)의 의원 다섯 사람을 거느리고 각 고을의 마을을 순행(巡行)하면서 여러 가지 방법으로 구료(救療)하고 또 해당 도의 감사(監司)에게 전지(傳旨)하기를 '문화·장연·황주(黃州)·재령·신천 등 주현(州縣)에 모두 여제단(厲祭壇)을 설치하고, 제물(祭物)을 풍성하게 갖추어 여러 고을 수령(守令)으로 하여 지성으로 재계(齋戒)하고 제사를 행하여 여기(厲氣)가 사라지게 하라' 하시어, 그 구제하는 방법이 사책(史策)에 실려 있으니 성려(聖慮)가 지극하였습니다. 그러나 세월이 오래될수록 병이 더욱 치열하여 다른 지방에까지 파급되어 백성이 병에 걸려 죽어서 남는 이 없으니 만연(蔓延)의 해를 어찌하오리까. 신은 마음에서 갖가지로 궁리해 본 지 오래입니다. 이제 사초(史草)를 정리하는데 무신년(戊申年)에 이르러 우의정(右議政) 치사(致仕) 유관(柳觀)이 글을 올려 말하기를 '문화현은 신의 본향(本鄕)입니다. 부로(父老)들이 이르기를 구월산은 이 고을의 주산(主山)으로 단군 시대에는 이름을 아사달산(阿斯達山)이라 했습니다. 산의 동령(東嶺)이 높고도 크게 뻗어 있으며 그 산허리에 신당(神堂)이 있는데, 어느 때에 창건한 것인지 모르지만 북쪽 벽에는 단인천왕(檀因天王), 동쪽 벽에는 단웅천왕(檀雄天王), 서쪽 벽에는 단군천왕(檀君天王)의 상이 있어 고을 사람들이 삼성당(三聖堂)으로 일컬었습니다. 그 산 아래 동네를 또한 성당리(聖堂里)라 하는데, 당의 안과 밖은 까마귀·까치〔烏鵲〕가 살지 않고 사슴〔麋鹿〕이 들어오지 않습니다. 단군이 아사달산으로 들어가 신이 되었는데, 이 산 밑에 삼성당이 아직도 남아 있어서 그 자취를 찾아볼 수 있습니다. 고을 동쪽 땅을 장당경(藏唐京)으로 이름하니 부로(父老)들이 단군(檀君)의 도읍으로 전하고 있습니다. 어떤 이는 말하기를 단군이 처음에 왕검성(王儉城)에 도읍했으니 이제 마땅히 기자묘(箕子廟)에 합쳐야 한다고 하는데, 단군은 요(堯)와 더불어 같은 때에 왕위에 올라 기자보다 1천여 년 앞섰는데 어찌 아래로 기자의 사묘(祠廟)와 합치겠습니까' 했습니다. 신 선제(先齊)가 《삼국유사》를 상고하건대, 《고기(古記)》에 '옛날에 환인의 서자 환웅이 천하에 뜻이 있어 인간 세상에 나가기를 원하니 아버지가 아들의 뜻을 알고 삼위태백(三危太白)을 내려다보면서 널리 인간을 이롭게 하라〔弘益人間〕고 하면서 천부인(天符印) 3개를 주어 가서 다스리게 하였다. 환웅이 무리 3천을 이끌고 태백산 정상에 내렸으니 지금의 묘향산(妙香山)이다. 풍백(風伯)·우사(雨師)·운사(雲師)를 거느리고 곡식·생명·병·형벌·선악 등 무릇 인간의 3백60여 가지를 맡아서 인간 세상을 다스리고 교화(敎化)하였다〔在世理化〕. 이때에 한 곰과 한 호랑이가 있어 같은 굴에 살면서, 늘 신웅(神雄)에게 사람으로 화하게 해주기를 빌었다. 웅(雄)이 영애(靈艾) 한 묶음과 마늘 20개를 주면서 너희들이 이것을 먹고서 1백 일 동안 햇빛을 보지 않으면 사람의 형용을 얻으리라 하였다. 곰과 호랑이가 이것을 얻어먹고 햇빛을 기피한 지 삼칠일〔21일〕만에 곰은 여자의 몸을 얻고 호랑이는 사람의 몸을 얻지 못하였다. 웅녀(熊女)는 결혼할 상대가 없으므로 매양 단수(檀樹) 아래에서 아이 배기를 축원했는데 웅(雄)이 잠시 남자의 몸으로 변하여 혼인하여 아들을 낳았는데 이름하여 단군왕검이라고 하였다. 왕검이 당요(唐堯)가 즉위한 지 50년 되는 경인년(庚寅年)에 평양에 도읍하고 처음으로 조선이라 일컬었으며, 다시 백악산(白岳山) 아사달(阿斯達)로 도읍을 옮겨서 나라를 다스림이 1천5백 년이다. 주(周)나라 무왕(武王)이 즉위하여 기자(箕子)를 조선에 봉하자 단군은 다시 장당경(藏唐京)으로 옮겼다가 뒤에 아사달로 돌아와 산신(山神)이 되었으며 수(壽)가 1천9백8세이다' 했다고 하였습니다. 무릇 단군이 평양을 떠난 지 4백여 년 만에 다시 아사달로 돌아와 숨어 신이 되어서, 여기에서 임금이 되고 또 신이 되었으니 이곳을 싫어하지 않음이 분명합니다. 그리고 기자가 40대(代)를 전하고 연(燕)나라 사람 위만(衛滿)이 왕검성(王儉城)에 도읍하여 두 대에 걸쳐 왕이 되고, 고구려가 7백5년을 전하고, 신라가 2백여 년 동안 차지하고 고려 왕씨(王氏)는 4백여 년을 전했으니, 단군이 평양을 떠난 것은 아득히 먼 옛일이라 평양을 그리워하며, 또 산신이 되어서 지방사람의 존경과 제향(祭享)을 받는데, 어찌 평양으로 옮겨서 동명왕(東明王)과 사당을 함께 함을 즐겨하겠습니까. 《삼국유사》의 주(註)를 상고하건대, 환인천제는 곧 유관(柳觀)이 이른바 단인(檀因)이고, 환웅은 천제(天帝)의 서자인 이른바 단웅(檀雄)입니다. 그리고 단군왕검은 나라를 처음으로 창건한 분이기 때문에 그 근본을 잊지 않으며, 사우(祠宇)를 창립하고 환(桓)을 고쳐 단(檀)으로 하여 삼성(三聖)으로 칭했으니 과연 어느 때 세운 것인지 알 수 없습니다. 지난번 단군의 신위를 평양으로 옮겼는데, 그렇다면 두 분 성인(聖人)의 신위는 어느 곳에 봉안했단 말입니까? 이것이 단군 혼자만 토박이 사람을 원망하는 것이 아니라 두 분 성인이 또한 반드시 요괴를 맞아들여 여역(癘疫)을 만들어서 백성들에게 해를 끼치는 것입니다. 신이 처음에 오성우(吳成祐)의 말을 듣고도 개의치 않았는데 이제 유관(柳觀)의 소(疏)를 보니 말뜻의 모순이 없습니다. 어찌 다시 의논하여 신(神)의 뜻을 구하지 않겠습니까. 신의 어리석은 생각으로는 옛 사당9)을 중수하고 새로이 신상을 만들되, 엄연히 중국 조천궁(朝天宮)의 여러 별[列宿]들의 상과 같이하고, 또 삼차하(三叉河) 해신(海神)의 형용과 같이하여 좌우에 나뉘어 앉히고 존경하기를 지난날과 같이하여, 조정(朝廷)의 관원을 보내 성당(聖堂)에 고유하여 음우(陰祐)를 빈다면 어찌 정성이 감응(感應)되어 복을 내림이 없으리까. 어떤 이는 천제(天帝)가 단수(檀樹) 아래 내려와서 단군을 낳은 일을 가지고 허탄(虛誕)하여 족히 믿을 것 없다고 하지만 신인(神人)이 나는 것은 상인(常人)과 다르니, 간적(簡狄)[10]이 제비알을 삼키고 설(契)을 낳고 강원(姜嫄)이 큰 사람의 발자취를 밟고 후직(后稷)을 낳았습니다. 이것이 중국 상고(上古) 시대의 일이니 이를 어찌 경솔하게 말하겠습니까. 우리나라 일을 말하더라도, 신라 초기에 양산(楊山) 기슭에서 말이 꿇어앉아 울자 사람이 가서 보니 말이 홀연히 보이지 않고 다만 큰 알만 있을 뿐이었습니다. 알을 깨서 어린아이가 그 속에서 나왔으며, 10여 세에 사람이 준수(俊秀)하고 영특(英特)하여 6부의 사람들이 신(神)으로 공경하고 추대하여 임금으로 삼았으니, 이가 시조 박혁거세(朴赫居世)입니다. 북부여의 국상(國相) 아란불(阿蘭弗)이 천제(天帝)를 꿈꾸었는데, 내려와 말하기를 '장차 내 자손으로 하여금 여기에 나라를 세우게 하려 하니 그대는 피하라' 했으니 이것은 동명왕(東明王)이 장차 나라를 일으킬 징조인 것입니다. 한 남자가 있어 스스로 천제(天帝)의 아들 해모수(解慕漱)라고 말하고 하백(河伯)의 딸을 가로막아 압록강변의 집안에서 사통(私通)하니 왕이 여인을 집안에 가두었습니다. 해가 여인의 몸을 비추자 여인이 이를 피하니 또 따라와서 비추었는데 이 때문에 태기가 있어 큰 알 하나를 낳았습니다. 왕이 이를 버려서 개나 돼지에게 주어도 먹지 않고 길 한가운데 두면 소와 말이 이를 피하여

---

9) 옛 사당: 九月山 三聖祠.
10) 簡狄: 중국 고대 有娀氏의 장녀이며 帝嚳의 妃로, 제비가 떨어뜨린 알을 먹고 契을 낳았다고 하며, 契은 殷나라 시조가 되었다.

가고 들새가 날개로 덮어 가렸으며, 알을 쪼개어도 깨뜨릴 수 없었으니 왕은 그 알을 어미에게 돌려 주었습니다. 그 어미가 물건으로 싸서 따뜻한 곳에 두었는데, 사내아이가 껍질을 깨고 나왔으니, 이가 고구려 시조 고주몽(高朱蒙), 즉 동명왕(東明王)인 것입니다. 이처럼 그 출생이 범류(凡類)와 다르므로, 어떤 이는 의심하지만 고적(古籍)에 대하여 다른 말을 하는 이 없는데, 어찌 홀로 단군만을 괴이하다고 하여서 강구(講究)하지 않겠습니까. 또 어떤 이는 말하기를 괴기(怪氣)가 어디에 있어서 여역(癘疫)을 만들어서 백성에게 해를 끼친단 말인가 하니, 문화현(文化縣) 여염(閭閻)의 말을 족히 믿을 것 없지만, 신이 《송감(宋鑑)》을 보건대 휘종(徽宗) 3년(1104) 7월에 흑기(黑氣)가 금중(禁中)[11]에 보였다고 했으며, 기록에 '원풍(元豊) 말년(1085)에 물건의 크기가 자리〔席〕만한 것이 있어, 밤에 침전(寢殿) 위에 보이더니 신종(神宗)이 죽고, 원부(元符) 말년(1100)에 또 보이더니 철종(哲宗)이 죽었다. 정화(政和)[12] 이후로는 크게 나타나서 사람의 말소리를 들을 때마다 나타나는데 먼저 집이 무너지는 것 같은 소리가 들리고 그 형상은 1장(丈, 10자) 남짓한 것이 번개를 방불케 하며, 움직이는 것이 크게 소리를 내지만 흑기(黑氣)에 가리워져서 물체가 뚜렷하게 보이지는 않았다. 기(氣)가 이르는 곳에 피비린내를 사방으로 풍기지만 병인(兵刃)[13]을 쓸 수 없으며, 혹 인형(人形)으로 변하기도 하고 또 나귀로 변하여 밤낮으로 때없이 나오는데, 흔히 액정(掖庭)[14]과 궁인(宮人)이 있는 곳에 있고 또 내전(內殿)에 이르기도 하여서 버릇처럼 되었다. 또 낙양부(洛陽府)와 기내(畿內)에 혹 물건이 사람 같은 것이 있고, 혹 꿇어앉은 것이 개와도 같은

---

11) 禁中: 宮中・禁內・궁궐.
12) 政和: 宋나라 徽宗 연간으로 1111~1117년.
13) 兵刃: 칼・창 등의 날이 있는 兵器.
14) 掖庭: 궁중 正殿 옆에 있는 궁전으로 妃嬪・宮女들이 거처하는 곳.

것이 있으며, 그 빛이 검어서 미목(眉目)을 분별할 수 없다. 처음에는 밤이면 어린아이를 훔쳐먹더니 뒤에는 대낮에도 집에 들어가니 근심거리가 되어, 이르는 곳마다 소연(騷然)하여 불안하였는데 이를 일러 흑한(黑漢)이라 하였으며, 힘 있는 자는 창을 손에 잡고서 자위(自衛)하였다' 했습니다. 무릇 괴기(怪氣)가 형상을 이루어 해를 끼침이 옛날에도 이와 같았습니다. 이제 전염병의 논증(論證)은 괴이함이 많은데, 어찌 허탄(虛誕)으로 돌려서 그 근본을 강구(講究)하지 않겠습니까. 엎드려 바라옵건대 전하(殿下)께서는 세종(世宗) 임금의 생각하시던 바에 따르시어 대신(大臣)에게 두루 물어서 천제(天帝)가 아드님을 단수(檀樹) 아래로 내려보내신 근원과 신주(神主)를 옮기고서 변괴가 생긴 까닭을 강구(講究)하시고, 널리 문화(文化)·장연(長淵)·신천(信川)·재령(載寧) 등지의 노인들에게 물으시어 원평(原平)·교하(交河)의 전염병까지도 밝히시고, 권도(權道)에 좇아 의논을 정하시어 다시 성당(聖堂)의 신주(神主)를 만들어서, 전염병이 돌아 죽는 근원을 제거하신다면 온 나라가 심히 다행스러운 일이겠습니다" 하였다.

7. 구월산 단군사(壇君祠) 및 태백산신사(太白山神祠)

세조(世祖) 2년 병자(1456) 3월에 집현전 직제학(直提學) 양성지(梁誠之)가 상소(上疏)하기를 "첫째, 악(岳)·진(鎭)·해(海)·독(瀆)입니다. 대저 한 왕조가 일어나면 반드시 그 왕조의 제도가 있는 법인데, 본조(本朝)의 악·진·해·독·명산·대천의 제사는 모두 삼국 및 전조(前朝, 고려)의 옛 제도를 모방하였으므로 의논할 만한 것이 많습니다. 용흥강(龍興江)은 우리 태조(太祖)께서 일어난 곳이고, 묘향산은 단군이 일어난 곳이며, 구월산에는 단군의 사당이 있고, 태백산은 신사(神

祠)가 있는 곳이니 예관(禮官)에게 명하여 상세히 고정(考定)하여서 구월산을 서악(西岳)으로 하고, 묘향산을 북진(北鎭)으로 하소서" 하였다.

8. 단군의 신주칭호(神主稱號)(조선시조(朝鮮始祖) 단군지위(壇君之位))

　세조(世祖) 2년(1456) 가을 7월에 '조선단군신주(朝鮮檀君神主)'이던 것을 고쳐 정하여 '조선(朝鮮) 시조(始祖) 단군지위(檀君之位)'로 하고 후조선(後朝鮮) 시조 기자(箕子)는 '후조선(後朝鮮) 시조(始祖) 기자지위(箕子之位)'로 하였다.

9. 구월산 단군천왕당(壇君天王堂)

　성종(成宗) 2년 신묘(1471) 윤9월 11일 병인(丙寅)에 황해도 관찰사(觀察使) 이예(李芮)에게 글을 내리기를 "사람들이 말하기를 단군천왕당이 본디 구월산 상봉(上峰)에 있었는데 뒤에 패엽사(貝葉寺)가 그 아래 있어서, 당이 절 위에 있는 것이 마땅치 않다고 하여 절 앞 봉우리로 옮기고 그 뒤에 다시 산기슭으로 옮겨서 천왕(天王) 세 분의 신위(神位)를 봉안하고, 사자(使者) 배향청(配享廳) 및 전사청(典祀廳)을 설치하여 향(香)을 내려 치제(致祭)했으며, 이것이 오래 행하여졌으나 그뒤 폐지되고 그 곁에 기우단(祈雨壇)을 쌓고, 오리·돼지 등을 죽여서 신(神)의 싫어하는 바 되어 악질(惡疾)이 유행되었다고 한다. 이른바 천왕당 및 사자 배향청은 그 옛터가 아직 남아 있는가? 신위(神位)를 봉안하게 된 원인을 전하는 자가 있는가? 향을 내려 치제(致祭)하는 앞의 의식을 상고할 수 있는가? 기우단(祈雨壇)을 그 어느 때에 쌓았으며 지금도 기우제를 그 단에서 행하는가? 오리·돼지 등을 죽였다는 말은 사실인가? 악질(惡疾)도 전에 없던 것이 이것으로 인하여 비로소 생겼단 말인가? 반드시 속담(俗談)으로 전하여지는 말이 있을 것이니 조목마다 물어 알아서 그 병폐(病弊)의 근원을 상세히 연구하여 아뢰어라" 하였다.

10. 다시 구월산 삼성묘(三聖廟)를 세우다

성종 3년 임진(1472) 2월 계유에 황해도 관찰사 이예(李芮)가 치계(馳啓)하기를 "신이 앞서 내리신 유시(諭示)에 따라 문화현(文化縣)의 고로(古老)인 전사직(前司直) 최지(崔池), 전전직(前殿直) 최득강(崔得江)을 찾아 물어서 삼성당(三聖堂)의 사적(事蹟)을 알아서 조록(條錄)하여 아뢰나이다. 하나, 속담에 전하기를 단군이 처음으로 신이 되어 구월산으로 들어왔을 때에는 사당이 패엽사(貝葉寺) 서쪽 대증산(大甑山)에 있어서 절을 굽어보았는데, 뒤에 절 아래 작은 봉우리로 옮기고 다시 소증산(小甑山)으로 옮겼는데 곧 지금의 삼성당입니다. 대증산과 패엽사 아래 작은 봉우리에는 지금 사당 터가 없고 그때의 치제(致祭) 여부 및 삼성(三聖)을 함께 제사함은 알 길이 없습니다. 하나, 단군 및 아버지 단웅(檀雄)과 할아버지 환인(桓因)을 삼성(三聖)으로 일컬어 사우(祠宇)를 세워서 제사했는데, 제사가 폐지된 뒤로 당우(堂宇)가 퇴락되어 경태(景泰) 경오(庚午)년(1450)에 이르러 현령(縣令) 신효원(申孝源)이 중건(重建)하고, 무인년(1458)에 현령 매좌(梅佐)가 단청(丹靑)을 칠했습니다. 하나, 삼성당에 있어 환인천왕은 남향, 단웅천왕은 서향, 단군천왕은 동향하였는데 모두 판위(版位)[15]입니다. 속전(俗傳)에 옛날에는 모두 목상(木像)이었는데 우리 태종(太宗) 임금 때 하륜(河崙)이 모든 사우(祠宇)

의 목상(木像) 없애기를 건의하여 삼성(三聖)의 목상도 없앴으나 의물(儀物)의 설치 여부는 알 수 없습니다. 하나, 삼성당의 서협실(西夾室)에는 구월산 대왕이 한가운데 있고, 왼쪽에 토지신(土地神)이 있으며, 사자(使者)와 위판(位版)을 두었으며 남향하였습니다. 하나, 옛날에는 전사청(典祀廳)이 없었는데, 매좌(梅佐)가 삼성당 아래에 초가 몇 간을 지어서 승도(僧徒)를 거처하게 하고, 제사 때에는 여기에서 재숙(齋宿)16) 했으며, 제물도 여기에서 장만했습니다. 하나, 삼성당에서 서북으로 3리 남짓한 곳에 절이 둘 있고, 5리 남짓한 곳에 절 하나가 있고, 동북으로 4리 남짓한 곳에 절 하나가 있습니다. 하나, 패엽사(貝葉寺)는 삼성당에서 서쪽으로 6리 남짓한 곳에 있어서 한 재〔嶺〕와 한 시내〔澗〕를 격(隔)해 있으며, 삼성당의 제기(祭器)는 옛날에는 금·은을 썼는데, 임진왜란(1592) 뒤에는 사기(沙器)를 쓰고, 매좌(梅佐)가 비로소 유기(鍮器)를 만들었습니다. 하나, 묘우(廟宇)를 평양으로 옮긴 뒤로 제사를 폐지하였는데 지금부터 60여 년 전입니다. 어떤 이는 우리 태종조(太宗朝)의 경진·신사·임오년간(1400-1402)에 있었다고 하는데, 옳고 그름을 알 수 없고, 향(香)을 내려 치제(致祭)하는 의궤(儀軌)도 또한 상고할 수 없습니다. 하나, 구월산 상봉(上峰)은 천왕당이 아니고 사왕봉(四王峰)으로 이름하니, 또한 옛날 향을 내려 치제(致祭)하던 곳입니다. 우리 태종 임금 을미년간(1415)에 비로소 혁파(革罷)하였는데 그 당의 터전을 일찍이 본 자가 없고 지금은 땅이 얼어 위험하여 오르지 못합니다. 하나, 《관서승람(關西勝覽)》에 문화현(文化縣)의 고적을 실었는데 이르기를, 구월산 아래 성당리(聖堂里)에 소증산(小甑山)이 있는데 환인·단웅·단군의 삼성사(三聖祠)가 있다고 하고, 구월산 정상에는 사왕사(四王寺)가 있는데 옛날 성수(星宿)17)에 초례(醮禮)를 행하던 곳이라고

---

15) 板位: 목판으로 된 神位.
16) 齋宿: 하룻밤을 재계하면서 지내는 것.

했습니다. 하나, 삼성당을 평양으로 옮긴 뒤로 비록 국가에서는 치제하지 않았지만 기우제(祈雨祭)나 기청제(祈晴祭)를 지낼 때는 현관(縣官)이 조복(朝服)을 갖추어 친히 제사했는데, 제물로는 백병(白餅)·백반(白飯)·폐백(幣帛)·과실을 썼으며, 이밖의 다른 제사는 행하지 못하고, 또 고을 풍속에서 영험이 있다 해도 감히 와서 제사하지 못합니다. 하나, 기우(祈雨)·기청단(祈晴壇)은 삼성당 아래 1백여 보 되는 곳에 있는데, 그 설치된 시기를 알 수 없습니다. 고을에 간직되고 있는 송(宋)나라 경덕(景德) 3년 병오(1006) 5월의 의주(儀注)에 떡·메·술 및 흰 거위를 써서 제사를 행한 사실이 있는데, 지금은 흰 닭을 대신 쓰고, 돼지는 쓰지 않습니다. 하나, 삼성당 밑 일대에 인가(人家)가 조밀(稠密)했는데 제사를 폐지한 뒤로 악질(惡疾)이 발생하여 마을이 텅 비게 되었다고 하며, 닭·돼지 등을 죽여서 신(神)의 싫어하는 바 되었다는 말은 듣지 못했습니다" 하였다. 예조(禮曹)에서 이 계(啓)에 근거하여 아뢰기를 "백성이 모두 삼성당을 평양부에 옮겨 설치하고 치제(致祭)하지 않은 뒤로 악질이 발생하였다고 합니다. 이것이 비록 허탄하여 근거 없는 말이긴 하지만 《고기(古記)》에 단군이 아사달산(阿斯達山)으로 들어가 신이 되었다고 하였는데, 현재 본도(本道)의 문화현 구월산에 묘(廟)가 있고, 또 앞서 향을 내려서 치제한 사실이 있으니 청컨대 백성의 원하는 바에 따라 평양의 단군묘(檀君廟)의 관례(慣例)대로 매년 봄·가을에 향과 축문(祝文)을 내려 제사를 행하여지이다" 하니 임금이 이 말에 따랐다(《실록(實錄)》 지차(止此)).

《증보문헌비고(增補文獻備考)》: 삼성사가 황해도 문화현 구월산에 있는데 환인·환웅(《동사보유(東史補遺)》에, 환인(桓因)은 단군(檀君)의 할아

---

17) 星宿: 28宿의 범칭.

버지이고 환웅(桓雄)은 단군의 아버지이다 하였다) · 단군을 봄 · 가을에 향을 내려 치제한다. 성종(成宗) 3년(1472)에 황해도 관찰사 이예(李芮)의 말에 따라 삼성묘(三聖廟)를 구월산에 세우고 평양 단군묘(檀君廟)의 관례(慣例)에 의하여 해마다 향과 축문을 보내 제사한다.

11. 해서(海西) 구월산의 삼성묘(三聖廟)를 개수(改修)하고 치제(致祭)

현종(顯宗) 원년 경자(1660) 8월 정사(丁巳)에 왕이 비변사(備邊司)의 여러 신하를 흥정당(興政堂)에서 인견(引見)하였다. 윤작(尹綽)이 아뢰기를 "해서의 삼성묘를 개수하는 일은 본도(本道)의 계문(啓聞)[18]으로 인하여 이미 품정(禀定)[19]을 보았습니다만 본도 감사(監司)의 뜻은 예조(禮曹)로 해서 치제케 하여 사체(事體)를 존중하려는 것입니다" 하니 임금이 "예조의 낭관(郞官)을 보내서 거행케 하라" 하였다(《실록》).

12. 단군사(檀君祠)에 치제(致祭)

숙종(肅宗) 5년(1679)에 근신(近臣)을 보내서 단군사(檀君祠)에 치제하고, 20년에 또 치제(致祭)하였다. 어제(御製) 〈단군사시(檀君祠詩)〉에

해동(海東)에 성인(聖人)이 나셨으니
요(堯) 임금과 때를 같이하셨다네

---

18) 啓聞: 관찰사 · 절제사 등이 글로서 왕에게 아뢰는 것. 啓禀 · 啓奏 · 啓達.
19) 稟定: 임금께 품달하여 결정하는 것.

산마루에 사당(祠堂) 있으니
박달나무엔 서운(瑞雲)이 감도네
東海聖人作　　曾聞並放勳
山椒遺廟在　　檀木擁祥雲(《문헌비고(文獻備考)》)

하였다. 김육(金堉)의 〈평양 단군전시(檀君殿詩)〉는 다음과 같다.

신성(神聖)은 민생을 위하는 것
천인(天人)이 하늘에서 내리셔
우리나라의 처음 임금
중국의 당요(唐堯)와 때를 같이 하셨네.
태백산에서 임금 되심은 아득한 옛날
아사달에서 신선 되심도 오래되었네
황량(荒凉)한 유전(遺殿)이 남아 있어
조두(俎豆)로 제향(祭享) 받드네
神聖爲民生　　天人降紫霄
東方始君長　　中國立唐堯
太白龍飛遠　　阿斯鶴去遙
荒凉遺殿在　　俎豆奠黃蕉(《잠곡유고(潛谷遺稿)》)

13. 숭령전(崇靈殿)으로 새로이 편액(扁額)을 달다

영종(英宗) 5년 을사[20](1725)에 평양 단군묘에 편액을 달아서 숭령(崇

---

20) 英宗 乙巳(5년)는 英祖 1년의 착오인 듯하다.

靈)이라고 하였다. (정조(正祖)가 《조두록(俎豆錄)》에 실리게 하였다.)

14. 삼성묘(三聖廟)에 독(櫝)을 설치

영종(英宗) 41년 을유(1761) 겨울 10월에, 삼성묘에 독(櫝, 함)을 설치하기를 명하고 이어서 치제(致祭)하였다. 이보다 앞서 성종(成宗) 때에 삼성묘를 구월산에 세우고 위판(位版)을 흙으로 만들었는데 세월이 오래되어 위판이 훼손되었으므로 예조판서(禮曹判書) 심수(沈鏽)가 이 사실을 임금에게 아뢰었다. 왕이 부제학(副提學) 서명응(徐命膺)을 불러서 삼성(三聖)의 옛일을 물으니 명응이 갖추어 대답하기를 "삼성은 곧 환인·환웅·단군이며, 구월산은 사기(史記)에서 이른바 아사달산입니다" 하였다. 임금이 드디어 예관(禮官)을 보내서 삼성의 위판을 독(櫝)으로 설치케 하고 이어 치제(致祭)를 명하였다(《국조보감(國朝寶鑑)》).

15. 삼성사(三聖祠)의 제사(祭祀) 의절(儀節)을 정하다

정조(正祖) 때 상신(相臣) 채제공(蔡濟恭, 시호는 문숙(文肅)이며 호는 번암(樊巖))은 《번암집(樊巖集)》〈삼성사 제의의(祭儀議)〉에 "삼성사의 제품(祭品)·제식(祭式)은 예의(禮儀)의 중대한 것입니다. 신의 천식(淺識)으로 어찌 감히 알지 못하는 것을 안다고 하여 억지로 꾸며 만드는 잘못을 범하리까만 고례(古禮)를 상고하고 시용(時用)을 참작컨대 또한 한두 가지 말할 것이 없지도 않습니다. 묘사(廟社)의 변두(籩豆)[21]의 수는

---

21) 籩豆: 籩은 대로 만든 祭器로 과실·포 등을 담으며, 豆는 나무로 만든 제기로 김치·식혜 등을 담는데 모두 굽이 있다.

모두 열둘이오나 역대 제왕(帝王)의 사당에 열(10)을 써서 둘을 줄임은 예(禮)를 정함이 뜻이 있는 것입니다. 우리나라의 《오례의(五禮儀)》가 이와 같고 개원(開元)[22]의 예를 상고해 보아도 이와 같은데 본사(本祠, 삼성사)의 지금 식(式)은 구식(舊式)[23]을 고쳐서 묘사에 변두 열둘의 제도를 쓰고 있습니다. 비록 어느 사람에서 시작되었는지 모르겠습니다만 자기 주장을 고집하여 옛것을 버리고 새것으로 바꾸어서 전해 내려오는 구식의 고례(古禮)를 조금 모방한 것을 동각(東閣)으로 돌렸으니 진실로 통탄(痛歎)을 금치 못하겠습니다……. 《오례의(五禮儀)》는 대체로 개원(開元)의 예를 모방하여 만든 것이니, 실로 우리나라에서 준행(遵行)하여 바꿀 수 없는 것인데도 어찌하여 구식의 《오례의》에 근거를 둔 것을 쓰지 않고 도리어 신식의 근거 없는 것을 쓰리까? 《오례의》에 실려 있는 생품(牲品)[24]은 명확하게 근거가 있으니 비록 구식대로 일관(一貫)하여 써도 안 될 것 없습니다. 축문(祝文)의 식이 직서(直書)[25]하고 별다른 칭호가 없는 것이 비록 의아한 것 같지만 단군의 시대에는 문화가 아직 열리지 않았으니 인물을 어찌 논하겠습니까? 환인(桓因)·단웅(檀雄)의 호칭이 되고 이름이 됨을 억지로 헤아릴 수 없는 것입니다. 설령 비호이소(非號伊召)라도 주공(周公)의 시(詩)에 혹은 단보(亶父), 혹은 왕계(王季)라고 했으니 단보와 왕계는 대왕(大王)[26] 왕계의 이름인데도 주공이 이를 썼고, 금잉(金縢)[27]의 축문에서 삼왕(三王)을 일컬어 '그대[爾]'라고 했으니 아득히 먼 옛날의 순박한 풍속을 징험(徵驗)할 수 있습니다. 이로 미루어 생각한다면 축문의 식이 환인·단

---

22) 開元: 唐나라 玄宗의 年號(713~741).
23) 舊式: 역대 제왕의 사당에 변두 열 가지를 쓰는 것.
24) 牲品: 희생과 품목.
25) 直書: 환웅·단군의 칭호를 그대로 써서 달리 敬稱이 없는 것.
26) 大王: 周公의 할아버지. 王季는 周公의 叔父.
27) 金縢: 《書經》 周書의 篇名.

웅으로 직서(直書)하여도 안 될 것 없는데, 하물며 위판을 이것으로 써서, 이것이 아니고 다르게 호칭(呼稱)할 수 없는 것입니까?

　제복(祭服)은 역대 제왕(帝王)의 묘식(廟式)을 상고하건대 각기 제복을 입는다고 하였고, 주해(注解)하는 자가 취면(毳冕)[28]·수면(繡冕)의 등위(等威)[29]를 말하였으니, 옛날의 예법이 제복이 아니면 의식을 행하지 않았음은 의심할 것 없습니다. 하물며 본사(本祠)의 홀기(笏記, 제례(祭禮)를 집행하는 순서)에 진홀(搢笏)·집홀(執笏) 등 구절이 있는 것이리까. 세월이 오래되어 옷이 모두 해졌지만 개비(改備)하지 못하고 줄곧 흑단령(黑團領)을 써서 편의대로 행사하여 성복(盛服)[30]의 의절(儀節)에 어긋남이 있습니다. 감영(監營)과 본현(本縣)에 명하시어 예법대로 갖추소서.

　폐단을 고침은 결코 그만둘 수 없는 것입니다. 변두(籩豆) 6품을 환용(換用)·응용(應用)함은 신식(新式)의 창업으로서 한 사람의 억척에서 나온 것에 불과하니 이제 만약 구식에 의거하여 고쳐 행한다면 이같은 명색(名色)은 고치기를 기약하지 아니하여도 저절로 고쳐질 것입니다. 그러나 고례(古禮)에서도 그 지방에 없는 것은 각각 그 종류로써 보충하라고 했으니 비록 도식(圖式)에 실려 있다지만 그 지방에서 생산되지 않고 구하기 어려운 것은 같은 종류의 물건으로 충당하는 것도 예법에 해될 것 없습니다. 헌관(獻官)을 혹시 변장(邊將, 첨사(僉使)·만호(萬戶) 등 무관직(武官職)의 낮은 벼슬아치)으로 대신한다면 일에 있어 초솔(草率)한 것이고 체면에 있어 구차(苟且)한 것입니다……. 앞으로는 다르게 규례(規例)를 만들어서 헌관은 반드시 본현의 영(令)으로 하고 전사

---

28) 毳冕: 周代에 임금이 望祭 때, 곧 사방 산천에 제사 지낼 때 쓰던 관모. 繡冕도 관모의 일종이다.
29) 等威: 신분 등급에 따르는 威儀.
30) 盛服: 복장을 整齊하는 것.

대축(典祀大祝)은 반드시 우관(郵官)³¹⁾으로 하되 현령(縣令)과 우관이 모두 유고(有故)가 있으면 원근(遠近)을 논할 것 없이 도내의 수령(守令)으로 대신케 하여 늦추는 일이 없게 하소서. 사우(祠宇)를 지키는 사람에 이르러서는(삼성사(三聖祠) 사우를 지키는 자는 도감(都監)·감관(監官)·사직(祠直) 및 산직(山直)이다) 도감(都監)·감관(監官)의 칭호가 있으니, 모두 본현의 유생(儒生)으로 차정(差定)하여 따로따로 제사 지낼 뿐입니다. 이제 만약 특별히 높여 받든다 하여 집을 세우기를 숭인전(崇仁殿)의 전례(前例)와 같이한다면 반드시 향읍(鄕邑)의 분쟁의 불씨를 만들 것입니다. 이는 전하(殿下)께서 하문(下問)하신 것은 아니오나 신이 앞날의 일을 근심하다 외람됨을 무릅쓰고 의견을 진달(陳達)하는 것입니다. 사직(祠直) 5명, 산직(山直) 1명은 모두 요역을 면제하여 수호하는 임무에 성심을 다하게 하는 일은 그만둘 수 없을 것만 같습니다. 재량(裁量)하시기를 엎드려 바랍니다" 하였다.

16. 숭령전(崇靈殿) 치제(致祭)

고종 5년 무진(戊辰, 1868)에 전교(傳敎)하기를 "올해는 단군이 나라를 세운 구갑(舊甲)³²⁾이다. 동쪽 땅에 나라를 열어서 1천여 년을 누렸는데 이제 이 정아(正衙)³³⁾가 때마침 이루어져서 하늘의 밝은 명을 받았으니 일이 우연하지 않다. 숭령전에 관원을 보내어 치제(致祭)하라" 하였다(《문헌비고(文獻備考)》).

---

31) 郵官: 驛의 관원.
32) 舊甲: 단군이 나라를 세운 해가 戊辰年이기 때문에 붙인 말.
33) 正衙: 경복궁을 일컬음.

제3절 참성단(塹城壇)의 제천(祭天)은 곧 단군을 제사하는 것이니 도초(道醮)의 의식도 섞여 있다

고려 때의 일을 상고하건대, 권근(權近)이 지은 〈참성초청사(塹城醮青詞)〉(《양촌집(陽村集)》)에 "간절히 마리산(摩利山)을 생각하면 단군(檀君)의 사당이 있는 곳이다. 우리 성조(聖祖, 고려 태조(太祖))께서 백성을 위하여 왕위에 오르시어 그 옛것을 이어받아서 아름다운 정교(政敎)를 후세에 남기셨고, 뒤의 임금이 오랑캐를 피하여 도읍을 옮기기에[34] 이르러서도 또한 이를 힘입어서 나라를 보전하셨다. 그러므로 우리 집안에서 이를 수호하여 게을리하지 않았으며, 소자(小子)가 왕통(王統)을 잇기에 이르러서는 더욱 경건히 하였다" 했으니, 이것에 말미암아 마리산에서 단군을 제사함은 예로부터 이와 같았음을 알 수 있으며, 고려 태조가 계승하여 시행하였다. 이같은 기사가 《국조보감(國朝寶鑑)》에도 보인다. 곧 세조 2년(1456)에 비로소 친히 환구(圜丘)에 제사했다는 조목에 "처음에 우리나라는 단군의 강생(降生)을 감격하여 하늘에 제사하여 근본에 보답한 뒤로(제천단(祭天壇)이 강화 마니산(摩尼山)에 있다) 신라·고구려·백제 및 고려가 모두 이어받아서 하늘에 제사했다" 하였다. 그렇지만 마리산(摩利山) 참성초(塹城醮)를, 혹은 하늘에 제사하는 것이라 하고, 혹은 단군을 제사하는 것이라 하고, 혹은 별에 제사하는 것이라 하여 도교적(道敎的)인 초제(醮祭)와 더불어 서로 섞여 분별이 없으니 기록의 여러 조문(條文)을 열거하여 증거로 한다.

연산군(燕山君) 6년(1500) 2월에 의정부(議政府)에서 아뢰기를 "마니

---

34) 고려 高宗 연간에 蒙古의 침입으로 개경에서 江華 遷都를 하였다.

산(摩尼山) 재궁(齋宮)의 건축 수리[營繕]는 정지(停止)하기를 청합니다" 하니 전교하기를 "마니산의 영선은 별에 제사하는 곳인 만큼 중지할 수 없다" 하였다.(《연산군일기(燕山君日記)》).

중종(中宗) 11년(1516) 정월 정축에 조강(朝講)에 임어(臨御)하였다. 영사(領事) 김응기(金應箕)가 말하기를 "소격서(昭格署)와 마니산의 제사는 모두 하늘에 제사하는 것입니다" 하였다. (마니산과 소격서를 함께 말한 것은 아마도 도교적인 의례를 간주하는 때문일 것이다.)

선조(宣祖) 2년(1569), 이율곡(李栗谷)이 옥당(玉堂)에 있을 때에 '마니산초청사(摩尼山醮靑詞)'를 지어올리기를 명하였는데, 공(公)이 차(箚)[35]를 올리기를 "전하께서 이미 좌도(左道)[36](이 말도 마니산 초제를 도교적인 의식으로 지적하고 있다)가 됨을 아시기 때문에 감히 강제로 간관(諫官)을 시켜 지어올리게 하지 못하면서 소신(小臣)에게는 이를 명하시니, 간관(諫官)은 좌도(左道)로 임금을 섬겨서는 안 되고, 강관(講官)은 좌도로 임금을 섬겨도 되는 것입니까" 하였다(이수광(李睟光)의 《지봉유설(芝峰類說)》 및 《문헌비고(文獻備考)》).

인조(仁祖) 19년(1641)에 비로소 마니산에 제사하다. 산이 강화부(江華府)에 있으니, 수신(守臣)[37]에게 명하여 제단을 산 중턱에 쌓고 또 사판(祠版)의 봉안각(奉安閣)을 건립하고서 해마다 봄·가을로 향과 축문(祝文)을 내려서 제사를 행하였다. (《문헌비고(文獻備考)》. 여기에서 비로소 제사했다고 하는 것은 임진왜란(壬辰倭亂)을 겪어서 오래도록 그 예절을 폐지했으므로 제단의 중건(重建)을 명하여 제사를 행하였기 때문에 한 말인가 의심스럽다.)

정조(正祖)가 명하여 편찬한 《문원보불(文苑黼黻)》〈청사(靑詞)〉조에

---

35) 箚: 간단한 書式의 상소문.
36) 左道: 正道가 아닌 것.
37) 守臣: 江華 留守를 가리킨다.

〈소격서기우청사(昭格署祈雨靑詞)〉·〈마니산참성초청사(摩尼山塹城醮靑詞)〉·〈수성(壽星)(노인성(老人星))초청사(醮靑詞)〉·〈분야성삼헌청사(分野星三獻靑詞)〉·〈소격서진무초청사(昭格署眞武醮靑詞)〉가 있다. (이것도 도교와 섞인 한 증거이다.)

제4절 우리나라 사람의 종교적 신앙

구한국 광무(光武) 8년 병오(丙午)[38](1906)에 나철(羅喆)·오혁(吳赫) 등이 단군교(檀君敎)를 창립하고 뒤에 대종교(大倧敎)로 개칭하였다(종(倧)자는 상고(上古) 신인(神人)의 뜻). 임자년(壬子年, 1912)에 이르러 김교헌(金敎獻, 호는 무원(茂園))·유근(柳瑾, 호는 석농(石儂)) 등이 《삼일신고(三一神誥)》를 간행하고, 갑인년(1914)에 옛 사기(史記)를 널리 상고하여 《신단실기(神檀實記)》를 편찬하여 간행하였다. 병진년(1916)에 대종사(大倧師) 나철(羅喆)이 구월산 삼성사(三聖祠)로 들어가 스스로 목매어 죽었으니, 순교(殉敎)한 것이다. 유촉(遺囑)으로 도사교(都司敎) 김교헌(金敎獻)을 추대하여 대종사로 삼고 북간도(北間島)로 옮겨갔는데 그곳이 태백산(太白山, 단군이 발상(發祥)한 곳)과 가깝고 또 수만 명의 신도가 그곳에 있는 때문이다. 계해년(1923)에 불행히도 영고탑(寧古塔)에서 병들어 죽었다.

---

38) 光武 8년은 甲辰年으로 1904년이며, 丙午年은 1906년으로 光武 10년이다.

제5절 조선(일월신화(日月神話) 계통의 최종(最終))

조선이라는 이름은 단군(壇君)에서 비롯되었다. 《동국여지승람(東國輿地勝覽)》에 "동쪽 해솟는 곳에 있으므로 조선으로 이름했다" 하였고, 《연려실기술(燃藜室記述)》에는 "우리나라가 조선이라는 호칭은 옛 사람이, 땅이 양곡(暘谷)에 가까워 '조(朝),' 해가 솟아올라서 먼저 밝으므로 '선(鮮)'이라고 하였다" 하였다. 단군 이후로 역대로 전해 내려오는 일신화(日神話)는 계통이 뚜렷하여 이미 앞에서 서술한 바 있어 되풀이하여 말하지 않는다. 이성계(李成桂)가 나라를 얻기에 이르러 국호를 조선으로 하고 어휘(御諱)를 고쳤다. (이태조(李太祖)의 초휘(初諱)는 성계(成桂)이고 자(字)는 중결(仲潔)이었는데, 즉위 후의 이름은 단(旦), 자는 군진(君晉)으로 고쳤다.) 이보다 앞서 나라 안의 도참(圖讖)에 일찍 밝아온다[早明]라는 설이 있어 사람들이 그 뜻을 몰랐는데, 뒤에 조선(朝鮮)이라는 국호를 얻고 어휘(御諱)를 고치기에 이르러서 비로소 '조명(早明)'의 도참이 부합됨을 알았다. 이제 고증되는 글을 인용하여 참고하고자 한다.

《용비어천가(龍飛御天歌)》: 제85장에 "도참(圖讖)의 글뜻 알지 못했는데 나라 이름 고치셨네 未曉讖文 聿改國號"하고, 주석(註釋)에 "〈도참〉에 '조명(早明)'이라는 글이 있어, 사람들이 그 뜻을 알지 못했는데, 나라 이름을 고쳐 조선(朝鮮, 아침해가 선명(鮮明)하다는 뜻이 있어서 조명(早明)의 도참에 부합된다)이라고 했다" 하였다.

《중경지(中京誌)》: 권유(權愈, 호는 하계(霞溪), 숙종(肅宗) 때 대제학(大提學))가 지은[撰] 목청전(穆淸殿, 숭인문(崇仁門) 안에 있는 태조(太祖)의 잠저(潛邸)) 비문에 "용주수(湧珠樹)[39]가 거듭 빛나서 조명(早明)의 참언

(讖言)에 부합되었다. 민중을 지휘하여 팔역(八域)을 전정(奠定)하고 읍양(揖讓)⁴⁰⁾을 숭상하여 원후(元后)⁴¹⁾에 올랐다" 하였다.

《연려실기술》〈개국정도(開國定都)〉조: 태조가 보위(寶位)에 올라 어휘(御諱)를 고치고 (단(旦)으로 하였다) 정도전(鄭道傳)으로 하여 자(字)를 지어올리게 했는데, 도전이 명을 받들어 '군진(君晋)'으로 지어올리니 "'일(日)'에 따르고 '일(一)'⁴²⁾에 따르니 해가 뜨는 시초이며, 진(晋)은 밝게 오른다는 뜻이니, 해가 솟으면 그 밝은 빛이 널리 비쳐서 어둠이 사라지고 만상(萬象)이 뚜렷해집니다. 이것은 인군(人君)의 처음 정치가 청명(淸明)하여 모든 사악(邪惡)이 물러가고 만법(萬法)이 새로워지는 것입니다. 해가 이미 솟아올라서 세상이 점점 밝아지는, 곧 인군이 처음으로 보위(寶位)에 올라서 이를 천만세(千萬歲)에 전하는 것입니다" 하였다(《동각잡기(東閣雜記)》).

《약파만록(藥坡漫錄)》: "태조께서 송경(松京)에서 보위에 오르시어, 불결한 지역을 말끔히 치우고 번잡한 주택을 없애고서 반월성(牛月城)을 쌓았다.

태조가 어휘(御諱)를 단(旦)으로 고쳐 '조명(早明)'의 도참에 응했으니, 그 뒤로 역대 임금의 이름에 '일(日)'이 들어 있는 글자를 쓴 것이 또한 많았다. 정종(定宗)의 휘가 '경(日敬),' 단종(端宗)의 휘가 '홍위(弘暐),' 예종(睿宗)이 '황(晄),' 선조(宣祖)가 '공(昖),' 경종(景宗)이 '균(昀),' 영조(英祖)가 '금(昑),' 익종(翼宗)이 '대(旲),' 철종(哲宗)이 '변(昪),' 대원왕(大院王) 이하응(李昰應)이 이것이다. 어떤 이는 말하기를

---

39) 湧珠: 해가 바다에 솟아오르는, 곧 扶桑과 비슷한 내용이 아닌가 추측된다.
40) 揖讓: 예를 다하여 사양하는 것. 禪讓.
41) 元后: 君王, 寶座.
42) 一: 太祖의 御諱가 旦이기 때문에 한 말이다.

'하(昰)' 자는 '단(旦)'에 좇고 '지(止)'에 따랐으니, 태조의 덕(德)에 응하여서 여기에 그친다는 뜻이라고 하였다.

제6절 조선 시대에 악(岳)·진(鎭)·해(海)·독(瀆) 및 명산(名山)·대천(大川)에 제사를 행하다

《조선왕조실록(朝鮮王朝實錄)》에 의하면, 세조(世祖) 2년 병자(1456) 3월에 집현전 직제학(直提學) 양성지(梁誠之)가 상소(上疏)하기를 "첫째, 악(岳)·진(鎭)·해(海)·독(瀆)입니다. 대저 한 왕조가 일어나면 반드시 그 왕조의 제도가 있는 법인데, 본조(本朝)의 악·진·해·독·명산·대천의 제사는 모두 삼국 및 전조(前朝)의 옛 제도를 모방하였으므로 의논할 만한 것이 많습니다.

용흥강(龍興江)은 우리 태조께서 일어난 곳이고, 묘향산(妙香山)은 단군이 일어난 곳이며, 구월산에는 단군의 사당이 있고, 태백산은 신사(神祠)가 있는 곳이며, 금강산은 이름이 천하에 알려져 있고, 장백산(長白山)은 선춘령(先春嶺) 남쪽, 갑산(甲山) 북쪽에 있어서 실로 나라의 북악(北岳)입니다. 임진(臨津)은 나라의 서쪽 관문(關門)이고, 용진(龍津)은 동쪽 관문입니다. 낙동강(洛東江)은 경상도의 큰 내[大川]이고, 섬진강(蟾津江)은 전라도의 큰 내이며, 박천강(博川江)은 옛날의 대녕강(大寧江)입니다. 보제진(菩提津)·오대산(五臺山)에 이르기까지도 모두 사전(祀典)에 들어 있지 않습니다. 그리고 동·남·서해의 신사(神祠)도 모두 개성을 표준으로 하여 정한 것이어서 방위가 또한 어긋납니다. 예관(禮官)에게 명하여 상세히 고정(考定)하시기를 청합니다.

삼각산을 중악(中岳), 금강산을 동악(東岳), 구월산을 서악(西岳), 지리산을 남악(南岳), 장백산(長白山)을 북악(北岳)으로 하고, 백악산(白岳山)을 중진(中鎭), 태백산을 동진(東鎭), 송악산(松嶽山)을 서진(西鎭), 금성산(錦城山)을 남진(南鎭), 묘향산(妙香山)을 북진(北鎭)으로 하고, 동해(東海)의 신(神)을 강릉으로, 서해의 신을 인천(仁川)으로, 남해의 신을 순천(順天)으로, 북해(北海, 압록강의 상류)의 신을 갑산(甲山)으로 옮겨서 제사하고, 용진강(龍津江)을 동독(東瀆), 대동강(大同江)을 서독(西瀆), 한강(漢江)을 남독, 두만강을 북독으로 하고, 목멱산(木覓山)·감악산(紺岳山)·오관산(五冠山)·계룡산(鷄龍山)·치악산(雉岳山)·오대산(五臺山)·의관령(義館嶺)·죽령산(竹嶺山)을 명산(名山)으로 하고, 웅진(熊津)·임진(臨津)·보제진(菩提津)·용흥강(龍興江)·청천강(淸川江)·박천강(博川江)·낙동강(洛東江)·섬진강(蟾津江)을 대천(大川)으로 하여 규례(規例)에 의하여 치제(致祭)하면서 1대(代)의 사전(祀典)을 새롭게 하소서. 산천(山川)의 사전(祀典)에 실려 있는 것이 고금(古今)을 통하여 모두 서른넷이온데, 이렇게 되면 전례(前例)에 따르는 것이 열일곱, 옮겨서 제사하는 것이 넷, 새로 승격되는 것이 열셋이옵고, 아주 빼버릴 것이 또한 열셋입니다" 하였다.

그렇지만 악(岳)·진(鎭)·해(海)·독(瀆)·명산(名山)·대천(大川)의 사전(祀典)에 실려 있는 것을 본다면, 모두 양성지(梁誠之)의 소(疏)에서 건청(建請)한 대로 되지는 않았다.

《증보문헌비고(增補文獻備考)》: 본조(本朝)의 악·해·독 및 명산·대천을 살펴보면 아래와 같다.

악(岳): 남(南): 지리산이며 신사(神祠)가 남원(南原)에 있다.

동(東): 금강산으로 회양(淮陽)에 있다. (궐문(闕文)이 있는 듯하다.)

동(中): 삼각산인데 도성(都城) 북쪽에 있다.

　　　　　서(西): 송악산(松嶽山)으로 개성부(開城府)에 있다.
　　　　　북(北): 비백산(鼻白山, 영조(英祖) 43년(1767) 백두산(白頭山)으로 고쳐 북악으로 정했다)인데 정평(定平)에 있다.
　해(海): 동해는 양양(襄陽), 남해는 나주(羅州), 서해는 풍천(豊川)에 있다.
　독(瀆): 남(南): 웅진(熊津)은 공주(公州), 가야진(伽倻津)은 양산(梁山)에 있다.
　　　　　중(中): 한강이며, 도성 남쪽에 있다.
　　　　　서(西): 덕진(德津)은 장단(長湍), 평양강(平壤江)은 평양, 압록강은 의주(義州)에 있다.
　　　　　북(北): 두만강으로 경원(慶源)에 있다.
　단(壇): 풍(風)·운(雲)·뇌(雷)·우신(雨神)의 것과 같다. 유(壝)만 있고, 단(壇)이 없으며, 묘(廟) 3간이 있다.
　명산(名山): 동(東): 치악산(雉岳山)은 원주(原州)에 있다.
　　　　　　남(南): 계룡산은 공주(公州), 죽령산(竹嶺山)은 단양(丹陽), 우불산(亐佛山)은 울산(蔚山), 주흘산(主屹山)은 문경(聞慶), 금성산(錦城山)은 나주(羅州)에 있다.
　　　　　　중(中): 목멱산(木覓山)은 도성 안의 남쪽에 있다.
　　　　　　서(西): 오관산(五冠山)은 장단(長湍), 우이산(牛耳山)은 해주(海州)에 있다.
　　　　　　북(北): 감악산(紺岳山)은 적성(積城), 의관령(義館嶺)은 회양(淮陽)에 있다.
　대천(大川): 남(南): 양진명소(楊津溟所)가 충주에 있다.
　　　　　　동(東): 양진(楊津)이 양주(楊州)에 있다.
　　　　　　서(西): 장산곶(長山串)은 장연(長淵), 아사진송곶(阿斯津松串)은 안악(安岳), 청천강(淸川江)은 안주(安州),

구진명소(九津溟所)는 평양에 있다.

북(北): 덕진명소(德津溟所)는 회양(淮陽), 비류수(沸流水)는 영흥(永興)에 있다.

단(壇): 사방이 2장(丈) 1척(尺), 높이가 2척 5촌(寸)이며, 계단이 네 곳에 있다. 유(壝)는 한쪽의 길이가 25보(步)이다. 단이 없으며 묘(廟) 3간이 있다. (태종(太宗) 6년(1406)에 산천(山川)의 단을 수축하기를 명하고 수호하는 사람을 두었다.)

《오례의(五禮儀)》(세종(世宗)이 명하여 지었다): 악(嶽)·해(海)·독(瀆)의 신좌(神座)는 북쪽에 있어서 남쪽을 향하며(삼각산은 백악산(白岳山)으로 가서 제사 지낸다. 삼각산 신은 북쪽에 있고 백악산 신은 동쪽에 있다) 중춘(仲春)과 중추(仲秋)에 제사 지내는데(초봄에 먼저 원장제(元壯祭)를 행한다), 신위(神位)마다 곡식을 바치고 준뢰(樽罍)[43]를 쓰며, 의식(儀式)은 풍(風)·운(雲)·우(雨)·뇌(雷)의 신(神)을 제사 지내는 것과 같이한다. 오직 악(樂)이 없고, 축문(祝文)에는 국왕의 성(姓)과 휘(諱)를 일컫는다. 독신(瀆神)의 제사에는 축문과 폐백(幣帛)을 물속에 넣고, 악신(岳神)과 해신(海神)의 제사에는 각각 그 방위에 맞는 빛깔을 사용하지만, 독신의 제사에는 모두 검은 빛깔을 사용한다. (원장제(元壯祭)에는 변두(籩豆)·보궤(簠簋)[44]가 각각 하나이고 폐백은 없다.) 헌관(獻官)은 정3품 관원(官員)이 되고, 주(州)·현(縣)의 헌관은 수령(守令)이 된다.

만약 날이 가물어서 비를 빈다면 북교(北郊)로 가서 악·해·독 및 모든 산천의 신위를 배설(排設)하고(신실(神室)에 자세히 나와 있다) 각각 그 방위에서 모두 안을 향하여 빈다. 신위마다 변두(籩豆)가 하나, 보궤(簠簋)가 하나, 시조(豕俎)가 하나, 작(爵)이 하나이다. 악(岳)·해(海)·독

---

43) 樽罍: 표면에 구름 무늬를 그린 술단지.
44) 簠簋: 祭享 때 稻粱과 黍稷을 담는 그릇인 보와 궤. 궤보라고도 한다.

(瀆)은 각각 준(尊)이 둘, 산천(山川)은 각각 준이 둘이며, 폐(幣)·축(祝)의 제사 의식은 같다. 계절의 제사에는 음복(飮福)·수작(受酢)하지 않으니, 보사(報祀)도 마찬가지이다. 기우제(祈雨祭)에는 음복하고 수작한다.

허목(許穆, 숙종조 상신(相臣), 호는 미수(眉叟), 시호는 문정(文正))이 말하기를 "산천을 제사함에 있어 해(海)·악(岳)이 가장 높은 것인데, 오늘날에는 4독(四瀆)은 중사(中祀)하고, 해·악은 소사(小祀)하니 예(禮)를 잃는 것이다" 하였다.

명산(名山)·대천(大川)의 신좌(神座)는 북쪽에 있어서 남쪽을 향한다. 중춘(仲春)과 중추(仲秋)에 제사 지내는데(초봄〔孟春〕에 원장제(元壯祭)를 먼저 행한다) 신위(神位)마다 변두(籩豆)가 여덟, 보궤(簠簋)가 둘, 시조(豕俎)가 하나, 작(爵)이 셋, 백폐(白幣)가 하나, 상준(象尊)이 둘이며, 축문(祝文)에는 국왕을 일컫고, 산재(散齋)가 이틀, 치재(致齋)가 하루, 헌관(獻官)은 3품관, 주·현의 헌관은 수령이 된다. 의식은 악·해·독을 제사하는 의식과 같으며, 내〔川〕를 제사 지낼 때는 축문을 물속에 넣는다. 북교(北郊)에서 악·해·독의 신에게 빌 때는 5방산천의 신위도 아울러 제사 지낸다. (신실(神室)에 자세히 나와 있다.)

고종(高宗) 광무(光武) 3년(1899) 10월에 조서(詔書)하기를 "오직 천자(天子)만이 천하(天下)의 명산·대천을 제사할 수 있다. 5악(五嶽)·5진(五鎭)·4해(四海)·4독(四瀆)은 아직도 겨를 없어서 사전(祀典)을 갖추지 못했으니, 장례원(掌禮院)으로 하여 널리 상고하여서 제사를 정하도록 하라" 하였다.

금강산을 동악(東岳), 지리산을 남악(南岳), 삼각산을 중악(中岳), 묘향산을 서악(西岳), 백두산을 북악(北岳)으로 한다.

오대산(五臺山)을 동진(東鎭), 속리산(俗離山)을 남진(南鎭), 백악산(白

岳山)을 중진(中鎭), 구월산(九月山)을 서진(西鎭), 장백산(長白山)을 북진(北鎭)으로 한다.

동해(東海)는 양양군(襄陽郡), 남해는 나주군(羅州郡), 서해는 풍천군(豊川郡), 북해는 경성군(鏡城郡)으로 한다.

낙동강을 동독(東瀆), 한강을 남독(南瀆), 패강(浿江)을 서독(西瀆), 용흥강(龍興江)을 북독(北瀆)으로 한다.

1. 상정국행산천단묘(詳定國行山川壇廟) 및 신패(神牌)제도

환웅천왕(桓雄天王)이 태백산 신단 아래로 내려와서 신시(神市)를 베풀었다. 단군왕검이 아사달의 산신으로 화(化)하고, 또 단군이 하백(河伯)의 딸을 아내로 맞이하여서 뒤에 또한 신이 되었으니(부여·고구려·하백 여신(女神)) 이것이 우리나라에서 산천의 신에게 제사 지내는 시초가 되며, 예(濊)·부여(夫餘)·고구려(高句麗)·백제(百濟)·신라(新羅)·고려(高麗) 등 나라 안의 명산·대천에 제사 지내지 않음이 없었다. 우리나라 산천의 사전(祀典)이 비록 형식적으로는 중국의 제도를 준용(遵用)하고 있지만 정신적인 면에서는 털끝만큼도 고조선 고유의 법을 고침이 없다.

고조선 고유의 법이란 어떤 것인가? 옛날에 하늘에 제사하고, 신을 제사 지냄은 반드시 단유(壇壝)에서 하였다. 고조선의 왕검(王儉)은 신단(神壇)의 제사를 주관했기 때문에 단군(壇君)으로 일컬어졌으니, 단유에서 신을 제사하는 군주임을 의미한다. 그뒤에 나온 고대 국가의 예(濊)는 10월에 하늘에 제사하고 이름하여 무천(舞天)이라고 했으니, 이것은 예의 군주가 또한 단군(壇君)이 되는 것이다. 부여는 12월에 하늘에 제사하고 이름하여 영고(迎鼓)라고 하였다. 그리고 부여의 왕 해부루(解夫婁)가 늙었어도 아들이 없었으므로, 산천에 제사하여 후사(後嗣)를 구하였으니, 이것은 부여의 군주도 또한 단군(壇君)이 되는 것이다. 고구려는 10월에 제천대회(祭天大會)를 열어서 이름하여 동맹(東盟)이라고 하였다. 또 고구려 국속(國俗)에 해마다 3월 3일이면 낙랑(樂浪)의 언덕에 모여서 사냥하고, 잡은 멧돼지·사슴 등으로 천지(天地)·산천(山川)을 제사했으니, 이것은 고구려의 군주도 또한 단군(壇君)이 되는 것이다. 백제(百濟)는 시조에서 시작하여 그 이후로 단(壇)을 만들어서 천지(天地)를 제사했으니, 이는 백제의 군주도 또한 단군(壇君)이 되는 것이다. 중국에서 옛날에 하늘을 성 밖[郊社]에서 제사 지냈고, 일본은 산단(山壇)에서 제사 지냈으니 이것은 우리나라의 고대 국가와 그 규모를 같이하는 것이다.

　문화가 발달됨에 따라 여러 나라에서는 천신(天神)과 지기(地祇)를 제사 하는 것과 함께 선조(先祖)[人鬼]도 제사하기에 이르렀으니, 단유(壇壝)의 제도가 마침내 묘사(廟祀)로 변하였다. 중국 주(周)나라의 주공(周公)이 후직(后稷)을 성 밖에서 제사하여 하늘에 배향(配享)하고, 문왕(文王)을 명당(明堂)에 종사(宗祀)하여서 상제(上帝)에 배향했으니, 명당(明堂)은 제후(諸侯)의 조회(朝會)를 받는 곳이다. 문왕을 제사하여서 공신(功臣)에 배향했으니 이것을 청묘(淸廟)라고 이른다. 천문(天文)을 영대(靈臺)에서 관찰했으니, 영대가 곧 명당이다. 존사(尊師)·양로(養老)·교주(教冑)·헌부(獻俘)[45]·교사(郊射)[46]를 모두 벽옹(辟雍)에서 했으니, 벽옹이 또한 명당이다. 일본은 신궁(神宮)·신사(神社)를 세워서 단리(壇籬)로 대신하였는데, 곧 이세신궁(伊勢神宮, 혹은 대묘(大廟)) 및 춘일신사(春日神社)가 이것이다.

---

45) 獻俘: 전쟁에 이기고 돌아와서 포로를 廟社에 바치고 勝戰을 告由하는 일. 獻捷라고도 한다.
46) 郊射: 교외에서 射禮를 행하는 것.

우리나라를 말한다면, 부여는 유화묘(柳花廟)를 세웠고, 고구려는 졸본(卒本)에, 백제는 국성(國城)에 시조묘(始祖廟)를 세웠다. 신라의 남해왕(南解王)은 시조묘를 세우고서 그 친누이 아로(阿老)를 시켜 제사를 맡게 했으며, 그 뒤 소지왕(炤智王)에 이르러서 내을신궁(奈乙神宮)을 세웠으니, 이는 인문(人文)이 점차로 열려서 고금이 제도를 달리하게 된 것이다. 고려 시대에는 신(神)을 섬기는 풍속이 중국의 제도와 우리 고유의 것을 절충하였다. 조선 시대로 내려와 제4대 세종(世宗) 때에 각 도로 하여 별감(別監)을 정하여, 고려조(高麗朝) 이래의 악(岳)·해(海)·독(瀆)·산(山)·천(川)의 단(壇)·묘(廟) 및 신패(神牌)제도를 실지로 답사케 하고, 그 보고에 의하여 예조(禮曹)에 명하여 상정(詳定)케 했는데, 예조에서는 당(唐)·송(宋)·명(明)의 예제(禮制)를 인용하여 개정하였다. 이런 것으로 보아서 우리나라 산천의 사전(祀典) 형식은 비록 변하였지만 정신적인 면에 있어서는 변함이 없는 것이다.

《조선왕조실록》: 세종(世宗) 19년(1437)에 예조(禮曹)에서 각 도의 순심별감(巡審別監)의 계본(啓本)에 의거해서 악(嶽)·해(海)·독(瀆)·산(山)·천(川)의 단(壇)·묘(廟) 및 신패제도(神牌制度)를 상정하였다.

경기국행(京畿國行)

임진현(臨津縣) 덕진(德津)은 중사(中祀)이다. 단(壇)의 위판(位版)은 '덕진지신(德津之神)'으로 씌어 있다. 위판장실(位版藏室)은 오른쪽에 있다. 교명(敎命)에 의하여 단유(壇壝) 안의 북쪽 가까운 곳에 입지(立地)의 편의에 따라 신주(神廚)·고방(庫房)·재실(齋室)이 나란히 세워져 있다.

마전현(麻田縣)은 고려의 시조(始祖) 이하 4위(位)이니 중사(中祀)이다. 사우(祠宇) 안에서 태조신성대왕(太祖神聖大王)은 남향하고, 현종원문대왕(顯宗元文大王)은 동쪽, 문종대왕(文宗大王)은 서쪽, 충경왕(忠敬

王)은 동쪽에 있다. 면장(面帳)·좌자함(座子函)은 옻칠이 되어 있다. 그 도(道)로 하여 개조(改造)케 하여야 한다.

　임강현(臨江縣) 오관산(五冠山)은 소사(小祀)이다. 단(壇)의 위판은 '오관산지신(五冠山之神)'으로 씌어 있다.

　적성현(積城縣) 감악산(紺岳山)은 소사(小祀)이다. 묘(廟)의 위판은 '감악산지신(紺岳山之神)'으로 씌어 있다.

　양주부(楊州府) 양진(楊津)은 소사(小祀)이다. 단의 위판은 '양진지신(楊津之神)'으로 씌어 있다. 소재지에서 관원(官員)이 제사를 행한다.

　해풍군(海豊郡) 백마산(白馬山)의 단의 위판은 '백마호국지신(白馬護國之神)'으로 씌어 있으니 '호국(護國)' 두 글자를 삭제하기를 청한다.

　임강현(臨江縣) 용호산사묘(龍虎山祠廟)는 위판이 없고 다만 쇠를 부어 만든[鑄鐵] 승려상이 있을 뿐이다. 입지(立地)의 편의에 의해 위판을 배설(排設)해야 한다.

　인천군(仁川郡) 자연도(紫燕島)·수심도(水深島)·용류도(龍流島, 이상은 같은 군(郡)), 송가도(松家島)·장봉도(長峰島)·검대도(黔對島, 이상은 강화(江華) 땅), 소홀도(召忽島)·영흥도(靈興島)·독우도(犢牛島, 이상은 남양(南陽) 땅), 용매도(龍媒島, 연안(延安) 땅), 구음도(荀陰島)·어울도(馭鬱島)·미정도(彌正島)·마전도(麻田島)·구상도(構桑島)·대인도(大忍島, 이상 여러 섬은 소재지를 알지 못한다) 등 여러 섬은 원도(猿島)의 단(壇)에서 계속하여 치제(致祭)하기를 청한다. 위의 여러 섬의 다른 고을 관내(管內)에 있는 것은 각각 그 고을의 원(原, 수령)을 보내서 사전(祀典)을 고쳐 기록하고, 소재지를 전혀 알지 못하는 섬은 기록에서 없애 버려야 한다.

　강화부(江華府) 마리산(摩利山)의 단의 위판은 '마리산천지신(摩利山川之神)'으로 씌어 있는데 '산천(山川)' 두 글자를 삭제하기를 청한다.

　가평현(加平縣) 화악산(華岳山)은 단이 고을 안의 평지(平地)에 있으니 계속해서 치제(致祭)하기를 청한다. 위판은 '화악호국지신(華岳護國之神)'으로 씌어 있다. 단을 산기슭에 설치하고 '호국(護國)' 두 자를 삭제하기를 청한다.

강원도국행(江原道國行)

양양부(襄陽府) 동해중사(東海中祀)는 사묘(祠廟) 위판(位版)에 '동해지신(東海之神)'이라고 썼다.

원주(原州) 치악산(雉岳山) 소사(小祀)는 사묘의 위판에 '치악산지신(雉岳山之神)'이라고 썼다.

회양부(淮陽府) 의관령(義館嶺) 소사(小祀)는 사묘의 위판에 '의관령지신(義館嶺之神)'이라고 썼고, 덕진명소(德津溟所)의 사묘의 위판에는 '덕진명소지신(德津溟所之神)'이라고 썼으며, 소재지 관원이 제사를 행한다.

이천현(伊川縣) 덕진명소는 단(壇)의 위판에 '덕진명소호국지신(德津溟所護國之神)'이라고 썼는데, '호국(護國)' 두 자를 깎아내리기를 청한다.

홍천현(洪川縣) 팔봉산(八峰山)은 사묘의 위판에 '팔봉산대왕지신(八峰山大王之神)'이라고 썼는데, '대왕(大王)' 두 자를 깎아내리기를 청한다. 그리고 사묘가 산꼭대기 극히 험준한 곳에 있어 오르내리기가 어려우니 땅을 가려서 단을 설치할 것을 청한다.

원주(原州) 관내 주천현(酒泉縣) 거슬갑산(琚瑟岬山)은 사묘가 고을 안 평지에 있고 위판에 '거슬갑산지신위(琚瑟岬山之神位)'라고 썼는데, '위(位)' 자를 깎아 버리고, 또 산기슭에 땅을 가려 단을 설치하기를 청한다.

함길도국행(咸吉道國行)

정평부(定平府) 비백산(鼻白山) 중사(中祀)는 사묘의 위판에 '비백산지신(鼻白山之神)'이라고 썼다.

영흥부(永興府) 비류수(沸流水) 소사(小祀)는 단의 위판에 '비류수지신(沸流水之神)'이라고 썼으며, 그곳의 관원이 제사를 행한다.

영흥부 영흥성황사묘(永興城隍祠廟)의 위판(位版)에는 '영흥성황지신(永興城隍之神)'이라고 썼다.

현덕진(顯德鎭) 백두산(白頭山) 단(壇)의 위판(位版)에는 '백두산지신(白頭山之神)'이라고 썼다. 또 '현덕진지신(顯德鎭之神)'으로 쓰기도 하였다. 이 백두산은 국경 안에 있는 것은 아니다. 현덕진은 고려 때에 혁파(革罷)되었으며 별로 영험이 없으니, 사전(祀典)도 아울러 깎아 버리기를 청한다.

말응도(末應島)·미물곶성도(未勿串聲島)·북도(北島)·서도(鼠島)·저도(猪島)·고비도(古非島)·갈도(葛島)·소도(小島)·웅망도(熊望島)·송도(松島)·골성도(骨城島) 등 여러 섬을 주산(主山)에서 함께 제사하니, 말응도(末應島) 단(壇)의 위판(位版)이 열둘이며, 각각 '제도지신(諸島之神)'이라고 썼는데, 각각 '모도지신(某島之神)'으로 고쳐 쓰고, 또한 고을 안에서 치제(致祭)하는 섬이 10여 곳에 이르고 있으니 어찌할 수 없는 것 이외에는 모두 폐지하기를 청한다.

함흥부(咸興府) 함흥성황사묘(咸興城隍祠廟)의 위판에는 '함흥성황호국백신(咸興城隍護國伯神)'이라고 썼으니, '호국백(護國伯)' 석 자를 깎아내리기를 청한다.

화도(花島) 단(壇) 위판에는 '화도압병지신(花島壓兵之神)'이라고 썼다. 이 섬은 제사를 행하기가 불편하니 섬을 바라볼 수 있는 곳을 택하여 제사하는 장소를 옮기기를 청한다.

선천군(宣川郡)의 소의달성(所依達城)·백두(白頭)·입석(立石)·원총성(遠蔥城)·두총성(頭蔥城)·견아성(犬牙城)·내신성(內神城)·창액성(昌額城)·축촌성(杻村城)·동벌성(東伐城)·이증성(泥甑城)·만곡성

(萬谷城)·백산(白山)·평파(平波, 이상은 그 소재지를 알 수 없다)는 모두 소의달성에서 인제(引祭)[47]하며, 소의달성의 제소(祭所)는 용진현(龍津縣)에 있으니, 용진현이 제사를 행하게 하고 그 소재를 알 수 없는 여러 성들은 제사를 폐지하기를 청한다.

　안변부(安邊府)의 정도(井島)·학포(鶴浦)·열도(列島)·익곡성(翼谷城)·익곡랑성(翼谷狼城, 이상은 본부(本府) 소재), 신도(薪島)·소의달성(小衣達城)·초도(草島, 이상은 선흥(宣興)), 웅도(熊島)·안도(鞍島)·이도(里島, 이상은 영흥(永興)), 화도(花島)·산도(蒜島, 이상은 함흥(咸興)), 천도(穿島, 섭곡(歙谷)), 옹천(雍遷)·외저도(外儲島)·난도(卵島, 이상은 통천(通川)), 도비곶(道非串)·능도(菱島)·연도(連島)·미연도(未然島)·흑악(黑嶽)·소을벌도(所乙伐島)·창성(槍城)·이산성(二山城)·실직판(實直板)·휴곡(休谷)·직악(直嶽)·천현(遷峴)·이악(泥嶽)·돌도(突島)·내저도(內儲島)·눌도(訥島)·구수도(狗首島)·직부도(直父島)·외흘(外屹)·이곤(泥坤)·산산(蒜山)·낭곶(狼串)·황도(荒島)·견인도(見人島)·사지포(史知浦)·도림성(道臨城)·두광(豆廣)·황술(荒述)·증미(甑尾)·황석자(黃石子)·해성(海城)·각산축성(各山柤城)·창성(槍城)·골목액(骨木額)·송산(松山)·탄항(炭項)·관적(關賊)·술저산(述猪山)·대하(大河)·간봉(間峰)·이을악(伊乙嶽, 이상 여러 섬은 소재를 알 수 없다) 등 단(壇) 위판 59는 각각 '안변부모도지신(安邊府某島之神)'이라고 쓰고, 여러 섬을 부(府) 안에서 인제(引祭)하고 있으니 바닷가인 낭성포(狼城浦) 근처로 단을 옮겨 제사하고, 타도(他道)·타관(他官)[48]에 있는 것과 소재를 알 수 없는 여러 섬들은 제사를 폐지하며, 또 59도(島)의 신(神)의 위판을 합제(合祭)하면서 전물(奠物)은 다만 소사(小祀) 한 위(位)만을 차려 놓은 것이 미안하니 각 위마다 제전(祭奠)

---

47) 引祭: 여러 곳의 제사를 합해 한 곳에서 제사하는 것.
48) 他官: 다른 고을.

을 따로 진설(陳設)하기를 청한다.

충청도국행(忠淸道國行)

직산현(稷山縣) 백제(百濟) 시조 중사(中祀)는 사묘(祠廟)의 위판에 '백제시조(百濟始祖)'라고 썼다.

공주(公州) 웅진(熊津) 중사(中祀)는 사묘의 위판에 종이를 붙이고 '웅진지신(熊津之神)'이라고 썼다.

계룡산(鷄龍山) 소사(小祀)는 묘(廟) 위판에 종이를 붙이고 '계룡산지신(鷄龍山之神)'이라고 썼다.

단양군(丹陽郡) 죽령산(竹嶺山) 소사(小祀)는 묘 위판에 '죽령산지신(竹嶺山之神)'이라고 썼다. 이 제소(祭所)는 선덕(宣德) 7년(1432) 교명(敎命)을 받아 죽령산 기슭으로 옮겼다.

충주(忠州) 양진명소(楊津溟所) 소사(小祀)는 묘 위판(位版)에 종이를 붙이고 '양진명소지신(楊津溟所之神)'이라고 썼으며, 소재지의 관원이 제사를 행한다.

진천현(鎭川縣) 태령산(胎靈山)은 단(壇) 위판에 '태령산지신(胎靈山之神)'이라고 썼다.

회인현(懷仁縣) 매곡성(昧谷城)은 묘(廟) 위판에 '매곡성지신(昧谷城之神)'이라고 썼다.

문의현(文義縣) 양성(壤城)은 묘 위판에 '문의군양성지신(文義郡壤城之神)'이라고 썼는데, '문의군(文義郡)' 석 자를 깎아 버리기를 청한다.

대흥현(大興縣) 대흥도(大興島)는 묘 위판에 '대흥도호국지신(大興島護國之神)'이라고 썼는데, '호국(護國)' 두 자를 깎아 버리기를 청한다.

덕산현(德山縣) 가야갑(伽倻岬)은 묘(廟) 위판에 '가야갑지신(伽倻岬之神)'이라고 썼으며, 성황(城隍)의 위판과 나란히 배설(排設)하고 고을 사람이 모여서 음사(淫祀)하고 있으니, 산기슭에 따로 단을 설치하여 제사하기를 청한다.

서천군(舒川郡) 웅진명소(熊津溟所)는 단 위판에 '웅진명소지신(熊津溟所之神)'이라고 썼다.

전라도국행(全羅道國行)

남원부(南原府) 지리산(智異山) 중사(中祀)는 묘(廟)의 위판에 '지리산지신(智異山之神)'이라고 썼다.

나주(羅州) 남해(南海) 중사(中祀)는 묘 위판에 '남해지신(南海之神)'이라고 썼다.

금성산(錦城山) 소사(小祀)는 묘(廟) 위판에 '금성산지신(錦城山之神)'이라고 쓰고, 소재지 관원이 제사를 행한다.

전주(全州) 성황단(城隍壇) 위판에는 '전주성황지신(全州城隍之神)'이라고 썼다.

용담현(龍潭縣) 웅진독소(熊津瀆所)는 단 위판에 '웅진독소지신(熊津瀆所之神)'이라고 썼다.

담양부(潭陽府) 용진독소(龍津瀆所)는 단 위판에 '용진독소지신(龍津瀆所之神)'이라고 썼는데, '독(瀆)'자를 사전(祀典)에 의거하여 '讀'자로 고쳤다.

의진군(義珍郡) 무등산(無等山)은 묘(廟) 위판에 '무등산호국백지신위(無等山護國伯之神位)'라고 썼는데, '호국백(護國伯)'과 '위(位)' 네 글자를 깎아 버리기를 청한다.

나주(羅州) 앙암룡진(仰岩龍津)은 단 위판에 '앙암룡진지신(仰岩龍津之神)'이라고 썼다. 제사 지내는 곳이 물과 1백 보(步) 사이여서 물이 덮치면 치제(致祭)하기 어려우니 높은 고개에 옮겨 설단(設壇)하기를 청한다.

경상도국행(慶尙道國行)

울산군(蔚山郡) 우불산(亏佛山) 소사(小祀)는 묘(廟) 위판에 종이를 붙이고 '우불산지신(亏佛山之神)'이라고 썼으며, 소재지의 관원이 제사를 행한다.

고성현(固城縣) 상박도(上樸島)·하박도(下樸島)·욕질도(褥秩島)는 합쳐서 제단을 하나로 하고, 위판에 '상박도호국지신(上樸島護國之神)' '하박도호국지신(下樸島護國之神)' '욕질도호국지신(褥秩島護國之神)'이라고 썼으며, 제사 장소는 세 섬에서 다같이 바라볼 수 있는 곳이 아니고 근해(近海)의 사방을 바라보는 곳을 가려서 했으며, 자리를 옮겨서 합단(合壇)하고, 세 섬의 위판을 각설(各設)하고 제물도 각각 진설(陳設)하여 제사를 행하였는데, 모두 '호국(護國)' 두 자를 빼버릴 것을 청한다.

상주(尙州) 치술서치봉(鴟述西鵄峰)은 묘(廟) 위판에 '남술서치봉지신(南述西鵄峰之神)'이라고 썼는데, '치(鵄)' 자를 사전(祀典)에 의하여 '치(鴟)' 자로 고쳤다.

문경(聞慶) 관내 가은현(加恩縣) 재목산(梓木山)은 묘 위판에 '재목산호국지신(梓木山護國之神)'이라 썼는데, '호국(護國)' 두 자를 없애 버리기를 청한다.

본현(本縣)을 호계현(虎溪縣) 장산(獐山)에 합속(合屬)시키고 묘 위판에 아무것도 쓰지 아니하였는데, '장산지신(獐山之神)'으로 쓰기를 청한다.

사(司)의 소재관(所在官)이 제사를 행하다

개성(開城) 대정묘(大井廟)에는 신상(神像)을 북쪽 벽에 설치하고 또 동북쪽 벽에 잡신도(雜神圖)를 배설하고 늘 음사(淫祀)를 행하였으니, 우물 가까운 곳을 가려 단을 설치하고 위판에 '대정지신(大井之神)'이라 쓰고 제사를 행하기를 청한다.

황해도국행(黃海道國行)

풍천군(豊川郡) 서해(西海) 중사(中祀)는 사묘(祠廟) 위판에 '서해지신(西海之神)'이라고 썼다.

해주(海州) 우이산(牛耳山) 소사(小祀)는 묘 위판에 '우이산지신(牛耳山之神)'이라고 썼다.

장련현(長連縣) 아사진(阿斯津) 송곶(松串) 소사(小祀)는 단 위판에 '아사진송곶지신(阿斯津松串之神)'이라고 썼다.

장연현(長淵縣) 장산곶(長山串) 소사(小祀)는 위판에 '장산곶지신(長山串之神)'이라고 썼다.

평안도국행(平安道國行)

평양부(平壤府) 평양강(平壤江) 중사(中祀)는 단 위판에 '평양강지신(平壤江之神)'이라고 썼다.

기자(箕子) 중사(中祀)는 전(殿)의 위판(位版)에 '조선시조기자(朝鮮始祖箕子)'라고 썼다.

단군(檀君) 중사(中祀)·고구려 시조 중사(中祀)는 전(殿) 단군위판(檀君位版)에 '조선단군(朝鮮檀君)'이라고 쓰고, 고구려 위판에는 '고구려시조(高句麗始祖)'라고 썼다.

구진약수(九津溺水) 소사(小祀)는 단 위판에 '구진약수지신(九津溺水之神)'이라고 썼다.

이상 여러 도의 악(嶽)·해(海)·독(瀆)·산(山)·천(川)에 혹 묘(廟)를 세우고, 혹 단(壇)을 모으고, 혹 단·묘를 병설하여 사우(祠宇)가 많기도 하고 적기도 하다. 이제 옛 제도를 상고하건대, 당(唐)나라 개원(開元) 예(禮)에는 5악(五嶽)·4독(四瀆)을 제사하는데 모두 단이 있고, 송(宋)나라 개보(開寶) 5년(972)에는 조서(詔書)하여 악(嶽)·독(瀆)과 동해(東海)·남해묘(南海廟)는 본영현(本令縣)[49]으로 묘령(廟令)을 겸하게 했고,

송나라 진종(眞宗)은 독(瀆)·천(川)에 하(河)·독묘(瀆廟)를 설치하게 하였다. 이것뿐 아니다. 역대에서 혹 단을 두고, 혹 묘를 두어서 제도가 같지 않다. 국가에서 행하는 곳에는 사묘(祠廟)를 세우고 그 단유(壇壝)를 헐고, 신주(神廚)·고방(庫房)을 각각 2간씩을 세우고, 소재지의 관원이 제사를 행하는 곳은 단이 되건 묘가 되건 그 설치된 것에 따르고, 사묘가 없는 곳에도 장주실(藏主室)[50]·신주(神廚)·고방(庫房)을 세우게 하며, 단·묘의 간수인(看守人)은 근처에 거주하는 양민 또는 공천(公賤) 가운데서 보충군(補充軍)을 시키고, 매소(每所)마다 각각 두 민호(民戶)를 지정하여서 그 요역(徭役)을 면제해 주고 항상 간수(看守)·소제(掃除)를 맡게 청한다.

1. 제복(祭服)은 경기국행(京畿國行) 제소(祭所)는 이미 만들어서 내려보냈으니, 나머지 각 도는 해당 도로 하여 각 사(司)의 노비신공(奴婢身貢) 및 신세포(神稅布)를 사용하여 점차로 마련하게 하고, 소재관(所在官)의 제사를 행하는 데에는 헌관(獻官)은 제복(祭服)을 착용하고 집사교생(執事校生)은 유관(儒冠)을 쓰게 할 것이며,

1. 모든 제사의 의식에는 신단(神壇)·묘원(廟園)에서 30보 안에서는 초목(樵牧)·경종(耕種) 및 행인(行人)을 금단(禁斷)하게 되어 있으니, 의식에 의하여 초목(樵牧)·행인을 금하고 소나무를 심게 청할 것이며,

1. 신위판(神位版)의 제도는 홍무(洪武)[51]의 예제(禮制)에, 주(州)·현(縣) 사직(社稷)의 신패(神牌)는 길이 2척 2촌, 너비〔濶〕 4촌 5분, 두께〔厚〕 9분이고, 좌고(座高)는 4촌 5분, 너비 8촌 5분, 두께 4촌 5분이며, 원(元)나라 때의 사직(社稷)의 신위판은 밤나무로 하고, 흰 바탕에 검은 글씨로 썼으며, 《두씨통전(杜氏通典)》의 제주의(題主儀)에는 빛이 나는 옻칠로

---

49) 本令縣: 廟가 있는 현.
50) 藏主室: 神主를 두는 집.
51) 洪武: 明나라 太祖의 연호.

거듭 바른다고 하였다. 본조(本曹)에서는 이미 선덕(宣德) 6년(1431)에 고금(古今)의 제도를 참작하여 악(嶽)·해(海)·독(瀆)·산(山)·천(川)의 위판제도를 상정(詳定)하였는데도 오늘날 각 곳에 있는 신위판은 혹은 소나무, 혹은 무궁화나무로 하고, 혹 종이를 바르고, 혹 붉거나 검은 옻칠을 하고, 혹 신위를 쓰지 아니하여서 체제가 하나 같지 않고 독(櫝)은 전혀 만들지 않고 있으니, 규식(規式)에 의하여 고쳐 만들기를 청하고,

1. 단유(壇壝)의 제도는 선덕(宣德) 6년(1431)에 본조(本曹)에서 상정(詳定)하였으니, 중사(中祀)인 악·해·독은 풍(風)·운(雲)·뇌(雷)·우단(雨壇)의 제도에 의하여 방(方) 2장(丈) 3척(尺), 높이 2척(尺) 7촌(寸), 양유(兩壝)로 하고, 소사(小祀)인 명산(名山)·대천단(大川壇) 및 소재관(所在官)의 행제(行祭)는, 단(壇)은 영성단(靈星壇)의 제도에 의하여 방(方) 2장(丈) 1척(尺), 높이 2척 5촌, 1유(壝)로 하고 사방으로 만든 계단〔四出陛〕은 각각 3계단으로 했으나, 오늘날 각 고을의 제단은 높고 낮고 넓고 좁은〔高低廣狹〕 것이 한결같지 않으니 본조(本曹)에서 교명(敎命)을 받은 규식(規式)에 의거하여 개축(改築)하라고 하였다.

의정부(議政府)에서 계(啓)하기를 "악·해·독·산·천을 제사함에 있어 혹 단으로 하고 혹 묘(廟)로 함은 홀로 옛 제도일 뿐만 아니라 국도(國都)에서 제사하는 바 산(山)·천(川)·풍(風)·운(雲)·뇌(雷)·우(雨) 및 선잠(先蠶)·선농(先農)도 모두 단이 있을 뿐 묘(廟)가 없으니, 외방(外方)의 악·해·독·산·천 국행(國行)의 사묘(祠廟) 없는 곳에 반드시 사묘(祠廟)를 세울 것 없이 단이건 묘이건 모두 예전대로 두소서. 장주실(藏主室) 및 신주(神廚)·고방(庫房)을 조영(造營)하자는 발의는 인가(人家)에서 멀리 떨어져 있는 해곡(海曲)·심산(深山)은 비록 간수인(看守人)을 정한다지만 수호(守護)하기 심히 어려우니 국행(國行)은 신주(神廚)·고방(庫房) 각 2간을 풍년을 기다려서 건조(建造)하기로 하고, 소재관(所在官)의 제소(祭所)에 아직도 장주실(藏主室)과 신주(神

廚)·고방(庫房)이 세워지지 않은 것은, 관사(官舍) 안의 정결한 곳을 가려 따로 방 하나를 마련하여 신위판과 제기(祭器)를 간직하였다가 제사 때에 목욕재계한 사람으로 하여 제사 지내는 장소로 옮기게 하소서. 단(壇)·묘(廟)의 간수인은 근처에 거주하는 민호(民戶) 한 집을 가려 부역을 면제시켜 위임케 하고, 인천(仁川)의 자연도(紫燕島) 등 12개 섬, 선천(宣川)의 소의달성(所依達城) 등 13개 성(城), 안변(安邊)의 정도(井島) 등 59개 섬은 그 소재를 모르는 것은 사전(祀典)에서 삭제해 버리고, 영흥(永興)의 말응도(末應島)는 계청(啓請)대로 치제(致祭)하고, 섬 안에서 제사를 폐지할 수 있는 것은 이를 폐지하자는 의논은 별로 이해(利害)의 관계되는 바 없으니 전례(前例)대로 하고, 전물(奠物)[52]의 품수(品數)도 또한 전과 마찬가지로 하며, 제복(祭服)은 각 사(司)의 노비신공(奴婢身貢)·무녀경사공(巫女經師貢)·신세포(神稅布) 등 재정을 사용하여서 점차적으로 마련토록 하십시오. 나머지는 예조(禮曹)의 계청(啓請)과 같습니다" 하니 왕이 이 말을 따랐다.

선조(宣祖) 26년(1593)에 왕이 용만(龍灣)[53]에서 환도(還都)하여 향축(香祝)을 내려보내어 명산·대천에 제사하였다(《문헌비고(文獻備考)》).
숙종(肅宗) 16년(1690)에 서흥현(瑞興縣)에 독질(毒疾)이 있었는데, 왕이 친히 제문(祭文)을 짓고 예관(禮官)을 보내어 본도(本道, 황해도)의 명산에 치제(致祭)하였다. 29년(1703)에 한라산을 사전(祀典)에 올리게 하였다. 43년(1717)에 왕이 온천(溫泉)에 행행(行幸)하였는데, 지나는 길의 명산(名山)·대천(大川)에 제사하였다. 44년(1718)에 전염병〔癘疾〕이 크게 유행하여 중신(重臣)을 보내어 산천에 치제하였다(《문헌비고(文獻備考)》).

---

52) 奠物: 神에게 올리는 물건으로 祭需, 또는 祭物.
53) 龍灣: 평안북도 義州의 異稱.

영조(英祖) 27년 신미(辛未, 1751)에 《속오례의(續五禮儀)》의 편찬을 명하여 악·해·독·산·천에 친히 제사하여 기우(祈雨)하는 것을 선농단(先農壇)에 친제(親祭)하는 의식과 같이하였다.

제7절 백두산(白頭山)을 북악(北嶽)으로 정했다

우리나라 단군(壇君)이 태백산(太白山) 신단수(神壇樹) 아래 강생(降生)했으니 태백산은 곧 백두산이다. 그러므로 백두산은 실로 우리나라의 조산(祖山)이고 종산(宗山)이며, 신산(神山)이고 천산(天山)인 것이다. 이런 까닭에 신라(新羅) 임금이 자주 태백산에 제사하였고, 금(金)나라 황제가 성대하게 장백산(長白山)에 치제(致祭)하여 개천홍성제(開天弘聖帝)로 봉했다. 청조(淸朝)의 조상도 천지(天池)에서 발상(發祥)했고, 조선의 조선(祖先)도 이 산에서 일어났으니, 역대의 제왕(帝王)이 이를 숭봉(崇奉)하여 제사를 받들기에 겨를 없음도 당연한 것이다. 조선은 영조(英祖) 43년(1767)에 와서 한익모(韓翼謨)의 건의에 따라 비로소 백두산을 북악(北嶽)으로 정했으니 이것이야말로 일의 경중(輕重)과 선후(先後)를 알지 못했다고 하겠다.

《증보문헌비고(增補文獻備考)》: 영조 43년에 좌의정(左議政) 한익모(韓翼謨)가 글을 올리기를 "악(嶽)·독(瀆)의 제사는 국가에서 중히 여기는 바이며, 왕조(王朝)가 일어난 곳은 또 다른 곳과 다름이 있습니다. 우리나라의 북관(北關)은 마치 주(周) 왕조의 빈(邠)[54]·기(岐)[55] 및 한(漢)

---

54) 邠: 周나라 선조인 公劉가 세운 나라로 지금의 陝西省 栒邑縣 서쪽 땅.
55) 岐: 陝西省에 있는 周나라 발상지.

왕조의 풍(豊)·패(沛)와도 같아서 열조(列祖)[56]의 옛터가 모두 이곳에 있고, 능침(陵寢)이 또한 여기에 있는데 한 흐름과 한 언덕이 이 산에서 발원하지 않음이 없으니, 이는 실로 우리나라의 빛나는 위령(威靈)이 발상(發祥)한 땅입니다. 그런데도 아직도 높여서 보답하는 예절이 없습니다. 어떤 이는 저쪽[57] 경계에 치우쳐서 일이 어렵다고 하지만, 신(臣)은 산천의 제사는 망질(望秩)[58]로 전해 내려오기 때문에 반드시 산마루에 올라가서 제사를 행하지 아니하여도 된다고 생각합니다. 중국으로 말하더라도 의무려(醫無閭)[59]를 북악(北嶽)으로 하는데 악묘(嶽廟)가 평지에 있어서 산마루와 거리가 몇 리나 되는지 모릅니다. 백두산에서 무산(茂山)에 이르기까지 구릉(丘陵)이 뻗어 있는데 이 산이 아님이 없으니 가까운 촌(村)·진(鎭)에 단(壇)을 2개 설치하고 절기(節氣)에 따라 제향(祭享)을 받들어도 무방(無妨)합니다" 하였다. 왕이 대신(大臣)에게 하순(下詢)하니 유척기(兪拓基)가 아뢰기를, "나라를 가진 자가 명산·대천을 높여 제사하여 신령에 보답하는 것은 예로부터 있었던 것입니다. 하물며 우리나라의 모든 산이 모두 백두산에서 발원(發源)하고, 또 이 산 부근이 열성(列聖)께서 살으시어 발상(發祥)한 땅이온데, 그런데도 나라를 세운 지 4백 년에 가깝도록 아직도 이 산을 높여 제사하는 일을 의논하지 않은 것은 사전(祀典)을 궐(闕)한 것이 아닌가 두렵습니다. 또 정평(定平)의 비백산(鼻白山)을 북악(北嶽)으로 한 것이, 만약 당시에 북쪽의 강토(疆土)가 아직도 판도(版圖)에 들어오지 못한 때문이라고 한다면 경성(鏡城)·길주(吉州) 등 고을은 고려 말엽에 이미 수복되었고, 경원(慶源)의 두만강도 또한 북독(北瀆)으로 사전(祀典)에 실려 있습니다. 하물며 장

---

56) 列祖: 穆祖, 翼祖, 度祖, 桓祖.
57) 저쪽: 만주를 가리킨다.
58) 望秩: 바라보면서 제사 지내는 것.
59) 醫無閭: 만주 遼寧省에 있는 산 이름.

백(長白) 같은 큰 산이 경성(鏡城)과 길주(吉州)의 경계에 있는데도, 이 것을 북악으로 하지 않고 장백에서 남쪽으로 9백 리 되는 비백산을 북악 으로 정한 것은 진실로 감히 알 수 없는 바가 있습니다. 백두산의 제사 에 대하여 신(臣)은 별다른 의논이 없습니다" 하였다. 하교(下敎)하기를, "어제 아뢴 말 가운데서 '발상(發祥)' '육경(毓慶)'[60] 네 글자에 느낌이 있었다. 이것은 크게 벌리자는 것이 아니고 망사(望祀)[61]에 불과할 뿐이 다. 사전(祀典)의 법례(法例)로 보더라도 삼각산을 백악(白岳)에서 함께 제사하고, 악(嶽)·독(瀆)을 북교(北郊)에서 합제(合祭)하니, 이는 한갓 우리나라의 전례(典禮)일 뿐만 아니라 중국의 옛 전례이다. 생각이 여기 에 미치니 크게 깨우치는 바 있었다. 대신(大臣)들을 불러서 막중한 일을 의논하니, 또한 감히 자기 의견으로 옳다고 하지 못했다. 먼저 유신(儒 臣)을 시켜 《용비어천가(龍飛御天歌)》제1장을 읽게 했는데, 그 한 대목 에 '우리 시조께서 경흥에 살으시어 今我始祖慶興是宅'라는 구절이 있 어서 내 감회(感懷)를 더욱 간절하게 하였다. 이것으로 보아서 백두산이 우리나라의 종산(宗山)이 됨은 명확한 징험(徵驗)이 없는 것이 아니니, 이제 비록 우리나라 지경(地境)이 아니라고 하더라도 숭보(崇報)하는 도 리에 망시(望柴)[62]라도 행하여야 하거늘, 하물며 우리나라 안에 있음이 랴……. 망사(望祀)한 절목은 예조(禮曹)로 하여금 거행케 하고, 단을 설 치하는 데 합당한 곳은 그 도신(道臣)[63]에게 물어서 품처(稟處)[64]하고, 제 사를 행하는 시일은 악(嶽)·해(海)·독(瀆)의 예에 따라 정월·2월·8 월로 하되 날짜를 가려서 하고, 신위판(神位版)은 '백두산지신(白頭山之 神)'이라고 쓰고, 제물(祭物)·축식(祝式)은 비백산(鼻白山)의 예에 따르

---

60) 毓慶: 나라를 세우는 경사를 빚어내는 것.
61) 望祀: 바라보면서 제사하는 것.
62) 望柴: 바라보면서 나무를 불태워 제사하는 것.
63) 道臣 : 함경감사를 말한다.
64) 稟處: 임금께 물어서 행하는 것.

고, 향축(香祝)은 악·독의 제례(祭例)에 따라 1년분을 양등(兩等)하여 내려보내도록 하라" 하였다. 함경감사 김기대(金器大)가 아뢰기를, "갑산부(甲山府)에서 80리 떨어진 운총보(雲寵堡)의 북쪽 8리에 있는 혜산진(惠山鎭)에서 7리 남짓한 곳에 망덕산(望德山)이 있는데, 노정(路程)으로 말한다면 2백여 리가 되지만 서로 바라보는 거리는 1백 리에 불과하여 우뚝 마주 보고 있으니, 설단(設壇)하기에 합당합니다" 하니 이 말에 따랐다. 또 제사를 행할 때에 만약 비바람을 만나면 일이 불편함이 많다고 하여 비백산의 예에 따라 제각(祭閣)을 세우기를 명하였다.

제8절 민속의 제산(祭山)

우리나라는 예로부터 산신(山神)에게 제사 지내는 것을 좋아하였는데, 호랑이가 산신으로 화해서 나타난다고 한다. 만약 산신 제사에서 정성이 부족하면 호랑이가 반드시 출현해서 사람이나 가축을 해친다고 하는데, 이것은 신이 꾸짖는 것이라 하고, 심지어 민가의 동화(童話)에도 호랑이가 노파(老婆)로 화하여 팥죽을 팔면서 속이고 희롱하면서 피해를 입히는 등의 이야기가 있다. 우리나라는 산의 나라로 호환(虎患)이 많은 데서 나온 말이다.

근세 소운거사(嘯雲居士) 이규경(李圭景)의 《오주연문장전산고(五洲衍文長箋散稿)》에 사호설(祠虎說)이 있으니 오늘의 산제(山祭) 풍속의 진상(眞相)을 알 수 있어 아래에 기록한다.

우리나라 향촌에 호랑이와 표범의 재난이 많아 밤이면 감히 외출하지 못하였다. 호랑이를 산군(山君)이라 칭하고 집집마다 돈을 거두어 희생과 단술〔醴酒〕을 마련하여 진산(鎭山)의 산군에게 치제(致祭)하기 위해 무격(巫覡)으로 하여 북을 치고 춤을 추게 했는데 이름을 도당제(都堂祭)라 하였다. 만약 제품(祭品)이 불결할 경우는 그날 밤 반드시 호랑이가 내려와서 큰소리로 울부짖으면서 개를 물어간다고 한다. 《후한서(後漢書)》〈예전(濊傳)〉에서도 호랑이를 신(神)으로 하여 사당에 모셨는데, 이 풍속의 유래가 오래되었다.

대개 우리 마을 풍속에서 산제(山祭)를 행하는 것은 천제(天祭)로서 10월과 정월에 제사가 있는데, 고을의 풍속에 따라 그 시기가 각각 다르다. 대개 산제는 온 마을이 복을 빌고 재앙을 떨치기 위해 베푼다. 그 의식은 진산(鎭山) 정상을 가려 표수(標樹) 아래 신단(神壇)을 설치하고 반드시 볏짚으로 왼새끼를 꼬아 둘레를 두르고 종잇조각을 드리우는데, 이 이름을 '검줄〔儉苤, Kumchul〕' 혹은 '인줄〔因苤, Inchul〕'이라 하며 신줄〔神繩〕의 의미로서 단군의 옛 풍속을 볼 수 있다. 주제자(主祭者)는 치성 수일 전부터 목욕재계한 뒤에 희생(犧牲)과 예주(醴酒)를 정결하게 준비하는데 혹 부정(不淨)하여 신호(神虎)의 시경(示警)이 있을까 두려워하여 극진한 정성을 다하여 제수(祭需)를 마련하였다. 제사 때 축문(祝文)이 끝나면 마을 사람의 성명을 일일이 불러서 신 앞에 아뢰고 이름을 부를 때마다 백지(白紙) 한 장을 불태우는데(곧 지전(紙錢)을 태운다는 뜻으로, 옛날에는 종이로 돈을 만들었는데 이름을 저폐(楮幣)라 하였다. 그러므로 반드시 닥종이로 소지를 올렸다), 소지(燒紙)가 잘 올라가면 길(吉)하다고 하고 땅에 붙어서 올라가지 않는 것은 흉(凶)하다고 하며, 만약 마을에 전염병이 돌거나 그밖에 재앙이 있으면 치제(致祭)에 정성이 없었다 생각하고 다시 별제(別祭)를 행하였다. 경기도 파주군(坡州郡) 조리면(條里面) 장곡리(獐谷里) 산제(山祭) 축문(祝文)을 얻어 아래에 게재하여 참고하고자 하니 이로써 가히 전모를 엿볼 수 있다.

경기도 파주군 조리면 장곡리 도당현(都堂峴) 산신제 축문

생각건대 신유 10월 경자삭 초하루 을묘날에 유학 송양호는 감히 도당현 산신에게 아룁니다. 엎드려 생각건대 명봉산 아래에서부터 이 동네에 이르는 지역의 신이 가장 영험이 있습니다. 본 마을 백성이 영덕(靈德)에 힘입어서 악기(惡氣)가 멀리 사라지고 인구가 줄어들지 않고 육축(六畜)이 번성하고 집집마다 부유한 생활을 누리고 있으니 감축만만(感祝萬萬)입니다. 농사를 마친 시기에 당하여서 감히 간략한 제전(祭奠)을 가지고 삼가 아뢰오니 엎드려 빌건대 흠향하소서.

維歲次 辛酉 十月庚子朔 初一日乙卯 幼學宋良浩 敢昭告于 都堂峴山神 伏以鳴鳳山下 此洞之間 神爲最靈 本洞人民 賴此靈德 惡氣遠逐 人民無減 六畜興盛 家家殷富 感祝萬萬 時當穡節 敢以菲薄之奠 用伸虔告 伏惟尙饗.

축문을 읽은 뒤 제관(祭官)과 그외 마을 사람의 이름과 생년을 부르면서 종이 한 장으로 소지(燒紙)를 올려 그 사람의 길흉(吉凶)을 점치는데, 앞에서 상술하였다. 이 산제(山祭)는 마을마다 행하였는데, 들이 보이는 산협(山峽)에서 살아서 호환(虎患)이 두려웠기 때문이다. 옛날 단군이 하늘에 제사 지낼 때 생명·곡식·병(病)·형벌·선악 등 무릇 인간의 3백60여 가지 일을 주관하였으며, 또 단군이 스스로 산신(山神)이 되었으며 그 유속(遺俗)이 전하여 예부터 사라지지 않았다. 숙신씨(肅愼氏)가 석노(石砮)를 취하여 먼저 산신에게 기도하였고, 예(濊)나라가 산천을 중하게 여겨 호랑이를 신으로 하여 사당에 모셨고, 부여(夫餘) 왕이 늙어 아들이 없어 후사(後嗣)를 얻기 위해 산천에 치제(致祭)하였고, 고구려가 돼지·사슴 등을 잡아 천지·산천에 제사 지냈고, 신라가 산신에게 제사 올리는 것을 좋아한 것 등은 모두 단군 시대의 유속(遺俗)이 아닐 수 없다. 다만 옛날에는 무당이 제사를 주관하였는데,

이것은 옛날의 유속이 있음을 볼 수 있다.

제9절 사직(社稷)

《삼국유사(三國遺事)》에 단군(壇君)이 곡식을 맡아 다스렸다는 말이 있다. 이것은 백성에게 오곡(五穀)을 심어 가꾸는 일을 가르치고, 신단(神壇)에서 곡식을 빈〔祈穀〕 것이다. (신라에서는 선농(先農)·후농(後農)을 제사하였고, 고구려에서는 영성(靈星)을 제사했는데, 모두 기곡(祈穀)의 제사이다.) 신단(神壇)에 나무가 있었으니, 후세(後世)에서 사(社)를 세우면서 나무를 심은 것이 그 유의(遺義)인 것이다. 우리나라에서는 고려조(高麗朝)에서 사직(社稷)을 제사하였고, 조선에서도 이에 따랐는데, 아마도 중국의 제도를 모방한 것일 터이다. 그러나 사직이 비록 후토(后土)와 곡신(穀神)을 제사한다고 하지만 그 제도가 단군보다 오래된 것은 없으니, 우리나라에서 사직을 제사하는 일을 전적으로 중국의 제도를 모방한 것이라곤 할 수 없다. 우리나라의 제천(祭天) 같은 것은 단군에 근본을 두어서, 주(周)나라의 예법(禮法)을 모방한 것은 아니다. 사직의 제도를 상고하건대 반드시 나무를 심어서 단군이 신단에 곡식을 빈 것과 유사함이 있는데, 그 증거가 아래와 같다.

《백호통(白虎通)》: 왕자(王者)가 사직이 있음은 무엇 때문인가? 천하 사람들을 위하여 복을 빌고 공(功)을 보답하는 것이다. 사람은 흙이 아니면 서지 못하고 곡식이 아니면 먹지 못하는데, 토지는 넓어서 어느 한 곳만 공경할 수 없고, 오곡(五穀)은 너무 많아서 일일이 제사할 수 없다. 그러므로 흙을 쌓아 사(社)를 세워서 흙을 높임을 알리고, 직(稷)은 오곡이 어른이니 직을 봉하여 제사한다. 《예기(禮記)》〈삼정(三正)〉에 "왕자(王者)는 사(社)가 둘이니, 천하 사람을 위하여 사를 세우는 것을 태사(太社)라 하고, 자가(自家)를 위하여 사를 세우는 것을 왕사(王社)라고 한다. 제후(諸侯)가 백성을 위하여 사를 세우는 것을 국사(國社)라 하고, 자가(自家)를 위하여 사를 세우는 것을 후사(侯社)라고 한다. 태사는 천하를 위하여 공(功)에 보답하는 것이고, 왕사(王社)는 경사(京師)를 위하여 공에 보답하는 것이니, 태사가 왕사보다 높다" 하였다……《교특생(郊特牲)》[65]에 "무릇 사직은 반드시 서리·이슬·바람·비가 교착(交錯)하여서 천지의 기운이 서로 통달하게 하였다. 사직이 나무가 있음은 무엇 때문인가? 존경의 표지로 해서 백성으로 하여 바라보아서 공경하게 하고 또 공경하는 뜻을 표하는 것이다" 하였다. 〈주관(周官)〉에 "사(社)를 맡아 나무를 심되 각각 그 토지에서 나는 것으로 한다" 하였고, 《상서(尙書)》에 "태사(太社)는 소나무, 동사(東社)는 잣나무, 남사(南社)는 가래나무〔梓〕, 서사(西社)는 밤나무, 북사(北社)는 홰나무〔槐〕를 심는다" 하였다. 왕자(王者)가 친히 사직에 제사를 행함은 무엇 때문인가? 사(社)는 토지의 신(神)이며, 흙은 만물(萬物)을 생성(生成)하여서 천하(天下)의 주인이 되니, 이를 존중하는 까닭에 친히 제사하는 것이다. 그 단(壇)은 어떻게 되어 있나? 《춘추(春秋)》의 〈문의(文義)〉와 같으니, 이르기를 "천자의 사직은 너비 5장(丈)이고, 제후(諸侯)는 그 반이다" 하였다. 그 색은 어떻게 되어 있나? 《춘추(春秋)》의 〈전(傳)〉과 같으니, 이르기를 "천자(天子)는 태사(太社)가 있으니, 동쪽은 푸른색, 남쪽은 붉은색, 서쪽은 흰색, 북쪽은 검은색이고, 위는 황토(黃土)를 덮었다" 하였다.

《위서(魏書)》〈유방전(劉芳傳)〉: 유방(劉芳)이 사직에 나무가 없자 상소(上疏)하기를 《합삭의주(合朔儀注)》에 의하면 '해〔日〕에 변고가 있으

---

65) 郊特牲: 《禮記》의 篇名.

면 붉은 실로 줄을 만들어서 사직의 나무 둘레를 세 번 두른다' 했는데, 이제 나무가 없습니다. 또 《주례(周禮)》〈사도직(司徒職)〉에 '사직의 유(壝)[66]를 설치하고 나무를 심되, 전주(田主)가 각각 그 사(社)에 마땅한 나무로 한다' 하였고, 《정현주(鄭玄注)》에 '마땅한 나무란, 소나무·잣나무·밤나무 같은 것을 말한다' 했으니, 이것이 그 첫째 증거이며, 또 《소사도봉인직(小司徒封人職)》에 '왕이 사유(社壝)를 설치하는 일을 맡아서 기봉(畿封)[67]을 위하여 나무를 심는다' 하고, 《정현주(鄭玄注)》에 '직(稷)을 말하지 않은 것은 왕은 사(社)를 주로 하여서, 직은 사의 작은 부분이 되는 것이다' 했으니, 이것이 그 둘째 증거이며, 《논어(論語)》에 '애공(哀公)이 재아(宰我)에게 사(社)를 물으니, 재아가 대답하기를, 하후씨(夏后氏)는 소나무를 심고, 은(殷)나라 사람은 잣나무를 심고, 주(周)나라 사람은 밤나무를 심었습니다' 했는데, 이는 토지의 마땅한 것이니, 이것이 그 셋째 증거이고, 《백호통(白虎通)》에 '사직이 나무가 있음은 무엇 때문인가? 존경의 표지(標識)로 해서 백성으로 하여 바라보아서 공경하게 하고 또 공경하는 뜻을 표(表)하는 것이다' 했으니 이는 나무가 있는 뜻을 풀이한 것일 뿐 나무가 있고 없음을 논하지 아니하였으니, 이것이 그 넷째 증거입니다. 여기에서 '사직이 나무가 있음은 무엇 때문인가?' 했으니, 그렇다면 직(稷)도 나무가 있음이 분명합니다. 《오경통의(五經通義)》에 '천자(天子)는 태사(太社)·왕사(王社)이고, 제후(諸侯)는 국사(國社)·후사(侯社)이니, 제도가 어떠한가? 이르기를, 사(社)는 모두 담이 있을 뿐 집이 없고, 그 한가운데에 나무를 심었다. 나무가 있는 것은 흙이 만물(萬物)을 낳고, 만물은 나무보다 좋은 것이 없는 까닭에 나무를 심는다' 했으니, 이것이 다섯째 증거로서, 가장 친절하게 나무가 있는 의

---

66) 壝: 제단의 담.
67) 畿封: 토지 경계의 표지로서, 흙을 높이 쌓아 둑으로 만들었으며 튼튼히 하기 위해 나무를 심었다.

의를 해석한 것입니다. 《오경요의(五經要義)》에 '사(社)에는 반드시 나무를 심는다' 하였고, 《주례(周禮)》〈사도직(司徒職)〉에 '사에 나무를 심되 각각 그 토지에서 나는 것으로 한다' 했으며, 《상서(尙書)》에 '태사(太社)는 소나무, 동사(東社)는 잣나무, 남사(南社)는 가래나무(梓), 서사(西社)는 밤나무, 북사(北社)는 홰나무(槐)를 심는다' 했으니, 이것이 여섯째 증거이며, 또 태사(太社) 및 사방이 모두 나무가 있어 구별되는 명확한 증거입니다. 또 여러 가례도(家禮圖) 및 사직도(社稷圖)에 보면 모두 나무를 그리고 오직 계사(誡社)·계직(誡稷)은 나무가 없으니, 이것이 일곱째 증거입니다. 이상으로 비록 나무가 있는 증거를 밝혔지만, 아직도 심어야 할 나무는 바른 결론을 얻지 못하였습니다. 《논어(論語)》를 상고하건대, '하후씨(夏后氏)는 소나무를 심고, 은(殷)나라 사람은 잣나무를 심고, 주(周)나라 사람은 밤나무를 심었다' 했는데, 이는 세대(世代)에 따라 다르게 하는 것이고, 《상서(尙書)》에 이르기를 '태사(太社)는 소나무, 동사(東社)는 잣나무, 남사(南社)는 가래나무, 서사(西社)는 밤나무, 북사(北社)는 홰나무를 심는다' 했으니 이같은 것은 한 세대에서도 5사가 각각 나무를 달리 한 것입니다. 어리석은 생각으로는 소나무를 심어야 마땅합니다. 왜 그러냐 하면 《일서(逸書)》에 '태사(太社)는 소나무를 심는다' 했으니, 이제 소나무를 심는 것이 예(禮)에 어긋날 염려가 없습니다. 오직 직(稷)은 입증(立證)될 것이 없지만 사(社)의 작은 부분인 만큼 또한 소나무에서 벗어나지 못합니다" 하였다.

조선의 건국에 있어 모든 제도를 고려의 옛것에 따랐으며, 사직의 제도 또한 그 중의 하나이다. 도읍을 정하고 맨 먼저 종묘(宗廟)와 사직(社稷)을 세웠는데, 그 증거는 다음과 같다.

1. 국사(國社) · 국직(國稷), 태사(太社) · 태직(太稷)

《증보문헌비고(增補文獻備考)》: 조선의 사직은 도성(都城)의 서부 인달방(仁達坊)에 있었으며, 사(社)는 동쪽에 있고 직(稷)은 서쪽에 있다. 두 단이 각각 방(方) 2척 5촌, 높이 3척, 사방 계단이 나 있는데 각각 3계단이며, 단의 장식은 방색(方色)[68]에 따르고 황토(黃土)로 위를 칠하였다. 사(社)에는 석주(石主)[69]가 있어 길이 2척 5촌이고 방(方) 1척이니, 그 윗부분을 깎고 아랫부분은 턱을 지어 단의 남쪽 계단 위에 세웠다. 4문(門)이 유(壝)를 같이하니, 방(方) 25보(步)이며 담으로 주위를 둘렀다. 국사(國社)는 후토씨(后土氏)를 배위(配位)로 하고, 국직(國稷)은 후직씨(后稷氏)를 배위로 한다. 태조 3년(1394)에 사직을 세웠으며, 성종 6년(1475)에 《오례의(五禮儀)》를 반포하였다. 국사 · 국직의 신좌(神座)는 모두 남쪽에 있어서 북쪽을 향했고, 배위(配位)의 신좌는 정위(正位)의 왼편에 있어서 북동향(北東向)에 가깝다. 중춘(仲春)과 중추(仲秋)의 상술(上戌)[70] 및 납일(臘日)[71]에 대제(大祭)를 행한다(변두(籩豆)는 생략).

축문에는 조선국 왕 성휘(姓諱)를 칭하고, 악장(樂章)은 아부(雅部)를 썼다. 광무(光武) 원년(1897)에 태사(太社) · 태직(太稷)으로 승격(陞格)시키고 위패(位牌)를 고쳐 만들었다.

---

68) 方色: 동쪽은 靑色, 남쪽은 赤色, 서쪽은 白色, 북쪽은 黑色.
69) 石主: 돌로 만든 神主.
70) 上戌: 그 달 첫째 戌日.
71) 臘日: 冬至 뒤의 셋째 戌日. 臘享하는 날. 조선 太祖 이후에는 동지 뒤 셋째 未日로 정하였으며, 臘平이라고도 한다.

2. 주현(州縣) 사직(社稷)

주·현의 사직단(社稷壇)은 성(城) 서쪽에 있는데, 단을 같이하며 석주(石主)도 없고 배위(配位)도 없다. 중춘(仲春)과 중추(仲秋)의 상술(上戌)에 제사를 행하는데 납(臘)[72]을 쓰지 않는다. 축문에는 아무개 주관(州官) 성명을 쓴다. 네 번 절하고 음복(飮福)·수조(受胙)[73]하고 축문과 폐백(幣帛)을 묻는다. 《오례의(五禮儀)》 주현(州縣) 사직에 "주사지신(州社之神)·주직지신(州稷之神)을 칭하며, 부(府)·군(郡)·현(縣)은 이에 준한다" 하였다.

조선이 개국(開國)하고 고려의 제도를 그대로 따랐으며, 사직 이외에도 선농(先農)·선잠(先蠶)·적전(籍田)·마조(馬祖)·풍(風)·운(雲)·뇌(雷)·우(雨)·사한(司寒) 등 단(壇)을 설치하여 제사하는 의절(儀節)이 있었지만 지금은 모두 없다.

3. 이사(里社)

《조선왕조실록(朝鮮王朝實錄)》: 태종(太宗) 14년 갑오(1414) 봄 정월에 충청도 도관찰사(都觀察使) 허지(許遲)가 이사(里社)의 법을 행하기를 청하였는데, 글에 "조정(朝廷)에서 예제(禮制)를 반포하여 주(州)·부(府)·군(郡)·현(縣)이 모두 사(社)를 세우고, 또 향촌에 이사(里社)를 세우게 하여, 오늘날 각 도의 주·군이 모두 사(社)를 세우고, 수령이 때로

---

72) 臘: 소금에 절여 말린 고기.
73) 受胙: 제사를 지낸 뒤에 제관이 膰肉(익힌 고기)의 분배를 받는 것.

치제(致祭)하지만, 홀로 이사(里社)의 법도는 행하여지지 않고 있습니다. 삼가 이사의 제도를 상고하건대, 무릇 향촌 곳곳의 마을마다 1백 호 이내에서 단 하나를 세워서 오토(五土)[74]·오곡(五穀)의 신을 제사하고 비와 날 개이기를 빌며[75] 오곡이 풍년 들면 해마다 한 사람씩 윤번제로 회수(會首)가 되어 항상 단장(壇場)을 정결하게 치우고, 봄·가을 두 번 사제(社祭)에는 미리 제물을 준비하여서 날이 되면 약속을 지켜 모여 제사하며, 제물로는 양과 돼지 각각 한 마리, 그리고 술·과실·향·초·종이 등을 쓰고, 제사를 마치면 모여서 술을 마시는데 먼저 한 사람을 시켜 서사(誓詞)를 읽게 하는데, 그 글에 '무릇 우리들 같은 마을 사람들은 각각 예법에 따르고, 힘을 믿고 남을 능욕(凌辱)하지 못한다. 이를 어기는 자는 먼저 마을 사람이 함께 제재(制裁)한 뒤에 관가에 넘긴다. 혹 가난하여 자급(自給)할 수 없는 자는 다 함께 그 집을 돕되 3년토록 자립하지 못하면 모임[會]에 참여시키지 않으며, 혼인·상제에 부족함이 있는 것은 힘껏 서로 돕는다. 여럿의 의논에 따르지 않는 것과 간악(奸惡)·사위(詐僞) 등 일체의 비위(非違)를 범한 자는 모두 입회(入會)를 불허(不許)한다' 하였습니다. 서사 읽기를 마치면 어른과 어린아이의 차례로 자리에 앉아 마음껏 즐긴 다음 흩어지며, 신명(神明)을 공경하고 마을을 화목시키는 데 힘써서 풍속을 두텁게 하고 사람에게 착한 마음을 힘써 권하는 좋은 법이오니 청하옵건대 이 법에 의거하여 각 마을의 민호(民戶)의 많고 적음을 계산하고, 또 지역의 멀고 가까움을 참작하여 40호 또는 50호에 각각 사단(社壇) 하나를 세워서 제사를 행하게 하십시오. 그리고 이제부터 향리 백성으로서 국법에 따르지 않고 아직도 음사(淫祀)를 행하여 신당(神堂)을 일컬어서 마을 안에 별도로 세운 것은 모두

---

74) 五土: 토지의 다섯 가지, 곧 山林·川澤·丘陵·墳衍·原濕.
75) 가뭄 때는 비 내리기를 비는 祈雨祭를, 장마 때는 날 개이기를 비는 祈晴祭를 지낸다.

불태우고 헐어 버려서 엄히 다스리소서"하니, 왕이 이 글을 의정부(議政府)에 내려 의논하여 아뢰어서 행하게 하였다.

　허목(許穆) 미수(眉叟) 〈기언記言〉: 이사(里社)를 두면서 부로(父老)에게 유고(諭告)한 글(문정공(文正公) 허목(許穆)이 척주(陟州, 삼척) 재직 때의 일)

　《교특생(郊特牲)》에 "사(社)를 세움은 근본을 보이는 것이다"하였고, 《예운(禮運)》[76]에 "예(禮)가 사(社)에 행하여지니 온갖 재화(財貨)를 남김 없이 얻는다" "땅이 보물을 아끼지 아니하니 이(利)가 끼칠 리 없다"하였고, 천자(天子)의 사(社)를 태사(泰社)라고 하고, 제후(諸侯)의 사(社)를 후사(侯社)라고 했으며, 대부(大夫) 이하는 무리를 이루어서 모두 사(社)를 두었으니 백 집(百家)으로 무리를 이루었다. 여기에서 이사(里社)가 있게 되고, 사(社)는 각각 마땅한 나무를 심었다. 옛날에는 송사(松社)·백사(栢社)·율사(栗社)·역사(櫟社) 등 이름이 있음이 이것이다. 무릇 사는 그 예(禮)가 술일(戌日)을 쓰며, 산림(山林)·천택(泉澤)·구릉(丘陵)·분연(墳衍)[77]·원습(原濕)[78]을 통틀어 제사하여 백곡(百穀)을 비는 것이다. 주(周)나라 사람은 사제(社祭)의 날에 오는 해의 농사를 점쳤으니, 오는 해의 농사의 마땅함을 묻는 것이다. 무릇 장마나 가뭄·전염병(札瘥)이 돌 때에도 모두 사(社)에 빌었으니, 신명(神明)을 섬겨서 복을 내리게 하려는 것으로서, 불가(佛家)의 요망(妖妄)·음혼(淫昏)한 귀신 같은 것이 아니다. 이제 향약(鄕約)으로 하여 각각 이사(里社)를 두어 하나같이 옛 제도대로 하여, 매번 제사를 마친 뒤에 마을 사람이 빠짐없이 모여 나이 순서대로 술을 마시면서 신의(信義)를 밝히고 돈목(敦睦)

---

76) 禮運:《禮記》의 篇名.
77) 墳衍: 물가와 低地.
78) 原濕: 높고 마른 땅과 낮고 젖은 땅.

을 도모한다면, 근본에 보답하고 신(神)을 섬겨서 사람 되는 길에 얻음이 있을 것이다. 바라건대 부로(父老)들은 힘쓸지어다.

이사(里社) 축문(祝文)

원일(元日)인 술일(戌日)은 시서(時序)가 은(殷)나라 정월에 속합니다. 후토(后土) 전조(田祖)여! 대신(大神)께 예(禮)를 드립니다. 제물을 정결하게 마련하였사오니 백복(百福)을 내리시어 사람은 병이 없고 오곡(五穀)이 풍등(豊登)하게 하소서. 신명(神明)이 도우시면[保佑] 음사(陰事)[79]로 보답하오리다.

元日之戌 殷月之序 修禮大神 后土田祖 粢盛旣潔 錫用百福 人無疾疫 五穀穰熟 神明昱庇 報以陰事.

제10절 제신실(祭神室)

조선의 신실(神室)이 봉상시(奉常寺) 안 서원(西園)에 있었는데, 6간이다. 단사(壇祠)의 신위판(神位版) 34위(位)를 봉안하였다.

동쪽의 7위는 염제신농씨(炎帝神農氏)·구망씨(句芒氏)·후직씨(后稷氏)·동해(東海)·천사(天駟)·동방산천(東方山川)·선목(先牧)이다.

남쪽 7위는 축융씨(祝融氏)·후토씨(后土氏)·지리산(智異山)·남해(南海)·웅진(熊津)·가야진(伽倻津)·남방산천(南方山川)이다.

중앙 6위는 풍운뢰우(風雲雷雨)·삼각산(三角山)·백악산(白岳山)·한강(漢江)·목멱산(木覓山)·국내 산천성황(山川城隍)이다.

---

79) 陰事: 祭祀.

서쪽 7위는 욕수씨(蓐收氏)·송악산(松嶽山)·서해(西海)·덕진(德津)·평양강(平壤江)·압록강(鴨綠江)·서방산천(西方山川)이다.

북쪽 6위는 서릉씨(西陵氏)·현명씨(玄冥氏)·비백산(鼻白山)·두만강(豆滿江)·치우(蚩尤) 북방산천(北方山川)이다.

5방(五方)에다 무사귀신(無祀鬼神) 15위를 나누어 앉히고(여제(厲祭)에 자세히 보인다), 풍운뢰우(風雲雷雨)를 동쪽과 서쪽에 나누어 앉힌다.

나라 안의 산·천·성황의 3신(三神)은 풍운뢰우단(風雲雷雨壇)에 함께 행사(行祀)하고, 염제신농씨·후직씨는 선농단(先農壇)에 함께 행사(行祀)하고, 서릉씨는 선잠단(先蠶壇)에 행사하고, 구망씨·축융씨·후토씨·욕수씨·현명씨·후직씨의 6신위는 함께 우사단(雩祀壇)에 행사하고, 현명씨(玄冥氏)의 신위를 또 사한단(司寒壇)에 행사하고, 지리산·삼각산·송악산·비백산·동해·남해·서해·웅진·가야진·한강·덕진·평양강·압록강·두만강·동방산천·남방산천·산천성황·서방산천·북방산천의 19신위는 기우(祈雨) 때에 북교단(北郊壇)에 함께 행사하고, 삼각산·백악산의 2신위는 백악단(白岳壇)에 함께 행사하고, 한강의 신위는 한강단(漢江壇)에서 행사하고, 목멱산의 신위는 목멱단(木覓壇)에서 행사하고, 사방 산천의 신위는 영제(榮祭) 때에 방위에 따라 네 성문에 나누어 제사하고, 성황 신위와 무사(無祀) 귀신 15위는 여제단(厲祭壇)에 행사하고, 천사(天駟)·선목(先牧)의 신위는, 일이 있으면 마조단(馬祖壇)에 행사(行祀)하고, 신실(神室)은 다만 고유제(告由祭)가 있을 뿐이다. 매위(每位)마다 변(籩)·두(豆)·보(簠)·궤(簋) 각각 하나, 시조(豕俎)[80] 하나, 폐백(幣帛) 하나(폐백 빛깔은 각 단(壇)에 보인다), 작(爵)[81] 하나씩이고, 헌관(獻官)은 당하(堂下) 3품관이 네 번 절하며, 축문·폐백을 요단(燎壇)에서 불사른다(《증보문

---

80) 豕俎: 돼지고기를 담는 祭器.
81) 爵: 술잔.

헌비고(增補文獻備考)》).

제11절 전사(戰士)를 제사하다

조선 시대에 전사(戰士)를 제사하는 3단(壇)의 사(祠)가 있었다. 정충단(旌忠壇)은 진주(晋州)에 있어서, 임진왜란(壬辰倭亂) 때 절의(節義)에 죽은 사람을 향사(享祀)하며, 민충단(愍忠壇)은 서울과 평양에 있는데, 명(明)나라 군인을 향사하고, 장충단은 서울 남산 밑에 있는데, 전사한 장졸(將卒)을 향사한다. 모두 《문헌비고(文獻備考)》에 실려 있으니 다음과 같다.

[정충단(旌忠壇)] 경상도 진주 촉석(矗石) 강변에 있다. 임진왜란 때 절의(節義)에 죽은 사람을 향사한다. 해마다 봄·가을로 향(香)과 축문(祝文)을 내려서 제사를 행한다.

[민충단(愍忠壇)] 서울 서교(西郊) 홍제원(弘濟院) 곁에 있으며(평양은 을밀대(乙密臺) 북쪽), 명(明)나라의 정동관군(征東官軍)[82]을 제사하였고, 선조(宣祖) 26년(1593)에 축조하였다.

[장충단(奬忠壇)] 광무(光武) 4년(1900)에 남수동(南水洞)에 단을 설치하였으며, 증(贈) 군부대신(軍部大臣) 충의공(忠毅公) 고(故) 부령(副領) 홍계훈(洪啓薰) 등을 주향(主享)하고, 고(故) 통위영대관(統衛營隊官) 김홍제(金鴻濟) 등을 종향(從享)으로 하며, 봄·가을로 향사하고 전망(戰亡)한 장졸(將卒)을 배식(配食)하여 술잔을 드린다.

---

82) 征東官軍: 임진왜란 때의 明나라 援軍.

[포충사(褒忠祠)] 철원(鐵原)에 있으며, 현종(顯宗) 을사년(1665)에 세우고 무신(戊申, 1668)에 사액(賜額)하였다. 본조(本朝) 선천군수(宣川郡守) 증(贈) 영의정(領議政) 시(諡) 충무공(忠武公) 명조(明朝) 증(贈) 요동백(遼東伯) 김응하(金應河)를 향사(享祀)한다.

　[충렬사(忠烈祠)] 고성(固城)에 있다. 광해군(光海君) 갑인(1614)에 세우고 경종(景宗) 계미(癸未, 癸卯?, 1723?)에 사액(賜額)하였다. 본조(本朝) 통제사(統制使) 증(贈) 좌의정(左議政) 덕풍부원군(德豊府院君) 시(諡) 충무공(忠武公) 이순신(李舜臣)을 향사한다.

　[표충사(表忠祠)] 밀양(密陽)에 있으며, 영조(英祖) 갑자(1744)에 세웠고 같은 해에 사액(賜額)하였다. 본조의 승장(僧將) 도총섭(都摠攝) 유정(惟政), 승장 증(贈) 동지중추(同知中樞) 영규(靈圭)를 향사한다. (해남(海南) 대흥사(大興寺)에도 표충사(表忠祠)가 있는데, 휴정(休靜)·유정(惟政) 및 처영(處英) 등 세 사람을 향사한다.)

　[수충사(酬忠祠)] 영변(寧邊)에 있으며, 정조(正祖) 18년(1794)에 묘향산인(妙香山人) 서산대사(西山大師) 휴정(休靜)의 사호(祠號)를 '수충(酬忠)'으로 내리고 치제(致祭)를 명했으며, 제전(祭田)을 내리는 것은 표충사의 예에 따랐다. 제영(題影)은 다음과 같다.

　행(行) 대광보국(大匡輔國) 숭록대부(崇祿大夫) 의정부(議政府) 영의정(領議政) 이조판서(吏曹判書) 병조판서(兵曹判書) 승(僧) 의병대장(義兵大將) 사자국일도대선사(賜紫國一都大禪師) 겸 팔도선교도총섭(八道禪敎都摠攝) 대각등계존자(大覺登階尊者) 서산(西山) 청허당대화상(淸虛堂大和尙) 휘(諱) 휴정(休靜)의 진영(眞影).

　행(行) 대광보국 숭록대부 의정부 영의정 병조판서 겸 육군문도총섭(六軍門都摠攝) 영(領) 의병대장군 사명당(四溟堂) 송운선사(松雲禪師) 휘(諱) 유정(惟政)의 진영(眞影).

방가주석(邦家柱石) 선문목탁(禪門木鐸) 동시임란(同時臨亂)[83] 공존사직(功存社稷)[84] 일체거의(一體擧義)[85] 보제군생(普濟群生)[86] 의병부장(義兵副將) 가의대부(嘉義大夫) 중추부사(中樞府使) 뇌묵당대사(雷默堂大師) 휘(諱) 처영(處英)의 진영(眞影).

1. 전대(前代)의 장상(將相)을 제사하다

[평양(平壤) 충무사(忠武祠)] (인조(仁祖) 을유(乙酉, 1645)에 세우고 숙종(肅宗) 정사(丁巳, 1677)에 사액(賜額)) 고구려 대신(大臣) 을지문덕(乙支文德)을 향사한다. (이하 모두 《문헌비고文獻備考》에 보인다.)

[의주(義州) 기충사(紀忠祠)] (숙종 임신(1692)에 세우고 정조(正祖)가 사액(賜額)) 고구려 국상(國相) 을파소(乙巴素)를 향사(享祀)한다.

[부여(扶餘) 의열사(義烈祠)] (선조(宣祖) 병자(1576)에 세우고 무인(1578)에 사액(賜額)) 백제의 좌평(佐平) 성충(成忠), 좌평 흥수(興首), 달솔(達率) 계백(階伯)을 향사한다.

[대구(大邱) 표충사(表忠祠)] (현종 경술(1670)에 세우고 임자(壬子, 1672)에 사액(賜額)) 고려(高麗) 태사(太師) 시(諡) 장절공(壯節公) 신숭겸(申崇謙)을 향사한다.

---

83) 同時臨亂: 같은 때에 國亂에 臨하는 것.
84) 功存社稷: 功은 社稷을 보존한 것.
85) 一體擧義: 한 덩어리가 되어 의병을 일으킨 것.
86) 普濟群生: 衆生을 널리 구제한 것.

2. 전대(前代)의 제왕(帝王)을 제사하다

조선 시대에 고대(古代)의 제왕(帝王)을 제사하였다. 숭령전(崇靈殿)은 평양부에 있는데, 단군 및 고구려 동명왕을 향사하고, 숭인전(崇仁殿)도 평양부에 있으며 기자(箕子)를 향사하고, 숭덕전(崇德殿)은 경주부에 있으며, 신라 시조 박혁거세와 마지막 임금인 경순왕(敬順王)을 제사하고, 숭혜전(崇惠殿)은 미추왕(味鄒王)을 향사하고, 숭선전(崇善殿)은 김해군에 있으며, 가락국 시조 김수로왕을 향사하고, 숭렬전(崇烈殿)은 남한산성에 있으며, 백제 시조 온조왕을 제사하고, 숭의전(崇義殿)은 마전군(麻田郡)에 있으며, 고려 태조와 여러 임금을 향사한다. 이상의 여러 사묘(祠廟)를 설치한 사적(事蹟)이 《문헌비고(文獻備考)》에 실려 있는데 다음과 같다.

[숭령전(崇靈殿)] 평안도 평양부 성 밖에 있으며, 단군 및 고구려 동명왕(東明王)을 향사(享祀)하며, 봄·가을로 향과 축문을 내려 중사(中祀)로 제향(祭享)한다. (세종(世宗) 11년(1429)에 설치.)

[숭인전(崇仁殿)] 평안도 평양부 성 밖에 있으며, 기자(箕子)를 향사한다. (《고려사(高麗史)》에 보면, 숙종(肅宗) 7년(1102)에 기자의 무덤을 찾아 사당을 세우고 중사(中祀)로 제향(祭享)했다 하였으며, 또 충숙왕(忠肅王) 12년(1325)에 평양부에 명하여 기자사(箕子祠)를 세우고 제향(祭享)했다 하였다.) 조선 세종 때에 변계량(卞季良)에게 명하여 비문(碑文)을 짓게 하고 사당 밑에 세웠다.

[숭덕전(崇德殿)] 경상도 경주부 남쪽 월남리(月南里)에 있으며, 신라 시조를 제향(祭享)하고, 경순왕(敬順王)을 배향(配享)한다. 조선 세종 11년(1429)에 창건하여 중추(仲秋)마다 향과 폐백을 내려 제향하고, 영조

(英祖) 28년(1752)에 비를 세웠다.

[숭혜전(崇惠殿)] 고종(高宗) 24년(1887)에 신라 미추왕(味鄒王)과 경순왕의 사전(祠殿)을 세우고, 관원(官員)을 두었으며, 선액(宣額)[87] · 예향(禮享)을 한결같이 앞선 왕의 전례(典例)대로 하기를 명하고 숭혜전으로 사액(賜額)하였다.

[숭선전(崇善殿)] 경상도 김해군에 있으며, 고종 22년(1885)에 가락국(駕洛國) 시조 김수로왕(金首露王)의 사전(祠殿)을 세우고 관원을 두었으며, 선액(宣額) · 예향(禮享)을 한결같이 숭덕전 예(例)대로 하기를 명하였다.

[숭렬전(崇烈殿)] 백제 온조왕묘(溫祚王廟)로서 남한산성(南漢山城)에 있으며, 조선 인조(仁祖) 14년(1636)에 세우고 관원을 보내어 치제(致祭)하였다. 묘(廟)가 전에는 충청도 직산현(稷山縣) 동북쪽에 있었으며, 세조(世祖) 10년(1464)에 처음으로 세우고 봄 · 가을로 향과 축문을 내려 치제(致祭)하였는데 선조(宣祖) 33년(1600)에 왜구가 불을 태워 폐지되었다. 정조(正祖) 19년(1795)에 광주부(廣州府)에 명하여 백제 시조묘(始祖廟)를 고쳐 숭렬전으로 부르게 하고 수신(守臣)에게 명하여 치제케 하였다.

[숭의전(崇義殿)] 경기도 마전군(麻田郡)에서 서쪽으로 5리 되는 곳에 있으며, 고려 태조(太祖) · 현종(顯宗) · 문종(文宗) · 원종(元宗)을 제향(祭享)하였다. 고려 태조의 영정(影幀)이 마전군(麻田郡) 신암사(神巖寺)[88]에 있었기 때문에 그곳을 가려 묘(廟)를 세운 것이다.

---

87) 宣額: 賜額과 같다.
88) 원문에는 〈仰巖寺〉로 실려 있으나, 神巖寺의 誤植이다.

3. 숭의전(崇義殿)에 고려조(高麗朝)의 여러 신하를 배향(配享)하다: 문종(文宗)이 배향을 명하다

태사(太師) 개국무공공(開國武恭公) 복지겸(卜智謙), 태사(太師) 개국장절공(開國壯節公) 신숭겸(申崇謙), 태사(太師) 개국충렬공(開國忠烈公) 홍유(洪儒), 태사(太師) 문하시중(門下侍中) 인헌공(仁憲公) 강감찬(姜邯贊), 태사(太師) 개국무열공(開國武烈公) 배현경(裵玄慶), 태사(太師) 내사령(內史令) 장위공(章威公) 서희(徐熙), 태사(太師) 개국충절공(開國忠節公) 유검필(庾黔弼), 수태수(守太守) 문하시중(門下侍中) 문숙공(文肅公) 윤관(尹瓘), 문하시중(門下侍中) 문열공(文烈公) 김부식(金富軾), 문하시중(門下侍中) 위열공(威烈公) 김취려(金就礪), 문하평장사(門下平章事) 문정공(文正公) 조충(趙沖), 첨의령(僉議令) 충렬공(忠烈公) 김방경(金方慶), 정당문학(政堂文學) 김득배(金得培), 추밀원부사(樞密院副使) 이방실(李芳實), 중서평장사(中書平章事) 안우(安祐), 문하시중(門下侍中) 문충공(文忠公) 정몽주(鄭夢周).

제12절 은(殷)·한(漢)·당(唐)·송(宋)·명(明)·청인(淸人)을 제사하다

이중환(李重煥)의《팔역지(八域志)》: 숙종(肅宗) 갑진(甲辰, 甲申? 1704?) 3월은 명(明)나라가 망한 지 60년이 되는데, 대보단(大報壇)을 궁성(宮城) 후원(後苑) 서쪽에 세우고, 태뢰(太牢)[89]로 특별히 만력황제(萬曆皇帝, 만력은 명(明)나라 신종(神宗) 황제의 연호(年號)로, 임진왜란 때

군대를 보내어 우리나라를 도와 싸웠다)를 제사하고, 이어서 해마다 한 번 제사 지내기를 명하였다. 영조(英祖) 경오(庚午, 1750)에 숭정황제(崇禎皇帝)⁹⁰⁾를 그 곁에 놓고 제향(祭享)했는데 심히 성대한 일이다. 제사는 반드시 밤에 하였다. 나는 석성(石星)・형개(邢玠)・양호(楊鎬)・이여송(李如松)을 배식(配食)해야 마땅하다고 생각한다. 그들은 모두 임진왜란 때 공로가 있는 자이기 때문이다.

  세상에 전하기를 역관(譯官) 홍언순(洪彦純)이 젊은 시절에 연경(燕京)에 들어갔다가 여러 천금(千金)을 가지고 절색(絕色)의 미녀를 구하였다. 매파(媒婆)가 밤에 어느 큰 집으로 데리고 가서 한 처녀를 보였다. 등촉(燈燭)이 휘황하고 시비(侍婢)⁹¹⁾가 많이 있는데, 언순을 보더니 울음을 터뜨렸다. 언순이 까닭을 물으니, 말하기를 "아비가 사천(四川) 사람으로서 벼슬이 주사(主事)에 이르렀습니다. 부모가 구몰(俱沒)⁹²⁾하여, 몸을 팔아 고향으로 반장(返葬)하고서 첩은 다시 시집가지 않기로 맹세했습니다. 오늘밤 뵈옵는 것이 이것으로 영결(永訣)이 되기 때문에 우는 것입니다" 하였다. 언순이 그녀가 귀한 집 딸임을 알고는 깜짝 놀라 오라버니와 누이의 의(義)를 맺기를 청하니 그녀는 울면서 이를 허락하고 시비(侍婢)를 시켜 몸값으로 받았던 돈을 돌려 주었다. 언순은 장사 비용에 쓰라는 말을 남기고 그 집을 나와 버렸다. 그뒤 임진왜란이 일어나자 언순이 사신(使臣)을 따라 병부상서(兵部尙書) 석성(石星)의 집에 갔다. 석성이 언순을 데리고 후당(後堂)으로 들어가서 자기 부인을 소개하는데, 바라보니 바로 지난날에 결의(結義)했던 의매(義妹)였다. 석성이 처음부

---

89) 太牢: 소・양・돼지의 희생을 써서 제사 지내는 것. 牢肉.
90) 崇禎: 明나라 마지막 임금 毅宗의 年號(1628~1644).
91) 侍婢: 婢僕. 여자 노비.
92) 俱沒: 부모가 모두 돌아가심.

터 끝까지 힘을 다하여 우리나라를 도운 것이 언순의 의기(義氣)에 감동되었던 것이며, 우리나라 일로 해서 마침내 화를 입었으니 더욱 제사하지 않을 수 없는 것이다. 석성의 부인이 품질이 좋은 비단을 마련하고 필(匹)마다 '보은(報恩)' 두 글자를 수놓아서 언순에게 보냈으니 만금(萬金) 가치가 된다고 하였다.

정유년(丁酉年, 1597)에 선조(宣祖)가 형개·양호의 사당을 성 안에 세워서 소사(素砂)에서 적을 무찌른 공로에 보답했지만, 석성·이여송에게는 미치지 아니하였으니 실로 사전(祀典)이 잘못된 것이다. 《조두록(俎豆錄)》에 "대보단(大報壇, 숙종 을유년(1705)에 세우다)은 명나라 태조고황제(太祖高皇帝)·신종현황제(神宗顯皇帝)를 제사한다. 의종렬황제(毅宗烈皇帝)는 영조(英祖) 경오(庚午, 1750)에 부제(祔祭)하였다" 하였다.

1. 배향(配享)하는 여러 신하

유기(劉基)의 자는 백온(伯溫)으로 청전(靑田) 사람이며, 벼슬은 홍문학사(弘文學士)에 이르고 청전백(靑田伯)에 봉해졌으며, 이성량(李成梁)의 자는 여설(汝契)로 우리나라 사람이며, 벼슬이 태부(太傅)에 이르고 영원백(寧遠伯)을 봉했다. 범경문(范景文)의 자는 몽장(夢章)이며, 오교(吳橋) 사람으로 숭정(崇禎)황제 때 태학사(太學士)로서 순절(殉節)하여 태부(太傅)를 추증(追贈)하고 시호는 문정(文貞)이다.

[만동묘(萬東廟)] (숙종(肅宗) 갑오년(1714)에 청주 화양동(華陽洞)에 세우다) 3월 9일에 행사(行祀)하니, 명(明)나라 신종(神宗)과 의종(毅宗)을

향사(享祀)한다.

[선무사(宣武祠)] 도성 남문(南門) 안 태평관(太平館) 서쪽에 있으며, 명나라 병부상서(兵部尙書) 형개(邢玠), 경리(經理) 양호(楊鎬)를 향사한다. (광해군(光海君) 때 세우다.) 무열사(武烈祠)는 평안도 평양부(平壤府) 서문(西門) 안에 있으며, 명나라 병부상서(兵部尙書) 석성(石星), 제독(提督) 이여송(李如松), 좌협장(左協將) 양원(楊元), 중협장(中協將) 이여백(李如栢), 우협장(右協將) 장세작(張世爵), 총병(摠兵) 낙상지(駱尙志)를 향사(享祀)한다(《문헌비고(文獻備考)》).

[정무사(靖武祠)] 고종(高宗) 22년(1885)에 광희문(光熙門) 안에 세우고 청나라 흠차(欽差) 오장경(吳長慶)을 향사했으며, 승지(承旨)를 보내어 치제(致祭)하였다(《문헌비고》).

[삼충사(三忠祠)] 평안도 영유군(永柔郡)에 있으며, 제갈무후(諸葛武侯)[93]를 제사 지내니, 고을에 와룡산(臥龍山)이 있다. 선조 36년(1603)에 창건한 것이다. (경기도 남양군(南陽郡)에도 무후묘(武侯廟)가 있는데 고을 이름이 남양이 되었다.) 숙종 21년(1695)에 특명으로 악무목왕(岳武穆王)[94]을 무후묘(武侯廟)에 합사(合祀)하였고, 영조(英祖) 26년(1750)에 다시 문신국공(文信國公)[95]을 합사하였다(《문헌비고》).

[청성묘(淸聖廟)] 황해도 해주목(海州牧) 동문(東門) 밖에 있으며, 백이(伯夷)·숙제(叔齊)를 향사하니, 고을에 수양산(首陽山)이 있는 때문이다. 숙종 15년(1689)에 어필(御筆)로 '청성묘(淸聖廟)' 세 글자를 써서 내렸다(《문헌비고》).

[소정방사(蘇定方祠)] 충청도 대흥군(大興郡) 대령도(大嶺島)에 있다.

[숭의묘(崇義廟)] 광무(光武) 6년(1902)에 숭의묘를 돈의문(敦義門) 밖

---

93) 諸葛武侯: 蜀漢의 丞相 諸葛亮, 諸葛孔明.
94) 岳武穆王: 宋나라 岳飛를 말한다.
95) 文信國公: 宋나라 文天祥을 말한다.

에 세워서 소열황제(昭烈皇帝)⁹⁶⁾ 상(像)과 아울러 관우(關羽)·장비(張飛) 두 장군의 상을 향사하고, 제갈무후(諸葛武侯)·조운(趙雲)·마초(馬超)·황충(黃忠)·왕보(王甫)·주창(周倉)·조루(趙累)·관평(關平) 등 8인을 배위(配位)로 하였다.

제13절 공자묘(孔子廟)

우리나라는 서울 태학(太學, 성균관(成均館))의 문묘(文廟)에서 공자와 그 70제자(弟子) 및 주(周)·한(漢)·진(晋)·당(唐)·송(宋)·원(元) 등 역대의 유현(儒賢)을 향사하고, 계성사(啓聖祠)에서 숙량흘(叔梁紇, 공자의 아버지) 및 안(顏)·증(曾)[97]·사(思)〔孔伋〕·맹(孟)〔孟軻〕 등 네 성인(聖人)의 아버지를 향사한다. 이상 여러 사람은 성명이 유교사(儒敎史)에 상세히 기록되어 있기 때문에 여기서는 생략한다. 태학에서 가까운 곳에 사현사(四賢祠)를 세웠는데, 숭절사(崇節祠)라고도 하며(조선 영조(英祖) 때 세우다), 진(晋)나라 태학생 동양(董養), 당(唐)나라 태학생 하번(何蕃), 송(宋)나라 태학생 진동(陳東)·구양철(歐陽澈) 등 네 사람을 향사한다. 그 유도(儒道)의 교화(敎化)에 공적이 있기 때문이다. 또 지방의 주(州)·부(府)·군(郡)·현(縣)·향교(鄕校)의 문묘(文廟)에서도 공자를 비롯하여 유가(儒家)의 성현을 향사한다. 당시 그 등급에 따라서 강쇄(降殺)[98]가 있을 뿐이다.

---

96) 昭烈皇帝: 蜀漢의 劉備, 昭烈帝(221~222).
97) 顏·曾: 孔子의 弟子로 顏淵과 曾參을 말한다. 높여서 顏子·曾子라고도 한다.
98) 降殺: 수효를 줄이는 것. 名位에 따르는 예의 격식을 점차 줄이는 일.

제14절 관우묘(關羽廟)

우리나라에서 관우의 묘(廟)를 설치함은 임진년(壬辰年)의 전역(戰役)에서 비롯되었다. 서울 시내에 관묘(關廟)가 모두 세 곳에 있으니 동·남·북묘(北廟)가 이것이며, 지방에는 다섯 곳에 있으니, 강진(康津)·남원(南原)·안동(安東)·성주(星州)·전주(全州)에 있다. (건치(建置)한 연유는 명확하지 않다.) 서울의 북묘(北廟)가 우리나라에서 세운 것임을 빼놓고는 모두 명(明)나라 사람이 세운 것이다. 왕이 혹 친히 제사에 임하여 술잔을 드리기도 한다. 악장(樂章)을 쓰고 또 명호(名號)를 높여 '제(帝)'로 하기에 이르렀으니, 이는 모두 중국 사람을 모방해서 그렇게 한 것이다. 중국 사람이 관성제군(關聖帝君)으로 칭하고 재신(財神)으로 섬겨서 사람마다 배례(拜禮)하고 집집마다 기도하고 제사한다〔禱祀〕. 그와 같이 하는 까닭을 살핀다면 소설적(小說的)인 것이니, 곧 《삼국지연의(三國志演義)》에서 나오고 있다. 이른바 유비·관우·장비 세 사람이 도원(桃園)에서 형제의 의(義)를 맺어 한실(漢室)을 부흥시키고 토적(討賊)하여 충의(忠義)가 하늘에 통하고, 영용(英勇)하여 적이 없었기 때문에 죽어서 신명(神明)이 되어 인간에게 이익을 준다는 것이다. 우리나라 사람도 관우(關羽)를 재신(財神)으로 받드니, 서울 종로의 육의전(六矣廛, 육의의 의(矣)자는 곧 주부(主夫)의 뜻이다. 우리나라 전제(田制)를 상고하면 팔결(八結)을 부(夫)라고 하며 경작자〔佃夫〕 중에서 호수(戶首, 반장)를 택정(擇定)해서 팔결을 수납(收納)하면 수납한 경작자〔役〕를 주부(主夫)라 한다. 속칭 주비(注非)로 와전되기도 하였다. 《만기요람(萬機要覽)》에 결부(結夫)의 부(夫)는 부(夫)자 위에 권점(圈點)〔加圈〕을 표시한 것을 부(夫)라 하고 부(夫)에 권점을 잇달아 찍으면 '모부(厶夫)'라 한다. 대개 경성(京城) 각 전(廛)은 국역(國役)에 응했으며 각각 나누어져 있으니 입전(立廛)·백목전(白木廛)·포전(布廛)·면주전(綿紬廛)·지전(紙廛) 및 저포전(苧布廛)이 국역(國役)에 응하였으며 전부(佃夫)와 같이 주부(主夫)가 있었으므로 또한 육의전이라 하였다)에서 해마다 10월이면 반드시 제사를 행하고, 남묘치성(南廟致誠)이라고 이름하여 전규(廛規)에 실려 있는 것이 그 예이다. 종루(鐘樓) 곁에 사우(祠宇)를 건립하고 소상(塑像)을 봉안하여 온 시장을 진수(鎭守)하는 신(神)으로 받들기에 이르렀다. 또 여염의 여인들과 무당 집에서 관우(關羽)의 상을 봉안하고 '전내(殿內)'라고 하였는데, 사람을 위하여 복을 빌고 재앙이 가시기를 빈다. 관묘(關廟)의 기원(起源)과 숭봉(崇奉)하여 제사하는 유래가 전적(典籍)에 실려 있으니 다음과 같다.

《증보문헌비고(增補文獻備考)》: 조선의 관제묘(關帝廟)는 하나는 숭례문(崇禮門) 밖에 있고 하나는 흥인문(興仁門) 밖에 있는데, 한(漢)나라 수정후(壽亭侯) 증(贈) 무안왕(武安王) 관우(關羽)를 향사한다.

선조 31년(1598)에 관왕묘(關王廟)를 숭례문 밖에 세웠으니, 임진·정유의 왜란에 관왕(關王)이 여러 번 그 위령(威靈)을 나타내어 병신(兵神)으로서 싸움을 도운 때문이다. (〈보(補)〉: "신(臣)이 삼가 허균(許筠)이 지은 묘정(廟庭)의 비(碑)를 상고하건대, 다만 홍무(洪武) 연간에 파양호(鄱陽湖)[99]에서 위령(威靈)을 나타냈던 일과 동정(東征)[100]의 세 번 큰 싸움에서 현몽(現夢)한 말이 있을 뿐으로 정유년에 조전(助戰)한 일은 볼 수 없으니, 이것은 시골의 부녀자와 거리의 아이들이 만들어 낸 말에 불과하여 족히 믿을 것이 못 될 것 같습니다" 하였다.) 명나라 장병들이 모두 말하기를 "평양의 승첩(勝捷)과 도산(島山) 싸움에서 세 길로 적을 몰았는데, 싸움에 임하여 관왕(關王)이 문득 위령(威靈)을 나타내어 도왔다" 하였다. 이때에

---

99) 鄱陽湖: 원문은 鄙陽湖로 실려 있다.
100) 東征: 임진왜란(1592) 때 倭軍을 정벌한 것.

명나라 장수인 유격(遊擊) 진인(陳寅)이, 그가 우거(寓居)하고 있는 숭례문 밖 산기슭에 처음으로 묘우(廟宇)를 세우고 안에 신상을 안치하였는데, 경리(經理) 양호(楊鎬)를 비롯하여 여러 장수가 각각 은(銀)을 내어 비용을 보태고 우리나라에서도 재력(財力)으로 이를 도왔다. 왕이 묘(廟)에 나가서 친히 제사하였다. 그 상(像)은 흙을 빚어 만들었으며, 얼굴은 붉은 대추빛 같고, 봉(鳳)의 눈에 수염이 배[腹]를 지났다. 왼쪽과 오른쪽에 두 사람의 소상(塑像)이 있는데, 큰 칼(劍)을 손에 잡고 시립(侍立)했으니, 관평(關平)과 주창(周倉)이라고 한다. 이때부터 여러 장수가 드나들 때마다 참배하고 말하기를 "동쪽 나라를 위해 신의 도움을 얻어서 적을 물리쳤다" 하였다. 5월 13일에 묘(廟) 안에서 대제(大祭)를 행했는데, 말하기를 "오늘이 관공(關公)의 생일이다. 만약 천둥과 바람의 이적(異蹟)이 있다면 신령이 이른 것이다" 하였다. 이날 천기(天氣)가 청명(淸明)했는데, 오후가 되자 검은 구름이 사방에서 일어나고 큰 바람이 서북쪽에서 불어오더니 천둥과 비가 동시에 난무하다가 조금 뒤에 그쳤다. 사람들이 기뻐서 말하기를 관왕의 신령이 이르렀다고 하였다. 사당 앞에 2개의 긴 장대를 세우고 두 기(旗)를 달았는데, 하나는 협천대제(協天大帝), 하나는 위진화하(威振華夏)[101]라고 썼으니, 글자의 크기가 서까래만 했으며, 바람이 불면 반공(半空)에서 펄럭인다.

　35년(1602)에 다시 관왕묘를 흥인문(興仁門) 밖에 세웠다. 이보다 앞서, 명나라에서 4천 금을 순무(巡撫)하는 신하 만세덕(萬世德) 편에 부치면서 관왕묘를 세우기를 명했는데, 말하기를 "관왕의 신령이 일찍이 중국에 나타난 일이 있었는데, 이번 적(敵)을 평정하는 전역(戰役) 또한 현령(顯靈)하는 도움을 힘입었으니 본국에서도 향사(享祀)하여야 마땅하다" 하였다. 이에 흥인문 밖에 땅을 택하여 대신(大臣)에게 명하여 공사

---

101) 威振華夏 : 위엄이 중국을 진동한다는 뜻.

를 감독하였으며〔董役〕, 이때에 와서 비로소 역사(役事)를 마쳤다. 소상(塑像)·그림·전(殿)·무(廡)·문(門) 등이 모두 중국의 제도를 모방했으며, 태뢰(太牢)로 제사 지낸다. 편액(扁額)을 명(明)나라 조정에 청하니, 명나라 황제가 '칙건현령소덕관제지묘(勅建顯靈昭德關帝之廟)'로 하기를 명했다.

숙종 35년(1709)에 사관(史官)에게 명하여, 선조(宣祖) 때에 관왕묘에 행례(行禮)한 의절(儀節)을 실록(實錄)에서 찾아보게 했는데, 사관이 아뢰기를 "선조(宣祖)께서 재배(再拜)의 예를 행하셨으니, 이 뒤부터는 여기에 의거하여 재배의 예(禮)를 행하기를 명하십시오" 하였다.

영조 3년(1727)에 왕이 관왕묘에 가서 재배의 예를 행하였다.

《속오례의(續五禮儀)》에 "관왕묘는 경칩(驚蟄)·상강(霜降)날에 제사하고, 열매를 제물로 바치며, 술잔을 포개어 놓음이 선농(先農)을 제사하는 것과 같다. 축문에는 '조선국(朝鮮國) 왕'을 일컬으며, 이틀 산재(散齋)[102]하고 하루 치재(致齋)[103]한다. 헌관(獻官)은 종2품(從二品)의 무관(武官)이 갑주(甲冑)를 갖추고 행사(行祀)하며, 4배(四拜)·음복(飮福)·수조(受胙)가 있고, 축문과 폐백(幣帛)은 땅에 묻는다. 고유(告由)하는 날에는 헌(獻)이 한 번뿐이다" 하였다.

〈보(補)〉: 영조 22년(1746)에 왕이 친히 '현령소덕왕묘(顯靈昭德王廟)'의 여섯 글자를 써서 동·남 두 관왕묘에 편액을 걸었다.

관왕묘가 또 전라도 강진현(康津縣) 고금도(古今島)에 있다. 선조 30년(1597)에 명나라 도독(都督) 진린(陳璘)이 세운 것이다. 숙종 10년(1684)에 개수(改修)하고 그 곁에 또 다른 사우(祠宇)를 세우고서, 진도독(陳都督)을 주향(主享)으로 하고 충무공(忠武公) 이순신(李舜臣)을 배위(配位)로 하였다.

---

102) 散齋: 제사 지내기 전 목욕재계하는 것.
103) 致齋: 뜻을 정성스럽게 하는 것.

관왕묘가 또 경상도 안동부(安東府)에 있다. 선조 31년(1598)에 명나라 진정영도사(眞定營都司) 설호신(薛虎臣)이 세운 것이며, 석상(石像)을 봉안하였다. 처음에 부(府)의 성문 안 북산(北山) 꼭대기에 있었으며, 또 석비(石碑)를 세워서 동정(東征)의 사적(事蹟)을 기록했는데, 병오(丙午, 1606)에 서악(西岳)의 동대(東臺)로 옮겼다.

관왕묘가 또 경상도 성주목(星州牧)에 있다. 선조 30년(1597)에 명나라 장수 모국기(茅國器)가 세운 것이며, 소상(塑像)이 있어서 매우 영험이 있다. 처음에 주성(州城)의 동문 밖에 있었는데, 영조(英祖) 3년(1727)에 남정(南亭) 밑에 옮겨 세웠다.

관왕묘가 또 전라도 남원부성(南原府城) 서문(西門) 밖에 있다. 선조 기해(己亥, 1599)에 명나라 장수 유정(劉綎)이 세웠으며, 묘정비(廟庭碑)가 있다. 숙종 40년(1714)에 고쳐 세웠으며, 신상(神像)은 모두 중국의 제도를 모방했고, 명나라 총부중군(摠府中軍) 이신방(李新芳), 총부천총(摠府千摠) 장표(蔣表), 총부천부(摠府千夫) 모승선(毛承先,《국조보감(國朝寶鑑)》에는 모영선(毛永先)으로 되어 있다)을 배향(配享)하였다.

〈보(補)〉: 또 따로 사우(祠宇)를 세워서 유도독(劉都督)을 제사하였다.

숙종 37년(1711)에 여러 도에 명하여 관왕묘의 제사 의식은 선무사(宣武祠)의 예에 따라 해마다 경칩과 상강(霜降)날에 향축(香祝)을 내려보내 본도(本道)에서 행사(行祀)케 하였다.

《국조보감(國朝寶鑑)》: 숙종 36년(1716)에 유신(儒臣)으로 하여 널리 옛일을 상고하게 하여서 관묘(關廟)에서 진퇴(進退)하는 예절을 정하였다. 정조(正祖) 5년(1781)에 동관왕묘(東關王廟)에 행차하고, 이어 장신(將臣)을 보내어 동·남 두 관왕묘에 제사를 행하였다. 또 삼국(三局)의 대장(大將)에게 명하여 당상(堂上)을 겸하는 규례(規例)에 의거하여 모든 일을 관리(管理)·검속(檢束)케 하였다.

9년(1785) 겨울 10월에, 네 임금의 어제어필(御製御筆)의 비를 동·남두 관왕묘에 세웠다.

10년(1786) 2월에 앞서 묘정(廟庭)에 세웠던 친제관왕묘비명(親製關王廟碑銘)을 장(章)으로 나누어 악가(樂歌)를 만들게 하여 3장을 이루었으며, 관왕묘에서 악을 쓰는 것이 여기에서 비롯되었다. (영신주공재장(迎神奏工在章)·전헌주혜수장(奠獻奏盻穟章)·송신주석하장(送神奏錫嘏章)이니 악공(樂工)은 갑옷과 투구를 착용(着用)하고 5방기치(五方旗幟)를 세웠다. 악기는 중고(中鼓) 1, 장고(杖鼓) 2, 필률(觱篥) 2, 대금(大笒) 2, 태평소 2, 대금(大金) 1, 소금 1, 의(欹) 2, 해금(奚琴) 2이다.)

순조(純祖) 32년(1832) 3월에 남관왕묘에 나가서 작헌례(酌獻禮)를 행하였는데, 묘우(廟宇)를 처음 세운 간지(干支)의 해가 되는 때문이다. 동묘(東廟)에는 장신(將臣)을 보내어 대리(代理)로 제사 지내게 하고, 남원(南原)·강진(康津)의 무안왕묘(武安王廟)에는 병사(兵使)·수사(水使)를 나누어 보내서 제사를 행하였다.

철종(哲宗) 6년(1855) 2월에 친히 남관왕묘(南關王廟)에 제전(祭奠)을 드렸다.

《증보문헌비고속(增補文獻備考續)》: 고종(高宗) 20년(1883)에 명하여 관왕묘를 송동(宋洞)에 세우고, 모든 절차를 동·남묘의 규례(規例)에 따르게 했다(북묘(北廟)).

광무(光武) 3년(1899) 11월에 조서(詔書)하기를 "앞서 봉심(奉審)한 재신(宰臣)이 아뢰는 것을 들으니, 전주(全州)의 관왕묘(關王廟)는 봉안한 지 이미 오래라고 한다. 향축(香祝)을 봉송(封送)하는 절차를 남원(南原)·강진(康津)의 규례(規例)에 따르되, 본도(本道)로 하여 거행하게 하라" 하였다.

광무(光武) 5년(1901)에 조서(詔書)[104]하기를 "장례원(掌禮院)으로 하

---

104) 詔書: 制書·詔命이라고도 하며, 왕의 말을 백성에게 알리고자 적은 문서이다.

여 제(帝)로 높이는 숭호(崇號)를 의정(議定)하라" 하여 '현령소덕의열무안관제(顯靈昭德義烈武安關帝)'로 높였다.

　이익(李瀷)의《성호사설(星湖僿說)》: 경도(京都)의 동문(東門) 밖에 관왕묘(關王廟)가 있다.《유서애집(柳西厓集)》에 그 본말(本末)이 실려 있다. "허균(許筠)이 명을 받들어〈현령비(顯靈碑)〉를 지었다……. 송(宋)나라 때 무안왕(武安王)을 추봉(追封)하고, 묘호(廟號)를 의용(義勇)으로 하였다. 도가자류(道家者流)가 높여서 '신군(神君)'으로 했는데, 관우(關羽)를 '의용(義勇)'으로 하는 것은 옳다고 하겠지만 또 청정무위(淸淨無爲)를 주장하는 도가(道家)와 무슨 상관이 있다고 숭신(崇信)함이 여기에 이르렀단 말인가. 내 생각으로는 수련(修煉)하는 방술(方術)이 반드시 귀매(鬼魅)[105]를 쫓아 버려야만 하기 때문이다. 송(宋)나라에서 복마(伏魔)를 추봉(追封)한 것이 이것인데, 서국(西國) 주완원(朱完元)의 말이 가장 그 실지를 얻고 있다. 송나라의 복마(伏魔)란 곧 마(魔)로써 마를 쫓는 것이다. 마의 성품은 본디 자기를 받들게 하려 하기 때문에, 옛날 인사(人士)의 명목(名目)을 빌려 신이(神異)를 나타내서 사람으로 하여 우러러 숭배하게 하는 것이지, 참으로 관우의 신이 있어 이같은 것은 아니다. 이것은 천고(千古)에서 오직 한 가지만 볼 수 있는 것이다" 하였다. 이규경(李圭景)의《오주연문장전산고(五洲衍文長箋散稿)》에〈관장목변증설(關壯繆辨證說)〉이 있으니 이르길 "'사조제(謝肇淛)'의〈오잡조(五雜組)〉에 오늘날 세상에서 향화(香火)의 가장 융성함이 관장목(關壯繆)에서 지나는 것이 없으니 그 위령(威靈)이 감응(感應)하여서 여러 전기(傳記)에 실려 있고, 또 귀와 눈으로 듣고 보아서 모두 확실한 근거가 있어서 환영(幻影)이 아닌 때문이다……. 우리나라에서도 임진왜란 이후로, 또한 사우(祠宇)를 세워 제사하는 곳이 무릇 네 곳인데, 강진(康津)

---

105) 鬼魅: 도깨비 · 두억시니 · 妖怪.

은 도독 진린(陳璘)이 세우고, 남원(南原)은 명나라 장수 이신방(李新芳)·장표(蔣表)·모승선(毛承先)이 세우고, 안동은 명나라 장수 설호신(薛虎臣)이 세워서 석상(石像)이 있으며, 성주(星州)는 명나라 장수 모국기(茅國器)가 세웠다"하였다. 같은 글에서 또 말하기를, "속전(俗傳)에 관왕(關王)이 남쪽에서 나타나서 동쪽으로 사라졌기 때문에 숭례문(崇禮門) 밖의 것은 살아 있는 상(像)이고 흥인문(興仁門) 밖의 것은 죽은 상이 되어 도금(鍍金)을 하였다"하였다.

제21장

참고(參考): 만(滿)·몽(蒙) 여러 옛 나라의 풍속

만주·몽고의 여러 옛 나라가 본래 조선 종족과 같은 뿌리이므로 언어와 풍속이 서로 같은 것이 많은데 대략 열거하여 그러한 것을 증거한다.

제1절 숙신(肅愼)

숙신(肅愼)은 극동(極東)에서 가장 오래된 나라이다. 그 나라 이름이 중국 역사에 실려 있는 것도 또한 가장 먼저이다. 숙신 뒤에 읍루(挹婁)·물길(勿吉, 말갈(靺鞨))·발해(渤海)가 있었으며, 여진(女眞)에 이르러 금(金)도 되고 청(淸)도 되면서 백산(白山)·흑수(黑水) 사이에 우뚝 솟아 적현(赤縣)·신주(神州) 가운데 임금으로 들어서서 서언왕(徐偃王)이 주방(周邦)에 패권을 차지함과 더불어 앞서거니 뒤서거니 하니, 대개 숙신은 조선이라는 음(音)과 가까워, 곧 조선이 전변(轉變)한 것인지도 알 수 없다. 또 《만주원류고(滿洲源流考)》를 살펴볼 때, 만주와 조선이 숙신의 옛땅에서 일어났으므로, 그 속한 땅을 '주신(珠申,

Chusin)'이라 하는데 이것은 '조선(朝鮮, Chosen)'과 글자의 음이 별 차이가 없다. 비록 그러하나 《산해경(山海經)》 안에는 조선과 숙신이 두 나라로서 각각 다르다 하니, 곧 "동해 안쪽 북해(北海)의 구석에 나라가 있는데 이름이 조선이다. 조선은 열양(列陽) 동쪽, 바다 북쪽, 산(山)의 남쪽에 있으며, 열양은 연(燕)에 속한다. 대황(大荒)의 가운데 불함(不咸)이라는 산이 있고, 숙신(肅愼)이라는 나라가 있다"한 것이 이것이다. 이것으로 볼 때 두 나라의 지리적 구분이 심한 차이가 없으니, 즉 숙신국과 불함산(不咸山)의 위치가 모두 어찌 동해 안쪽, 북해의 구석, 조선의 지역이 아닌가? 그러므로 숙신은 곧 조선의 전변(轉變)이 아닌지, 혹은 조선의 일개 부락(部落)인지도 알 수 없다. 대개 숙신의 풍속은 조선 단군 계통과 유사한 것이 있으니, 즉 《진서(晋書)》에 "숙신은 그 나라 동북쪽에 있는 산에 철(鐵)나는데 캘 때에 반드시 먼저 신(神)에게 빈다" 한 것이 이것이다.

요즈음 베이징(北京)에 있는 신채호(申采浩)가 발표한 전후 《삼한고(三韓考)》에 "삼한은 곧 삼조선(三朝鮮)이니, 전후 삼한의 역사를 말하려면 반드시 먼저 조선의 의의(意義) 및 삼조선의 내력(來歷)을 밝혀 아는 것이 중요하니 《관자(管子)》에 '8천 리의 발조선(發朝鮮)' '발조선의 문피(文皮)' 등의 말이 있고, 또 《사기(史記)》와 《대대례(大戴禮)》에 '발숙신(發肅愼)'의 이야기가 있으니, '발숙신'은 곧 '발조선'이고, 조선과 숙신이 본래 동일한 명사이며, 두 가지로 번역할 수 있음을 명백히 알 수 있다" 하였다. 건륭제(乾隆帝)의 《만주원류고》에 "숙신의 본음(本音)이 주신(珠申)이니, 주신이라는 것은 관경(管境)이다" 하였다. 곧 조선의 음이 바로 주신이며, 그 뜻은 관경(管境)이 되는 것도 또한 명백하다.

제2절 오환(烏丸)

《위지(魏志)》:《위서(魏書)》에서 '오환(烏丸)'이란 동쪽 오랑캐〔東胡〕이니, 한(漢)나라 초기에 흉노(匈奴) 묵돌〔冒頓〕[1]이 그 나라를 멸하자 남은 무리가 오환산(烏丸山)을 보존하여 산 이름을 따랐다……. 일정한 거처가 없고 궁려(穹廬)[2]로 집을 삼았는데, 모두 동쪽으로 해를 향하였다……. 병이 들면 쑥뜸질도 할 줄 알고, 혹은 돌을 달궈 몸을 덥히고, 달군 땅 위에 눕고, 혹 병들어 아픈 곳에 칼로 찔러 피를 내고, 또 천지(天地)·산천(山川)의 신(神)에게 빈다. 침(鍼)·약(藥)이 없으며, 전쟁하다 죽으면 귀히 여기고, 시신(屍身)을 염(殮)하여 관(棺)을 사용하고, 죽으면 울고, 장사 때에는 노래와 춤으로 보내고, 개를 잘 길러 줄로 목사리하여 끌고, 죽은 사람이 타던 말의 안장과 살았을 때 입었던 의복을 모두 불에 태워 보내고, 특히 개〔犬〕에게 맡겨 죽은 이의 신령을 보호하여 적산(赤山)에 돌아가게 하니, 적산은 요동(遼東) 서북쪽 수천 리에 있어서 중국 사람이 죽으면 마치 신령이 태산(泰山)에 돌아가는 것과 같다. 장례(葬禮) 때가 되면 밤낮으로 친구들이 모여 앉아 개를 끌고 위(位)를 지나며 노래하거나 우는 자에게 고깃덩이를 던져 주고, 두 사람을 시켜 주문(呪文)을 외우게 하여 죽은 이의 혼신(魂神)이 질러가서 험한 곳을 지날 때 횡귀(橫鬼)의 방해를 받지 않게 하여 적산(赤山)에 도착한 뒤에 개와 말을 죽이고 의물(衣物)은 태워 버린다. 귀신을 공경하고 천지일월성신산천(天地日月星辰山川)에 제사하고, 선대인(先大人) 중 유명한 분에게도 소와 양으로 제사 지내며, 제사가 끝나면 모두 불에 태우고 음식이 있

---

1) 冒頓: 漢初 흉노 單于의 이름으로 부친을 살해하고 자립하여 東胡·月氏 등을 격파하고, 남하하여 白登에서 漢高祖를 포위하였다가 뒤에 화친하고 歲幣를 바쳤다.
2) 穹廬: 흉노족이 살던 半球形으로 위를 가린 천막.

으면 먼저 제사부터 지낸다.

　옛부터 내려오는 전설에, 해〔日〕 가운데 까마귀가 있다 운운하며, 해가 또 둥근 모양이므로 오환(烏丸)이라는 이름은 해에서 취한 것 같다. 더구나 오환의 풍속에 궁려(穹廬)로 집을 짓는데 모두 동쪽으로 해를 향하고 있잖는가. 그 풍속이 해와 달을 제사 지낸다고 하지 않는가. 우리 고대 신라의 풍속에 일월신(日月神)을 숭배하였으며, 신라 때 축조된 토함산(吐含山) 석굴암(石窟庵)은 궁려형(穹廬形)이며 동쪽으로 해를 향하고 불상(佛像)은 그 가운데 두었으니, 그 제도가 오환 풍속과 유사한 것이 있다. 또 오환 풍속에 병이 들면 돌을 달구어 몸을 덥히고 땅바닥을 달구어 그 위에 누우니, 이는 우리나라 서북 지방(평안·함경·황해 3도)의 한증막(汗蒸幕)에서 나온 것이다. 서북 지방 사람은 한질(寒疾)이 있으면 대개 한증으로 치료한다. 또 오환 풍속에 장사(葬事) 때 노래와 춤으로 보내니, 우리나라 고대에 고구려 또한 장사 때 북과 춤 등 풍악을 울려 보내는 풍속이 있다고《수서(隋書)》에 보인다. 또 오환 풍속에 귀신을 공경하고 천지일월성신과 조선(祖先)에게 제사하는 것도 동북이(東北夷)의 여러 나라와 같은 것이다. 죽은 자의 혼령(魂靈)이 적산(赤山)에 돌아가는 것은 단군이 아사달(阿斯達)에 들어가 신이 되었다는 의미와 비슷하다.

　이상의 여러 가지를 종합하여 볼 때 우리나라는 오환과 함께 민족의 정신적 계통의 관계가 있는 것 같은 의심이 든다. 또《후한서(後漢書)》에 "오환(烏桓) 여인들이 시집갈 때가 되면 머리카락을 길러 나누어 땋아서 구결(句決)[3]을 지른다" 하니 우리 고대 백제(百濟)의 풍속과 지금 관북(關北)의 풍속이 유사한 것이 있는데, 다음과 같다.

---

　3) 句決: 부인의 머리치장.

《후주서(後周書)》: 백제 여인들이 출가하기 전에는 편발(編髮)[4]하여 머리 위로 돌려 하나로 늘어뜨려 꾸미고 시집가서는 둘로 가른다.

소운거사(嘯雲居士) 이규경(李圭景)의 《오주연문장전산고(五洲衍文長箋散稿)》〈관북실녀상권변증설(關北室女上鬐辨證說)〉: 관북 육진(六鎭) 풍속에 기이한 것이 심히 많은데 그 중에도 더욱 기이하고 괴이한 것은 종성(鐘城)·회령(會寧) 등 풍속에 처녀 나이 16,7세가 되면 머리카락을 두 줄로 나누어 다리〔髢, 月子〕를 하여 묶어 둘러서, 시집가는 여인이 머리에 쓰는 족도리 같고, 좌우 귀 뒤의 두 변발(辮髮)은 예전대로 풀지 않고 둘러진 월자 아래로 넣고 성혼(成婚)한 뒤에 푸는데 그 풍속이 예로부터 그러하였다……. 육진은 곧 여진(女眞) 야인(野人)이 살던 땅인데, 그 풍속이 전염(傳染)되어서 그런 것 같다.

대개 오환(烏丸)은 부여·고구려 국경과 인접하여 옛 국속(國俗)·민풍(民風)이 서로 통하였을 것이다.

제3절 선비(鮮卑)

《위지(魏志)》: 선비(鮮卑)는 동호(東胡)에서 나온 종족으로, 특히 선비산(鮮卑山)에 살았으므로 그렇게 부른 것이다. 언어와 풍습은 오환(烏桓)과 같고 오직 혼인 때 먼저 머리를 깎고〔髡頭〕, 봄이 끝나는 달에 요락(饒樂) 물가(지금 영주(營州) 북쪽에 있다)에 모여 잔치를 마친 뒤에 배합(配

---

4) 編髮: 옛날 蒙古를 비롯한 아시아 여러 민족 사이에서 유행하던 머리를 땋는 방식으로, 元의 간섭하에 있던 고려에서도 한때 유행되었으나 공민왕 때 폐지되었으며, 辮髮이라고도 한다.

合)한다.

선비는 곧 지금의 서백리(西伯里)이니, 선비는 곧 서비리(西卑離)이다. 비리(卑離)라는 것은 우리나라 옛말에 평야(平野)를 말하는 것이니, 대개 비리(卑離) · 부리(夫里) · 벌(伐) · 불〔火〕 및 지금의 평(坪)이라는 지명(地名)은 그 근원을 고구(考究)해 보면 모두 같은 하나의 풍속에서 나온 것이다.

선비의 언어 습속이 오환과 서로 같은 것은, 귀신을 공경하고 천지일월성신과 조선(祖先)에게 제사 지내는 풍속이다. 혼인 풍속은 봄의 마지막 달(5월)에 물가에 모여 잔치를 마친 뒤에 짝을 맺는다 하니, 지금 우리 북쪽 지방의 풍속에도 이와 비슷한 것이 있다. 갑산(甲山) 등지에는 5월 5일에 여자들이 깨끗한 새옷을 입고 술 · 음식 · 떡 · 과실 등을 준비하여 압록강변에 모여 마시고 춤추고 노래하다가 해질 무렵이면 남자들은 여자들이 취한 것을 살핀 다음 함께 섞여 앉아 마음껏 즐긴 다음 흩어지니, 대개 달빛 아래〔月下〕의 인연과 뽕밭 속〔桑中〕의 언약은 모두 이 모임이 매개(媒介)가 된다.

제4절 거란(契丹)(遼)

《십팔사략(十八史略)》: 거란(契丹) 아보기(阿保機)는 옛 동호(東胡) 종족이다. 그 나라 선조는 횡산(橫山) 남쪽에 있으니, 본래 선비(鮮卑)의 옛 땅이다. 원(元) · 위(魏) 시대에 스스로 거란(契丹)이라 불렀다. 처음에 대하씨(大賀氏)가 여덟 아들이 있었는데 팔부대인(八部大人)이라 불렀으며, 한 사람을 추대하여 왕으로 삼았고, 3년을 1대로 하였다. 당(唐) 개원(開元) 중에 소고(邵固)라는 자가 무리를 통솔할 때 세습 왕제를 조허(詔許)하였다. 이때에 이르러(후양(後梁) 균왕(均王)) 모든 부족이 야율간리(耶律幹里)의 작은아들 아보기(阿保機)를 왕으로 삼았는데 해(奚)·발해(渤海) 등 여러 나라를 병합하고 연호를 세워서[建元] 다시는 수대(受代)[5]하지 않으니, 나라 사람들이 천황왕(天皇王)이라 하였다.

《성경통지(盛京通志)》〈요태조(遼太祖)〉: 요(遼) 태조의 어머니가 해가 품안에 떨어지는 꿈을 꾸고 임신하였다. 태어날 때 방 안에 신령스런 빛과 이상한 향기가 있었다. 태어난 지 석 달 만에 걷더니, 장성하자 키가 9척이고 눈빛이 사람을 쏘았다. 나라를 세운 뒤에 동쪽을 정벌하고 서쪽을 토벌하여 위엄이 만리(萬里)에 이르렀다. 양(梁)나라 개평(開平) 원년 정묘(907)에 천황제(天皇帝)라고 호를 높이고, 신책(神册) 3년(918)에 황도(皇都)에 성을 쌓았으며, 재위(在位) 20년, 수(壽)가 50이며, 중희(重熙) 21년(1052)에 시호를 대성대명신열천황제(大聖大明神烈天皇帝)라 하였다.

요(遼) 태조 어머니가 해꿈을 꾸고 임신하여 태조를 낳았다는 것은 고구려 시조 주몽(朱蒙)의 어머니가 햇빛을 받아 임신하여 주몽을 낳았다는 것과 같은 신화이다.

《요사(遼史)》: 하늘을 공경하고 조상을 높이며 출입할 때 반드시 제사 지낸다 하고, 또 〈예지(禮志)〉에 말하기를 "요는 본래 조선의 옛땅이니, 유풍유속(流風遺俗)이 남아 있다. 그 상대(上代)로부터 연정(緣情)이 있어 은연중에 동질(同質)의 풍습이 있다. 요련호자가한(遙輦胡刺可汗)이 산에 제사 지내는 제도를 만들고, 목엽산(木葉山)에 천신(天神)과 지기(地祇)의 신위(神位)를 설치하여 동향(東鄉) 가운데 군수(君樹)를 세우고 그

---

5) 受代: 交代당하는 것, 벼슬자리에서 물러나는 것.

앞에 여러 나무를 심어 조정(朝廷)의 반열을 표시하고, 또 두 그루를 짝지어 심어 신문(神門)으로 하고, 황제와 황후(皇后)가 위(位)에 나아가 전(奠)을 드리고 축문(祝文)을 읽은 뒤에 다시 위(位)에 나아가고, 재상(宰相) 및 상은(惕隱)이 차례로 군수(君樹)에 잔을 드린 다음 여러 나무에 이른다" 하였다.

《오대사(五代史)》: 거란이 귀신을 좋아하고 해〔日〕를 귀히 여겨 매월 초하루에 동쪽을 향하여 해에게 절하고, 대회에 모이든가 나라 일을 볼 때 모두 동향(東向)을 높였다〔尊〕.

요(遼)의 산제(山祭) 의식에 나무를 심고 잔을 드리는 것은 아마 단군 신단수(神壇樹)의 유제(遺制)인 것 같으며, 관음(觀音)을 높여 가신(家神)으로 한 것은 대개 불교화(佛敎化)되어 그러하다. 조정(朝廷)이 모두 관음을 숭배하는 것은 곧 요(遼)의 유제(遺制)이다. 《거란지(契丹志)》를 상고하면 "장백산(長白山)은 백의관음(白衣觀音)이 사는 곳이라 하고, 요(遼) 태조(太祖)가 유주(幽州) 대비각(大悲閣)에 행차하여 백의관음 상을 옮기고 목엽산(木葉山)에 사당을 세워 가신(家神)으로 숭배하고, 배산(拜山) 의식을 정하고, 나무를 심은 뒤 보살당위(菩薩堂位)를 참배한 뒤에 신(神)에게 절을 하니, 호자가한(胡剌可汗)의 선례(先例)가 아니라 흥종(興宗)이 먼저 보살당 및 목엽산 요하신(遼河神)을 섬긴 뒤에 산에 절하는 의식을 행한다" 하였다. 이것은 고려 인종(仁宗)이 서경(西京)에서 8성(八聖)에게 제사 지낼 때, 그 첫째는 호국백두악태백선인(護國白頭岳太白仙人)과 실덕문수사리보살(實德文殊師利菩薩)로 의미가 비슷하고, 또 우리나라 무속(巫俗)에 요(遼)의 풍속과 같은 것이 있다. 이덕무(李德懋)의 《청장관전서(青莊館全書)》의 〈무녀척미(巫女擲米)〉조에, 우리나라 무녀(巫女)가 반(盤)에 쌀더미를 놓은 다음 조금 집어던지고 입으로 주문(呪文)을 외우면서 손가락을 머리에 대고 쌀알을 살핀 다음 길흉(吉凶)을 안다고 하는데, 이 풍속도 또한 연유한 바가 있다. 《요사(遼史)》에 정월 초하루에 창에서 미단(米團)을 집어던져 척수(隻數)[6]가 나오면 불리하다고 하니, 미단이란 분단(粉團)의 종류와 같은 것인지 알 수 없다.

제5절 흉노(匈奴)

동이(東夷)의 이웃을 북이(北夷)라 하며, 또한 북로(北虜)라고도 한다. 북로의 처음 이름은 산융(山戎)인데, 뒤에 훈죽(葷粥, 하(夏)나라 때 이름)·귀방(鬼方, 은(殷)나라 때 이름)·험윤(玁狁, 주(周)나라 때 이름)·흉노(匈奴, 한(漢)나라 때 이름)가 되었다. 훈죽·험윤·흉노 등 국호는 발음이 모두 비슷하여 실제로는 하나이면서 이름이 다른 것이다. 흉노는 북이(北夷)에 속하며, 동이(東夷)에 인접하여 언어·풍속이 서로 같은 것이 있다. 예를 들면 군장(君長)을 한(汗)이라 하니, 이것은 우리말의 삼한(三韓)의 한(韓)과 구간(九干)의 간(干)과 서로 같고, 또 흉노가 천지(天地)·산천(山川)과 그 조선(祖先)에 제사 지내는 것은 모두 우리 풍속과 같으니, 이는 고사(古史)에서 증거할 수 있다.

《사기(史記)》〈흉노전(匈奴傳)〉: 선우(單于)가 아침에 영(營)에 나가 솟는 해에게 절하고 저녁에 달에 절한다. 해마다 5월에 용성(龍城)에 모여 그 선조(先祖)와 천지귀신(天地鬼神)에게 제사 지낸다(《색은(索隱)》). 최호(崔浩)가 말하기를 "서방(西方)의 호(胡)가 모두 용신(龍神)을 섬긴 까

---

6) 隻數: 陽數, 홀수.

닭에 대회 장소를 용성(龍城)이라 한다" 하였다.

《후한서(後漢書)》〈흉노전(匈奴傳)〉: 흉노에게 삼룡사(三龍祠)가 있는데, 해마다 정월·5월·9월 무자일(戊子日)에 천신(天神)에게 제사 지낸다 하였다.

《장태염문초(章太炎文鈔)》〈목전(穆傳)〉: 서막(西膜, 훈(訓)은 사막(沙漠)) 흑수(黑水)라 하고, 서막이 이르는 바 홍루(鴻鷺)라는 것은 신단(神壇)이다. 서막(西膜) 사람들이 아보로신(亞普魯神, 곧 Apollo)을 섬긴다 하였는데, 의미는 상천(上天)의 아들 성(姓)이다. 희랍(希臘)에서 전입(轉入)하는 과정에 음이 변하여 아포로(亞泡路, Apollo)가 되었는데, 광명결청(光明絜淸)의 신(神)이라 하니 소리가 모두 홍루(鴻鷺)와 비슷하다. 대체로 그 신단이 흑수(黑水)에 있다고 한다.

홍루(鴻鷺, Honglu)라는 것은 곧 헝누(匈奴, Hungnu)이다. 몽고어(蒙古語)에 흑룡(黑龍)을 할루(哈喇婁, Hallu)라 하는데 곧 흑수이다. 대개 흉노의 이름은 아마 흑수신단(黑水神壇)에서 나온 것 같다. 사막(沙漠)에서 받든 아보로신(亞普魯神, Apollo)은 아마 고구려에서 받든 부여신(夫餘神) 하백녀(河伯女)인 것 같은데 또한 단군(壇君)의 비(妃)이다. 몽고 사막 지역이 부여와 접해 있는 까닭으로 그 고초(古初) 시대에 받든 신도 역시 같았을 것이다. (〈고구려(高句麗)〉조에 상세히 보인다.) 또 흉노의 계급제도 및 혼인 풍속은 부여(夫餘) 및 신라(新羅)와 같은 점이 많다.

신채호(申采浩)가 논한 마한(馬韓) 소도(蘇塗)에서 이르기를 "소도는 곧 하늘에 제사 지내는 신단(神壇)이라 하고, 또 〈흉노전(匈奴傳)〉에 의하면, 흉노가 말하기를 제단(祭壇)이 있는 곳을 휴도국(休屠國)이라 하니, 휴도라는 것은 소도(蘇塗)인 것 같으며, 또한 수림(樹林)의 제단(祭壇)이다. 그러므로 중국 사람(漢人)들은 그 제단을 가리켜 농성(蘢城)이라 한다. 그 뒤에 농(蘢)자에서 초두(草頭)를 빼고 용성(龍城)이라 하니,

《사기(史記)》·《한서(漢書)》·《후한서(後漢書)》·《진서(晋書)》 가운데 보이는 모든 용성이 곧 이것이다. 그렇다면 흉노는 혹 우리 민족과 본래 같은 뿌리인지도 모른다. 아니면 고대 조선이 흉노와 함께 같은 치하(治下)에 있었던 것이 아닌지 모른다"하였다(전후《삼한고(三韓考)》).

제6절 여진(女眞)(金)

《고려사(高麗史)》: 예종(睿宗) 10년(1115) 봄 정월에 생여진(生女眞) 완안(完顏) 아골타(阿骨打)가 황제(皇帝)라 칭하면서 이름을 민(旻)으로 고치고 국호를 금(金)이라 하였다. 그 풍속이 흉노와 같아 모든 부락(部落)이 성곽이 없고, 산과 들에 흩어져 살며, 문자(文字)가 없고 언어(言語)를 새끼로 매듭을 지어〔結繩〕 약속을 삼는다……. 어떤 이는 말하기를, 옛날 우리 평주(平州) 승려 금준(今俊)이 여진 아골타가 살던 옛 촌락에 숨어 들어가니 이것이 금나라의 처음이다 하였고, 어떤 이는 말하기를, 평주 승려 김행(金幸)의 아들 극수(克守)가 처음으로 여진 아골타의 옛 마을에 들어가 여진 여자에게 장가들어 아들을 낳아 고을태사(古乙太師)라 했으며, 고을이 활라태사(活羅太師)를 낳고, 활라가 아들이 많았는데, 맏아들이 핵리발(劾里鉢)이고 막내아들이 영가(盈歌)로서, 영가가 가장 웅걸(雄傑)하여 많은 사람의 마음을 얻었으며, 영가가 죽고 핵리발의 맏아들 우야소〔烏雅束〕가 위(位)를 잇고, 우야소가 죽은 후에는 아우 아골타(阿骨打)가 위(位)를 이었다 하였다.

12년 3월 계축에 금주(金主) 아골타가 아지(阿只) 등 다섯 사람에게 편지를 써서 보내기를 "형(兄)인 대여진(大女眞) 금국(金國) 황제(皇帝)는 동생 고려국(高麗國) 왕(王)에게 글을 보내노라. 우리 할아버지〔祖考〕로부터 작은 한 지방에 있으면서 거란을 대국(大國)으로, 고려를 부모의 나라로 조심하여 섬겼더니, 거란이 무도(無道)하여 우리 강역(疆域)을 침범하여 짓밟고 우리 백성을 노예로 삼으며, 여러 번 명분 없는 전쟁을 일으키므로 내가 부득이 항거하여 하늘의 도움을 입어 진멸(殄滅)하게 되었으니, 왕은 우리와 화친하여 형제의 의를 맺어 세세무궁(世世無窮)토록 좋은 관계를 유지하기 바라노라" 하였다.

　백운산(白雲山) 이자명(李子明)의 《역사담(歷史談)》: 여진 완안 아골타가 이름을 민(旻)으로 고치고 국호를 금(金)이라 하고 연호(年號)를 세우니, 이가 금(金) 태조(太祖) 황제이다. 태종(太宗) 천회(天會)[7] 사이에 송(宋)나라 휘종(徽宗)·흠종(欽宗) 두 왕을 사로잡았으며, 그 아들 구(構)를 신하로 삼아 중원(中原)을 도모하여 소유했으며, 세종(世宗) 때에 이르러 무(武)를 눕히고 문(文)을 닦아 교화(教化)가 행하고 풍속이 아름다워 남조(南朝)의 사씨(史氏)는 북방의 요순(堯舜)이라 일컬었다. 9세(九世)를 지나 1백20년의 왕위를 전하니, 이것이 실제로 조선 씨족의 무공(武功)이 발달한 명확한 증거이다.

　상고하건대 금(金)의 선조는 고려에서 나왔다. 금이 처음 일어날 때 고려를 부모의 나라로 섬기고 한번에 요(遼)를 멸망시키니, 《북송국서(北宋國書)》에 해솟는 나라에 성인(聖人)이 난다는 말이 있고, 두번째 일어나 송(宋)을 삼키니 현장으로 나온 군신(君臣)이 공손히 신하의 직분을 행하고, 세종(世宗)에 이르러서는 무(武)를 지양하고 문(文)을 닦아 요순(堯舜)의 정치를 일으키니, 그 교화가 고려에서부터이다.

　《십팔사략(十八史略)》: 여진 아골타가 왕위에 오르니 여진 본 이름은

---

7) 天會: 金 太宗의 연호(1123~1137).

주리진(朱里眞)이다. 숙신(肅愼)의 유종(遺種)이며, 발해(渤海)의 별족
(別族)이다. 어떤 이는 말하기를, 본성(本姓)은 나(拏)로서 진한(辰韓)의
후예이다 하였다.《삼국지(三國志)》에서 말하는 읍루(挹婁), 원위(元魏)[8]
에서 말하는 물길(勿吉), 당(唐)에서 말하는 흑수말갈(黑水靺鞨)이 바로
그 지역이다. 72마을이 있으며, 본래는 서로 통합되지 않았고, 대중상부
(大中祥符)[9] 이후로부터 끊어져 중국과도 통하지 않았으며, 생여진(生女
眞)(《대금지大金志》에 "강(江) 남쪽에 사는 자는 숙여진(熟女眞)인데 거란에
복속했으며, 강 북쪽에 사는 자를 생여진(生女眞)이라 하는데 이 또한 거란
의 신하가 되었다" 하였다) 무리가 많았다. 추장(酋長)은 암판(巖版)이며
손자가 있었는데 양가태사(楊哥太師)로 드디어 여러 부족에서 뛰어났다.
어떤 이는, 양할(楊割)의 조상은 신라 사람 완안씨(完顏氏)로 여진 여자
를 아내로 맞아 두 아들을 낳았는데, 장자가 호래(胡來)로, 3세(三世)를
전하여 양할(楊割)에 이르니, 아골타는 그 아들이고, 사람됨이 침착하고
굳세었으며 큰 뜻을 가지고 있었다 하였다.

《성경통지(盛京通志)》〈금태조(金太祖)〉: 금나라 조상은 말갈씨(靺鞨
氏)에서 나왔고, 본래 물길(勿吉)이라 불렸으며 옛 숙신(肅愼) 지역이다.
원위(元魏) 시대에 물길은 7부가 있었으니, 속말(粟末)・백돌(伯咄)・안
차골(安車骨)・불녈(拂涅)・호실(號室)・흑수(黑水)・백산(白山)이다.
수(隋)나라 때 말갈이라 칭했고, 당(唐)나라초에는 오직 흑수・속말 2부
가 있었다. 속말부(粟末部) 뒤에 발해대씨(渤海大氏)가 왕이 되어 10여
세(世)를 전했으며, 흑수부(黑水部)는 숙신 땅에 살았는데, 동쪽은 바닷
가이고, 남쪽은 고려에 접하였고, 경내(境內)에 백산(白山)과 흑수(黑水)

---

8) 元魏: 北魏・後魏의 별칭. 三國 魏에서 이어진 것을 後魏, 南朝에서 이어진 것
을 北魏라 하며, 魏王朝 통치자 본성은 拓跋・拓跋宏(孝文帝) 때 성을 元으로 고쳤
는데, 역사에서 元魏라 한다.
9) 大中祥符: 北宋 眞宗의 연호(1008~1016).

가 있는데, 지금의 장백산(長白山)과 흑룡강(黑龍江)이다. 금(金)의 시조 함보(函普)가 완안부(完顏部)의 복알수(僕幹水)가에 살면서 오로(烏魯)를 낳으니 곧 덕제(德帝)이다. 덕제의 아들 발해(跋海)는 안제(安帝)이며, 안제의 아들 수가(綏可)가 곧 헌조(獻祖)이다. 처음에 개간하고 농사를 시작하여 궁실(宮室)을 짓고 안출호수(安出虎水) 곁에 살았다. 헌조의 아들 석로(石魯)는 곧 소조(昭祖)로, 처음으로 조교(條敎)를 세워 부락이 점점 강하였다. 요(遼)가 측은히 여겨 벼슬을 시켰다. 소조의 아들 오고내(烏古迺)가 곧 경조(景祖)이다. 요(遼)가 절도사(節度使)로 삼았으며, 경조의 아들 핵리발(劾里鉢)이 곧 세조(世祖)이다. 파자숙(頗剌淑)은 곧 숙종(肅宗)이고, 영전(盈顫)은 곧 목종(穆宗)인데 형제가 모두 절도사가 되었으며, 목종 뒤에 세조(世祖)의 맏아들 우야소〔烏雅束〕에게 전하니, 이가 강종(康宗)이다. 태조(太祖)는 곧 세조의 둘째아들로 본명은 아골타이다. 송(宋) 정화(政和) 5년 을미년(1115)에 제위(帝位)에 올라 국호를 대금(大金), 연호를 수국(收國)이라 개원(改元)하고, 이름을 민(旻)으로 고치고 천보(天輔) 4년(1120)에 요(遼)의 상경(上京)을 함락시켰으며, 6년(1122)에는 중경(中京)·서경(西京)·연경(燕京)을 취하였다. 재위(在位)는 9년이며, 수(壽)는 56세, 시호는 무원(武元)이라 하였다.

《청장관전서(靑莊館全書)》〈앙엽기(盎葉記)〉: 장자열(張自烈)이 말하기를 "금나라 본 이름은 주리진(朱里眞)인데, 다른 나라들이 옛 이름을 여진(女眞)이라 잘못 불렀다. 거란 흥종(興宗)의 이름을 피하여(흥종(興宗)의 이름은 종진(宗眞)) 여진으로 고쳤다. 숙신씨의 유종(遺種)이며 발해의 형족(兄族)이다. 외진 거란 동북 구석에 산다. 일설에 그 첫 추장(酋長)은 신라(新羅) 사람으로 완안(完顏)씨라 부른다. 완안이라는 것은 한(漢)나라 말로 왕이다. 여진 여자를 아내로 삼아 아들을 낳았는데 둘째아들이 아골타(阿骨打)라 전한다. 그 나라에 금이 생산되고 금수(金水)[10]의 근원이 있어 부르기를 금(金)이라 한다" 하였다.

《흠정만주원류고(欽定滿洲源流考)》〈부족(部族)〉:《금사세기(金史世紀)》에 "금의 조상은 말갈(靺鞨)씨에서 나왔으며 옛 숙신의 땅이다. 5대(五代)[11]에 거란에 부속(附屬)되어 남쪽에 있는 자로서 거란에 적(籍)을 둔 자를 숙여진(熟女眞)이라 하고, 북쪽에 있으면서 거란에 적을 두지 않은 자를 생여진(生女眞)이라 불렀다. (만주어(滿洲語)를 상고하면 국초(國初)에 소속된 것을 불만주(佛滿洲)로서 구만주(舊滿洲)이며, 새롭게 편입된 것을 이철만주(伊徹滿洲)라 하는데 신만주(新滿洲)이다. 생여진(生女眞)과 숙여진(熟女眞)은 신구(新舊)의 뜻이다.) 생여진 땅에 혼동강(混同江)과 장백산(長白山)이 있으니 이른바 백산(白山)·흑수(黑水)이다. 금(金)의 시조 이름은 합부(哈富)이다(옛 이름은 함보(函普)). 처음에 고려에 와서《통고(通考)》및《대금국지(大金國志)》를 상고하면, 성은 완안씨(完顏氏)로 본래 신라(新羅)에서 왔다. 상고하면, 신라와 고려 옛땅에 서로 섞여 살아서 요금사(遼金史) 가운데 왕왕 두 나라로 호칭(互稱)해서 구분이 안 된다. 사전(史傳)을 상고하면, 신라는 김성(金姓)의 왕이 수십세(數十世)를 전해 왔다. 금(金)이 신라에서 온 것은 의심이 없다. 나라를 세우면서 이름을 이것으로 취하였다.《금사지리지(金史地理志)》에, 나라에 금수(金水)의 근원이 있어 이름하였다고 한 것은 사가(史家)들이 이론을 억지로 끌어다 붙인 말로서 신빙성이 없다) 완안부(完顏部) 포이갈(布爾喝) 물가에 살면서 두 아들을 낳으니, 장자는 오로(烏魯)이며, 차자는 간로(幹魯)로 완안부 사람이 되었다. 헌조(獻祖)에 이르러 해고륵(海古勒)으로 옮겨 살았으며, 6대 경조(景祖)에 이르러서는 여러 부족을 복속시켜 무기와 기계(器械)를 준비하니 앞뒤로 따르는 자가 많았다" 하였다.

《대금국지(大金國志)》: 금나라의 본명은 주리진(珠里眞, 상고하건대 조선 시대에 옛날 만주(滿洲)를 주관(珠串)이라 일컬었는데 주리진(珠里眞)과

---

10) 金水: 金生水, 곧 金에서 水가 生한다는 의미로 五行相生의 하나.
11) 五代: 後梁·後唐·後晋·後漢·後周 시대로 907~960년 사이이다.

음이 비슷하며 다만 느리고 급한 것이 다를 뿐이다. 모두 숙신(肅愼)의 전음(轉音)이다)인데 뒤에 와전되어 여진(女眞)이 되었다. 어떤 이는 말하기를 여진(慮眞)인데 숙신씨의 뒤이며 발해의 별족(別族)이다 하였다. 당나라 정관(貞觀) 연간(627~649)에 말갈이 중국으로 들어와서 비로소 여진이라는 이름이 알려졌다. (《통고(通考)》를 상고하면 5대 때 처음으로 여진(女眞)이라 칭하였다 했는데, 이 증거는 이미 당(唐)나라 때 여진이라 칭함이 있었다.) 대대로 혼동강(混同江)의 동쪽 장백산(長白山) 아래 살면서 남쪽은 고려(高麗)와 이웃하고, 북쪽은 실위(室韋)와 접하고, 서쪽은 발해와 경계하고, 동쪽은 바닷가이다. 《삼국지(三國志)》에서 이르는 바 읍루(挹婁), 원위(元魏)가 말하는 물길(勿吉), 당(唐)이 말하는 흑수말갈(黑水靺鞨)이라는 것이 지금의 그 땅이다. 그 족속(族屬)이 6부로 나뉘었는데 그 중에 흑수(黑水)가 있으니 거란에서 혼동강(混同江)으로 지목하고 있다. (상고하건대 혼동강은 곧 송아리강(松阿里江)으로 비록 하류(下流)가 흑룡강(黑龍江)에서 모이나 실제로는 두 갈래 물인데 이것이 합하여 하나라고 하니 또한 오류이다.) 강 남쪽에 사는 자가 숙여진(熟女眞)이니, 거란에 속해 있기 때문이며, 강 북쪽이 생여진(生女眞)이다……어떤 이는 말하기를, 금(金)나라 조상은 본래 신라 사람으로 완안씨(完顔氏)라 전하며, 태조(太祖)에 이르러 그 나라에 금(金)이 나고 금수(金水)의 근원이 있다 하여 대금(大金)이라 일컬었다 하였다. (《대금국지(大金國志)》를 상고하면, 금수(金水)의 근원이 있다고 하고, 안호(安虎)가 금(金)이 되지는 않았다고 하였다. 상고하면 금원(金源)이라 칭한 것은 요(遼)의 중경(中京)에 금원현(金源縣)이 있고 이곳에 금전(金甸)이 있어 이름이 되었다. 금(金)과 원(元)이 원인이 되어 지금 객나심(喀喇沁) 오른쪽 경계에 있는데, 금원(金源)이라 칭하니 안출호(安出虎)와는 관계가 없다. 다만 《금본기(金本紀)》에 태조(太祖) 건국 조서(詔書)가 실려 있는데, 철(鐵)은 비록 강하긴 하나 변하고 무너지며 오직 금(金)은 변하지 않으니 이로써 국호를 대금(大金)이라 했다 하나 이것으로 이름을 취했다는 것은 아닌 것 같다.)

  대금(大金) 국호(國號)의 의미는 신라 왕의 성(姓)에서 나온 것이 아닌가 생각된다. 금(金)의 황계(皇系)는 본래 신라 종족이다. 고려 시대에 신라 사람 함보(函普)가 여진에 들어가서 결혼하여 아들을 낳았으며, 그 후세에 이르러 점점 웅강(雄强)하여 모든 부족을 통령(統領)하였고, 숙신 옛땅에 나라를 세워 국호를 금이라 하니, 국호를 금으로 한 것은 그 의의가 있다.

  《만주원류고(滿洲源流考)》에 금(金)나라라 부르는 것은 신라 왕의 성에서 나왔다는 것이 이것이다. 신라 왕계(王系)는 3성(박(朴)·석(昔)·김(金))이 있는데, 삼성(三聖)을 통칭 성골(聖骨) 또 진골(眞骨)이라 하고, 진골 가운데 또 귀골(貴骨)과 금골(金骨)이라는 명칭이 있다. 신라가 망하고 고려에 이르러 김씨의 후예가 번창하여 높은 벼슬에 오르는 족벌(族閥)이 되니, 곧 김부식(金富軾)·김부철(金富轍) 같은 이가 높은 벼슬을 하였는데, 모두 신라 경순왕(敬順王)의 후손이다. 여진에 들어간 함보(函普)는 이 종족인지 알 수 없으나, 아들과 손자에 이르러 하나의 가정에서 나라가 되어 이름을 나타내고 종족의 성(姓)으로 국호를 삼으니, 있음직한 일이며 당연한 일이다. 예컨대 고구려 시조 주몽(朱蒙)이 스스로 고신(高辛)의 후예라 하여 고(高)로 성을 삼고 또 나라 이름 위에 '고(高)'자를 붙여 고구려라 하고, 백제 시조 온조(溫祚)가 부여(夫餘) 계통에서 나왔다 하여 부여로 성을 삼고 그 뒤에 사비(泗沘)로 도읍을 옮겨 국호를 역시 남부여(南扶餘)라 일컬은 것 등은 모두 그 선세(先世)를 기념한 것들이다. 금(金)나라의 모든 역사가, 금의 국호는 안출호하(安出虎河, 금수(金水))의 의미를 취하였다 하며, 《만주원류고》에 사관(史官)이 억지로 이론을 맞춘 말(附會)이기 때문에 충분한 증빙이 되지 못한다 하여 틀린 것은 바로잡고 잘못된 것을 고치는 것은 당연하다 하겠다.

이제 신라와 금(金) 두 나라가 산신(山神)에게 제사 지내는 일을 증거하여도 또한 같은 계통임을 고증할 수 있다. 대개 신라는 산신에게 제사 지내기를 좋아하는데(《신당서(新唐書)》에 보인다) 태백산(太白山)을 가장 중히 여겨 왕이 친히 치제(致祭)하였다.

《삼국사기(三國史記)》: 일성이사금(逸聖尼師今) 5년(138) 겨울 10월에 북쪽으로 순방하여 친히 태백산에 제사 지냈다. 기림이사금(基臨尼師今) 3년(300) 3월에 우두주(牛頭州)에 가서 태백산에 망제(望祭)를 지냈다.

태백산(太白山)과 소백산(小白山)은 모두 지금의 강원도와 경상도의 경계이며, 모두 조산(祖山)인 장백(長白)의 이름을 딴 것이다. 이것은 묘향산(妙香山)이 장백에서 나누어진 것이면서 이름이 태백(太白)과 같은 한뜻으로, 장백이 곧 태백이다. 신라가 태백산에서 제사 지내고 금나라는 장백산에서 제사 지냈다.

《금사(金史)》: 여진 땅에 장백산이 있다. 장종(章宗) 태화(泰和) 2년(1202)에 사신(使臣)을 보내서 장백산에 보사(報謝)하였다.
《성경통지(盛京通志)》: 금(金) 대정(大定) 12년(1172)에 장백산을 흥국령응왕(興國靈應王)에 책봉(册封)하고 유사(有司)를 두어 치제(致祭)케 했는데 악(嶽)·진(鎭) 고사(故事)와 같이하였다. 명창(明昌) 4년(1193)에 개천홍성제(開天弘聖帝)로 높여 곤룡포와 면류관을 갖추고 산 북쪽에 묘(廟)를 세웠다.

금나라가 장백산에 제사 지낸 것과 신라가 태백산에 제사 지낸 것은 모두 뜻이 있다. 태백산은 만주와 우리나라의 조산(祖山)이며 또 단군

발상(發祥)의 곳인 까닭에 높여서 제사 지내는 것이 이와 같은 것일까? 신라 남해차차웅(南解次次雄)은 무당으로 칭호를 삼고, 금나라 풍속도 또한 무당을 높여 산밀(珊蜜)이라 불렀으니, 곧 만주 말로 살만(薩滿)이 이것이다. 모두 단군 시대 천신(天神)을 주제(主祭)한 유속(遺俗)의 계통임이 명백하다.

제7절 몽고(蒙古)(元 · 韃靼)

《십팔사략(十八史略)》: 송(宋) 영종(寧宗) 개희(開禧) 2년(1206), 이 해에 원(元) 태조(太祖)가 알난하(斡難河)의 원(源)에서 즉위하였다. 태조의 성은 기악(奇渥) 온씨(溫氏)이며 이름은 철목진(鐵木眞)으로 몽고부 사람이다. 선세(先世)에 몽고부장이 되고, 태조의 아버지 야속해(也速該)에 이르러 비로소 여러 부락을 병탄(併吞)하여 더욱 강대해졌다. 뒤에 시호를 추증하여 열조신원황제(烈祖神元皇帝)라 하였다. 초기에는 신원(神元)이 탑아부(塔兒部)를 정복하여 사로잡은 부장 철목진의 선의후(宣懿后) · 월륜적(月倫適)을 얻어서 태조를 낳으니, 손에 바탕이 붉은 돌을 쥐고 있었다. 신원(神元)이 기이하게 여겨 사로잡은 철목진(鐵木眞)으로 이름 지으니, 무공(武功)에 뜻을 둔 것이다. 원년(元年)에 모든 왕과 여러 신하를 모으고 구유백기(九遊白旗)를 세워 놓고 즉위하니 여러 신하들이 함께 존호(尊號)를 올렸는데 성길사황제(成吉思皇帝)라 하였다. 그때가 금의 장종(章宗) 태화(泰和) 6년(1206)이다.

《금지(金志)》: 달단(韃靼)의 선조는 여진과 같은 족속이고 모두 말갈(靺鞨)의 후예이다. 그 나라가 원위(元魏) · 제(齊), 북제(北齊)) · 주(周, 우문(宇文)) 시대에는 물길(勿吉)이라 칭하였고, 수(隋)에 이르러 말갈이라 부르니, 그 땅이 장안(長安)에서 동북으로 직선거리가 6천 리이며, 동쪽 바닷가이다. 수십 군(郡)으로 흩어져 있는데, 흑수(黑水)·백산(白山) 등의 이름이 있다.

　백산은 본래 고구려에 속했는데, 당(唐)이 고구려를 멸망시키자 그 유민(遺民)들이 발해에 들어가니 흑수(黑水)와 완강(完疆)이다. 발해가 강성해짐에 따라 말갈이 모두 역속(役屬)하고 뒤에 해례(奚隸, 동호족(東胡族)) 거란(契丹)의 공격을 받아 부족이 분산하여 혼동강(混同江, 요동(遼東) 개원로(開元路) 함평부(咸平府), 장백산(長白山)의 흑수(黑水) 발원(發源)인 율말하(栗末河)가 혼동강이다) 상류에 살면서 처음 이름을 여진(女眞)이라 하였는데(혼동강은 곧 압록수(鴨綠水)의 원류(源流)로 옛 숙신의 땅이다) 흑수(黑水)의 유종(遺種)이며, 음산(陰山)에 사는 자는 스스로를 달단(韃靼)이라 불렀으니 당(唐) 말년(末年) 및 5대(五代) 시대에는 중국과 통교하였고, 송(宋)나라 초기에는 두어 번 조공(朝貢)을 바쳤는데, 달단 사람은 모두 용감하고 싸움을 잘하였다.

　한(漢) 땅에 가까운 자를 숙달단(熟韃靼)이라 하는데 말먹이인 꼴[秣]과 검은 기장[穄]을 잘 가꾸어 바닥이 평평한 기왓가마[瓦釜]에 삶아먹었으며, 멀리 있는 자는 생달단(生韃靼)이라 하는데 사렵(射獵)하여 살며, 기갑(器甲)도 없고 골촉(骨鏃)뿐이니 대개 그 땅에 철(鐵)이 나지 않기 때문이다. 거란이 비록 시장은 개방하여 서로 통했지만 철은 매우 엄금하였다. 뒤에 금나라 사람이 하동(河東)을 빼앗고 유예(劉豫)를 잡은 뒤 철전(鐵錢)을 폐지하였다. 이 때문에 진진철전(秦晋鐵錢)을 모두 달단(韃靼)이 얻어 드디어 군기(軍器)를 크게 준비하여 나라가 더욱 강해졌다. 금나라가 강성할 때 달단에서 해마다 조공을 바쳤다. 위왕(衛王, 금주(金主))이 왕위에 오를 때 달단주(韃靼主) 특몰진(忒沒眞), 철목진(鐵木眞, 비로소 황제로 칭하였다)이 칭기즈 칸[成吉思汗] 황제가 되어, 산동(山東)의 양하(兩河)가 모두 대조(大朝)에 부속(附屬)되었다. 또 몽골국(朦骨國)

이라는 것이 여진의 동북쪽에 있었는데, 당(唐)나라에서는 몽올부(蒙兀部)라 하고, 금나라에서는 몽올(蒙兀)이라고도 하고 또 맹골(萌骨)이라 했는데, 그 사람들은 음식을 익혀먹지 않고 밤에도 능히 보며, 교어(鮫魚)[12] 껍질로 갑옷을 만들어 입었는데 화살도 막을 수 있었다.

금나라 희종(熙宗) 천권(天眷) 연간(1138~1140)에 반란이 일어나기 시작하자 도원수(都元帥) 종필(宗弼, 올출(兀朮)의 이른바 네번째 태자(太子))이 평정하는데, 해마다 토벌을 못하고 다만 군사를 나누어 요소를 지키고 도리어 뇌물을 많이 주었다. 그 나라도 또한 스스로 조원황제(祖元皇帝)라 칭하고 연호를 세웠으며, 이때에 변방의 근심이 되었다. 거란의 한아(漢兒)가 부녀를 얻어 처첩(妻妾)으로 삼았는데, 이로부터 음식을 익혀먹었다. 이때(송(宋) 가정(嘉定) 4년(1211), 금(金) 대안(大安) 3년) 대조(大朝)를 스스로 대몽고국(大蒙古國)이라 하였다. (몽고 방언(方言)은 은(銀)이며, 이런 까닭으로 국호(國號)로 삼았다.) 그러나 두 나라가 동쪽과 서쪽에 살면서 양방(兩方)이 서로 관망하니 어떻게 한 이름으로 되었는지 알 수 없다. 금나라가 강성할 때 북초토사(北招討使)를 두어 맹골(萌骨)을 방어하고 고려 서·남초토사로 북방 서하(西夏) 맹골(萌骨)의 거점을 통례(統隷)하였다. 대개 금주(金主) 태종(太宗)이 창업 당시 지역이 27위새(圍塞)였으며, 북방 경계는, 동은 임황부(臨潢府)에 접하고 서는 하(夏)나라와 이웃하고 남은 정주(靜州)와 거리를 두고 있고 북은 대인국(大人國)에 접했는데, 지금은 모두 대조(大朝)의 소유가 되었다.

달단(韃靼)이 여진과 같은 족속이고 말갈(靺鞨)의 후예이므로, 그 풍속·종교·신사(神事) 계통도 또한 같다는 것은 묻지 않아도 알 수 있다. 원(元)이 고려와 관계가 자못 밀접하여, 고려 충렬왕(忠烈王) 이래

---

12) 鮫魚: 상어의 異稱.

로 대대로 원(元)의 공주(公主)와 결혼하여 원나라 공주 용외오아문(用畏吾兒文, 회골어(回鶻語))이라 하니 궁중에서 쓰는 말이다. 이덕무(李德懋)의《청장관전서(靑莊館全書)》〈몽고어〉조에 "고려 사람이 원나라에서 벼슬하고 원나라 사람이 고려에 와서 살았으므로 우리말에 몽고어(蒙古語)와 같은 것이 많다.《몽어유해(蒙語類解)》범례(凡例)에 명물(名物)을 중원어(中原語)로 크게 썼으니 요철쇄눌(鐃鐵瑣吶) 등과 같은 것이 이것이며, 그 아래 훈민정음(訓民正音)으로 몽고어와 조선어(朝鮮語)를 나누어 주(註)를 달았다" 하였다. 조선 시대에도 관례〔沿襲〕에 따라 변치 않았고《지봉유설(芝峰類說)》에 "우리나라 향촌(鄕村) 말에 해석이 옳지 못한 것은, 임금에 올리는 음식을 수라(水刺)라 하고, 내관(內官)을 설리(薛里)라 하며, 아랫사람이 윗사람에게 주는 것을 진사(進賜)라 하고, 노비가 주인을 상전(上典)이라 하며, 또 공물(貢物)을 거두어들이는 노비를 달화주(達化主)라 하는데 이것은 호원(胡元)의 달로화적(達魯花赤)이 와전된 것이다" 하였다), 또 고려 여자들이 원(元)나라 사람에게 시집을 많이 갔다.《고려사》를 살펴볼 때, 충렬왕(忠烈王) 원년(1275)에 대부경(大府卿) 박유(朴褕)가 상소하기를 "우리나라는 남자가 적고 여자는 많은데, 높은 사람이나 낮은 사람이나 처(妻) 하나에만 그쳐 자식이 없어도 감히 첩을 두지 못하는데 다른 나라 사람은 처를 한정없이 취하니, 신의 생각에는 인물들이 장차 모두 북쪽으로 흘러갈까 두렵습니다" 하였다. 이것으로 말할 것 같으면, 두 민족 사이에 문화가 서로 통하였음을 상상해 볼 수 있다. 지금 신채호(申采浩) 논문에 의하면, 고구려(高句麗) 칭기즈 칸〔成吉思汗〕이 천하(天下)를 평정하자 문화가 크게 행하였다. 처음에는 야율초재(耶律楚材)의 학식(學識)에 의지하고 또 발사팔(發思八)의 도력(道力)을 바탕으로 삼았다.

야율초재는 요동(遼東) 단왕(丹王) 돌욕(突欲)의 8세손으로 학문을 섭렵하지 않은 것이 없었으며, 태현(太玄)에 깊었고(전한(前漢)의 양웅(楊雄)이 지은 현서(玄書)로, 현(玄)은 천(天)이며 도(道)로서, 뛰어난 성인〔玄聖〕이 훌륭한 법제(法制)를 만들었으니 모두 천도(天道)를 본통(本統)으로 하고 왕정(王政)·인사(人事)·법도(法度) 등 만류(萬類)를 부속(附屬)으로 한다. 복희씨(伏羲氏)는 역(易)이라 하고, 노자(老子)는 도(道)라 하고, 공자(孔子)는 원(元)이라 하고, 양웅(楊雄)은 현(玄)이라 했는데 《현경玄經》 3편, 천지인(天地人)의 도(道)의 기서(紀序)로서 삼체(三體)를 세우고 상중하(上中下)로 했는데, 《서경(書經)》〈우공(禹貢)〉편의 진전삼품(陳田三品)과 같다. 3×3은 9로서 9×9는 81이므로 81괘(卦)가 된다. 4로써 수(數)로 하고, 수를 따라 1에서 4에 이르게 되며 여러 번 역(易)이 변하면 마침내 81편이 되는데 더하거나 덜 수 없으며, 35의 설시(揲蓍)의 《현경(玄經)》 5천여 말이 다만 12편(篇)만 전한다), 또 천문(天文)에 밝았다. (《지봉유설(芝峰類說)》〈성요서(星曜書)〉에 야율초재(耶律楚材)가 고려 국사(國師)를 얻었다고 했는데, 그 국사가 어떤 사람인지는 알지 못한다. 의상(義湘)이나 도선(道詵)의 계통으로 능하지 않음이 없었다. 초재(楚材)는 알았는데 우리나라에는 알지 못한 것이 애석하다. 어떤 이는, 성요(星曜)의 근본이 서역(西域) 불경(佛經)에서 나왔으며 나후계도(羅睺計都)가 있는데 또한 범어(梵語)이다 하였다.) 태조(太祖)가 정벌에 나설 때마다 반드시 초재(楚材)로 하여 미리 길흉(吉凶)을 점치게 하였는데 신기하게 맞지 않는 것이 없었다. 초재가 중서령(中書令)이 되어 모두 결재하였는데 원나라가 중원(中原)을 평정할 수 있었던 것은 초재의 힘이다. 초재가 더욱 선리(禪理)에 마음을 기울여 일찍부터 만송선사(萬松禪師)를 따라 득도(得道)하여 담연거사(湛然居士)라 칭하였다. 그 뒤에 중직(重職)에 있으면서 많은 업무에 접했지만 담박(淡泊)하기가 산속에 사는 것 같았다.

발사팔(發思八, 당(唐)나라 고특어(古特語)로, 성인(聖人)을 말한다)은 서장국(西藏國) 나마승(喇嘛僧)으로 태조가 국사(國師)로 받들었고, 몽고 글자를 만들어 반행(頒行)하였으며, 세조(世祖)는 그를 높여 '개교선문보치대성지덕보각진지우국여의대보법왕(開敎宣文輔治大聖至德普覺眞智佑國如意大寶法王)'으로 높이고, '서천불자(西天佛子)' '대원제사(大元帝師)'의 호를 더하고 천하의 교문(敎門)을 통일하도록 칙서를 내렸다. 지원(至元) 7년(1270)에 시적(示寂)하니, 나이 42세였다.

무릇 원(元) 문화는 모두 불교 문화이다. 세조가 전심(專心)으로 삼보(三寶)를 일으켜 대장경(大藏經) 36장(藏)을 인간(印刊)하여 여러 나라에 반포하였고, 또 사찰을 건립하고 재(齋)를 열었으며, 불경을 번역하고 불도(佛道)를 강론한 것 등 낱낱이 열거할 수 없다. 이때 여러 번 고려 승려를 불러, 원나라로 들어가 사경(寫經)하였다. 이런 연유 등으로 왕래가 빈번하였고 불사(佛事)가 많이 전습(傳習)되었다. 고려 승려의 가법(假法)[13]의 규모와 범패(梵唄)의 소리는 모두 원(元)으로부터 수입되어 지금까지 행하고 있으며, 부인들의 귀걸이도 또한 몽고에서 전해왔다. 이규경(李圭景)의 《오주연문장전산고(五洲衍文長箋散稿)》의 〈이당변증설(耳璫辨證說)〉에 이르기를 "부인들의 장식이 심히 많은데 우리나라는 다만 귀걸이(耳璫)가 있을 뿐이다. 그러나 사대부(士大夫) 집에서 초례(醮禮)[14] 때에 잠시 귓불에 달았을 뿐이다. 송도(松都)로부터 양서(兩西)에 이르기까지 귓불을 뚫어(《삼재도회(三才圖會)》에, 귀 아래에 구멍을 뚫는다 하였다) 구리로 만든 작은 고리를 꿰었는데, 이것은 이예(夷裔)의 풍속이 아직 남아 있는 때문이다" 하였다. 또 《수곡집(壽谷集)》(경은부원군(慶恩府院君) 김주신(金柱臣) 지음)을 살펴보니 "선묘(宣廟) 5년 임신(1572)에 정원(政院)에 전유(傳諭)하기를 '신체발부(身體髮膚)는 부모님께 받은 것인데 훼상(毁傷)하지 않는 것이 효도의 시작

---

13) 假法: 불교의 儀式 무용.
14) 醮禮: 婚禮의 별칭.

이거늘, 우리나라 남녀는 크거나 작거나 귀를 뚫어 귀걸이를 달고 다니니, 지금부터 중외(中外)에 효유(曉喩)[15]하여 오랑캐 풍속을 통절히 고치게 하라. 귀를 뚫는 게 여자들뿐만 아니라 사내아이들도 마찬가지이니……' 하였으니, 내 생각으로는 이 풍속이 고려에서 전해 왔고, 고려는 몽고의 호풍(胡風)에서 전염되어 그런 것 같다" 하였다. 이러한 풍속은 오히려 작은 일이다. 왕과 신료(臣僚)들은 단발(斷髮)·호복(胡服)을 하고, 문인(文人)은 과거에 급제만 하면 원나라 조정에 들어가 벼슬하니(《지봉유설(芝峰類說)》에, "원나라 때 우리나라의 문인 중 과거로 벼슬한 자가 심히 많았다. 목은(牧隱) 부자가 한림학사(翰林學士)가 된 것이 가장 유명하다" 하였다) 우리 풍속이 몽고로 변한 것은 과연 어떠한가.

제8절 여진(女眞)(滿淸)

백산(白山)·흑수(黑水)는 극동(極東)의 원기(元氣)이다. 지세(地勢)가 영묘(靈妙)하여 대대로 영웅이 태어났다. 앞서는 신라 유종(遺種)인 아골타(阿骨打)가 있어 대금국(大金國)을 세웠고, 뒤에는 누르하치[奴兒哈赤]가 있었는데 고구려 옛땅에서 일어나 후금(後金)을 세웠고(뒤에 대청(大淸)으로 개칭), 이징옥(李澄玉)은 진(鎭)의 북관(北關)에 앉아 위엄이 화이(華夷)[中華와 夷狄]에 떨쳐, 또한 대금황제(大金皇帝)라 칭하였다. (《유편정서록(類編征西錄)》에 "이징옥은 양산군(梁山郡) 사람으로, 무용(武勇)이 절륜(絶倫)하였다. 처음에 부거책(富居柵)을 지키면서 여러 번 전공(戰功)을 세웠으며, 위명(威名)이 크게 떨쳐 화이(華夷)가 두려워

---

15) 曉喩: 깨우쳐 일러 줌.

하였다. 5진(鎭)을 설치하여 더욱 공이 있자, 김종서(金宗瑞)가 기량(器量)이 뛰어남을 알았다. 김종서가 중앙으로 돌아갔을 때 세종(世宗)이 경(卿)의 자리에 누구를 대신할까 하였을 때 징옥을 천거하였다. 징옥은 드디어 함길도절제사(咸吉道節制使)가 되었다. 세조(世祖)가 비밀리에 박호문(朴好問)을 파견하여 징옥을 대신케 하니, 징옥이 박호문을 격살(擊殺)하고 병마(兵馬)를 이끌고 남쪽 경사(京師)를 향하고자 하면서 말하기를 '나의 위신(威信)이 부질없게 되어 마땅히 강을 건너야 하겠다' 하면서 야인(野人)에게 글을 보내고, 스스로 대금황제(大金皇帝)라 칭하고 '장차 오국성(五國城)에 도읍을 정할 것이다' 하니 야인(野人)이 모두 복종하였다" 하였다. 《태평한기(太平閒記)》에 의하면, 이날 밤 징옥이 기생을 데리고 외출하니, 징옥의 아들이 나와 말하기를 "황후께서 거동하시니 살피지 않을 수 없다" 하였다.) 일어나는 자마다 한족(漢族)을 정복하여 중국을 통치하였다. 강추금(姜秋琴, 이름은 위(瑋), 근세 시인)은 장성(長城)의 시를 읊었다. (강위가 만리장성(萬里長城)을 읊기를 "어찌하면 작은 구역에 한정하는가, 진 시황이 돌아와도 이는 작은 영웅인 것을. 중원(中原)의 주인이 몇 대를 이었는지 그대는 보았는가. 모두 일어났지만 황원(荒遠)한 지방의 동쪽 요새인 것을 何必區區限域中 秦皇還是小英雄 君看幾代中原主 盡起窮荒絕塞東" 하였다.) 무슨 까닭으로 임백호(林白湖)는 헛되이 중원(中原)을 탄식했는가. (임백호(林白湖)의 이름은 제(悌)로서, 사람됨이 호방하였다. 임종(臨終) 때 집안 사람이 하고 싶은 말을 물었을 때 백호(白湖)가 말하기를 "4이(四夷)·8만(八蠻)이 중원(中原)의 주인으로 들어갔는데도 조선은 없었다. 나 같은 무리가 살면 또 어찌하겠는가. 죽어도 어찌 애석하겠는가" 하였다.)

백운산인(白雲山人) 이자명(李子明)의 《역사담(歷史談)》: 애신각라(愛新覺羅), 누르하치〔努爾哈赤〕가 만주의 추장(酋長)으로서 금(金)나라를 중건하여 천명(天命) 원년(1616)이라 일컫고(그 뒤에 높여 청(淸) 태조(太祖)라 하였다), 태종(太宗) 천총(天聰) 10년(1636)에 국호를 고쳐 청(淸)이라 부르고 숭덕(崇德)으로 개원(改元)하였다(1636). 세조(世祖) 갑신(甲申, 1644)에 연경(燕京)에 도읍을 정하고 순치(順治)로 연호를 고쳤으며, 유구(流寇)를 멸하고 중원(中原)을 점령하였으며, 아울러 만주(滿洲)·몽고(蒙古)·티베트(西藏)를 통치하는 등 무공(武功)을 이룬 뒤에, 문치(文治)가 두루 윤택하였는데(重治) 선통(宣統) 신해(1911)에 중화민국 정부에 넘겨 주니, 12대 2백94년이었다. 이는 실로 조선(朝鮮) 씨족(氏族)의 성명(聲明)과 문물(文物) 발양(發揚)의 극도(極度)이다.

상고하면 청(淸)이 일어나 금나라의 이름을 힘입었으니, 곧 스스로 금나라 사람의 유예(遺裔)가 됨을 나타낸 것이며, 또 애신각라(愛新覺羅)로 성을 삼은 것은 신라 민족임을 의심할 수 없다.

《흠정만주원류고(欽定滿洲源流考)》〈만주(滿洲)〉: 상고하면 만주는 본래 부족 이름이다. 발상(發祥) 세기(世紀)를 살펴보면, 장백산(長白山) 동쪽에 포고리산(布庫哩山)이 있고 그 아래 포륵호리(布勒瑚哩)라는 못이 있는데, 전설에 의하면, 세 선녀(天女)가 못에서 목욕을 하는데 신작(神鵲)이 붉은 과실을 물고 와서 계녀(季女)의 옷에 놓아두었다. 계녀가 입안에 넣었는데 홀연히 뱃속으로 들어가 드디어 임신이 되었다. 얼마 뒤에 한 사내아이를 낳으니, 나면서부터 말을 하고 체모(體貌)가 기이하였다. 장성하자 천녀(天女)가 붉은 과실을 먹은 이야기를 하고, 그로 인하여 애신각라(愛新覺羅)라는 성을 주고 이름을 포고리옹순(布庫哩雍順)이라 하였다……. 장백산(長白山) 동남쪽 악모휘(鄂謨輝,《동국여지승람(東國輿地勝覽)》에서는 오음회(吾音會)라 불렀다) 땅에 있던 3성(姓)이 의논해서 주인으로 추대하고 딸로서 아내를 삼게 하여, 패륵(貝勒)[16]으로 받들어 장백산 동쪽 악다리성(鄂多里城)에 살면서 만주(滿洲)라 부르며 건국하니 이것이 나라가 시작된 시초이다.

국서(國書)를 상고해 보면 '만주(滿洲)'는 본래 '만주(滿珠)'로 되어 있으니 두 글자를 모두 평성(平聲)으로 읽는다. 우리나라가 이 동토(東土)를 계창(啓創)하니 해마다 서장(西藏)에서 단서(丹書)[17]를 드리는데 모두 만주사리대황제(曼珠師利大皇帝)라 칭하였다. 뜻을 번역하면, 만주(曼珠)는 중국 말로 묘하고 좋다는 뜻이며, 또 만수실리대교왕(曼殊室利大敎王)이라고도 하였다. 주(註)에 이르기를 "석가모니(釋迦牟尼)는 사비로자나여래(師毗盧遮那如來)이며, 대성만수실리(大聖曼殊室利)는 비로자나본사(毗盧遮那本師)이다. 수(殊)와 주(珠)의 음이 같고, 실(室)과 사(師)가 한 음이다. 당시 홍(鴻)이라 부르고 조(肇)라 칭한 것은 실제로 여기에 본질(근본)을 두고 있다. 지금은 한자로 만주(滿洲)라고 하는데, 대개 주(洲)자의 뜻이 지명(地名)에 가까워 가차(假借)하여 쓴 것이 계속되었는데, 실은 부족의 지명이 아니니 긍정적으로 고찰하는 것이 옳을 것이다" 하였다.

《청장관전서(靑莊館全書)》〈앙엽기(盎葉記)〉: 여진 방언(方言)에 금을 애신(愛新)이라 하는 것은 청조(淸朝)의 성이 애신각라(愛新覺羅)이기 때문이며, 각라는 종실(宗室) 후예와 같은 말이나 대개 금나라 사람의 후예를 자칭하는 까닭에 성으로 한 것이다.

만주의 제천사신(祭天祀神)의 의식은 실제로 한국의 답지(踏地, 군중이 모여서 절도 있게 춤과 노래로 땅을 밟는 것)・입인(立人, 한 사람이 천신(天神)을 주제(主祭)하는 것)의 계통이다. 만약 같은 근원의 종족이

---

16) 貝勒: 만주어로 部長이란 뜻이며, 淸代의 滿洲・蒙古 출신자의 爵號로 具子의 윗 계급이다.
17) 丹書: 임금이 붉은 글씨로 써주던 증표.

아니면 어찌 풍속이 합절(合節)하겠는가.

《만주원류고(滿洲源流考)》〈국속(國俗)〉·〈제사(祭祀)〉: 《흠정만주제사전례(欽定滿洲祭祀典禮)》를 상고할 때, 우리 조정의 발상(發祥)이 시작되면서 사당을 설치하고 신간(神杆)을 세워 하늘에 제사하고, 또 침궁정전(寢宮正殿)에 자리를 설치하여 신에게 제사 지내고, 그 뒤 중원(中原)에 도읍을 정하여 단(壇)과 묘(廟)를 세우고 예문(禮文)을 갖추었으며, 옛 풍속을 고치지 않고, 해마다 봄·가을에 신간(神杆)을 세우고 대제(大祭)를 지내는 예(禮)가 있으며, 궁 안에서 보제(報祭)[18]의 예(禮)가 있고, 또 월제(月祭)의 예가 있으며, 매일 아침 제사·저녁 제사의 예가 있고, 사계절마다 헌신(獻神)의 예가 있으며, 희생(犧牲)·수조(受胙)·주례(酒醴)[19]·축사(祝辭) 등 의주(儀注)에 관한 것들은 《만주제사전례(滿洲祭祀典禮)》에 상세히 볼 수 있다. 이제 한(漢)나라 이후로 사전(史傳)에 실려 있는 제천(祭天)·사신(祀神)에 관한 것이 우리나라(本朝)의 옛 풍습과 비슷한 것이 있으며, 충분히 고증할 수 있는 것은 주(注)를 달고 잡례(雜禮)를 부쳐둔다.

1. 만주(滿洲) 제천(祭天)

《만주원류고(滿洲源流考)》: 부여국(夫餘國)은 섣달에 하늘에 제사하는 대회가 있어 며칠 동안 음식가무(飮食歌舞)하는데 이름을 영고(迎鼓)라 하고, 전쟁이 있을 때도 하늘에 제사하였다(《후한서(後漢書)》).

---

18) 報祭: 매년 가을 농사가 끝나면 五穀의 神에게 공을 보답하기 위하여 지내는 제사.
19) 酒醴: 술과 감주.

[註] 상고하면, 만주에는 매월마다 제천(祭天) 및 봄·가을 대제(大祭)의 예(禮)가 있었으며, 또 전쟁에 나가 개선할 때 독기(纛旗)를 나열하고 제천(祭天)하는 예가 있었다 하니, 이와 같다.

《만주원류고(滿洲源流考)》: 삼한(三韓)의 모든 국읍(國邑)이 각각 한 사람에게 천신(天神) 제사를 주관하게 하여 천군(天君)이라 부르고, 또 소도(蘇塗)를 설치하고 큰 나무를 세우고 영고(鈴鼓)를 달아 귀신을 섬겼다.

예(濊)는 항상 10월에 제천(祭天)하였는데, 밤낮 음주가무(飮酒歌舞)하며 이름을 무천(舞天)이라 하였다(《후한서》).

[註] 《만주제사전례(滿洲祭祀典禮)》를 상고하면, 집집마다 사축(司祝)을 설립하는데, 이것은 한 사람이 주제(主祭)하는 것과 같으며, 큰 나무를 세우는 의식은 만주에서 간(杆)을 세워 제사 지내는 의식과 서로 일치한다. 만주어로 신간(神杆)을 색마(索摩)라 하는데 소도(蘇塗)와 음이 비슷하다. 또 만주 제사에 신령(神鈴) 및 요령(腰鈴)·수고(手鼓) 등이 있다. 이것은 영고(鈴鼓)와 같다. 또 신간(神杆)에 달지 않고 다만 저녁 제사 의식에만 크고 작은 방울 7개가 있는데(이능화(李能和)가 말하기를 조선의 무당도 또한 7개의 방울을 쓴다), 긴 자작나무 끝에 묶어 가령(架鈴)[20] 서쪽에 다니 역사의 기록과는 다르다.

2. 만주사신(滿洲祀神)

《만주원류고(滿洲源流考)》: 삼한(三韓)이 항상 5월에 귀신에게 제사 지냈는데 밤낮 쉬지 않고 술 마시고 노래하고 춤추었으며, 수십 명이 함께 일어나 서로 따라서 땅을 밟고 손발을 올렸다 내렸다 하면서 서로 화답

---

20) 架鈴: 긴 장대에 단 본래 있던 방울.

하며 절주(節奏)하는 것이 탁무(鐸舞)와 비슷하다(《삼국지(三國志)》).

[註] 만주 제신(祭神)의 예(禮)를 상고하면, 아침 제사와 저녁 제사가 있는데 삼현(三絃) 비파(琵琶)를 연주하고 박판(拍板)으로 소리를 울리고, 사조인(司俎人) 등은 손뼉을 쳐서 화답하고, 저녁 제사에는 사축(司祝)[21]이 요령(腰鈴)과 북(手鼓)을 잡고 앞뒤로 빙 둘러 소리를 내면서 걷는다. 아침·저녁 제사 때 모두 가축(歌祝)의 사(辭)가 있다. 또 국조(國朝) 옛 풍속에 음악과 춤을 좋아하여 늘 사용해서 마극신(瑪克神)이라 하였다. 《위지(魏志)》의 기록은 모두 같지 않지만 그 예(禮)의 의미는 서로 비슷하다.

《만주원류고(滿洲源流考)》: 삼한 풍속에 귀신을 중히 여겨 항상 5월에 경종(耕種)을 마치고 여럿이 모여 노래하고 춤추며 신(神)에게 제사 지내고, 10월에 농사가 끝난 뒤에도 그렇게 하였다(《진서(晉書)》).

[註] 만주 옛 풍속을 상고하면, 밭에서 싹이 자랄 때 전묘신(田苗神)에게 제사하는 예(禮)가 있었고, 추수 뒤에도 장원(場院)의 제사가 있었다. 그러나 그 예식은 아침·저녁으로 신에게 제사 지내는 것보다 간소하였는데, 역사에서 말하는 밭갈기를 마치고 운운하는 것은, 대개 해마다 제사 지내는 시기를 기록한 것이며 반드시 농사일을 위하여 제사 지낸다는 것만은 아니다.

《만주원류고(滿洲源流考)》: 변한(弁韓)은 진한(辰韓)과 풍속이 비슷하나 귀신에게 제사하는 것이 다른데, 부엌은 모두 문을 서쪽에 두었다(《통고(通考)》).

[註] 만주 제사를 살펴볼 때, 각 성(姓)에 따라 조금씩 같지 않은 것이 있고, 저녁 제사를 받드는 예식도 토속(土俗)과 산천에 따라 또한 다르지만 각각 공경을 다하는 그 근본은 하나이다. 부엌은 제물을 삶고 익히는

---

21) 司祝: 祝官.

곳이므로 반드시 신에게 제사 지내는 방이 중간 옥내(屋內)에 있으며, 문을 열면 동쪽이 가까우므로 문이 서쪽에 있다고 한 것이다.

《흠정만주원류고(欽定滿洲源流考)》〈제천사신(祭天祀神)〉조를 살펴보면, 인용한 것들이 모두 부여(夫餘)・한(韓)・예(濊)의 옛 풍속이며, 만주는 그 계통을 이어 한마디 한마디가 서로 같은데, 대개 만주족이 부여(고구려・백제가 곧 부여 계통)・한(韓, 신라 곧 진한 계통)・예(濊)의 후예인 까닭이다. 하물며 그 책이름이《만주원류고(滿洲源流考)》라고 하였음에랴. 그러면 부여・한・예가 근원이 되고 만주는 흐름이 되니, 그 책이 흠정(欽定)임에랴. 이로 말미암아 만청족(滿淸族)은 우리 조선과 같은 종족, 같은 뿌리임이 확실하며 의심할 것이 없음을 알 수 있다.

만주 풍속은 제천사신(祭天祀神)에 사당이 있는데, 이것은 살만(薩滿) 무축(巫祝)의 일이다. 다음에 여러 글을 인용하여 그 내력을 밝힌다.

《청조사략주(淸朝史略註)》: 당자(堂子)는 만주가 하늘에 제사하고 신에게 제사하고 부처에게 제사하는 곳이며, 원전신(圓殿神) 이름은 유환대길무독본패자신정(紐歡臺吉武篤本貝子神亭)인데 당자 동남쪽 구석에 세우고, 욕불일(浴佛日)[22]에는 당자에서 부처에 제사 지내고, 아울러 원전신(圓殿神)에게도 제사 지낸다.

《사원(辭源)》: 당자(堂子)는 만주가 신에게 제사 지내는 장소로, 경사(京師, 수도) 동쪽 장안문(長安門) 밖에 있다.

《천지우문(天咫偶聞)》: 당자는 토곡(土穀)에게 제사 지내는 곳이며, 여러 신을 곁들여 모셨으며, 가운데 신간(神杆)을 세워 사주(社主)로 하고, 여러 왕의 신위도 곁에 모시고 제사 지냈다. 사람들은 알지 못하고 명(明)

---

22) 浴佛日: 4월 초파일, 곧 釋尊의 탄생일로 八日粧이라고도 한다.

나라 등자룡(鄧子龍)에게 제사 지내는 것이라 한다. 자룡이 태조(太祖)와 옛 친분이 있었던 것을 모르고 서로 전하기를, 개국초에 태조가 미복(微服)으로 요동(遼東)에 이르러 형세를 엿보다가 순라군(巡邏軍)의 의심을 받았는데, 이때 자룡이 보통 사람이 아닌 줄 알고 남몰래 탈출시켰다. 태조가 옛 우의(友誼)를 돈독히 하여 사(祀)에 부사(祔祀)하니, 이 또한 덕(德)을 숭상하고 공(功)에 보답하는 영전(令典)이지, 오로지 등(鄧)에게 제사 지내기 위하여 설치한 것은 아니다.

《오주연문당자변증설(五洲衍文堂子辯證說)》: 담헌(湛軒) 홍대용(洪大容)의 〈연행잡기(燕行雜記)〉에, 당자(堂子)가 옥하(玉河) 동쪽 수리(數里)에 있었는데 황제가 정월 초하루에 조알(朝謁)하였다 하니, 어떤 신인지 그 내력을 모르겠다. 《일통지(一統志)》를 살펴보아도, 또한 황상(皇上)이 조알(朝謁)한 바라 했을 뿐이다. 우리 중에 어떤 이는 등(鄧) 장군이라 하고, 또 어떤 이는 유정(劉綎)이 죽어 여귀(厲鬼)가 되니 청나라 사람들이 두려워서 사당에 모시게 되었다 하며, 또 어떤 이는 청조(淸祖) 칸(汗)이 천(賤)할 때 입던 옷이라 하니, 마치 유유(劉裕)가 농사 지으며 등(燈)을 달아 놓고 짚신 삼던 것과 같은 것이라 하여 모두 고증할 수 없는데다가 비밀히 숨겨져 있어 감히 안과 밖에서 알 수 없었다.

정동유(鄭東愈)의 《주영편(晝永編)》: 청나라 황제의 제사 지내는 것에 소위 당자(堂子)라는 것이 있으니, 그 존중하고 경엄(敬嚴)하는 예절은 태묘(太廟)보다 앞선다. 그러나 한인(漢人)에게는 엄중히 숨겨서 지금까지 이것이 무슨 신(神)인지 알지 못한다. 지금 연경(燕京) 사람의 기록을 보니, 당자는 장안(長安)의 좌문(左門) 밖 옥하교(玉河橋) 동쪽에 있으며, 순치(順治) 원년(1644) 9월에 세운 것이다. 가문(街門)은 북향이고, 내문(內門)은 서향이고, 한가운데는 신에게 제사 지내는 곳[祭神處]이며, 남문 밖은 배천원전(拜天圓殿)이다. 전(殿) 남쪽 한가운데에 대내(大內)[23]를 설치하고 치제(致祭)하며, 좌석 차례[座次]인 간석(杆石)을 세웠는데 조금 뒤편을 양날개처럼 나누어 여섯 줄로 설치하고 줄마다 각각 6중(六重)으로 하였다. 제1중(第一重)은 황자(皇子)가 치제(致祭)하는 곳으로 좌차(座次)를 표시한 간석(杆石)을 세웠으며, 친왕(親王)[24]·군왕(郡王)[25]·패륵(貝勒)·패자(貝子)[26]·공(公)이 차례의 순서대로 북향하여 동남(東南)이 상좌(上座)가 되도록 서며, 신전(神殿)은 남향이다. 해마다 원조(元朝) 및 매월 초하루와 나라에 큰일이 있어서 기원(祈願)하거나 보고(報告)할 때에는 모두 공손히 당자(堂子)에 나아가 예(禮)를 행한다. 황제의 나들이에는 반드시 고유(告由)하며, 개선(凱旋)한 때에는 뚝기〔纛旗〕[27]를 벌여 놓고 고유하는 제전(祭典)을 지극히 엄중하게 한다. 원조(元朝)에는 돈을 바치는〔掛錢〕 예절이 있는데 패륵(貝勒) 이하는 괘전(掛錢)을 하지 않는다. 매월 초하루에는 친왕(親王) 이하 패자(貝子) 이상은 각각 한 사람씩 보내서 공헌(供獻)하고, 봄·가을 두 계절에는 간석(杆石)을 세우고 치제(致祭)한다. 대내치제(大內致祭) 이후를 기다려 각기 차례대로 돌려가며 하루씩 치제하는데, 장군(將軍) 등은 참여할 수 없다.

  그 의례(儀禮)제도는, 황제는 예복(禮服)에 예여(禮輿)를 타고 노부(鹵簿)[28]는 앞에서 인도한다. 제사 때에는 세 번 절하고 아홉 번 머리를 조아리는 예(禮)를 행한다. 한인(漢人) 대신(大臣)은 수행(隨行)하지 않는다. 이것으로 볼 때, 문은 북향이고 전(殿)은 남향인 것은 오로지 외인(外人)은 그 속을 엿볼 수 없게 하려 한 것이다. 만주인과 한인이 같은 조정에 섞여 있는 것이 이제 2백 년이 된다. 구차히 이 일을 숨겨야 할지, 숨기지 말아야 할지에 대하여 처음에는 비록 숨기고 싶은 뜻이 있었

---

23) 大內: 임금이 거처하는 곳.
24) 親王: 황제의 宗室로서 왕을 봉한 자.
25) 郡王: 淸朝의 관직명. 곧 종실로서 封爵된 벼슬의 일종임.
26) 貝子: 淸나라 벼슬 이름으로, 패륵의 다음 벼슬이다.
27) 뚝기: 元帥의 旗.
28) 鹵簿: 호위하는 사람. 방패 이름으로, 天子의 행렬을 가리킨다.

다 할지라도 어찌 얼굴빛[辭氣]과 언어에 하나의 반이라도 드러나 보이는 빈 틈이 없겠는가. 이러하므로 이 일은 오래 갈수록 더욱 굳게 숨겨 혹 누설될까 두려워하고 있으니 반드시 절대로 중국 사람[漢人]으로 하여금 듣게 해서는 안 되는 것이 있기 때문일 것이다. 그러므로 제사를 행하는 자는 황제에서 패륵(貝勒)에 이르는 사람들 뿐이고, 비록 만주인 대신(大臣)이라도 다만 임금을 모신 수레를 따라가는 것만 허용할 뿐 제사에 참례하는 것은 용허(容許)하지 않는다. 청(淸)나라가 망하여 숨길 수 없게 된 뒤에야 비로소 그 일을 알게 되었다.

강희(康熙) 연간(1662~1722)에 역관(譯官)은 이것을 등(鄧) 장군의 사당이라고 잘못 듣고 통관(通官)[29]에게 "등 장군은 어떤 신인가" 하고 물었더니, 통관이 말하기를 "등 장군 신(神)이라는 말은 와전(訛傳)이며, 노라적보(老剌赤父)가 썼던 모자를 이 사당에 수장(收藏)하고 있다. 황제가 먼저 원조(元朝)에 가서 수향(受香)[30]하니, 그 모자 또한 어찌 희귀(稀貴)한 것이겠는가. 이것은 산달(山獺)[31]의 가죽에 불과한 것으로 그나마 좀이 다 먹은 것이다" 하고 따라 웃었다고 한다. 이 이야기도 또한 통관(通官)의 무리가 아무렇게나 주워들은 이야기일 것이며, 실로 그 이면(裏面)은 알지 못한 것이다. 근래에 전하는 말에는, 청나라초에 유정(劉綎)의 영(靈)이 나타나 청황(淸皇)이 거의 목숨을 잃게 되었는데, 기축(祈祝)할 것을 맹세하고 요행히 죽음을 면할 수 있었다고 한다. 그러므로 봉안(奉安)한 것은 바로 유정(劉綎)이 머리에 쓰던 투구이고 태묘(太廟)보다 먼저 공경하는 것은 곧 맹세한 말 때문이라고 하니, 이것이 혹 그러한 것일까.

《모서하제과잡록(毛西河制科雜錄)》에 말하기를 "강희(康熙) 18년(1679) 3월 초하루에 황제께서 전(殿)에 가서 당자(堂子)에 제사 지냈다"

---

29) 通官: 通譯官.
30) 受香: 임금이 제관에게 香과 祭文을 下賜하는 것.
31) 산달(山獺): 너구리.

하였다. 《대청일통지(大淸一統志)》에 "당자는 장안문(長安門) 밖 옥하교(玉河橋) 동쪽에 있는데, 매년 원일(元日)에 황제가 친히 제사 지낸다" 하였다. 이완(李緩)이 《목당집(穆堂集)》〈경인원조조조시(庚寅元朝早朝詩)〉에서 이렇게 읊었다.

법가(法駕)³²⁾가 일찍 당자(堂子)에 임하여 제사 지내는 것
구중(九重)³³⁾의 정의(精義)는 창생(蒼生)을 위함이다
자주 들리는 축사(祝史)의 기도소리는
올해도 풍년 들고 태평을 누리게 해달라는 것일세.
法駕早臨堂子祭　　九重精義爲蒼生
頗聞祝史無他禱　　歲得三登得太平

우촌(雨村) 이조원(李調元)이 탄소(彈素) 유금(柳琴)에게 답하기를 "당자라는 것은 곧 신하와 백성들 가정에서 말하는 사당으로, 조상들이 있다" 하였으며, 《대청회전(大淸會典)》에 "당자(堂子)에서 제사 지내는 예절은, 당자를 장안(長安)의 좌문(左門) 밖에 지었으며, 가문(街門)은 북향하고, 내문(內門)은 서향하며, 제신전(祭神殿)은 한가운데 남향으로 세워서 배천원전(拜天圓殿)으로 하고, 전(殿) 남쪽 한가운데는 대내(大內)를 설치하여 치제(致祭)하고, 자리[座]에 간석(杆石)을 세우고, 해마다 정월 초하루에는 황제가 왕공(王公)과 만주인 1품의 문무관(文武官)을 거느리고 당자에 가서 예(禮)를 행하였다" 하였다. 건륭(乾隆) 13년(1748)에 해마다 봄·가을에 당자에 간석(杆石)을 세우고 치제(致祭)하는데, 소나무 한 그루는 나무 끝에서부터 13층으로 하여 끝의 잎은 남기고 나머지 가지는 모두 잘라 버려 길이 2장(丈) 되는 간(杆)을 깎고, 깃대머리에 황색

---

32) 法駕: 임금이 거행할 때 쓰던 수레의 한 종류. 法從이라고도 한다.
33) 九重: 天子. 宮庭.

명주와 오색 비단을 각각 9자씩 하여 3색 실로 묶고, 조선 종이 80장으로 돈을 만든 다음 황선(黃線) 3근(斤) 8냥(兩)이라 하였으며, 14년(1749)에 유지(諭旨)하였다.

당자의 제사는 우리나라 선대(先代)에 따라 쓰던 통례(通禮)이다. 제사 지내는 신은 곧 천신(天神)으로 구속(舊俗)을 계승하여 대사(大事) 및 봄·가을 끝달[季月] 상순이 되면 반드시 하늘에 제사하여 복을 빌고 또 세수(歲首)에도 가장 먼저 예를 행하였다 하니, 우촌(雨村)이 대답한 것도 역시 자세히 다 기록하지 못하였다. 다시 《동성방공건소암녕고탑지(桐城方拱乾甦菴寧古塔志)》를 상고해 보니, "보통 뜰 가운데 반드시 간두(竿頭) 하나가 있어 천조각을 붙잡아 매고 말하기를 '선조(先祖)가 계시는 곳이니 흔들면 묘(墓)를 파는 것과 같다' 하였다. 지금 당자(堂子)에 간(杆)을 세우고 제사 지내는 것은 여진(女眞)의 옛 풍속과 같은 듯하다" 하였다. 이상의 당자 제의(祭儀)를 살펴볼 때, 소나무 간(杆)을 세우고 제사 지내는 것은 만주의 옛 풍속을 잊지 않은 것 같으나, 환구(圜丘)에 이미 제사 지내면서 다시 당자(堂子)를 설치하는 것은 심히 사리에 맞지 않으며 음사(淫祀)에 가까운 것이 아닌가!

《청조전사(淸朝全史)》: 여진 사람의 고유 종교는 살만교(薩滿敎)이다. 살만교가 전해 온 것은 금(金)나라 대(代)에서부터 시작되었다. 여진 사람의 모든 길흉화복에 관한 일은 살만에게 맡긴다. 살만이란 여자 무당[女巫]을 말한다. 무당이 신을 잘 내렸으며[降神], 탁언(託言)[34]에 따라 일을 결정하고 행하였다. 살만은 여러[種種] 주신(主神)이 있는데, 그 씨족에 따라 의례(儀禮)가 다르다. 이것은 비록 일률적으로 말하기는 어려우나, 조정(朝廷)에서 애신각라(愛新覺羅)를 봉행하는 것으로 미루어 본다면, 소위 당자에 간석(杆石)을 세우고 대제(大祭)를 지내는 것이 가장

---

34) 託言: 託辭라고도 하며, 핑계·부탁하여 말하는 것.

중요한 것이 된다. 예컨대 봄·가을 두 계절에 이 큰 제사를 행하여 때로 당자(堂子)의 석좌(石座)에 소나무 신간(神杆)을 세우고 정중(亭中)에서 신주(神主)를 나오도록 청하여 제사 지내고, 매달마다 친정(親征)[35]할 때에도 또한 당자에서 제사 지냈으며, 오랜 뒤에도 이 풍속은 달라지지 않아서 당자를 특별히 설치하는 것도 있고 그렇지 않은 것도 있으니, 무릇 정실(靜室)에서 신기(神祇)에게 제사 지내는 것은 모두 당자라고 할 것이다. 당자의 신위(神位)는 석가모니불·관세음보살 및 관성제군(關聖帝君)이며, 조정(朝廷)의 당자에는 명(明)나라 장군 등좌(鄧佐)의 신을 배사(配祀)하였다. 전해 오는 말에는 등장군과 태조가 연고(緣故)가 있어 제사 지낸다고 하는데, 아마 등(鄧) 장군은 생령(生靈)〔生命〕을 위하여 제사 지내는 두신(痘神)인 것 같다. 여진 무당의 강신(降神)은 도신(跳神)이라 칭하고, 여진 악기는 목현(木絃)·쟁(箏)·월금(月琴) 등이 있으며, 여자 무당은 허리에 방울을 달고 손에 칼을 쥐고 민간에서 신에게 제사 지낼 때 산 돼지〔生豚〕를 제물로 바치니 이것이 희생(犧牲)이라는 것이다. 술을 희생의 귀에 부어 희생의 귀가 우(聤)하면 신이 희생을 받았다 하여 잡아서 신에게 바치고, 또 생육(生肉)은 석가(釋迦)와 관음(觀音)에게 바치니 참으로 기괴하다. 무릇 하늘에 제사 지내는 유족(遺族)은 모두 산 돼지를 제사에 쓴다. 즉 여진 민족도 또한 옛 풍습이다. 여진 풍속이 항상 정반(庭畔)에 신간(神竿)을 세우고 간(竿) 위에 원두(圓斗)를 설치하고 희생의 고기를 담는데, 이것이 하늘에 제사 지내는 의식이다.

　만력(萬曆) 43년(1615) 여름에 누르하치〔奴兒哈赤〕가 홍경성(興京城) 동편 언덕 위에 7대묘(七大廟)를 세웠는데, 이러한 제의(祭儀)에 따라 설치하였다. 청(淸)나라 기록으로 볼 때 이 시기에 불사(佛寺)와 도가(道家)의 옥황(玉皇) 여러 묘(廟)를 건축하기 시작했다고 한다.

---

35) 親征: 天子가 몸소 나아가 정벌하는 것.

만주에서 간(杆)을 세워 신에게 제사 지내는 풍속은 마한(馬韓)의 소도(蘇塗)에서 신을 섬기는 의식과 서로 같다는 것을 《만주원류고(滿洲源流考)》의 〈사신(祀神)〉조에서 이미 말하였으며, 고려도 또한 간(竿)을 세워 귀신을 섬긴 일이 있다. 《고려도경(高麗圖經)》에 "예로부터 전하기를 다만 창우(倡優)가 사는 곳에 긴 간(竿)을 세워 양가(良家)와 구별하였다 하는데, 지금 듣기로는 그렇지 않다. 대개 그 풍속이 귀신을 음란하게 제사 지내서 기도하는 데 싫증이 난 것이다" 하니, 우리 방언(方言)에 무당을 창우(倡優)라 하고, 대개 간(竿)을 걸어놓고 신(神)을 섬기는 것은 마한(馬韓)·백제(百濟)의 소도(蘇塗)의 유속(遺俗)으로 또한 무사(巫事)에 속하는 것이다.

이재곤(李在崑)
국학연구소, 경기향토사연구협의회 이사
국사편찬위원회 사료조사위원
은평향토사학회 고문
저서:《서울의 전래동명》《서울의 민간신앙》《남산의 역사와 문화》외
공저:《서울육백년사》《한강사》《향토사와 민속문화》
《조선시대 서울 사람들》《서울의 문화재》《서울문화재 나들이》
《민간신앙》《중랑의 구비설화》외
역서:《조선무속고》《조선해어화사》《원본 해설 명심보감》

문예신서
163

朝鮮神事誌

초판발행 : 2007년 6월 10일

東文選
제10-64호, 78. 12. 16 등록
110-300 서울 종로구 관훈동 74번지
전화 : 737-2795

편집설계 : 李姃炅

ISBN 978-89-8038-141-8 94380

東文選 文藝新書 35

道敎와 中國文化

葛兆光 지음/沈揆昊 옮김

중국문화를 받치고 있는 세 가지 커다란 기둥인 유학·불교·도교를 각기 구분한다는 것은 불가능할 뿐만 아니라 아무짝에도 쓸모없는 일일 것이다.
그러나 보다 정밀하게 살펴본다면, 이 세 가지가 중국문화에 끼친 영향 가운데에는 각기 나름의 고유한 영역이 있으며, 그 흔적이 남아 있음을 알 수 있다.
만약 유가의 학설이 사람들의 사회 생활 속에서 자아가치를 실현하는 측면에 치중하고 있다면, 불교는 사람들의 내재적인 정신 생활의 심리적 만족의 측면에 치중해 있고, 도교는 사람들의 생명의 영원함과 즐거움에 치중해 있다고 말할 수 있다. 또한 유가의 학설이 인간의 의식 심층에 잠재되어 있는 욕망의 역량을 매우 다양하게 사회 이상의 방향으로 승화시키고, 전환시키는 방향으로 노력하고 있다고 말한다면, 불교의 경우는 내심으로 억압하고 소멸시키는 방향으로 나아가고, 도교의 경우는 오히려 이러한 것에 영합하는 쪽으로 나아가 허황된 것일망정 만족과 배설의 기쁨을 만끽하도록 만든다고 말할 수 있을 것이다.
"중국의 뿌리는 도교이다"라고 일찍이 노신이 말한 것처럼 이 도교를 모르고서 중국문화, 더 나아가 동양문학을 이해한다는 것은 불가능하리라. 중국에서의 도교는 단지 종교적인 의미보다는 중국문화 전반에 걸친 역사이자 중국인 삶의 흔적이다.
북경의 靑華大學의 젊은 학자인 저자는 이 책의 상편에서 중국문화의 토양 속에서 도교의 철리와 신의 계보, 의례와 방술 등의 형성과 정형화되는 과정을, 중편에서는 도교의 발전 과정을, 하편에서는 도교와 사대부, 도교와 문학, 도교와 세속문화와의 관계에 대해 논술하고 있다.

東文選 文藝新書 5

남사당패 연구
男寺黨牌硏究

沈雨晟 지음

우리는 일반적으로 演戱를 그저 하나의 여흥 수단으로 넘겨 버리는 옳지 못한 습성을 갖고 있다. 예술을 생활을 떠난 관념의 소산으로 아는 인습이 조선왕조의 폐쇄적 道樂思想 등으로 하여금 더욱 고질화시키는 역할을 해온 것 같다. 道樂的 審美欲의 노예가 되어 민중의 생활과는 아무런 관계도 없이 그 함수 관계를 차단하며 다분히 통치 권력의 지배 수단으로 發牙한 향락적·예술적 형태와는 달리, 오히려 이들과 대립 관계에 서면서 이 땅의 원초적 民主平等思想을 바탕으로 한 民衆藝術로 부각되어 나타난 것을 남사당놀이로 보는 것이다.

남사당패란 우리의 오랜 역사에서 민중 속에서 스스로 형성, 연희되었던 流浪藝人 集團을 일컫는 것으로 그 배경은 말할 것도 없이 민중적 지향을 예술로서 승화하여 온 진보적 구성으로 보아야 할 것이다. 그것은 反人的 自然과 人性에 대한 대립적 존재로서 민중의 實生活史와 같은 맥락을 갖는 것이다. 그들의 형성 배경에 대한 사소한 부정적 異見들은 가시덤불의 민중사를 통찰해 보면, 뜨거운 애정으로 감싸질 畵蛇添足에 불과한 것이라 하겠다.

■ 남사당패의 형성에 대하여 / 풍물놀이考 / 버나(대접돌리기) 演戱考 / 살판(땅재주)에 관한 考察 / 어름(줄타기) 演戱考 / 덧뵈기 演戱考 / 덜미(꼭두각시놀음)에 관한 考察 / 덜미 採錄本의 종류

東文選 文藝新書 58

꿈의 철학
― 꿈의 미신, 꿈의 탐색

劉文英 지음
何永三 옮김

　꿈의 미신과 꿈의 탐색은 종교와 과학이라는 서로 다른 두 개의 범주에 속한다. 저자는 꿈의 미신에서 占夢의 기원과 발전, 占夢術의 비밀과 流傳, 꿈에 대한 갖가지 실례와 해석을 들어 고대인들의 꿈에 대한 미신을 종교학적 측면에서 다루고 있으며, 꿈의 탐색에서는 꿈의 본질과 특징, 꿈에 관한 구체적 문제들과 꿈을 꾸는 생리적·정신적 원인들에 관한 토론을 계통적으로 연구하고 있다.

　프로이트 이후 최대의 업적으로 평가받고 있는 이 책은, 그동안 꿈에 대한 서양식의 절름발이 해석에서 벗어나 동양인의 서양인과는 다른 독특한 사유구조와 이에 반영되어 있는 문화체계를 이해하는 데에 크게 도움을 줄 것이다. 꿈에 대한 미신은 인간의 꿈에 대한 일종의 몽매성을 반영하고 있으므로 해서 중국 문화를 연구하는 현대 학자들은 오랫동안 일고의 가치도 없는 것으로 여겨 왔다. 그러나 꿈에 대한 미신은 하나의 문화현상으로 그 역사적인 측면에서도 매우 오래 된 원류를 갖고 있을 뿐만 아니라, 사회생활과 사회심리학적인 수많은 부분에 대해 영향을 미쳐 왔으니 만큼, 각종의 다른 종교를 대하는 것과 마찬가지로 진지하게 이를 분석하고 연구해야 할 것이다.
　이 책의 저자는 오랫동안 중국 고대 철학을 전공한 학자로서 꿈에 관련된 갖가지 문화현상을 둘러보고, 그로부터 고대 중국인들의 심리상태와 그들이 추구하고자 했던 바와 사유방식 등을 이해하고자 하였다. 이를 위해 저자는 중국 고대 해몽의 기원과 발전에서부터 현대의 꿈에 대한 정신적 분석에 이르기까지 방대한 자료와 해박한 지식으로 명쾌하게 꿈을 분석해 나가고 있다.

東文選 文藝新書 9

神의 起源

何 新 지음
洪 熹 옮김

　문화란 단층이나 돌연변이를 낳지 않는다. 따라서 중국의 상고시대에 대한 연구는 신화의 바른 해석에서부터 시작되어야 하며, 그 방법은 고고학·인류학·민속학·민족학은 물론 언어학까지 총동원되어야 한다. 그래야만 과학적 접근을 통한 인간 삶의 본연의 모습을 오늘에 적용할 수 있기 때문이다.
　중국의 소장학자 何新이 쓴 《神의 起源》은 문자의 훈고와 언어 연구를 기초로 한 실증적 방법과 많은 문헌 고고자료를 토대로 중국 상고의 태양신 숭배를 중심으로 중국의 원시신화, 종교 및 기본적 철학 관념의 기원을 계통적으로 거슬러 올라가 탐구하고 있다.
　'뿌리를 찾는 책'이라는 저자의 말처럼 이 책은 중국 고대 신화계통에 대한 심층구조의 탐색을 통하여 중국 전통문화의 뿌리가 되는 곳을 찾아 보려 하고 있다. 즉 본래의 모습을 찾되 단절되거나 편린에 그친 현상의 나열이 아님을 강조한 것이다.
　이 때문에 그는 이 책의 체제도 우선 총 20여 장으로 나누고 있다. 그 속에는 원시신화 연구의 방법론과 자신의 입장을 밝힌 十字紋樣과 太陽神 부분을 포함하고, 민족문제와 황제, 혼인과 생식, 龍과 鳳에 대한 재해석, 지리와 우주에 대한 인식, 음양논리의 발생, 숫자와 五行의 문제 등을 고대문자와 언어를 과학적으로 분석하여 근거로 제시했으며, 여러 문헌의 기록도 철저히 재조명해 현대적 해석에 이용하고 있다.
　그외에도 원시문자와 각종 문양 및 와당의 무늬 등 삽화자료는 물론, 세계 여러 곳의 동굴 벽화까지도 최대한 동원하고 있다. 특히 도표와 도식·지도까지 내세워 신화와 원시사회의 연관관계를 밝힌 점은 아주 새로운 구조적 분석이라 할 수 있다. 이렇게 하여 그는 일반적 서술 위주의 학술문장이 자칫 범하기 쉬운 '가시적 근거의 결핍'을 극복하고 있다.

東文選 文藝新書 32

生育神과 性巫術

宋兆麟
洪　熹 옮김

　인류 사회의 발전은 기본적으로 두 갈래의 큰 줄기가 있다. 하나는 물질적 생산으로 산식문화(産食文化)라 하고, 다른 하나는 사람의 생산으로 생육문화(生育文化)라 한다. 본서는 중국의 생육문화, 즉 연애·결혼·가정·임신과 생육·교육은 물론 더 나아가 생육에 대한 각종 신앙, 이를테면 생육신화·생육신·성기신앙·예속·자식기원 무속 등 생육신앙을 탐색한 연구서이다.
　한국과 중국은 고대로부터 오늘날까지 유구한 역사적 관계를 가지고 있다. 특히 민속문화에 있어서는 많은 공통점과 차이점이 있다. 그럼에도 불구하고 그동안 이 방면의 학문적 교류가 거의 단절되어 왔다.
　본서의 저자인 송조린 교수는 오랫동안 고대사·고고학·민족학에 종사한 중요한 학자로서 직접 현장에 나가 1차 자료를 수집한 연후에 그것을 역사문헌·고고학 발견과 결합시키고, 많은 학문 분야와 비교 연구하여 중국의 생육문화의 발전 맥락 및 그 역사적 위상을 탐색하고 있다.
　본서는 중국의 생육문화를 살피는 것은 물론 우리의 생육문화 탐구에 많은 공헌을 할 것임에 틀림없다. 또한 우리의 민속학·민족학의 연구 방향과 시야의 폭을 넓혀 줄 것이다.

東文選 文藝新書 48

만다라의 신들

立川武藏 지음
金龜山 옮김

　살아 있는 종교 현상으로서의 만다라에 대한 총체적 이해.
　만다라는 '聖'을 본질로 하는 종교적 심상을 도형화한 것이다. 불교에서는 예배의 대상으로서 서기 1세기 말경에 불상과 보살상 등이 조성되었는데, 이것은 곧 후기에 만다라를 발생시킨 근원이 되었다.
　불상은 처음에는 단순히 大覺을 이룬 불타의 명상하는 모습을 예술적으로 표현한 彫像이었지만 차츰 다양한 양상으로 표현되면서 각각 다른 印相에 의미가 부여되었고, 마침내 밀교의 교리로 발전하였다.
　기도를 하기 위한 신성한 장소로서 토단을 쌓아올리고 호마의 作法을 행하던 힌두교의 의식이 불교에 수용되었는데, 만다라는 처음에 이 토단을 지칭한 것이었다. 그것이 후에는 佛・菩薩 들을 모시는 그림으로 표현되었다. 이들을 대상으로 기도가 행해지면서 차츰 의제가 정비되었던 것이다.
　만다라는 단순한 교의학적 도상이 아니라 비시간적・비공간적 우주체험의 시각적 표상이며, 반대로 우주적 체험이 표상화된 만다라의 도상은 종교 의례를 통하여 내면화하면서 우주와의 합일에 도달하게 하는 메커니즘이다. 그러므로 만다라는 살아 숨쉬는 진리의 실천적 국면이다.
　본서에서 저자는 만다라의 구조와 도상학을 해석하고, 종교 체험의 '聖'과 '俗'의 관계를 해설함으로써 불타나 보살의 변형된 형태에 대한 이해를 돕고 있으며, 힌두교의 신들이 불교에 수용된 역사적 배경과 형식을 자세히 논하고 있다. 특히 전문적 지식을 갖지 않은 사람들이 접근하기 어려운 불보살들의 형태의 변형이며, 불타나 보살 및 諸神들이 소지한 持物이며, 혹은 타고 앉은 乘物의 상징성 등을 도상과 함께 해설해 주고 있다.

東文選 文藝新書 98

宗敎學入門

F. 막스 밀러

金龜山 옮김

　종교학은 진화론의 가설을 바탕으로 출발하였고, 지금까지 기독교의 啓示만이 진리라고 했던 당시의 일반적인 관념을 인정하지 않았기 때문에 神學과는 반대의 입장에 서게 되었다. 어쩌면 종교는 인류가 무지한 시대로부터 전수해 온 관념의 한 형태라고 여길는지도 모르고, 혹은 그것이 필요 없는 것일는지도 모른다. 그러나 인류의 정신 속에 해명을 요하는 문제들이 항상 남을 것이며, 그것들은 습득되는 것이 아니라 인간의 내면으로부터 발생되는 것임을 간과해서는 안 될 것이다. 여기서 宗敎學은 立地가 발견되고, 기초학으로서 入門學의 기반이 된다.
　인간의 지적 노력이 지속되는 한 無限한 것에 대한 향수를 가지고 끊임없이 참다운 진리를 추구해 가는 일은 멈추지 않을 것이다. 좀더 정직한 학문적 태도에 의한 제종교의 이해는, 인류 상호간의 종교적 편견과 배타성을 해소하여 聖스러운 인간 심정의 공감대를 형성하게 될 것이라고 확신한다. 종교는 인간의 능력과 생활에서 어떤 특정한 부분과 관련되는 것이 아니고 全身的으로, 즉 생명이 전체적으로 관련되는 것이며, 人生의 궁극적 의미와 도덕적 가치를 부여하는 것이다. 종교는 사회적으로도 인간 상호간의 연대감을 부여하며, 인간의 심성을 淨化 내지는 聖化시킨다. 그러므로 宗敎學은 人文科學의 기초 학문으로서 그 가치와 當爲性이 발견된다.

東文選 文藝新書 55

역과 점의 과학

永田 久 지음
沈雨晟 옮김

달력이란 무엇인가?

 자연의 법칙을 추구하는 마음을 가지고 '때'를 이해하기 위한 노력은 인류의 역사와 함께 오늘에 이르고 있다. 그리하여 천문(天文)·신화·민속·종교 등이 혼재되어 있는 인류의 지혜의 결정체로서 역(曆)이 만들어졌음을 알 수 있다.

 역은 수(數)로서 연결되어 있다. 수와 수가 결합된 것을 논리라 하고, 이 논리를 천문이나 민속 쪽에서 정리한 것이 역이다.

 이 수와 논리가 과학의 세계로부터 인간의 마음의 세계로 이어지면서 때의 흐름에 생명을 부여할 때. 역은 점(占)으로의 가교역이 되는 것이라 생각된다. 그러니까 역의 수리(數理)에 접착시킨 꿈과 상념이 우리들 앞에 나타나는 것이다.

 역이 존재하고 있는 곳에 반드시 점이 있다. 과학으로서의 역으로부터 비과학으로서의 점이 생겨난다. 바로 이것이 인류가 살아온 실제의 모습이 아니었을까.

 이 책은 고대의 역으로부터 현재의 그레고리오역에 이르기까지를 더듬어, 시간을 나누는 달(月)과 주(週)의 주변을 탐색하면서, 팔괘(八卦)·간지(干支)·구성술(九星術)·점성술(占星術) 등의 구조를 수(數)에 의해 밝혀 보고자 하였다.

【주요 목차】
◆ 시간을 나누다
◆ 달과 혹성을 둘러싸고
◆ 성수(聖數) '7'의 신화
◆ 1주간의 요일명(曜日名)
◆ 옛날 유럽의 달력
◆ '그레고리오력'이 완성되기까지
◆ 자연력(自然曆) — 24절기
◆ '음향오행설'의 원리
◆ 간지(干支)와 성수(聖數)의 논리
◆ 80진법의 세계
◆ 팔괘(八卦)의 논리
◆ 구성(九星術)술의 논리

東文選 文藝新書 44

朝鮮巫俗考

李能和 지음 / 李在崑 옮김

우리나라 근세 민속학의 여명을 불러온 이능화 선생의 장편논문.

　우리나라 민속학의 효시로는 1927년에 발표된 이능화의 《조선무속고》를 들지 않을 수 없다. 그는 무속 가운데서 우리의 민중문화를 찾아볼 수 있다고 확신하고 무속에 관한 사료를 모아 정리하였을 뿐만 아니라 학문적인 연구를 깊이 하였던 것이다. 고대 무속의 유래에서부터 시작하여 고구려·백제·신라의 무속과, 고려·조선조의 무속에 이르기까지의 무속의 역사·제도·神格·儀式 등을 분석했고, 또 민중사회의 무속과 각 지방의 무속 등을 사적 문헌들을 통하여 세밀히 정리하였으며, 나아가 중국과 일본의 〈巫〉에 대한 연구까지를 곁들여 비교연구하기에 이르렀다. 따라서 그의 무속에 관한 이와 같은 연구는 우리나라에서 최초의 토착신앙에 대한 典籍의 위치를 점하게 되었다. 아울러 그의 이러한 연구는 후학들에게 무속의 신앙성과 신화성·문학성·음악성·무용성을 비롯해서 민중의 집단회의로서의 역할, 맹인무당의 유래와 지방별의 차이, 맹인무당과 광대와의 관계 등 무속이 갖는 사회 기능적 측면에 이르기까지 구체적 항목들을 과제로 남겨 놓은 셈이 된다.
　무속과 불교·도교·현대 기독교와의 관계, 중국·일본·만주 및 시베리아 무속과의 비교연구, 서구의 기독교적 관점에서 본 〈샤머니즘〉과 무속과의 차이, 무속이 우리 문화에서 차지하는 성격과 기능에 관한 연구도 우리에게 남겨 준 과제이다. 이러한 점에서 《조선무속고》는 원문이 한문이어서 불편한 점은 있었으나, 이번에 번역 출간됨으로써 이 방면의 유일한 안내 또는 입문서가 되는 것이다.

東文選 文藝新書 29

조선해어화사
(朝鮮解語花史)

李能和 지음 / 李在崑 옮김

　일제 식민통치 중엽인 소위 그들의 문화정치 시대에 출간된 이 《朝鮮解語花史》는 여러 종류의 典籍에서 자료를 수집·발췌하여, 고대에서 근대에 이르기까지 주관적인 입장에서 서술한 우리나라 文獻史上 최초의 妓生史로서 풍속·제도사적인 위치에서 그 가치관을 찾을 수 있다.
　본서의 특징은 방대한 자료수집이다. 위로는 實錄에서부터 개인의 私撰인 稗官文學에 이르기까지 많은 자료를 발굴하여 紀傳體 형식으로 편찬하였다는 데 있다. 한 가지 아쉬운 점은 논술이 좀 산만하다는 즉, 자료로서의 가치를 더 느낀다는 점이다. 이것은 개화기와 현대화의 중간인 과도기적 학문이기 때문이라는 것으로서 이해가 된다.
　본서를 내용면으로 보면 고려와 조선시대의 기생은 賤人 계급에 속하였다. 그러나 이들은 위로는 王候將相에서부터 아래로는 無名의 閑良에 이르기까지 귀천의 차별을 두지 않았다. 국제적 외교 要席이나 국내 政界 要人의 要席에까지 중요한 역할을 하였음을 볼 수 있으며, 특히 詩歌를 비롯해서 전통무용 등은 그 일부가 그들에 의해 계승 발전되었음을 느끼게 한다. 관계 분야에 관심 있는 분들에게는 적잖은 도움이 되리라고 믿는다.
　우리나라 민속학의 선구자인 李能和 선생은 漢語學校를 졸업하고 官立 法語學校를 修學하였으며, 여러 학교 교관으로 전전하다가 1912년에 能仁普通學校 校長으로 있으면서 《百敎會通》의 출간을 시작으로 1921년에는 朝鮮史編修委員이 되면서 많은 자료를 접할 수 있는 계기가 마련되었을 것으로 추측된다.